AS DIMENSÕES DA RESISTÊNCIA EM ANGOCHE

CONSELHO EDITORIAL
Ana Paula Torres Megiani
Eunice Ostrensky
Haroldo Ceravolo Sereza
Joana Monteleone
Maria Luiza Ferreira de Oliveira
Ruy Braga

AS DIMENSÕES DA RESISTÊNCIA EM ANGOCHE

*da expansão política do sultanato à política colonialista portuguesa
no norte de Moçambique (1842-1910)*

Regiane Augusto de Mattos

Copyright © 2018 Regiane Augusto de Mattos

Grafia atualizada segundo o Acordo Ortográfico da Língua Portuguesa de 1990, que entrou em vigor no Brasil em 2009.

Edição: Haroldo Ceravolo Sereza
Editor assistente: Camila Hama
Assistente acadêmica: Bruna Marques
Assistente de produção: Dafne Ramos
Projeto gráfico, diagramação e capa: Gabriel Siqueira
Revisão: Gabriel Henrique Ryal Dias
Imagem da capa: Imprensa Nacional, 1911

Este livro foi publicado com o apoio da Fapesp / processo n° 14/50552-2

CIP-BRASIL. CATALOGAÇÃO-NA-FONTE
SINDICATO NACIONAL DOS EDITORES DE LIVROS, RJ

M393d

Mattos, Regiane Augusto de
as dimensões da resistência em Angoche : da expansão política do sultanato à política colonialista portuguesa no norte de Moçambique (1842-1910)
Regiane Augusto de Mattos. - 1. ed.
São Paulo : Alameda, 2015.
308p. ; 23cm.

Inclui bibliografia
ISBN 978-85-7939-354-9

1. Identidade social - Moçambique. 2. Poder (Ciências sociais). 3. Moçambique - Colonização. 4. Sociologia política i. Título.

15-23668   CDD: 305
                           CDU: 316.62

ALAMEDA CASA EDITORIAL
Rua Treze de Maio, 353 – Bela Vista
CEP 01327-000 – São Paulo – SP
Tel. (11) 3012-2403
www.alamedaeditorial.com.br

*Para Marco,
de quem gosto imenso,
por me acompanhar pela vida.*

É difícil detectar e decifrar os sinais de um passado negado todo dia pelas experiências novas, e que, como palimpsestos, são escritos repetidas vezes. Às vezes o historiador os vislumbra e suspeita que ainda há uma história oculta esperando para ser descoberta (...).

Emília Viotti da Costa.
Coroas de glória, lágrimas de sangue.
São Paulo: Companhia das Letras, 1998, p.102.

Sumário

Prefácio	13
Introdução	19

Capítulo I   47
O norte de Moçambique. Espaço de interconexões

Ser suaíli em Moçambique no século XIX	48
Conexões internas. Relações entre os suaílis e as sociedades do interior	60
As sociedades macuas	60
Características da organização política compartilhadas entre as socidades do interior (macuas) e as do litoral (suaílis)	63
Relações de parentesco. O caso das sociedades matrilineares macuas	68
Conexões externas. Os intercâmbios comerciais	79

Capítulo II   83
A expansão política e econômica do sultanato de Angoche

Comércio de escravos em Moçambique	83
Mussa Quanto e a expansão política do sultanato de Angoche	97

Capítulo III   107
Estratégias para restabelecer o poder em Angoche. Guerras, relações de lealdade e Islã

O retorno de Mussa Quanto a Angoche	107
Redes de parentesco e lealdade entre o sultanato e as sociedades do interior	115
Islã no norte de Moçambique	119
Origens e características do Islã no norte de Moçambique	119
As confrarias islâmicas em Moçambique	132
A expansão do Islã	137
O sultanato de Zanzibar e a entrada das caravanas comerciais no interior do continente africano	137
Mussa Quanto e a expansão do Islã no norte de Moçambique	144

Capítulo IV   157
As relações entre as sociedades do norte de Moçambique e o governo português

Estratégias políticas estabelecidas pelas sociedades do norte de Moçambique e pelo governo português   157
    Os tratados de vassalagem   157
    Interferências nas disputas africanas pelo poder   166
    Espaços independentes de resistência   179
    O projeto colonial português e o contexto político europeu do final do século XIX   195

Capítulo V   213
A formação da coligação de resistência no norte de Moçambique

Controle do comércio e da produção agrícola nos territórios de Angoche   213
A participação da pia-mwene de Kinga (Sangage) na coligação   226
A ampliação da coligação: namarrais e muzungos   232
As disputas na imbamela: exploração de minérios, recrutamento de trabalhadores e cobrança do imposto da palhota   242
A instalação dos postos militares portugueses em Sangage e na ilha de Angoche   253
A ocupação dos territórios de Angoche   265

Considerações Finais   269
Fontes documentais   273
Referências bibliográficas   279
Anexos   295
Agradecimentos   305

LISTA DE IMAGENS

Imagem 1   295
Carta de Moçambique, 1894.

Imagem 2   296
O norte de Moçambique, final do século XIX.

Imagem 3   297
Carta da rainha Naguema ao capitão-mor das Terras Firmes.

Imagem 4   298
A costa suaíli.

Imagem 5   299
O comércio de escravos no Oceano Índico.

Imagem 6   300
"Croquis da residência do Farelay em Erobi, Mamulapa, na Mesêa".

Imagem 7   301
"Croquis da marcha da coluna e da esquadra para a ocupação de Boila, março-junho, 1903."

Imagem 8   302
"Esboço geographico de Angoche segundo reconhecimento do engenheiro A. Paes de Almeida, 1903."

Imagem 9   302
"Esboço geographico da região de Angoche, 1910."

Imagem 10   303
Chefes Ibrahimo, Farelay e Guarnéa-muno.

Imagem 11   303
Chefe Farelay.

Prefácio

Leila M. G. Leite Hernandez

O tema das resistências em África insiste em desafiar os estudiosos de Estudos Africanos e de História da África. No mundo africano, pontuado pela diversidade de processos que levaram à conquista das independências, fez-se fundamental identificar a pluralidade da agência dos africanos em diferentes conjunturas históricas reveladoras de frustações, descontentamentos, indignações e reivindicações que cutucavam os aspectos constitutivos do colonial e, sobretudo, depois do V Congresso Pan-Africano e da II Guerra Mundial, negar "o imperialismo, o colonialismo e o racismo", em uma ambiência política internacional que opunha os facismos às democracias.

Os anos de 1950 e, em particular, a década subsequente fez-se pontuada por um número crescente de escrituras que acentuaram a agudeza de olhar voltadas para "descolonizar e reafricanizar as mentes", ao tornar pública as culturas anteriores ao século XIV – conhecidas como pré-coloniais- sendo algumas comunicações apresentadas no I Congresso de Artistas Negros, em 1956 e publicadas pela revista Présence Africaine. Desde o seu lançamento, em 1947, os seus artigos destacavam a relevância das línguas locais e da recolha das tradições orais para apreender o que poderia se considerar uma presença afro-negra na África e na Diáspora. E revelava, com diferentes graus de radicalidade, seu princípio de oposição à situação colonial.

Em outras palavras, não parece abusivo reiterar que fazia parte do espírito da revista apresentar artigos engajados na conquista da autonomia de pensamento, ressaltando a agência histórica dos africanos em relação aos seus próprios projetos de independência política e econômica e de ruptura com a estrutura discursiva ocidental. No caso específico do tema das resistências, o artigo de Terence O. Ranger, "Iniciativas e resistência africanas em face da partilha e da conquista", publicado mais de três décadas depois, em 1985, tornou-se um clássico que não tardou em sofrer reparos por parte do próprio autor, no que se refere à equiparação entre religião e anticolonialismo e a uma certa continuidade entre os movimentos de resistência e os movimentos de independência.

Nos anos subsequentes as investigações avançaram com o objetivo cada vez mais firme de pensar de forma radicalmente crítica o conjunto de questões em torno da "invenção de África" e da "ideia de África", nas expressões consagradas por Yves Valentim Mudimbe, desvelando uma "sucessão de epistemes" e provocando rupturas nas formas de conhecimento e de poder ocidentais. Nesta chave de análise Mudimbe demonstra com erudição porque adjetivar os africanos como bárbaros e selvagens em diferentes fases do colonial era um dos pilares de sustentação ideológica das diversas políticas para "domesticar" ou "pacificar" os nativos.

Acrescido, o desafio enfrentado com competência pela historiadora Regiane Augusto de Mattos passou a ser o de sofisticar as investigações em relação a vários temas, tendo o das resistências como epicentro, buscando historicizar os conceitos e identificar a complexidade dos processos históricos e movimentos culturais, o que implica em acurada identificação de suas particularidades constitutivas, registrando a pluralidade dos aspectos condicionantes da articulação entre lideranças e bases sociais de apoio e as formas de mobilização.

Gostaria de me deter ainda em outra premissa de elaboração da abordagem histórica apresentada neste belo livro As dimensões da resistência em Angoche: da expansão política do sultanato à política colonialista portuguesa no norte de Moçambique (1842-1910). Trata-se da discussão proposta pela autora sobre condicionalismos que levam a debilidades do conhecimento histórico e social.

No caso de Angoche, pequeno sultanato às margens do Índico, a arremetida dos portugueses para ocupar o território e instituir os mecanismos de dominação colonial encontraram como barreira uma coligação dos chamados macua-imbamela e dos namarrais, organizada pelas lideranças de Angoche, Sancul, Sangage e Quitangonha. Ao atacarem várias vezes os postos administrativos e militares portugueses retardaram até 1910 a ocupação efetiva desses territórios. Mas, a aparente simplicidade com que se formou a resistência encobre a existência de conexões costuradas com relações de parentesco entre os sultões de Angoche e as elites muçulmanas de Zanzibar e das ilhas Comores e Madagascar, contatos de séculos revestidos de interesses econômicos relativos ao estabelecimento de uma vasta rede comercial do Índico. Some-se os vínculos de lealdade estabelecidos pelo sultanato com as comunidades do interior em que se enlaçaram relações de parentesco, doação de terras e elementos de um certo islamismo – ao que tudo indica, sunita –, disseminado na região.

Regiane Augusto de Mattos com escrita precisa e argumentação sólida identifica estes processos que convergiram para o surgimento e as formas de atuar da coligação de resistência que tiveram início em 1842, quando um tratado firmado entre Portugal e Inglaterra prescreveu o tráfico de escravos tornando-o ilegal, alargando para os ingleses o direito de apreender os navios negreiros e julgar os tripulantes envolvidos nesse comércio agora ilícito. Se é verdade que a medida não logrou extinguir o tráfico marcou a vontade e a disposição de efetivamente coibi-lo.

Ora, desde a primeira metade do século XIX Angoche tinha um importante papel no comércio de longa distância e no controle das principais rotas comerciais, sobretudo de escravos, entre o litoral índico e o interior do continente africano. A historiografia utilizada pela professora Regiane é cuidadosamente debatida, em especial, no que se refere a ressalva de que as fontes documentais utilizadas pelos autores como Malyn Newit, Nancy Hafkin, René Pélissier, Aurélio Rocha, Liazzat Bonate, além dela própria – foram produzidas por portugueses e ingleses, comprometidos com o fim do tráfico negreiro, além de na sua maior parte, terem sido publicadas após os acontecimentos.

Atenta a uma diversidade de arquivos consultados e de fontes analisadas registro as correspondências consultadas no Arquivo Histórico de Moçambique entre governadores, secretários e comandantes militares portugueses e os sultões e chefes do norte de Moçambique. Saliento que o livro ora apresentado registra mais um dos muitos méritos da autora, qual seja, o fato de ter se debruçado na aprendizagem da língua suaíle com caracteres árabes para cotejar a tradução das cartas feitas pelo tradutor ligado ao governo português. Este esforço lhe permitiu compreender a formação da Coligação e sua resistência ao governo português compreendendo a intrincada malha de relações econômicas, sociais, políticas e religiosas nos planos local, regional e intercontinental, conferindo uma especificidade histórica até então inédita a este capítulo da história do sultanato de Angoche.

A historiadora apresenta com perspicácia e clareza o problema histórico de sua pesquisa, estabelecendo um profícuo diálogo com a historiografia sobre o tema a partir da documentação consultada. Enfrenta assim as questões que os registros documentais – lidos sempre no anverso – colocam à teoria. E questiona de forma pertinente, ao mesmo tempo que argumenta com habilidade os relatos coloniais sobre Angoche, além de apontar a naturalização das análises ancoradas nos nacionalismos independentistas que sugerem uma continuidade simplificadora entre as resistências e os movimentos de independência. Também aposta que talvez essas mistificações ideológicas tenham tido grande peso nas falsificações históricas sobre o tema das resistências, em particular, no caso de Angoche, enfatizando como desencadeador da luta os condicionantes econômicos reduzidos à questão do tráfico de escravos, encobrindo a importância comercial de outros produtos como o caucho silvestre, a goma, o copal e o amendoim.

A talentosa investigadora salienta enfaticamente a necessidade de se considerar paisagem e agência plurais, emoldurando uma complexa dinâmica da resistência que contempla a articulação das alianças entre as chefias e as múltiplas respostas dos membros da coligação de resistência frente as diferentes arremetidas do governo português – nos processos sucessórios ou quando eram sequestrados os que exerciam importantes funções nas sociedades envolvidas –, as estratégias cotidianas de resistência, e o impacto encorajador das notícias de enfrentamentos sofridos pelo governo português por parte de outras sociedades.

Nesta mesma perspectiva aponta a pluralidade das resistências, a natureza e o sentido da forma de organização da Coligação de Angoche, identificando os diversos agentes históricos e os vários interesses econômicos e políticos em jogo entre as sociedades locais e destas com as sociedades do mundo swaili, como Madagascar e as ilhas Comores, além das disputas de interesses de portugueses, franceses e ingleses nessa importante região de forte presença dos árabes de Omã e do sultão de Zanzibar.

Ao desnudar os equívocos de uma história única, MATTOS aponta para histórias, tempos e espaços diversos, ganhando destaque a argumentação de sua original hipótese no âmbito da historiografia sobre Angoche, qual seja, de que o tráfico de escravos foi um aspecto necessário para a compreensão da resistência em Angoche, embora não tenha se mostrado suficiente para explicá-la. Ressalta que foi de grande relevância a luta dos coligados para preservarem sua soberania frente às investidas do imperialismo capitalista colonial e de suas conquistas, encobertas pelo primitivismo e barbarismo dos indígenas, eufemismos utizados pelas metrópoles europeias para justificar o confisco de terras e o controle e a submissão dos viventes, segundo mecanismos próprios da "situação colonial" – no sentido que Georges Balandier conferiu à expressão. No caso específico de Angoche, ao lado da cobrança de impostos e das formas de trabalho compulsório, o controle do comércio e da produção de gêneros de extração (caso da borracha) e de produtos agrícolas (os já citados goma, copal e amendoim) foram os principais mecanismos de dominação.

Para a investigadora, a empreitada de um movimento de resistência por parte da Coligação excedia as disputas relativas ao comércio de escravos, uma vez que as chefias visavam manter o controle das rotas comerciais do litoral do Índico e do interior do norte do atual território de Moçambique. Da mesma forma, merece destaque a referência que a competente historiadora faz acerca do recolhimento da tradição oral, possibilitando identificar a importância para Angoche das dinâmicas culturais dos entrelaçamentos entre os swaili e os macua.

Por fim, entre outros, há um tema tratado neste livro que carece ser realçado, porque tal como as resistências da Coligação de Angoche foram compreendidas pela autora deste livro com um valor epistemológico distinto daquele que tem predominado na estrutura discursiva eurocêntrica presente nos Estudos Africanos e em História da África. Trata-se da atuação das linhagens matrilineares –as inhamilala-, de participação primordial na expansão econômica e politica de Angoche, que por meio de relações de lealdade tecidas por parentesco, doação de terras e pelo islamismo de acentuado cariz sunita, atuaram de forma decisiva na mobilização e organização da resistência oferecida.

Enfm, a investigação realizada para elaboração da tese de doutoramento de Regiane Augusto de Mattos que para nosso júbilo, ora ganha a forma de livro, preenche importantes lacunas nas áreas dos Estudos Africanos e de História da África, sobretudo, mas não só no Brasil. Com uma escrita fluente e elegante que faz sobressair uma argumentação sólida e o domínio do instrumental teórico escolhido, Regiane apresenta uma obra primorosa que merece ser lida e relida com especial interesse e atenção.

Primavera de 2015.

Introdução

No final do século XIX, diante das tentativas de ocupação territorial e instituição dos mecanismos coloniais portugueses no norte de Moçambique,[1] foi constituída uma coligação[2] organizada por sultões e chefes de Angoche, Sangage, Sancul e Quitangonha, dos grupos chamados macua-imbamela e namarrais. Sem precedentes, esse agrupamento de resistência multiétnico teve uma importante ação organizada, efetuando ataques aos postos administrativos e militares portugueses, postergando a ocupação efetiva desses territórios até 1910.

O principal objetivo deste trabalho consiste em compreender a formação dessa coligação, analisando as formas de mobilização dos indivíduos envolvidos e os principais fatores desencadeadores da resistência. Contudo, essa coligação constituída no final do século XIX é, neste trabalho, o ponto de partida para a problematização das várias dimensões da resistência no âmbito das relações estabelecidas entre os diversos agentes históri-

---

1 O termo Moçambique, dependendo da época a qual se está referindo, pode aparecer nas fontes documentais com os seguintes significados: 1.) província ultramarina portuguesa, independente em 1975, e que engloba – depois da reabsorção dos territórios da Companhia do Niassa e da Companhia de Moçambique – a totalidade do território nacional da atual República Popular de Moçambique; 2.) distrito que passou à província depois da independência, situado no norte do país; 3.) ilha que, no distrito de mesmo nome, era a sede da primeira capital da colônia; 4.) essa mesma capital (até 1898, quando passou para Lourenço Marques); 5.) companhia concessionária que administrou, de 1892 a 1942, os territórios de Manica e Sofala, mais o seu prolongamento ao sul do Save. PÉLISSIER, René. *História de Moçambique. Formação e oposição, 1854-1918*. Lisboa: Editorial Estampa, 1994, p. 35. Vale lembrar que, neste trabalho, a expressão "norte de Moçambique" refere-se àquela região do atual país Moçambique.

2 O termo "coligação de resistência" é apropriado das fontes documentais portuguesas e utilizado nesta tese com o significado de associação, aliança.

cos na região, dentre eles as sociedades do norte de Moçambique, sobretudo o sultanato de Angoche e o governo português.

No norte de Moçambique era possível encontrar uma gama variada de grupos sociais, como, goeses, em sua maioria, cristãos; baneanes, que eram comerciantes hindus originários, sobretudo, de Guzarate; e mouros, que poderiam ser indianos ou omanitas, ambos muçulmanos.[3] Não se pode deixar de observar igualmente a presença de portugueses recém-chegados ou estabelecidos há gerações, ingleses e franceses, incluindo mercadores e representantes dos referidos governos.

Nota-se ainda que os sultões de Angoche mantinham relações muito próximas, inclusive de parentesco, com as elites muçulmanas de Zanzibar e das ilhas Comores e Madagascar. O contato com essas áreas do Oceano Índico fora instituído há muito tempo, tendo um caráter econômico, mas envolvendo também um forte aspecto religioso, marcado pela presença do Islã de vertente sunita. Além de fazerem parte da rede comercial e cultural do Oceano Índico, os sultões de Angoche estabeleceram relações com as sociedades do interior ao criar laços de lealdade com os seus chefes a partir da doação de terras, de vínculos de parentesco e da religião ao contribuírem para a disseminação do Islã na região.

Para analisar a coligação de resistência, privilegiando a dinâmica das relações entre os diversos agentes históricos na região, foi preciso retroceder no tempo, escolhendo como baliza cronológica inicial o ano de 1842, quando a proibição do tráfico de escravos foi formalizada com a assinatura de um tratado entre Inglaterra e Portugal, permitindo aos ingleses o apresamento de navios e o julgamento dos tripulantes envolvidos nesse comércio.[4]

Já na primeira metade do século XIX, Angoche se tornara um dos mais importantes centros econômicos da África oriental, ao realizar o comércio de longa distância e controlar as principais rotas comerciais, sobretudo de escravos, entre o litoral índico e o

---

[3] HAFKIN, Nancy. *Trade, society and politics in Northern Mozambique, c.1753-1913*. Ph. D. Thesis, Boston University Graduate School, Boston, 1973, p. 35. O termo baneane é derivado, muito provavelmente, da palavra *vãniyãn*, que, em língua guzarate, significa comerciante. ZAMPARONI, Valdemir. Monhés, Baneanes, Chinas e Afro-maometanos. Colonialismo e racismo em Lourenço Marques, Moçambique, 1890-1940. *Lusotopie*. Paris, Ed. Karthala, 2000, p. 191-222. Os baneanes em Moçambique são analisados também nas seguintes obras: ANTUNES, Luís F. D. *A Companhia dos Baneanes de Diu em Moçambique (1686-1777)*. Dissertação de Mestrado, Universidade Nova de Lisboa, Lisboa, 1992. LEITE, Joana Pereira. Em torno da presença indiana em Moçambique – séc. XIX e as primeiras décadas da época colonial. *IVº Congresso Luso-Afro-Brasileiro de Ciências Sociais*, Rio de Janeiro, IFCS/UFRJ, 2 a 5 de set. de 1996. JARDIM, Marta Denise da Rosa. *Cozinhar, adorar e fazer negócio: Um estudo da família indiana (hindu) em Moçambique*. Universidade Estadual de Campinas, Tese de Doutorado, Campinas, 2006.

[4] ALEXANDRE, Valentim. *Velho Brasil, Novas Áfricas. Portugal e o Império (1808-1975)*. Porto: Edições Afrontamento, 2000.

interior do continente africano. Embora a promulgação da lei, em 1842, não tenha significado na prática a supressão total do comércio de escravos (as nuances desta intervenção são tratadas também neste trabalho), este marco temporal foi escolhido porque aponta para uma primeira tentativa de interferência do governo português na economia e na política do sultanato de Angoche e das outras sociedades do norte de Moçambique.

A baliza cronológica final se reporta a 1910, ano em que o sultanato de Angoche foi efetivamente ocupado pelo governo português e seus chefes, como Farelay e Ibrahimo, que formavam a coligação de resistência foram capturados e deportados para a Guiné.

A HISTORIOGRAFIA SOBRE ANGOCHE

Existem ainda poucos trabalhos historiográficos que versam sobre a história do sultanato de Angoche e, mais especificamente, sobre a formação da coligação de resistência no norte de Moçambique no final do século XIX. Apesar de contribuírem para o entendimento da história política, econômica e social do norte de Moçambique, esses trabalhos não contemplam, com detalhe e profundidade, os diferentes aspectos e dimensões envolvidos que permitem entender a complexidade da coligação de resistência. Em geral, reservam uma pequena parte à análise do contexto histórico da formação da coligação, concentrando as pesquisas no período anterior, marcado pelo auge do comércio de escravos.

De acordo com essa historiografia, a resistência tinha como principal objetivo a continuidade dos privilégios obtidos por meio do tráfico de escravos. Dessa maneira, os trabalhos existentes convergem no seguinte ponto: a principal preocupação dos chefes do norte de Moçambique envolvidos na coligação de resistência era de caráter econômico, na medida em que objetivavam preservar o comércio de escravos. Esta conclusão pode ser explicada pelo fato das referidas pesquisas se fundamentarem num conjunto de fontes documentais produzidas por portugueses e ingleses, a maioria escrita e publicada num contexto posterior aos acontecimentos, não observando o fato de que seus autores estavam comprometidos, em algum nível, fosse cobrando ou sendo cobrado, com a proibição do tráfico de escravos, e, por essa razão, destacavam essa questão nos seus registros, insistindo na intensa relação das elites suaílis com esse comércio.

Dentre esses trabalhos, cito os realizados por Malyn Newitt e Nancy Hafkin, escritos na década de 1970. Newitt escreveu dois artigos sobre Angoche, ambos publicados no *The Journal of African History*.[5] No primeiro, eminentemente factual, Newitt

---

5   NEWITT, Malyn. The early history of the sultanate of Angoche. *The Journal of African History*, v.13, n. 3, p. 397-406, 1972, *Idem*, Angoche, the slave trade and the portuguese. *The Journal of African History*, v. 13, n.4, p. 659-672, 1972.

faz um panorama da história do sultanato desde as suas origens por volta do século XV, abordando as relações comerciais com os portugueses, o desenvolvimento do tráfico de escravos, no século XVIII e o seu auge no XIX. No segundo, o autor privilegia a fase de renascimento econômico do sultanato, no final do século XVIII, ocasionado pelo crescimento do tráfico de escravos nos portos de Moçambique, e o período da "ilegalidade" desse comércio no século XIX. Aborda também a atuação portuguesa para impor o fim do tráfico de escravos e ocupar o norte de Moçambique (incluindo Angoche). Com relação ao Islã, o autor afirma que o sultão de Angoche, Mussa Quanto, tinha interesse em difundi-lo, mas que se tornava difícil avaliar a sua importância na região. Newitt conclui apenas que o interesse em manter o controle do comércio de escravos e a independência com relação a Portugal promoveu a resistência dos suaílis.

A tese de doutorado de Nancy Hafkin, *Trade, Society and Politics in Northern Mozambique, c.1753-1913*, é um dos poucos trabalhos acadêmicos de maior fôlego sobre o norte de Moçambique. A autora aborda a origem dos estabelecimentos islâmicos da costa de Moçambique, como o sultanato de Angoche e os xecados de Sangage, Sancul e Quitangonha e a formação da cultura suaíli na região. Hafkin descreve a expansão econômica destes estabelecimentos islâmicos entre o final do século XVIII e a segunda metade do século XIX, ligada intrinsecamente ao comércio de escravos, e como se configurou a relação com o governo português durante esse período. Também observa que as relações entre as elites suaílis da costa e os chefes das sociedades matrilineares macuas do interior ocorreram em torno do comércio de escravos e da expansão do Islã, destacando a importância desta religião como fator presente na organização da resistência.

No que se refere à organização da resistência à dominação portuguesa no final do século XIX, a autora ressalta a perda do monopólio comercial exercido pelo sultanato de Angoche, em particular o de escravos, como fator preponderante para a organização da resistência, o que a leva a concluir que, ao longo do século XIX, todos os xeques suaílis defendiam de fato "o seu monopólio de exploração da população africana". Ainda segundo a autora, "a proteção do tráfico de escravos é o elemento crucial nas resistências de 1888-1913 no norte de Moçambique".[6]

Em sua obra *História de Moçambique, formação e oposição (1854-1918)*, René Pélissier, ao abordar as revoltas e resistências anticoloniais em todo o território de Moçambique, reserva alguns de seus capítulos às atitudes de confronto em relação ao governo português, encabeçadas pelas sociedades do norte de Moçambique. Pélissier destaca as ações de suaílis e macuas entre 1853 e 1913, sobretudo no que se refere ao tráfico de

---

6   HAFKIN, Nancy, op. cit., p. 400.

escravos e à relação com as autoridades portuguesas. Esta obra aborda ainda, de maneira bastante descritiva, as expedições militares portuguesas contra os namarrais e as diretrizes da coligação dos imbamelas e dos suaílis na segunda metade dos oitocentos, ressaltando a atuação dos chefes Mussa Quanto, Marave e Farelay.[7]

Ao final, Pélissier defende que não foi uma "consciência étnica" o fator que unificou os diferentes grupos na região, mas sim os seus interesses econômicos, sobretudo na continuação do comércio de escravos. A esse respeito o autor destaca:

> A sociedade suahili surge-nos também como uma terrível máquina predadora. Um sistema econômico baseado no rapto e no desprezo do ser humano não nos merece nenhuma especial indulgência pretexto de ser dirigido por africanos que, por acaso, se batiam contra o colonizador. (...) No que respeita aos macuas, tão-pouco nos sentimos tentados a fazer heróis de uns pequenos déspotas que, não esqueçamos, também negociavam carne humana. O poder macua, mesmo reduzido a um simples clã, e tão fragmentado que se destruía a si próprio, não conhecia senão os seus micro-interesses. Ver nele, no período da resistência à ocupação, uma consciência étnica africana, ou até simplesmente macua, seria uma colossal falsificação historiográfica. Todos esses colaboradores que os portugueses e os suahilis alistavam nas suas efêmeras falanges não procuravam, na realidade, senão minimizar o risco de desaparecimento pessoal e maximizar os lucros obtidos em muito rendosas razias. Estavam prontos, para isso, a trair parentes, vizinhos e amigos e a voltar-se contra os aliados da véspera. Nunca a consciência da precariedade de um homem na terra macua esteve ausente das motivações dos atores, poderosos e humildes, desses muitos combates. A caça aprendera as manhas do caçador, visto que, de um combate para outro, os papéis poderiam inverter-se; poderia utilizá-las em seu proveito ao sabor de uma nova aliança.[8]

O pesquisador e professor da Universidade Eduardo Mondlane, Aurélio Rocha, autor de um dos artigos mais recentes sobre o tema - *O caso dos suaílis, 1850-1913*,[9] afirma:

---

7   PÉLISSIER, René. *História de Moçambique. Formação e oposição (1854 – 1918)*. Lisboa: Editorial Estampa, v. 1, 1987.

8   PÉLISSIER, René, op. cit, p. 317-318.

9   ROCHA, Aurélio, O caso dos suaílis, 1850-1913. *Reunião Internacional de História de África: relação Europa-África no 3º quartel do século XIX*. Lisboa: Centro de Estudos de História e Cartografia Antiga, Instituto de Investigação Cientifica e Tropical, 1989.

> A dimensão dessa coligação, ainda mal estudada, pode ser avaliada se virmos que reunia forças tão diversas como as de Angoche (Farelay/Ibrahimo), Sancul (Marave), Quitangonha (Alua, capitão-mor do xecado), Namarrais e as forças leais ao chefe Imbamela, Guarnea-muno. (...) Não nos prestamos, por ora, a apresentar conclusões definitivas. Os dados existem em abundância, a realidade política e econômica do norte de Moçambique é razoavelmente conhecida, mas subsistem ainda lacunas sobre esta época e as tumultuosas movimentações que a caracterizam.[10]

Este autor inicia o artigo fazendo um panorama da formação dos povos e da cultura suaílis da costa do Índico e, especificamente, do norte de Moçambique desde o século XI. Também mostra a relação estabelecida entre os suaílis e os portugueses, os franceses e os árabes de Omã e do sultanato de Zanzibar, notadamente no âmbito da expansão do comércio de escravos a partir do século XVIII. Em seguida, detém-se nas alianças entre os "reinos afro-islâmicos da costa", como o sultanato de Angoche, os xecados de Quitangonha, de Sancul e de Sangage e o governo português, salientando que estas alianças "se faziam e desfaziam ao sabor dos interesses circunstanciais".[11]

No que diz respeito à análise da coligação de resistência, Aurélio Rocha a classifica na categoria das "resistências primárias", por precederem a implementação do sistema colonial, distinguindo dois momentos diferentes. O primeiro durou até os anos de 1880 e foi marcado pela proibição do tráfico de escravos em 1842 e a configuração da resistência por parte de Angoche e dos outros "reinos afro-islâmicos" em não aceitarem esta imposição de Portugal e continuar e ainda expandir o comércio de escravos. O segundo momento iniciou-se entre 1886 e 1890, em reação à mudança de atitude do governo português, que passou a ser mais ofensiva, com uma política voltada para a dominação e a implementação dos mecanismos coloniais, resumidos na cobrança do "imposto da palhota, nas culturas de mercado e no sistema de plantações".[12]

Com relação aos objetivos da coligação de resistência, igualmente a outros estudiosos, Aurélio Rocha conclui que o período estudado foi marcado pela forte oposição à presença e à administração portuguesa dentro de um quadro mercantil escravista. Foi nessa época – no auge do comércio de escravos - que as "castas dominantes dos reinos afro-islâmicos da costa" norte de Moçambique resistiram violentamente.

---

10   Ibidem, p. 599.

11   Ibidem, p. 603-604.

12   ROCHA, Aurélio, op. cit., p. 604-605.

Para o pesquisador, apesar da presença do Islã na organização da resistência, este não teria sido um fator de coesão entre as diferentes sociedades. Aurélio Rocha defende que a unidade era dada fundamentalmente pelos obstáculos colocados ao tráfico de escravos. "Foram econômicas e não religiosas (ou políticas) as razões principais das revoltas. Das causas que apuramos são predominantes aquelas relacionadas com a escravatura e o tráfico de escravos." Apesar de não apresentar o papel da religião islâmica e como ocorreu, na prática, a sua relação com a formação da resistência, conclui:

> O Islã parece ter surgido em certos momentos como um vínculo religioso que facilitou apoios e juntou forças de diferentes grupos em competição. Mas o Islã era, neste período, uma religião de elite que não parece ter servido de elemento mobilizador e de cimento de unidade entre os diversos intervenientes nas guerras que decorreram na macuana durante todo o século XIX.[13]

A obra mais recente sobre o sultanato de Angoche é a escrita por Liazzat Bonate, em *The ascendance of Angoche: politics of kinship and territory in northern Mozambique*.[14] Esta pesquisadora analisa como o sultanato de Angoche expandiu sua influência e se tornou o maior poder político na região norte de Moçambique no século XIX.

Em contraposição à historiografia sobre o tema, Bonate apresenta a história do sultanato de Angoche direcionando o foco de análise para a "dinâmica das relações políticas internas africanas", destacando que os líderes de Angoche não "dirigiam seus interesses apenas para o mundo suaíli", nem promoviam "estratégias políticas somente de caráter predatório" em relação aos povos do interior, como medidas destinadas à escravização da população. Eles faziam uso de uma política de parentesco e de distribuição de terras que criava laços entre os chefes do interior e o sultão de Angoche, que, por sua vez, favoreciam o controle do comércio, sobretudo de escravos. Bonate acrescenta ainda que a ideia de Angoche como um importante desafiador do projeto colonial português no século XIX foi difundida pelo próprio governo português. Para a autora, a prioridade política de Angoche não era a resistência à dominação portuguesa, e sim a expansão de sua influência política, sobretudo por meio do comércio de escravos.[15]

---

13   *Ibidem*, p. 605.
14   BONATE, Liazzat J. K. *The ascendance of Angoche: politics of kinship and territory in northern Mozambique*. Research Seminar in History. Universidade de Northwestern, EUA, 2002.
15   *Ibidem*, p. 3-4.

O artigo apresenta a história de Angoche em relação à dinâmica política interna africana, na qual os chefes principais competiam entre si pelas oportunidades de enriquecimento oferecidos pelo comércio internacional de escravos. Historiadores, no entanto, tendem a avaliar a história do século XIX no norte de Moçambique através do prisma de suas relações com os portugueses. Em particular, Angoche tem sido descrito como maior desafiador do projeto imperial português ao longo do século XIX. A ideia foi trazida primeiro pelos conquistadores portugueses. No período considerado neste artigo, quando o regime colonial português ainda não havia sido estabelecido, a aplicação do termo de 'resistência' na qualificação das ações dos africanos parece ser inadequada. Eu demonstro neste trabalho que os interesses políticos de Angoche estavam situados dentro da arena da política local africana, e não na relação com os portugueses.[16]

Entretanto, ao isolar a atuação do sultanato de Angoche, abordando apenas suas estratégias políticas voltadas para as sociedades do interior no norte de Moçambique, Bonate deixa de observar a complexa dinâmica das relações entre os diferentes agentes históricos (não somente o governo português) presentes na região e o quanto esta dinâmica podia ser influente, muitas vezes, direcionando essas mesmas relações internas.

Em algumas situações, a autora apresenta uma análise que simplifica as ações dos chefes africanos. Bonate conclui, por exemplo, que os representantes do governo português, o engenheiro Pães d'Almeida e o sargento Pitta Simões, foram mortos, em 1902, a mando do chefe Cobula-muno, apenas por desrespeitarem as regras internas daquela sociedade, quando entraram em seu território sem serem autorizados.[17] Assim, a autora desconsidera os fatos ocorridos a partir de um contexto histórico mais amplo, marcado pela política colonialista portuguesa, e não questiona as razões do Cobula-muno para

---

16   Tradução: Regiane Mattos. "*The paper presents the history of Angoche in relation to internal African political dynamics, in which the paramount chiefs competed with each other for the opportunities of enrichment offered by the international slave trade. Historians, however, have tended to assess the nineteenth century history of northern Mozambique through the prism of its relations with the Portuguese. In particular, Angoche has been depicted as a major challenger to Portuguese imperial designs throughout the nineteenth century. The idea was first brought up by the Portuguese conquerors. In the period considered in this paper, when the Portuguese colonial rule had yet to be established, the application of the term 'resistance' in qualifying the actions of the Africans seems to be inadequate. I demonstrate in this paper that Angoche's political interests were situated within the arena of local African politics rather than with the Portuguese.*" Ibidem, p. 3-5.

17   "*The Portuguese ignored these warnings. Finally, in Buela, they were surrounded and killed by the armed people following the instructions of the Cubula. It is possible that the Cubula particularly disliked the Portuguese, but in principle anybody could have suffered the similar fate.*" BONATE, Liazzat J. K., op. cit., 2002, p. 28.

proibir a entrada, nem os objetivos dos dois portugueses ao adentrarem em seu território. De acordo com as fontes consultadas, os dois foram enviados com o intuito de iniciar a instalação de um posto português e promover o recrutamento de trabalhadores. Bonate também não considera que Cobula-muno estava associado a outros chefes, como Farelay (Angoche) e Marave (Sancul), ou seja, fazia parte da coligação de resistência.[18]

No que se refere a dois aspectos comuns analisados pelos trabalhos existentes - o objetivo da resistência e o papel do Islã - Bonate afirma, como os outros autores, que o comércio de escravos era o objetivo central do sultanato. E com relação ao papel do Islã na resistência, em sua tese de doutorado sobre a recriação das tradições islâmicas pelas elites e pelos chefes da província de Nampula (norte de Moçambique) entre 1850 e 1974, a autora afirma que a expansão do Islã atingiu somente as elites, não garantindo a paz nem a união de diferentes sociedades. No século XIX, as disputas continuavam a acontecer entre os chefes muçulmanos, sendo a ameaça externa o fator que teria os unido na coligação de resistência.[19]

O DEBATE SOBRE AS RESISTÊNCIAS AFRICANAS

Nota-se, na maior parte dos referidos trabalhos, uma tendência à comparação entre os objetivos da resistência organizada no norte de Moçambique no final do século XIX e os ideais dos movimentos nacionalistas do século XX, em particular, os de libertação, unidade nacional e transformação social. Essa conexão entre as chamadas "resistências primárias" (organizadas contra a ocupação e a administração colonial) e os movimentos nacionalistas foi realizada pela primeira vez por Terence Ranger, num artigo publicado em 1968, no qual destaca a possibilidade de que "elementos modernos" dos nacionalismos africanos sejam encontrados em alguns casos de "resistências primárias".[20]

Esse tipo de abordagem, presente também em vários outros trabalhos produzidos na década de 1960, é resultado, em grande medida, da influência das lutas de libertação na África ocorridas nessa época. Muitos desses trabalhos surgiram em resposta à literatura anterior de caráter eurocêntrico e com o objetivo de mostrar a capacidade de união e de resistência das diferentes sociedades como expressão da tradição africana diante da ocupação europeia.

---

18 Este episódio é analisado minuciosamente no capítulo 5 deste trabalho.

19 BONATE, Liazzat J. K. *Traditions and transitions. Islam and chiefship in northern Mozambique, ca. 1850-1974*. (Tese de Doutorado), University of Cape Town, 2007, p. 60-61.

20 RANGER, Terence O. Connexions between primary resistance movements and modern mass nationalism in East and Central África. *The Journal of African History*, Cambridge University Press, IX, 3, 1968, p. 437-453.

Nesse sentido, o trabalho de Allen e Bárbara Isaacman - *A tradição da resistência em Moçambique* é emblemático. No que se refere à rebelião de Barué, ocorrida em 1917 no vale do Zambeze, os autores a classificam como "resistência primária expansiva", pois diferentemente das "resistências primárias", preconizava uma "sociedade zambeziana mais vasta". Mostram que essa resistência foi realizada em grande escala e com o objetivo de libertação e expulsão dos portugueses e seus aliados. Houve uma aliança multiétnica e multirracial entre povos zambezianos centrada nos Barué, que contou com o apoio de famílias mestiças e esteve aberta à negociação com os ingleses. Por essa razão, os autores a aproximam do movimento de libertação nacionalista, alegando que o problema estava na opressão sofrida por esses povos decorrente do colonialismo português.[21]

> A natureza do apelo, expressa em termos anti-coloniais, e o alcance da aliança que este apelo tornou possível, sugerem que a rebelião de 1917 ocupou uma posição de transição entre as formas primitivas de resistência africana e as guerras de libertação de meados do século XX. Ao contrário das rebeliões anteriores, cujo intento era readquirir a independência de uma chefatura histórica ou grupo de povos aparentados, a insurreição de 1917 procurou libertar todos os povos do Zambeze da opressão colonial.
> (...) A ausência de tais regionalismos fez esquecer rivalidades passadas e permitiu que a chefia apelasse para todos os povos com os quais o contato havia sido anteriormente esporádico ou mesmo amigável.
> A sua firme vontade de ultrapassar diferenças culturais e hostilidades passadas e de se unir num movimento de massas multiétnico baseado num sentimento comum de opressão e de identidade africana representou a realização fundamental da insurreição. É sob esta perspectiva que a revolta de 1917 constituiu a culminação da longa tradição de resistência zambeziana e simultaneamente se torna precursora da recente luta de libertação.[22]

A rebelião de Barué, em 1917, pode ser comparada em muitos aspectos à coligação de resistência no norte de Moçambique formada no final do século XIX. Características como a escala, a articulação entre diferentes sociedades em termos de ação, liderança e objetivos comuns, planejamento de ações e comunicação entre os resistentes, podem ser observadas em ambas. Mas, outros elementos que a aproximariam dos ideais nacionalis-

---

21 ISAACMAN, Allen, ISAACMAN, Bárbara. *A tradição da resistência em Moçambique, o vale do Zambeze, 1850-1921*. Porto: Edições Afrontamento, 1976, p. 272-321.

22 ISAACMAN, Allen; ISAACMAN, Bárbara, op. cit., p. 288-290.

tas, como a consciência de uma "africanidade" ou a intenção de libertação e transformação social, neste caso, são dificilmente possíveis de serem reconhecidas.

Nancy Hafkin argumenta que, no caso da resistência no norte de Moçambique, não é possível fazer uma conexão com o "moderno nacionalismo de massa" em Moçambique, pois não houve uma guerra no sentido da libertação. Para esta autora, se há alguma indicação de um senso de nacionalismo africano nessas revoltas, esta estaria no fato de considerarmos o nacionalismo em oposição ao colonialismo. Além disso, a resistência no norte de Moçambique foi reacionária, pois não estava voltada para a transformação social, como aponta Hafkin neste trecho:

> O papel dos xecados, chefaturas e sultanatos era essencialmente parasitário na sua relação com os territórios e a população africana. Produzindo pouco sozinhos, eles tinham uma relação não orgânica com a região na qual estavam situados. As revoltas eram reacionárias, no sentido em que eles representavam o esforço de uma elite para preservar uma situação da qual eles tiravam proveito. Isto difere daquelas revoltas que eram meramente românticas e tradicionais, no sentido que estes elementos eram baseados no critério sócio-cultural e não político.[23]

Para Aurélio Rocha, embora a resistência tenha assumido um caráter anticolonial, "não visava qualquer tipo de libertação e corria até mesmo no sentido contrário ao do nacionalismo". Sobretudo, objetivava a "manutenção das bases do poder oligárquico" e o modo de produção baseado na escravatura. Não pretendia a transformação social, mas a preservação da exploração. Alcançada a dominação efetiva portuguesa, afirma o autor: "para os africanos de Moçambique, a exploração continuaria sob novas formas e novos senhores".[24]

Esse exercício de tentar encontrar elementos característicos dos movimentos nacionalistas nas chamadas resistências primárias é muito delicado. Pois, partindo dessa metodologia de análise, corre-se o risco de incorrer em anacronismos pela sugestão de que os membros das "resistências primárias" eram movidos por ideias que talvez não tivessem ou que as circunstâncias históricas não permitissem que tivessem, como, por exemplo, uma consciência nacional ou uma intenção de libertação social.[25]

---

23   HAFKIN, Nancy, op cit., p. 400.
24   ROCHA, Aurélio, op. cit, p. 606-607.
25   ELLIS, Steven. La conquista colonial en el centro de Madagascar: Quien resistió a qué? In: ABBINK, Jon; BRUIJN, Mirjam; WALRAVEN, Klass van (eds.). *A propósito de resistir. Repensar la insurgencia en África.* Barcelona: Oozebap, 2008, p. 111.

A procura sem sucesso desses elementos de caráter nacionalista na coligação de resistência no norte de Moçambique pode ter provocado uma simplificação da análise dos fatores desencadeadores da resistência e das formas de mobilização das diferentes sociedades envolvidas, ressaltando-se apenas o caráter econômico dos objetivos dessa coligação. Também pode ter influenciado um tipo de análise mais restrita, que não considera a dinâmica da resistência em seus diversos aspectos e dimensões, tais como a articulação de alianças entre chefes, as respostas dadas pelos membros da resistência às diferentes intervenções do governo português, a exemplo dos processos sucessórios ou dos sequestros de indivíduos que exercem funções importantes nestas sociedades; tal análise desconsidera ainda os espaços independentes de ação e as estratégias cotidianas de resistência, a circulação de notícias de enfrentamentos de outras sociedades com o governo português.

Os trabalhos que contemplam a perspectiva de comparação entre resistências primárias e os nacionalismos modernos foram alvos de várias críticas dirigidas por uma nova historiografia que surgiu no final da década de 1970. A principal crítica recaiu sobre o caráter elitista das pesquisas anteriores, voltadas para as organizações de resistências de maior envergadura. As críticas incidiram também sobre os historiadores que retrataram as ações dos africanos de maneira dualista reduzindo-as à resistência vs. acomodação, como as únicas estratégias possíveis diante das imposições do colonialismo.[26]

Nessa corrente historiográfica também se inseriram Allen e Barbara Isaacman com novos trabalhos sobre o tema. Eles destacaram a tendência nos estudos africanos em abordar a resistência como a reação mais natural às investidas imperialistas, quando esta era apenas uma das opções existentes. Acrescentaram que estes estudos, ao colocarem o foco da atenção nas ações de resistência das elites africanas, não conseguiram reconhecer que a decisão entre lutar contra, permanecer na neutralidade ou colaborar com o colonialismo, foi tomada também por diferentes estratos da sociedade (camponeses, escravos, comerciantes, entre outros). Para estes autores, as motivações que levaram os africanos a agir de uma forma ou de outra estava relacionada mais a interesses próprios do que a uma "abstrata lealdade ao Estado". Por outro lado, as elites africanas adotaram uma postura anticolonialista para defender seus privilégios e, por essa razão, não conseguiram ganhar o apoio de toda a população. Allen e Barbara Isaacman afirmam ainda que, em alguns casos, devido à existência de "diferenciação social e de rivalidades interétnicas", o termo

---

26 ABBINK, Jon; WALRAVEN, Klass van. Repensar la resistencia en la Historia de África. In: ABBINK, Jon; BRUIJN, Mirjam; WALRAVEN, Klass van (eds.), op. cit., p. 16.

resistência tende mais a obscurecer do que explicar essas relações.[27] No que se refere especificamente ao norte de Moçambique, os autores afirmam:

> Há indícios de clivagens semelhantes nas sociedades ligadas ao comércio de escravos ao longo da costa norte de Moçambique, o que pode ter minado a capacidade dos líderes para manter o apoio popular às revoltas antiportuguesas destinadas a reservar o monopólio da riqueza e do poder.[28]

Os estudos que fizeram parte dessa nova historiografia retrataram, por exemplo, as lutas dos trabalhadores agrícolas durante o período colonial como resistências protonacionalistas. Dentre eles, cito outra obra de Allen Isaacman, que considerou resistência a retenção da produção de algodão pelos trabalhadores agrícolas de Moçambique.[29] James Scott também realizou várias pesquisas que mostravam a resistência cotidiana encabeçada não pelas elites, mas pela população em geral.[30] Segundo os pesquisadores Jon Abbink e Klass van Walraven, num artigo a respeito da historiografia dessa época, o debate foi marcado por "paradigmas marxistas [que] facilitaram a busca das raízes do nacionalismo nas origens do subdesenvolvimento, especialmente porque naquele momento muitos países africanos foram atingidos pela instabilidade política e pelo crescimento do déficit econômico".[31]

Essa corrente interpretativa dos movimentos de resistência ampliou o uso do conceito de resistência, incluindo qualquer tipo de ação contrária ao capitalismo e ao colonialismo, como roubos, deserções, fugas, dissimulação e sabotagem, o que se convencionou denominar de protesto social. Nessa perspectiva, inserem-se também os estudos sobre banditismo social, caracterizado por ações contrárias ao colonialismo por parte de líderes que tentavam proteger a população dos excessos dos administradores coloniais, sobretudo da exploração econômica.[32]

---

27 ISAACMAN, Allen; ISAACMAN, Barbara. Resistance and Collaboration in Southern and Central Africa, c. 1850-1920. *The International Journal of African Historical Studies*, vol. 10, n. 1, 1977, p. 61.

28 *Ibidem*, p. 46.

29 ISAACMAN, Allen. Cotton is the mother of poverty: peasant resistance to forced cotton production in Mozambique, 1938-1961. *International Journal of African Historical Studies*, n.13, 1980, p. 614.

30 SCOTT, James. *Weapons of the weak: everyday forms of peasant resistance*. New Haven: Yale University Press, 1985.

31 ABBINK, Jon; WALRAVEN, Klass van, op. cit., p. 16.

32 Um panorama dos movimentos de resistência na África é realizado por: RANGER, Terencer O. Iniciativas e resistência africanas em face da partilha e da conquista. In: BOAHEN, A. Adu. (coord.) *História Geral da África*. A África sob dominação colonial, 1880-1935. Ática/Unesco, v. 7, 1985. HERNANDEZ, Leila Leite. Os movimentos de resistência na África. *A África na sala de aula*. SP: Summus, 2005, p. 127. M'BOKOLO,

A crítica ao uso do conceito de resistência foi realizada mais recentemente por Frederick Cooper no artigo *Conflito e conexão: repensando a História Colonial da África*. Para este historiador o conceito de resistência, em geral, não é problemático quando se trata das ações desafiadoras da administração colonial, mais especificamente da construção dos argumentos para a liberação, dos conflitos entre os exércitos africanos e coloniais e das desobediências e fugas individuais. Mas, há uma tendência a ampliar o uso do termo, sem deixar claro o alvo da resistência, e no caso do alvo ser o colonialismo, sem destrinchar as suas implicações, expandindo-as a ponto de não enxergar outros objetivos dos agentes envolvidos. Cooper afirma que, devido ao caráter dicotômico (colonizado *versus* colonizador) que esse termo pode carregar, "por mais significativa que a resistência possa ser, a Resistência é um conceito que pode estreitar a nossa compreensão da história da África, ao invés de expandi-la."[33]

O CONCEITO DE RESISTÊNCIA

O presente trabalho privilegia uma abordagem mais matizada da resistência, ressaltando as dinâmicas das relações entre os diferentes agentes históricos presentes no norte de Moçambique ao longo do século XIX até o início do XX, dando relevo aos diversos fatores desencadeadores e às formas de mobilização das diferentes sociedades envolvidas na coligação de resistência à dominação portuguesa.

Dessa maneira, o conceito de resistência é entendido como o conjunto de ações, sejam elas individuais ou organizadas em nome de diferentes grupos, elitistas ou não, não necessariamente incluindo violência física, como respostas às interferências políticas, econômicas e/ou culturais impostas por agentes externos e consideradas, de alguma maneira, ilegítimas pelos indivíduos que a elas foram submetidos.[34]

Embora a coligação de resistência no norte de Moçambique tenha sido organizada por chefes locais que representavam determinadas sociedades e que estavam envolvidos com o comércio de escravos, esta pesquisa mostra que ela recebeu apoio de agentes de diferentes camadas da sociedade descontentes com as ações do governo português.

Foi possível observar igualmente outras dimensões das resistências em espaços independentes de ação, ou seja, sem relação direta com as práticas dos sultões e chefes

---

Elikia. Conquistadores e resistentes. *A África Negra. História e Civilizações até o século XVIII*. Tomo I. Lisboa: Vulgata, 2003.

33   COOPER, Frederick. Conflito e conexão: repensando a História Colonial da África. *Revista Anos 90*, Porto Alegre, v. 15, n. 27, jul. 2008, p. 28.

34   ABBINK, Jon; WALRAVEN, Klass van, op. cit., p. 22.

principais e ocorreram até mesmo num período anterior à coligação, mas que, de alguma maneira, contribuíram para a sua formação.

Ao longo do século XIX, muitos chefes do interior organizaram importantes ações cotidianas na tentativa de impedir as interferências e investidas de dominação do governo português. Agiam ignorando ordens de comandantes militares desejosos por se estabelecerem em suas terras, respondendo de forma ofensiva, criticando diretamente as associações do governo português ao apoiar guerras e fornecer armas e pólvora a outros chefes. As mulheres também tiveram um papel relevante, sobretudo as *pia-mwene*, representantes das linhagens nas sociedades matrilineares. Elas questionavam, por exemplo, a interferência do governo português nos processos sucessórios ao ignorar a importância de uma das principais funções das *pia-mwene*, quando, então, as autoridades portuguesas apoiavam e legitimavam o poder dos ainda concorrentes aos cargos de chefe e capitão-mor, antes mesmo da sua aprovação.

Ocorreram igualmente ações organizadas por cipaios (soldados que formavam as forças militares portuguesas), que se refugiavam, passando a compor o conjunto de guerreiros dos sultões e chefes do norte. Ou as atitudes de sabotagem dos guias africanos que, quando chamados pelas autoridades portuguesas para orientá-las em caso de guerras pelos caminhos em direção ao interior, conduziam-nas para territórios de difícil acesso e com parcos recursos naturais, impedindo que se efetivassem os ataques. Essas ações demonstram também que, embora a coligação de resistência tenha sido organizada pelas elites do norte de Moçambique e que, a despeito da existência de diferenciação social, houve integração e apoio entre as diversas camadas sociais descontentes com as interferências do governo português.

O NORTE DE MOÇAMBIQUE COMO ESPAÇO DE INTERCONEXÕES: UMA PROPOSTA PARA ENTENDER A COLIGAÇÃO DE RESISTÊNCIA

O presente trabalho defende que a coligação de resistência organizada por sultões e chefes das sociedades do norte de Moçambique no final do século XIX, teve como principal objetivo a preservação da autonomia política, ameaçada pelas iniciativas efetivas de colonização portuguesa, tais como a proibição do comércio de escravos, o controle do comércio e a produção de gêneros agrícolas, a cobrança de impostos e o trabalho compulsório. O fato das sociedades africanas no norte de Moçambique atuarem em contatos constantes entre si e com outras de fora do continente contribuiu para a mobilização da coligação de resistência. Isto porque, atuando desta forma, construíram redes sociais, políticas, econômicas e culturais, para além da dimensão étnica, nas quais foram privilegiadas as relações de lealdade, o comércio e a religião islâmica. Estas redes foram tecidas não somente entre as elites africanas, mas incorporaram agentes de diferentes camadas da sociedade, facilitando a construção de identidades entre elas, acionadas em momentos de crise diante das tentativas de dominação portuguesa. Esses contatos promoveram igualmente a circulação de ideias e de notícias de outros movimentos de resistência no mesmo período em Moçambique, o que permitia o conhecimento das novas diretrizes da política portuguesa mais ofensiva na região, provocando a consciência da necessidade de união e, sobretudo no final do século XIX, favorecendo a formação da coligação de resistência.

No que se refere aos fatores desencadeadores da resistência, ao estudar o papel do sultanato de Angoche na ampla rede de trocas comerciais na África Oriental realizada através do Oceano Índico, é possível afirmar que era fundamental garantir a autonomia econômica para a permanência do poder e das boas condições materiais de vida das elites, além do poderio militar e da soberania política de Angoche.

Nessa época, no norte de Moçambique, o tráfico de escravos ocorria a todo vapor, sendo uma das áreas mais frequentadas por comerciantes de escravos de origem portuguesa, brasileira, francesa e árabe. Desde o fim do século XVIII, essa atividade econômica proporcionou aos sultões e xeques da costa, vantagens materiais e condições militares que lhes garantiam o controle de uma rede comercial importantíssima e o fortalecimento do poder político. Portanto, não há como negar que os sultões de Angoche queriam a continuação do comércio de escravos e o mantiveram, até o início do século XX, driblando o patrulhamento das embarcações inglesas na costa de Moçambique que impediam o embarque de escravos na região.

Neste sentido, este trabalho converge, em alguma medida, à corrente historiográfica que destacou o caráter econômico dessa resistência, mostrando como o tráfico de escravos contribuiu, de certa forma, para a transformação da dinâmica de poder nessas sociedades. Novos grupos se estruturaram, outras linhagens se fortaleceram, novos agentes sociais surgiram, conquistando a legitimidade necessária para exercer o poder como chefes, sultões e capitães-mores a partir do fortalecimento e da expansão política e econômica dessas sociedades.

Entretanto, esta pesquisa se diferencia da mesma linha de interpretação historiográfica quando amplia a análise dos móveis econômicos e questiona a ideia de que a proibição do tráfico de escravos foi determinante como fator central e desencadeador do movimento de resistência. É possível considerar que, sobretudo no final do século XIX, a venda de escravos no norte de Moçambique, embora empreendida em número reduzido, destinava-se fundamentalmente à obtenção de armas e pólvora, utilizadas para a defesa dos territórios e nos ataques aos postos administrativos e militares portugueses e nas disputas com as chefias africanas contrárias a hegemonia política e econômica dos integrantes da coligação e próximas politicamente do governo português. Nesse sentido, sem o comércio de escravos, talvez tivesse sido muito mais difícil para o sultanato de Angoche e outras sociedades do norte de Moçambique preservar a sua autonomia com relação às investidas europeias na região, especialmente as do governo português.

Por outro lado, é preciso lembrar como apontaram Eduardo Medeiros e Joseph Mbwiliza que, na segunda metade do século XIX, sobretudo nos últimos trinta anos, houve uma mudança na economia do norte de Moçambique. O declínio do comércio de escravos provocou o crescimento do comércio de produtos agrícolas e de coleta, como borracha, goma copal e amendoim, transformando consequentemente o poder dos chefes, cuja prosperidade dependia do controle do comércio realizado entre o litoral índico e as sociedades do interior. Soma-se a isso a concorrência que estes chefes tiveram que enfrentar com os crescentes incentivos do governo português aos indianos como novos intermediários comerciais com as sociedades do interior.[35]

A presente pesquisa torna possível apontar que os chefes e sultões do norte de Moçambique não queriam preservar apenas o comércio de escravos, mas igualmente manter o controle de todo o comércio realizado entre o interior e a costa do Índico. Nas últimas décadas do século XIX, o controle do comércio de produtos agrícolas estava sendo ameaçado pelo governo português. A partir da instalação de postos militares nas povoações do continente, as autoridades portuguesas tentavam estabelecer o controle desse comércio "legítimo", cobrando impostos sobre os produtos vendidos e emitindo licenças para a instalação de lojas aos comerciantes indianos, incentivando a concorrência entre esses intermediários e os chefes suaílis e macuas. Dessa maneira, a principal razão da resistência organizada pelas sociedades do norte de Moçambique era a preservação da sua autonomia, ameaçada por iniciativas da política portuguesa, como a proibição do comércio de escravos, o controle da produção de gêneros agrícolas e do seu comércio, a cobrança de impostos, a obrigatoriedade de licenças para abertura de estabelecimentos comerciais no interior e o trabalho compulsório. Todas essas medidas também afetavam de forma direta a autoridade dos chefes africanos.

Ao longo do período estudado é possível notar que os chefes de Angoche e das sociedades do norte de Moçambique, que depois vieram a constituir a coligação de resistência, agiram na tentativa de preservar concomitantemente o direito de se autogovernar e de expressar as suas crenças religiosas, de continuar exercendo a sua liberdade política ao

---

35 MEDEIROS, Eduardo, *As etapas da escravatura no norte de Moçambique*. Maputo: Arquivo Histórico de Moçambique, 1988, p. 49-51. MBWILIZA, Joseph F. *A history of commodity production in Makuani*, 1600-1900. Dar es Salaam: Dar es Salaam University Press, 1991, p. 120.

não se submeter às interferências dos portugueses nas disputas internas, nos seus processos sucessórios e nas suas estruturas sociais.

Contudo, este trabalho não tem como pressuposto estabelecer uma análise dicotômica – dominação/resistência – da relação entre o governo português e o sultanato de Angoche. Não se pode negar que as relações inseridas na dinâmica norte-moçambicana foram marcadas por muitos momentos de tensão e conflito, mas é preciso salientar que existiram igualmente espaços de negociação e convivência.

Além disso, as sociedades estudadas neste trabalho não eram totalmente homogêneas, ou seja, os indivíduos de uma mesma sociedade poderiam ter atitudes diferentes no decorrer do tempo. É preciso considerar, por exemplo, que os portugueses que se dirigiram para a África não configuravam uma categoria social uniforme. Existiam aqueles que se estabeleceram em terras africanas, os chamados moradores, outros foram enviados para ocupar cargos políticos e administrativos, e, por fim, existiram os portugueses, em grande parte, militares, que para lá se dirigiram na tentativa de ocupar efetivamente o território.

Muitos portugueses casaram-se com africanas, criando vínculos políticos e comerciais com as chefias locais. A ampla rede de trocas comerciais e culturais na África oriental realizada através do Oceano Índico contava com a participação desses portugueses. Igualmente, as autoridades administrativas portuguesas se envolveram nessas transações contribuindo, por exemplo, para a manutenção do comércio de escravos, muitos deles no papel de traficantes, mesmo após a proibição do tráfico, em 1842.

Neste sentido, esta tese é tributária do conceito de *branchements* elaborado por Jean-Loup Amselle.[36] Por meio da metáfora de *branchements*, comunicação eletrônica, onde vários fios se conectam em diferentes direções, este trabalho mostra como as sociedades africanas do norte de Moçambique estabeleceram diferentes conexões com outros agentes que estavam na região, como os portugueses, ao incorporar novos cargos políticos como o de capitão-mor e elementos simbólicos de poder como a bandeira portuguesa, presente nos rituais de investidura de um novo chefe aliado. Este conceito pode ser retomado também na análise da participação de proprietários de terras de origem portuguesa ou indiana, os chamados *muzungos*, que colaboraram com os líderes africanos na coligação, na medida em que, num contexto de crise, foi possível conectar os "fios" que ligavam essas diferentes sociedades em direção à organização da coligação de resistência.

Embora se reconheça nesta tese a existência de interconexões políticas econômicas e culturais e, ainda, que a relação com os portugueses tenha apresentado características dife-

---

36 AMSELLE, Jean-Loup. *Branchements. Anthropologie de l'universalité des cultures.* Paris: Flammarion, 2001.

rentes ao longo da história do norte de Moçambique, não se pode deixar de mencionar que o período abarcado por este estudo é marcado predominantemente pelo contexto histórico do imperialismo europeu na África. Com intensidade e maneiras diferentes, houve várias tentativas de interferência por parte do governo de Portugal, colocadas em prática, sobretudo pelos portugueses que ocupavam cargos militares ou administrativos notadamente no final do século XIX e início do século XX. Esta tese assume, portanto, o objetivo de mostrar como os chefes do norte de Moçambique agiram e buscaram preservar a sua autonomia diante das diferentes estratégias políticas portuguesas, uma vez que as ações dos chefes africanos nem sempre foram de confronto direto ou fizeram uso da violência física.

A relação política entre as sociedades do norte de Moçambique, em particular o sultanato de Angoche, e o governo português, apresentou características diferentes ao longo do período estudado. Num primeiro momento, Portugal não possuía condições militares e, pode-se dizer, não despendia esforços próprios para conquistar, dominar ou ocupar Angoche. Apesar disso, o governo português instituiu a proibição do tráfico de escravos em 1842, marco nesta tese da primeira tentativa de interferência na autonomia econômica e, por consequência, na política do sultanato de Angoche, que nessa época estava em plena expansão.

De um lado, esse período foi marcado por um tipo de relação em que o governo português era incapaz de impor uma relação de submissão. Mas, isso não significa que não tentasse minar o poder do sultanato de Angoche na região, aproveitando e, muitas vezes, até incitando as disputas entre as sociedades africanas, ora apoiando uma das partes envolvidas, ora promovendo acordos. Foi o que aconteceu quando o prazeiro, João Bonifácio Alves da Silva, ocupou a ilha de Angoche, em 1861, com o apoio do governo português, que, mais tarde, estabeleceu sozinho o comando da "capital" do sultanato. Nessa ocasião, os chefes de Angoche organizaram-se e retomaram o poder do sultanato, resistindo a essa tentativa de dominação portuguesa.

Por outro lado, nota-se ao mesmo tempo a existência de tensões entre as sociedades do norte de Moçambique. Assim, alguns indivíduos poderiam enxergar na aproximação política ao governo português uma possibilidade de contestação do poder exercido pelos chefes principais aos quais estavam subordinados. Interessa mostrar as circunstâncias nas quais essas alianças foram constituídas, não no sentido de colaboração, mas como tentativa de identificar nos africanos, próximos politicamente do governo português, agentes históricos com objetivos diversos, responsáveis pelas suas próprias escolhas e envolvidos em constantes reagrupamentos.

Já no final do século XIX, pode-se dizer que houve uma transformação no tipo de relação estabelecida entre as sociedades do norte de Moçambique e o governo português. A partir desse momento, o governo português passou a atuar de forma mais ofensiva, voltado para uma política de ocupação efetiva do território e instituição dos mecanismos coloniais de exploração e controle da população. Por outro lado, ocorreu a formação de uma coligação de resistência entre diferentes chefes do norte de Moçambique com a intensificação de ações organizadas e de ataques aos postos administrativos e militares portugueses.

Para compreender as formas de mobilização das diferentes sociedades que possibilitaram a coligação de resistência à dominação do governo português no final do século XIX, é preciso inserir Angoche num contexto mais amplo que considere as múltiplas relações estabelecidas entre as sociedades do norte de Moçambique e o governo português, mas também os encontros com as sociedades do "mundo suaíli", como o sultanato de Zanzibar, as ilhas Comores e Madagascar, além dos países europeus como Inglaterra e França.

Em muitas circunstâncias, as sociedades do norte de Moçambique relacionavam-se não partindo da organização étnica, mas privilegiando a interação com base em outras formas de organização, tais como os laços de lealdade constituídos pelo parentesco, pela doação de terra ou pela religião islâmica. Em muitos momentos, essas formas de organização eram até mais importantes, não se considerando uma dimensão étnica.

Ao problematizar alguns conceitos comumente relacionados às sociedades africanas, como o de etnia, o antropólogo Jean-Loup Amselle ressalta a importância de se colocar o foco da análise nessas relações entre as diferentes sociedades estabelecidas em diversos espaços, em detrimento da dimensão étnica. Para o autor cada sociedade é resultado de uma rede de relações estabelecidas no âmbito dos espaços de troca, políticos e guerreiros, linguísticos, culturais e religiosos.[37]

Amselle, ao propor a identificação do aspecto fundamental da natureza das etnias na África, amplia a discussão sobre o tema ao considerar a etnia uma categoria histórica construída, em grande medida, por outros grupos e, em particular, pelo colonizador. Os grupos étnicos são formados pelos próprios indivíduos com base numa relação de identificação, mas também de atribuição. A identidade étnica é, pois, um processo dinâmico, que está em constante transformação, redefinindo-se por meio de um duplo reconhecimento: pela identificação de aspectos comuns ao grupo ao qual pertence e pelas diferenças em relação a outros grupos. Além disso, o grupo étnico é também estabelecido levando-se em conta definições e categorias atribuídas por agentes externos ao grupo, como por indivíduos que se dizem pertencentes a outros grupos e/ou pelo colonizador.[38]

---

[37] AMSELLE, Jean-Loup. Ethnies et espaces: pour une anthropologie topologique. In: AMSELLE, Jean-Loup & M'BOKOLO, Elikia, *Au coeur de l'ethnie. Ethnie, tribalisme e État en Afrique*. Paris: La Découverte, 1999.

[38] "(...) il ne s'agissait pas de montrer qu'il n'existait pas d'ethnies en Afrique – ce qui a pu nous être reproché – mais

É possível perceber que, ao longo do século XIX até o início do século XX, os chamados suaílis de Angoche, de Sancul, de Sangage e de Quitangonha, e os macuas do interior do norte de Moçambique, como os imbamelas e os namarrais, estavam integrados muito mais em espaços amplos, estruturados a partir de fatores econômicos, políticos e/ou culturais, do que em torno de etnias. Além disso, os indivíduos que eram descritos como pertencentes a uma mesma etnia não agiam em todas as circunstâncias como pertencentes a um grupo coeso. Alguns deles apresentavam aspectos culturais comuns e/ou estabeleceram relações de lealdade com outros grupos, determinando a partir daí as suas ações. A heterogeneidade observada nas práticas dos membros de um mesmo grupo leva-nos a problematizar os limites da homogeneidade que a divisão étnica pode provocar. Essa heterogeneidade pode ser observada numa dimensão ainda menor - entre as linhagens que formavam os estabelecimentos islâmicos da costa, como o sultanato de Angoche. O presente trabalho mostra como ao longo do século XIX, essas linhagens disputaram entre si o poder do sultanato e se posicionaram de formas distintas diante das intervenções do governo português na política local.

Ainda no caso do sultanato de Angoche, fica evidente a sua importância como espaço de troca comercial, política e religiosa, integrante das redes internacionais, envolvendo não apenas as sociedades do interior do continente, mas também aquelas estabelecidas ao longo de toda a costa oriental africana, bem como as localizadas no Oceano Índico, na medida em que era responsável pelo comércio de longa distância e pela expansão do Islã no continente.[39]

Analisar as sociedades do norte de Moçambique a partir do conceito de "espaços", elaborado por Amselle, ajudou-me a entender a coligação de resistência como o resultado de um complexo de interconexões, cuja noção pressupõe a existência de vários elementos e a interação de diferentes agentes que estabelecem relações em diversos níveis: cultural, político e/ou econômico.

---

que les ethnies actuelles, les catégories dans lesquelles se pensent les acteurs sociaux étaient des catégories historiques." AMSELLE, Jean-Loup & M'BOKOLO, Elikia, op. cit, p. II.

39 "L'importance de ces échanges represente donc un premier facteur de structuration des espaces précoloniaux. Cette structuration se manifeste elle-même de plusieurs manières. D'abord, par l'existence d'espaces de production. On peut ainsi observer – et contrairement aux clichés particulièrement répandus sur le caractère autosubsistant des sociétés africaines précoloniales -, une spécialisation, une division sociale du travail et un commerce à longue distance concernant certains biens précieux tel que la cola, le sel, l'or, les textiles, les captifs, mais également des produit vivriers comme le riz, l'igname et le mil qui servaient bien sûr à approvisioner les centres urbains mais qui faisaient en outre l'objet d'un trafic entre zones agricoles distinctes." AMSELLE, Jean-Loup, op. cit., 1999, p. 25-34.

Esse complexo de interconexões propiciou a circulação de ideias e de notícias de outros processos de contestação à dominação portuguesa que ocorriam no mesmo período em Moçambique, assim como, o conhecimento das novas diretrizes da política portuguesa de ofensiva na região, no final do século XIX, provocando o nascimento de uma consciência de resistência, que estabeleceu a necessidade de união, levando à tomada de ações conjuntas contra as intervenções portuguesas.

Fazer parte desse complexo de interconexões facilitou igualmente a união entre as sociedades do norte de Moçambique, para além da dimensão étnica. As interconexões, estabelecidas ao longo do século XIX e na qual o sultanato de Angoche teve um importante papel, foram acionadas num momento de crise, ou seja, diante das tentativas de ocupação e implementação dos mecanismos coloniais, permitindo a formação da coligação de resistência.

Com relação às formas de mobilização das diferentes sociedades do norte de Moçambique que participaram da coligação de resistência, esta tese sustenta que juntamente com os laços de lealdade construídos a partir da doação de terras e de vínculos de parentesco, a expansão do Islã, realizada pelos sultões de Angoche, constituiu-se numa das interconexões existentes entre os chefes africanos do interior e indivíduos de diferentes camadas sociais e os chefes dos estabelecimentos islâmicos da costa. É preciso adiantar que essas relações de lealdade foram estabelecidas especificamente entre aqueles chefes que conquistaram poder e legitimidade promovendo a expansão econômica e política dos seus grupos no contexto do século XIX.

Acredito ser importante ressaltar a diferença sutil que há entre o motivo da união das lideranças e o que tornou possível ou facilitou a formação de uma coligação. O motivo da união foi a luta pela manutenção da autonomia política e econômica ameaçadas pelas autoridades portuguesas. Contudo, o que tornou possível, facilitou ou contribuiu para a união de diferentes sociedades foram as interconexões marcadas por relações de lealdade, laços de parentesco e de doação de terras, pelo comércio e pela religião islâmica.

Ressalte-se que isto não significa que os chefes e sultões que formaram a coligação lutaram contra os portugueses apenas porque eram islamizados. Lutaram contra as iniciativas efetivas de colonização portuguesa. O motivo da união, ou seja, a ameaça à autonomia política foi capaz de reacender as conexões existentes entre eles. Entretanto, a coligação ganhou apoio também de outras linhagens e chefes que, em algumas circunstâncias, disputaram entre si o poder e a legitimidade na região, mesmo sendo todos islamizados. Em primeiro lugar, defendo que a base da coligação era constituída por linhagens e chefes "novos" no poder que ganharam legitimidade a partir da expansão política e econômica no século XIX. Em segundo lugar, a coligação não se manteve fechada. Com a intensificação das investidas portuguesas, seus integrantes contaram, de forma crescente, com a adesão de outros chefes e linhagens. Se isso não aconteceu num momento anterior foi porque a união, da maneira como se configurou no final do século XIX, ainda não se fizera necessária. Cada um agia à sua maneira diante das intervenções do governo português, pois até aquele momento este não representava uma ameaça efetiva.

Nota-se, por um lado, que em diferentes momentos houve avanços e recuos no que diz respeito à associação entre diferentes chefes na resistência diante das ofensivas portuguesas. Embora somente no final do século XIX tenha sido possível organizar uma coligação sem precedentes no que diz respeito à escala, à articulação entre vários chefes e em termos de ação com ataques simultâneos em áreas diferentes e com lideranças expressivas, é importante dizer que houve, em momentos anteriores, união entre algumas dessas sociedades, como o sultanato de Angoche e o chefe Guarnea-muno dos imbamelas, ainda que em menor dimensão, mas também com ações combinadas contra as interferências portuguesas.

Essa coligação de resistência, entretanto, não foi uma experiência exclusiva das sociedades do norte de Moçambique. Entre o final do século XIX e o início do XX ocorreram vários outros movimentos de resistência em Moçambique, como a revolta dos Bongas de Massangano, a de Barué e da Maganja da Costa, todas na região do vale do Zambeze. Embora estas sociedades estivessem localizadas num território geograficamente muito próximo do norte de Moçambique e também se encontrassem na eminência de perderem a sua autonomia política, é interessante pensar porque não houve integração entre elas. Isso pode demonstrar a importância das interconexões existentes especificamente entre as sociedades do norte de Moçambique, na medida em que os contatos políticos, econômicos e culturais estabelecidos entre elas facilitaram a formação da coligação de resistência.

FONTES E METODOLOGIA

Para cumprir os objetivos propostos foi utilizado um *corpus* documental diversificado, que inclui correspondências, ofícios, relatórios, relatos de viagem e memórias, consultados em diferentes arquivos e bibliotecas de São Paulo, do Rio de Janeiro, de Lisboa, de Paris e de Maputo. Grande parte (quase a totalidade) das fontes utilizadas foram produzidas por europeus e, em maior número, por portugueses. Dessa maneira, o primeiro problema metodológico que se coloca é como recuperar as ações dos africanos em documentos escritos por indivíduos pertencentes a outras culturas e que estavam no continente africano ocupando cargos administrativos, militares, ou que, de alguma maneira, estavam ligados às metrópoles europeias.

Vale lembrar que, num trabalho na área de História, não é o tipo de fonte ou seus produtores que proporcionam, por si só, um caráter eurocêntrico à pesquisa, mas sim a abordagem realizada pelo historiador. Como afirma Beatrix Heintze ao tratar das fontes para a História de Angola,

> Não é o caráter tendencioso – geralmente evidente – destas fontes, os interesses dos seus autores ou o fato de todos eles terem estado de uma forma mais ou menos direta envolvidos nos acontecimentos políticos e econômicos por eles documentados, que coloca o historiador moderno perante os maiores problemas.[40]

Para que não se reproduza uma visão eurocêntrica do objeto de estudo é preciso considerar os africanos como agentes históricos com objetivos diversos, responsáveis pelas suas próprias escolhas e ações, evidenciando a sua perspectiva nos acontecimentos. Para tanto, metodologicamente é preciso realizar uma leitura atenta, muitas vezes, nas entrelinhas dos documentos, uma análise crítica das fontes, observando o contexto e os objetivos da sua produção, e o cotejamento de diversos tipos documentais.

Embora Heintze não se refira de modo específico às fontes analisadas na presente pesquisa, as suas considerações podem ter validade também para este trabalho. Para esta pesquisadora, o maior problema reside na questão dos autores das fontes não terem, em geral, presenciado os acontecimentos, evidenciando o perigo de uma perspectiva distorcida ou reduzida dos fatos. Ou ainda na tendência comum de se centrarem nos relatos das atitudes e das decisões do grupo que representam, ressaltando frequentemente as vitórias e as vantagens que levavam sobre os africanos. Mesmo quando essas fontes revelam as ações e reações dos africanos, quase sempre são aquelas que dizem respeito às atitudes dos europeus.

> Já anteriormente chamei a atenção para dois outros problemas colocados por estas fontes escritas: o da selectividade (ou melhor de 'lacunas') e, acima de tudo, de pequenos 'vestígios de informação' nos textos que podem levar-nos a encarar as referências menos relevantes, mais rudimentares e arbitrárias como representativas e a retirar delas conclusões gerais que transcendem o espaço de tempo a que se referem.[41]

Isto pode acontecer no caso das memórias, dos relatórios oficiais e dos relatos de viagem escritos por representantes do governo português que estiveram em Moçambique no século XIX. Estas obras foram publicadas e podem ser consultadas no Real

---

40   HEINTZE, Beatrix. *Angola nos séculos XVI e XVII. Estudos sobre Fontes, Métodos e História*. Luanda: Kilombelombe, 2007, p. 26.

41   *Ibidem*, p. 26-27.

Gabinete Português, localizado no Rio de Janeiro, na Biblioteca Nacional de Portugal, no Arquivo Histórico Militar e na Biblioteca da Sociedade de Geografia de Lisboa.[42] Desde o final do século XVIII e, mais intensamente, ao longo do século XIX, Portugal investiu na organização de várias expedições comandadas por geógrafos, etnólogos, missionários e comerciantes que saíram do litoral em direção ao interior das regiões centro-ocidental e oriental, revelando informações sobre o continente africano.

Em finais do século XIX, para garantir a ocupação efetiva dos seus territórios na África, o governo, juntamente com a Marinha e o Exército portugueses, organizou várias campanhas militares de ocupação e "pacificação". Alguns comandantes e oficiais militares, que fizeram parte dessas expedições, chegaram também a ocupar cargos administrativos importantes, como de governador-geral de Moçambique. Dessas experiências em terras africanas resultaram relatos valiosos que ajudam a desvelar as mudanças ocorridas durante os anos de 1842 a 1910, sobretudo quanto às medidas administrativo-jurídicas e militares portuguesas.

São exemplos dessa literatura as obras escritas por João de Azevedo Coutinho: *Memórias de um velho marinheiro e soldado de África*, publicada em 1941 e *As duas conquistas de Angoche*, publicada em 1935.[43] Azevedo Coutinho chegou em Moçambique em 1885, onde passou mais de vinte anos da sua vida prestando serviços a Portugal. Participou de campanhas militares e ocupou o cargo de governador-geral de Moçambique, em 1905. Como ele, vários outros portugueses deixaram suas impressões sobre as terras africanas em relatos publicados em suas memórias, os quais foram estudados para este trabalho. É importante lembrar que esses relatos foram publicados, em sua maior parte, após a ocupação efetiva e a instalação da administração colonial na região, quando é possível observar na literatura da época um discurso de exaltação dos feitos do governo português na África.[44]

No livro *As duas conquistas de Angoche*, Coutinho analisa a "primeira conquista de Angoche", ocorrida quando a ilha de Angoche, reduto político do sultanato, foi

---

42   Essas publicações estão todas relacionadas no item *Fontes* no final desta tese.

43   COUTINHO, João de Azevedo. *Memórias de um velho marinheiro e soldado de África*. Lisboa, 1941. Idem. *As duas conquistas de Angoche*. Lisboa: Pelo Império, 11, 1935.

44   Outros exemplos dessa literatura são as seguintes obras: *Angoche. Breve memória sobre uma das capitanias-mores do distrito de Moçambique*, escrita entre 1903 e 1905 pelo então capitão-mor de Angoche Eduardo do Couto Lupi e publicada em 1907; *Relatório sobre a ocupação de Angoche operações de campanha e mais serviços realizados*, publicado em 1911 por Pedro Massano de Amorim, militar português e governador do distrito de Moçambique que, no início do século XX, comandou as duas campanhas que ocuparam efetivamente o território de Angoche; *Moçambique, 1896-1898*, publicado em 1934-35, por Joaquim Augusto Mousinho de Albuquerque, comandante militar das campanhas de "pacificação" de 1895 e governador-geral de Moçambique.

invadida, em 1861, pelos soldados do senhor de prazos João Bonifácio Alves da Silva, numa expedição militar que contou com o apoio do governo português. Embora Coutinho descreva os acontecimentos militares realizados em Angoche e exalte a "conquista de Angoche" como um "grande feito português", é possível, a partir do seu relato, chegar às informações que se referem às ações dos africanos nesse contexto de disputas políticas. É importante dizer que Coutinho não participou pessoalmente do episódio, mas o relatou com base em obras também de militares portugueses contemporâneos, o que é muito recorrente nesse conjunto documental.

Diante desses problemas que envolvem alguns tipos documentais e no intuito de recuperar as atitudes dos africanos como agentes históricos, utilizei como metodologia de análise a comparação dos fatos e das informações registradas nas referidas obras publicadas com outras fontes, como, por exemplo, os documentos produzidos pela Secretaria de Estado da Marinha e Ultramar que estão sob a guarda do Arquivo Histórico Ultramarino, em Lisboa. A secretaria foi criada pelo governo de Portugal, em 1736, com o objetivo de cuidar da administração das então chamadas "possessões ultramarinas" e, por isso, as fontes produzidas por esta instituição possibilitam o conhecimento das intervenções políticas e econômicas de Portugal em territórios da África e as respostas dadas pelas populações africanas.

Igualmente importantes foram as correspondências trocadas entre governadores, secretários e comandantes militares portugueses e os sultões e chefes do norte de Moçambique preservadas no Arquivo Histórico de Moçambique. Essa documentação é extremamente rica, pois guarda proximidade com relação aos fatos porque foi produzida no momento dos acontecimentos e trata de assuntos ligados ao cotidiano das relações entre os sultões e chefes do norte de Moçambique e as autoridades portuguesas, permitindo uma aproximação maior no que se refere às questões colocadas por esses atores.

As correspondências dos chefes e sultões do norte de Moçambique foram escritas em língua suaíli e com caracteres árabes. Em sua maioria, essas cartas são acompanhadas da respectiva tradução realizada por um tradutor ligado ao governo português ("língua do Estado"). Ressalte-se que, para este trabalho, tive o cuidado de confirmar as referidas traduções analisadas.

Também compõem o conjunto documental examinado os *Boletins da Sociedade de Geografia de Lisboa*, disponíveis no Instituto de Estudos Brasileiros (IEB-USP) e na Biblioteca Florestan Fernandes da FFLCH/USP. Periódico destinado à divulgação das atividades realizadas por aquela Sociedade, criada em 31 de dezembro de 1875, tinha o objetivo de promover estudos, investigações e explorações científicas nos territórios portugueses na África.[45]

---

45 GUIMARÃES, Ângela. *Uma corrente do colonialismo português: a Sociedade de Geografia de Lisboa (1875-1895)*. Porto: Livros Horizonte, 1984, p. 11.

Este trabalho utilizou os relatos dessas experiências no continente africano, produzidos por viajantes, pesquisadores, geógrafos e etnólogos como resultados dos seus contatos com as diversas sociedades africanas. Esses documentos revelam aspectos das culturas locais, como a relação de poder, as crenças e valores religiosos e as visões de mundo.

Deste modo, o objetivo da pesquisa junto a tal diversidade de fontes foi o de realizar uma abordagem cuidadosa a partir do cotejamento de diversos tipos documentais, procedendo de maneira atenta e crítica na leitura e análise das fontes, na tentativa de evidenciar as ações dos africanos como agentes históricos.

SÍNTESE DOS CAPÍTULOS

O Capítulo I apresenta as sociedades do norte de Moçambique que constituíram a coligação de resistência à dominação portuguesa no final do século XIX, com destaque para o Sultanato de Angoche. Este capítulo traz um panorama das formas de organização política, social e econômica dessas sociedades inseridas em amplos espaços religiosos, políticos e de trocas comerciais, que colocavam em contato as sociedades do interior com as da costa do Índico.

O Capítulo II é reservado ao estudo da política expansionista do sultanato de Angoche, ligada notadamente ao controle das rotas comerciais, à conquista de novas terras e de áreas de influência política. O contexto de expansão política do sultanato compreende, sobretudo, o período de atuação do comandante militar e depois sultão Mussa Quanto, isto é, entre 1842 e 1877. Nesse capítulo as estratégias políticas estabelecidas entre o governo português e outras sociedades do norte de Moçambique são retratadas como obstáculos - o que pode ser entendido também como formas de resistência - à expansão do sultanato de Angoche.

O Capítulo III é dedicado à análise das estratégias empreendidas por Angoche diante das interferências portuguesas na economia e na política do sultanato como reação à sua expansão política. As relações políticas e econômicas, assim como a expansão do Islã promovida pelo sultanato de Angoche entre as diferentes sociedades do norte de Moçambique, foram fatores importantes nessa fase da resistência. Para tanto, privilegiou-se entender a configuração das redes de comércio, de parentesco e de doação de terras na região. As origens, as características e a expansão do Islã no norte de Moçambique são outros aspectos abordados nesse capítulo.

O Capítulo IV trata dos espaços individuais de resistência empreendidos por diferentes agentes históricos presentes no norte de Moçambique, como os pequenos chefes do interior, as mulheres, principalmente as *pia-mwene* (representantes das linhagens nas sociedades matrilineares), os soldados desertores, guias africanos e comerciantes de diferentes origens. Interessa mostrar como constituíram-se as ações de resistência frente às interferências portuguesas nos processos sucessórios, na instalação de postos militares, na cobrança de impostos e no controle do comércio. Nesse capítulo também é examinado o contexto político europeu marcado pela corrida imperialista no continente africano, percebendo de que maneira refletiu na mudança das práticas do governo português em Moçambique, que se tornaram mais ofensivas com a implementação das campanhas militares de "pacificação" e dos mecanismos coloniais, como o imposto da palhota e o trabalho compulsório.

No Capítulo V é analisada a formação da coligação de resistência entre os chefes de Angoche, Sangage, Sancul e Quitangonha, dos grupos chamados macua-imbamela e namarrais no final do século XIX. É possível verificar como a percepção das novas diretrizes, mais ofensivas, da política portuguesa na região promoveu o descontentamento dessas sociedades. A circulação de notícias de outros movimentos de contestação às investidas portuguesas, que ocorriam nesse mesmo período, também contribuiu para o nascimento de uma consciência de resistência no norte de Moçambique.

Capítulo 1

O NORTE DE MOÇAMBIQUE: ESPAÇO DE INTERCONEXÕES

As sociedades que constituíram a coligação de resistência estavam localizadas no território que hoje compõe parte da província de Nampula, em Moçambique, entre a Baía de Fernão Veloso e o rio Ligonha. (imagens 1 e 2, Anexo, p. 303-304) Dentre elas, existiam, no litoral, estabelecimentos islâmicos como Angoche, Sancul, Sangage e Quitangonha, formados por populações suaílis. No século XV, quando os portugueses chegaram à costa oriental da África, esses territórios eram governados por indivíduos que carregavam o título de xeque ou sultão, fazendo com que esses estabelecimentos ficassem conhecidos por sultanatos e xecados.[1]

Participaram também da coligação de resistência as sociedades denominadas macuas, especialmente os imbamelas e os namarrais, localizadas no interior desta região.[2] As sociedades suaílis do litoral e macuas do interior do norte de Moçambique faziam parte de um complexo de interconexões, no qual predominava a interação de diferentes agentes que estabeleceram relações em espaços políticos, religiosos e de trocas comerciais. As interconexões, construídas ao longo do século XIX e na qual o sultanato de Angoche

---

1   LUPI, Eduardo do Couto. *Angoche. Breve memória sobre uma das capitanias-mores do distrito de Moçambique*. Lisboa: Typographia do Annuario Commercial, 1907, p. 27.

2   Embora esses etnônimos sejam empregados neste trabalho para facilitar a compreensão já que foram assim mencionados na maioria das fontes utilizadas, vale lembrar a discussão, apresentada na Introdução, a respeito das etnias. Essa divisão das sociedades em grupos étnicos foi, muitas vezes, elaborada por agentes externos e, em grande medida, pelo colonizador, sendo esses etnônimos somente mais tarde incorporados pelos membros dos próprios grupos.

teve um importante papel, foram acionadas diante das interferências do governo português no final do mesmo século, facilitando a formação da coligação.

Dessa maneira, este capítulo traz um panorama dessas sociedades, destacando as suas formas de organização política, social, econômica e cultural, e as interconexões existentes entre elas, em particular no que se refere à identificação com os universos culturais suaíli e macua, aos sistemas de parentesco e de sucessão matrilineares e aos intercâmbios comerciais.

SER SUAÍLI EM MOÇAMBIQUE NO SÉCULO XIX

> Assim, é perfeitamente legítimo reivindicar como Peul ou Bambara. O que é contestável, por outro lado, é considerar que este modo de identificação existiu sempre, ou seja, fazendo-o uma essência. Um etnônimo pode receber múltiplos sentidos em função das épocas, dos lugares ou das situações sociais (...).[3]

Suaíli é uma palavra Bantu, com origem na palavra árabe *sahil* que significa margem, costa ou ainda porto de comércio. A referência mais antiga dessa palavra é encontrada em Ibn Said como designação da costa perto de Qunbalu e outras cidades da Abissínia.[4]

Como um termo étnico, o suaíli foi utilizado, pela primeira vez, pelos omanitas quando se estabeleceram no Sultanato de Zanzibar, no início do século XIX. Eles empregavam esse etnônimo para designar geograficamente a costa da África oriental, a população que ali vivia e a sua língua. Nessa época, o termo suaíli assumiu uma conotação pejorativa. O significado da palavra suaíli como "margem" foi relacionado à condição social e política dessas populações, afirmando-se que elas também estariam à margem dos povos árabes e dos africanos. Assim, segundo os omanitas, os suaílis estariam à margem da cultura islâmica. O Islã representado pelos suaílis, de vertente Sunni-Safi'i (diferente da maioria dos omanitas que eram ibaditas) era marcado pelas crenças locais africanas e, por isso, considerado heterodoxo e "contaminado".[5]

Formada a partir da migração de povos bantu em direção à costa oriental africana, a língua suaíli e as suas derivações apresentam gramática e sintaxe comuns às línguas

---

3   Tradução: Regiane Mattos. *"Ainsi est-il parfaitement légitime de se revendiquer comme Peul ou Bambara. Ce qui est contestable, en revanche, c'est de considérer que ce mode d'identification a existe de toute éternité, c'est-à-dire d'en faire une essence. Un ethnonyme peut recevoir une multitude de sens en fonction des époques, des lieux ou des situations sociales (...)".* AMSELLE, Jean-Loup, op. cit., 1999, p. 37-38.

4   MIDDLETON, John; HORTON, Mark. *The Swahili: the social landscape of a mercantile society*. EUA: John Wiley Professio, 2001, p. 16.

5   *Ibidem*.

bantu, mas com grande influência de outras línguas, inclusive vocabular, sobretudo de origem árabe.[6] Até o final do século XIX (e em algumas localidades, como no norte de Moçambique, até as primeiras décadas do século XX), o suaíli era escrito em caracteres árabes, porém, com a conquista colonial, foi substituído pelo alfabeto latino. (Imagem 3, Anexo, p. 305)

A língua suaíli teria facilitado o processo de interação cultural entre as populações suaílis da costa e as sociedades do interior do continente africano. Além de ter se tornado uma língua veicular, o suaíli foi considerado a língua e o suporte literário por excelência do Islã na África oriental, sendo reconhecida pelos estudiosos muçulmanos como o meio natural de se escrever sobre o Islã.[7]

Os suaílis ocupam a costa do leste da África desde o primeiro milênio, abrangendo cidades desde Mogadíscio, na Somália, até as do norte de Moçambique, incluindo as ilhas de Zanzibar, Pemba, Máfia, o arquipélago das Comores e Madagascar. Embora sejam comumente considerados como um grupo único de pessoas, seus integrantes podem ser bem diferentes entre si, compondo uma série de povoamentos distintos. Não chegaram a ocupar um território determinado, em torno de fronteiras bem demarcadas, ou adotaram uma política única, com limites claramente definidos, tão pouco tiveram um centro ou uma capital política.[8] (Imagem 4, Anexo, p. 306)

Os suaílis constituíram, no século XIX, alguns estabelecimentos a mais de três quilômetros da costa, no interior de Moçambique, da Tanzânia e da República Democrática do Congo, sobretudo na época em que o sultanato de Zanzibar controlava e incentivava o comércio de escravos e de marfim na região.[9]

Os suaílis exercem o papel de intermediários econômicos e culturais entre as diferentes sociedades que estão no centro de um grande sistema comercial que se estende desde os Grandes Lagos da África Central, as ilhas da Indonésia, a China, a Europa até o sul de Moçambique. Este sistema envolve trocas locais no interior do continente africano, onde os suaílis obtêm as mercadorias destinadas ao comércio intercontinental e também para a sua própria subsistência.[10]

---

6   FREEMAN-GRENVILLE, G. S. P. *The swahili coast, 2nd to 19th centuries in Eastern Africa*. Varoiorum Reprints: London, 1988, p. 70.

7   LE GUENNEC-COPPENS, Françoise; CAPLAN, Pat. *Les Swahili entre Afrique et Arabie*. Kathala: Paris, 1991, p. 20.

8   MIDDLETON, John; HORTON, Mark, op. cit., p. 2-15.

9   *Ibidem*, p. 5.

10 *Ibidem*, p. 3. SHERIFF, Abdul. *Slaves, spices and ivory in Zanzibar: integration of an East African commercial empire into the world economy, 1770-1873*. London: James Curvery, 1987.

Apesar de apresentarem diferenças, os suaílis têm algumas características comuns que contribuíram para a formação da chamada cultura suaíli. Dentre estas características estão a língua – o kiswahili (ou línguas derivadas), a religião islâmica, o papel de intermediários no comércio de longa distância, o uso de vestuário próprio e os padrões de arquitetura.

No caso específico de Moçambique, há uma discussão historiográfica em torno da classificação ou não das populações de Angoche e de outros estabelecimentos islâmicos da costa como suaílis. Vários autores como Mello Machado, Nancy Hafkin, Joseph Mbwiliza, José Capela, Eduardo Medeiros e Liazzat Bonate incluem Angoche, Sancul, Sangage e Quitangonha como sociedades formadas por grupos suaílis. Observa-se, nessas localidades, aspectos característicos da cultura suaíli, como a religião islâmica, a produção literária e intelectual, o vestuário, a arquitetura e a manutenção de um sistema de comércio e comunicação com sociedades do oceano Índico, integrado, desde o século XVIII, a uma rede comercial importantíssima.[11]

De acordo com o historiador Thomas Vernet, durante muito tempo, a historiografia sobre a costa oriental africana e, mais especificamente, os trabalhos sobre a formação da "identidade suaíli", defenderam que essas populações islamizadas da costa estavam situadas entre duas culturas – a cultura árabe muçulmana e a cultura africana. Uma dessas correntes historiográficas afirmava que, embora os suaílis tivessem origem em grupos africanos e árabes, estavam apartados da cultura africana. Todavia, nos últimos trinta anos, a produção historiográfica tem evidenciado a existência de uma maior proximidade cultural dos suaílis com as populações vizinhas do interior do continente africano. E mais recentemente, os especialistas tem dado destaque à predominância da cultura árabe sobre os suaílis.[12]

Os suaílis apresentaram identidades que variavam, em certa medida, ao longo do tempo, construídas de acordo com as circunstâncias, segundo critérios baseados nas condições econômicas, políticas e culturais. Em geral, essas identidades fundamentam-se nas

---

11 MACHADO, A. J. de Mello. *Entre os macuas de Angoche*. Lisboa, 1970; HAFKIN, Nancy, op. cit., MBWILIZA, J. F., op. cit., 1991; CAPELA, José; MEDEIROS, Eduardo. *O tráfico de escravos de Moçambique para as ilha do Índico*. Maputo: Núcleo Editorial da Universidade Eduardo Mondlane, 1987; BONATE, Liazzat J. K, op. cit., 2003, p. 115-143. Essa discussão historiográfica é detalhada em HAFKIN, Nancy, op. cit., p. 34-40; BONATE, Liazzat J. K., op. cit., 2007.

12 VERNET, Thomas. Porosité des frontières spatiales, ambiguïté des frontières identitaires: le cas des cités-États swahili de l'archipel de Lamu (vers 1600-1800). *Afriques* 01, 2010, publicado em 21 de abril de 2010. Último acesso em setembro de 2011. URL : http://afriques.revues.org. Fazem parte dessa historiografia mais recente os seguintes trabalhos: PEARSON, M.N. *Port cities and intruders: the Swahili Coast, India, and Portugal in the early modern era*. Baltimore: The Johns Hopkins University Press, 1998. POUWELS, R.L. Eastern Africa and the Indian Ocean to 1800: reviewing relations in historical perspective. *International Journal of African Historical Studies*, 2002, 35 (2-3), p. 385-425.

origens e nas influências culturais dos grupos que compõem as populações suaílis. Como já foi mencionado, uma dessas identidades mostra os suaílis muito mais próximos da cultura árabe e menos da africana. Para John Middleton e Mark Horton, tal identidade foi reafirmada por pesquisadores que se basearam numa leitura muito restrita das tradições orais suaílis, que costumavam retratar as origens dessas populações a partir da história das linhagens e de antepassados fundadores, vinculando-os a grupos do Oriente Médio.[13]

Acredito ser importante considerar os elementos apresentados por essas sociedades por meio da sua tradição oral, mas problematizando e contextualizando a sua elaboração e estratégias de uso. Observe-se que a tradição oral que explica a origem dos sultanatos de Angoche e dos xecados de Sancul, Sangage e Quitangonha fundamenta as identidades desses grupos no século XIX, afirmando a existência da relação entre imigrantes suaílis da costa, de origem persa, e a dos macuas, do interior.

De acordo com a tradição oral recolhida por Eduardo do Couto Lupi, quando exercia o cargo de capitão-mor de Angoche,[14] entre os anos de 1903 e 1905, dois aristocratas de Quíloa, de nomes Hassani e Musa, saíram da cidade por volta de 1450, por causa de divergências religiosas e políticas, mas também em busca de novas riquezas. Musa dirigira-se para a ilha de Moçambique, enquanto Hassani estabelecera-se em Quelimane e, depois, em Angoche.[15]

Na segunda metade do século XV, a história de Quíloa foi marcada por disputas políticas e sublevações, envolvendo, sobretudo a dinastia Shiraz, corroborando a possível migração para um território em direção ao sul daquela cidade. Além disso, o crescimento do comércio do ouro na região do rio Zambeze teria atraído imigrantes para estas localidades, oferecendo-lhes melhores condições geográficas de acesso às rotas do comércio aurífero.[16]

Eduardo Lupi descreve os acontecimentos após a chegada dos imigrantes de Quíloa da seguinte maneira:

> Dois homens importantes de Quiloa, de nomes Mussa e Hassani, acompanhados dos seus parentes e escravos, abandonaram a grande cidade de Zanzibar em consequência de dissenções religiosas e políticas, dirigindo-se a Moçambique. Mussa ficou na ilha deste nome com o xeque da gente

---

13   MIDDLETON, John; HORTON, Mark, op. cit., p. 15.

14   O nome Angoche seria uma corruptela portuguesa da expressão *Ngoja* (ou N'gôgi, conforme Lupi, em *Ekoti* - língua da população do arquipélago de Angoche, província de Nampula). LUPI, Eduardo do Couto, op. cit., p. 27.

15   *Ibidem*, p. 124-126.

16   HAFKIN, Nancy, op. cit., p. 2-3. NEWITT, Mallyn, op. cit., p. 398-399.

que tinha trazido consigo, e de outros poucos islamitas que lá encontrou provenientes de anteriores emigrações análogas a sua (...).

Hassani seguindo para o Sul, foi marcar povoação em Quelimane tomou o título de sultão, deixando ali parte da sua gente que morreu quando pretendia alcançar Moçambique com a monção contrária, pelo que a embarcação que o conduzia procurando a terra mais próxima, foi aportar à ilha Mafamede onde sepultou o seu cadáver: Kiziua Sultani Hassani, ilha de Sultão Hassani. Avisado Mussa, veio este ver o túmulo e saltou depois na ilha de Angoche, na povoação de Miáluki onde vivia Buana Mucussi, homem também natural de Quiloa e que, por motivos idênticos aos de Mussa e Hassani, tinha emigrado da sua terra de origem uns anos antes de estes o fazerem (...).

Achando boa a terra e preferível a Quelimane que estava demasiado longe, Mussa deixou em Angoche o filho de Hassani de nome Xôsa, com o título de Sultão que pertencia ao pai, com a regedoria de todos os islamitas; foi pouco tempo depois de passados estes fatos, que Vasco da Gama aportou a Moçambique, onde encontrou este Mussa como xeque.

Xôsa escolheu para sua residência Muchelele, lugar diametralmente oposto a Miáluki na ilha de Angoche, e casou com a africana Malivu; não tendo por esta descendência, tomou como concubina uma irmã de Malivu, da qual houve oito filhos, quatro varões e quatro fêmeas. Os quatro filhos de Xôsa fundaram quatro casas fidalgas, a inhanandáre do herdeiro, mesmo em Muchelele, e as m'bilinzi, inhamilála e inhaitite, as três com a designação genérica de inhabacos, dos restantes filhos, na povoação de Catamoio próxima a Muchelele.[17]

Há outra versão dessa tradição oral, registrada por Joaquim d'Almeida da Cunha, em 1885. Este autor narra a história de Hassani, originário de Zanzibar, que vinha de Quelimane quando aportou em Angoche e ali permaneceu casando-se com a "preta Muana-moasalhi". Logo depois, casou-se com sua irmã Muana-muapeta, tendo com ela dois filhos: um homem, de nome Mohamad Hassani, e uma mulher, chamada Michee Hassani.[18] Apesar de terem sido escritas em momentos distintos e de trazerem informações que variam, as tradições recolhidas apresentam a mesma estrutura básica: um imigrante da costa oriental da África une-se a uma mulher de origem local.

É interessante observar que, cotejadas com outras fontes documentais escritas, como as correspondências, algumas dessas informações se repetem sendo, dessa maneira,

---

17   LUPI, Eduardo do Couto, op. cit., p. 163.

18   CUNHA, Joaquim d'Almeida da, *Estudos acerca dos usos e costumes dos Banianes, Bathuás, Persas, Mouros, Gentios e Indígenas*. Imprensa Nacional Moçambique, 1885, p. 43.

confirmadas. Entretanto, outros dados são acrescentados. Por exemplo, em 1857, o almirante inglês Protter, comandante das forças navais na estação do Cabo da Boa Esperança, relatou que o sultão de Angoche lhe dissera que, há muito tempo, "um certo sultão Hassane", habitante com a sua gente de Quelimane, retirara-se a pedido dos portugueses para Angoche e por isso passara a receber um subsídio do governo luso.[19]

Esse Hassane seria o mesmo imigrante que, junto com Mussa, viera de Quíloa e se instalara em Quelimane e, mais tarde, dirigira-se a Angoche, onde um de seus filhos formou o sultanato após a sua morte. Nesse documento, o sultão de Angoche revela a razão da saída de Hassane de Quelimane, ausente na tradição oral recolhida por Lupi. Supõe-se que o sultão de Angoche, em 1857, teria acrescentado essa informação com o objetivo de justificar o recebimento de subsídio do governo português. De qualquer maneira, é interessante verificar que dados se repetem como, nomes de personagens e de lugares.[20]

Nota-se nas fontes documentais pesquisadas que os suaílis de Angoche identificavam-se com as elites persas de Shiraz, cidade localizada na província de Fars, no atual Irã.[21] Eduardo Lupi se refere a Angoche como um "sultanato xirazi"[22] e Joaquim d'Almeida da Cunha revela que "os Monhés [de Angoche] também se denominam Assirazi"[23]

---

19 Arquivo Histórico Ultramarino (AHU), Processos Gerais, Moçambique, caixa 1566, capilha: "Papéis relativos a Angoche", 1857.

20 "A veracidade de uma tradição será mais facilmente constatada se a informação que contém puder ser comparada com a informação fornecida por outras tradições independentes ou por outras fontes. (...) A comparação com dados escritos ou arqueológicos pode fornecer a confirmação da independência desejada." VANSINA, Jan. A tradição oral e a sua metodologia. KI-ZERBO, J. (coord.) *História Geral da África Negra*. I- Metodologia e pré-história da África. Paris: Unesco, 2010 (ed. revista), p. 174-175.

21 "Shiraz was a relatively minor provincial town in the province of Fars, in what is now Iran, except for a brief period between 945 and 1055, when it was the capital of the Buyids. The Buyids were mercenary troops who seized control of the Caliphate and reduced the Caliph to little more than a puppet. They were nominally Shi'ite and may have descended from a branch of the Zaidites who had set up a small state on the shores of the Caspian Sea. During their ascendancy the Buyids controlled much of the Middle East from the Gulf to the Black and Caspian Seas. The wealth that this empire generated was partly used to beautify Shiraz with splendid mosques and palaces; its fame spread widely across the Islamic world. In 1055 the Buyids were defeated and the Caliphate fell under the control of Sunni Seljuks." MIDDLETON, John, HORTON, Mark, op. cit., p. 56.

22 "Estudado o assunto de perto, no local, não se pode encontrar para ele outra razão suficiente, senão na divisão política do litoral, ou com mais propriedade, no centro, na capital, no berço do sultanato xirazi implantado para as bandas do sul da ilha de Moçambique, e que durante séculos senhoreou indisputadamente todo o trato da costa que vai do rio Mussirimadji (pouco ao norte do Kinga), até a margem do Muniga (ou Tejungo)." LUPI, Eduardo do Couto, op. cit., 1907, p. 28.

23 CUNHA, Joaquim d'Almeida da, op. cit., p. 43.

É possível perceber uma semelhança entre a tradição a respeito da origem de Angoche e as tradições Shirazis que contam o estabelecimento de príncipes-mercadores persas ao longo da costa africana. No mito de fundação de Quíloa e de algumas outras cidades na costa oriental africana e das ilhas de Zanzibar, Pemba e Comores, os suaílis se remetem aos príncipes-mercadores vindos de Shiraz. Nessas tradições vários portos comerciais importantes foram fundados pelos mercadores shirazis, tais como Manda, Shanga, Mombasa, Lamu.[24]

A versão mais antiga das tradições shirazis foi registrada por De Barros, no século XVI, na obra "Crônica dos reis de Quíloa" na qual relata a história de Ali, um dos sete irmãos que saíram da cidade persa de Shiraz, filhos de mãe de origem Abissínia e cujo pai era chamado de Hócen (Husain). Um deles chegara a Quíloa e adquirira a ilha em troca de tecidos. Existem outras versões, mas todas preservam alguns princípios semelhantes, como a migração de um indivíduo representante de um grupo, as relações com populações locais estabelecidas no âmbito das hierarquias sociais, de casamentos ou do comércio, destacando a importância dos tecidos como objeto principal de troca.[25]

Algumas versões das tradições shirazis retratam a importância que esses mercadores tiveram ao levarem a religião islâmica ao continente africano. Nessas versões, por serem muçulmanos, os mercadores estabeleceram verdadeiras "ilhas" no continente, construindo um espaço intermediário entre Ásia e África e onde os chefes africanos não islamizados não aparecem.[26]

Os xecados de Sancul, Sangage e Quitangonha foram instituídos, após a instalação do sultanato de Angoche, também por imigrantes muçulmanos vindos do norte da costa oriental, passando pela Matibane, chegando até o rio Lúrio e, mais ao sul, instalando-se na região das baías de Mocambo e Mossuril. O primeiro a ser instituído foi o xecado de Sancul, no século XVI, por muçulmanos que saíram da ilha de Moçambique após a ocupação pelos portugueses. Instalaram o xecado de Sancul três quilômetros ao sul da baía de Mocambo.

---

24   MIDDLETON, John, HORTON, Mark, op. cit., p. 20.

25   Há outra versão, registrada num manuscrito do século XIX, segundo a qual, no século XVI, sete navios, que representavam o sultão e seus seis filhos, saíram de Shiraz e cada um parou numa cidade diferente, uma delas era Kilwa, onde já havia uma mesquita, chamada Kibala. Os imigrantes foram recebidos por um muçulmano, Muriri wa Bari. O príncipe da nova dinastia chama-se Ali bin al-Husain ibn Ali. Na versão suaíli da História de Kilwa, que data do século XIX, o príncipe era Shirazi Ali bin Sulaiman; em uma outra versão, era Yusuf bin Hasan e, numa terceira, o governante local era chamado de Mrimba. Em várias outras tradições, o fundador é conhecido como Sultan Ali de Shiraz ou também Shungwaya. *Ibidem*, p. 52.

26   "In essence, the Shirazi traditions represent the arrival of Islam into many of these areas, explaining their strength and persistence." *Ibidem*, p. 59.

Em 1667, Manuel Barreto confirmou esta informação: "a ilha de Moçambique anteriormente pertencia a um mouro shaikh cujos sucessores habitam agora o posto de Sancul".[27]

Após a mudança para o continente, alguns indivíduos de Sancul separaram-se e formaram o xecado de Quivolane, porém foram mais tarde reincorporados ao primeiro, originando o sistema de sucessão com alternância das linhagens, observada no século XIX. Nessa época, o assistente do xeque de Sancul era chamado de capitão-mor de Quivolane, local onde residia.[28]

Novamente, mais tarde, uma parte da população de Sancul separou-se também, por desavenças, e fundou Sangage, comprando as terras de Angoche com o direito de ali se instalarem, o que explicaria a relação de lealdade ou de dependência com aquele sultanato. Angoche procurava expandir a sua influência destacando parte da sua população para ocupar novos territórios, como Moma, Pebane (Tejungo), Moginquale e Quivolane.[29] A esse respeito, Pedro Massano de Amorim, afirmava:

> Não foram só estes islamitas da ilha de Angoche, os únicos que se estabeleceram nos territórios. Outros houve, naturalmente da mesma seita e da mesma origem inicial, mas de família diferente, que vieram aportar e estabelecer-se no próximo estuário de Sangage (vinte milhas ao norte), em data bastante posterior ao advento dos primeiros.[30]

O xecado de Quitangonha também teria a sua origem na saída de muçulmanos da ilha de Moçambique, entre os anos de 1515 e 1585. Antes desse período, os registros portugueses não mencionam a existência de nenhum xeque na Matibane ou Mosambé, como Quitangonha era também conhecida. Por volta de 1585, um xeque na Matibane ajudara os portugeses a se defenderem de um ataque em Mossuril, atestando a existência desse estabelecimento islâmico a partir desse momento.[31]

No século XIX, o sultanato de Angoche exercia influência desde Sangage, ao norte, até Pebane, ao sul do rio Ligonha, assim como em direção à região do Marovone e

---

27 BARRETO, Manuel. Report upon the State and conquest of the rivers of Cuana. Theal, Records, III, p.464. Apud HAFKIN, Nancy, op. cit., p. 8.

28 HAFKIN, Nancy, op. cit., p. 8.

29 LUPI, Eduardo do Couto, op. cit., p. 165-166. AMORIM, Pedro Massano de. *Relatório sobre a ocupação de Angoche* operações de campanha e mais serviços realizados. [Lourenço Marques]: Imprensa Nacional, 1911, p.11-12.

30 AMORIM, Pedro Massano de, op. cit., p. 11-12.

31 HAFKIN, Nancy, op. cit., p. 8-9.

M'lay.[32] A respeito da influência política de Angoche no norte de Moçambique, por volta de 1860, João de Azevedo Coutinho, militar e governador-geral de Moçambique, ao relatar suas impressões sobre o sultanato na obra *As duas conquistas de Angoche*, escreveu:

> Era então, como está dito, sultão o inhabaco da casa inhamilála Hassane Issufe, cuja soberania e influência real se não dilatavam muito mais do que nominalmente, para fora da Ilha de Angoche, embora inhabacos seus vassalos, dominassem ainda regiões para o sul de Môma e para o interior e povos para oeste de Larde e para lá de Nametuli e Nampula, reconhecessem o seu ascendente, que o próprio xeque de Sangage se considerasse seu vassalo e que os de Moginquale e do Infusse, por vezes, lhe prestassem submissão. Mas xeques e munos ou senhores dominavam realmente as suas terras por conta própria.[33]

Localizado próximo ao litoral, o sultanato de Angoche era responsável por realizar o comércio de longa distância, controlando as principais rotas comerciais entre o litoral índico e o interior do continente africano, contribuindo muito para a sua expansão política. Além disso, as estratégias de parentesco também garantiram a expansão da influência de Angoche entre os grupos do interior. Coutinho explica a dinâmica dessas relações:

> Todos os xeques, sargentos, capitães-mores e outros, grandes muçulmanos, isto é, a verdadeira nobreza das terras, era aparentada, afora raras exceções, com os Inhambacos de Angoche ou mantinha relações mais ou menos seguidas e amistosas com a gente do sultanato. Os que conheci deviam realmente ser progênitos dos chefes que os sultões, em remotos tempos, haviam distribuído pelas costas para em seu nome exercerem a vigilância e dominação sobre as populações autóctonas por eles submetidas. No nosso tempo, nem o célebre e poderoso Molidi Volai, nem por conseguinte o seu turbulento, sempre revoltado e atrevido sobrinho o Marave, nem os mojojos quase brancos da Cabeceira, nem os cheques de Sangage, bem como os de Infussi, da Matibane e outros, deixavam de ter laços de parentesco mais ou menos próximos com a gente de Angoche, o que não impedia que todos eles tendo se habituado ao mando e ao domínio adquirissem hábitos de real

---

32   PÉLISSIER, René, op. cit., 1994, p. 37, 38, 64. M'BOKOLO, Elikia, op. cit., 2003. RITA-FERREIRA, Antonio. *Povos de Moçambique: história e cultura*. Porto: Afrontamento, s/d. MACHADO, A. J. de Mello, op. cit., 1970. ALPERS, Edward A; op. cit., 1969, p. 405-420. MEDEIROS, E. *O sistema linhageiro Macua-Lomwe*. Maputo: Faculdade de Letras, Mimeo, 1985. NEWITT, Malyn; op. cit., 1998.

33   COUTINHO, João de Azevedo, op., cit., 1935.

independência, e a hostilizassem sempre que surgia conflito ou colisão com seus próprios interesses pessoais.[34]

Essas relações entre o sultanato de Angoche e as outras sociedades do litoral, bem como do interior, envolviam a doação de terras e o casamento, proporcionando uma estreita ligação política de dependência e lealdade entre elas. Esses aspectos são analisados com maior profundidade no terceiro capítulo deste trabalho.

Por ora, considero importante fazer uma discussão a respeito da utilização das tradições orais como fontes escritas. Nesse sentido, é interessante a análise metodológica realizada por Beatrix Heintze, que, ao estudar as sociedades Mbundu e dos Mbangala de Angola, dispõe de tradições orais e de alguns fragmentos de tradições recolhidos e registrados por escrito nos séculos XVI e XVII. Heintze revela que, diante da problemática que esse tipo de fonte coloca ao historiador, faz-se necessário considerá-las uma categoria especial de fonte. Como essas tradições não constituem apenas transcrições pois foram, de alguma maneira, trabalhadas pelos autores que as publicaram, podem carregar interpretações que as modifiquem.

> A utilização consciente desta categoria de fontes é particularmente difícil, uma vez que é necessário, não só tomar em conta todos os critérios subjacentes à análise das tradições orais, mas também os que se aplicam em particular às fontes escritas. No que respeita ao material angolano, encontramo-nos perante três problemas fundamentais: 1º o da possível compilação na redação escrita; 2º o da dependência das diversas versões publicadas uma das outras, e o 3º o da localização exata.[35]

É preciso considerar a possibilidade de uma tradição ter sido elaborada a partir de diversas versões recolhidas em locais e datas diferentes, de incorporarem conhecimentos originários de fontes escritas, como memórias, e de incluírem informações de experiências pessoais de terceiros. Ademais, a maior parte das tradições era recolhida, sobretudo no século XIX, por viajantes europeus que percorriam diferentes localidades, convivendo com as populações por um período relativamente curto. Esses viajantes ficavam dependentes também dos seus intérpretes que, por sua vez, conheciam outras versões da tradição ou, como os acompanhavam em diferentes viagens, poderiam mesclar informações das mesmas tradições ou de tradições semelhantes, integrando seus conhecimentos anteriores.[36]

---

34 COUTINHO, João de Azevedo, op. cit., 1941, p. 31.
35 HEINTZE, Beatrix, op. cit., p. 31-32
36 *Ibidem*, p. 35.

É provável que as tradições orais variem de acordo com o seu narrador, o lugar do qual ele fala e o papel que exerce na sociedade que está sendo representada. Dessa maneira, as tradições orais como fontes escritas impõem certas limitações ao historiador, sobretudo se o seu interesse é simplesmente se aproximar dos dados históricos anteriores à recolha, devendo, então, ser submetidas às críticas apropriadas tanto às tradições orais como às fontes escritas.[37]

No entanto, se as tradições orais são analisadas dentro do seu contexto de produção, isto é, do momento em que foi recolhida, permitem saber como uma sociedade constrói a ideia que tem de si própria, dos seus personagens e dos espaços, das relações com o outro, da constatação de diferenças e da formação de identidades. Como nos ensina Jan Vansina, "o historiador deve, portanto, aprender a trabalhar mais lentamente, refletir, para embrenhar-se numa representação coletiva, já que o corpus da tradição é a memória coletiva de uma sociedade que se explica a si mesma".[38]

A tradição que narra a formação do sultanato de Angoche o faz a partir da relação de imigrantes muçulmanos suaílis da costa com as mulheres das sociedades matrilineares macuas do interior. É possível aferir que, no contexto da recolha dessa tradição, isto é, entre o final do século XIX e o início do XX, era importante para Angoche a identificação tanto com a cultura suaíli, dos povos muçulmanos do litoral, ligados às redes comerciais do Índico, quanto com as populações matrilineares macuas do interior.[39]

Vale acrescentar que, assim como as identidades estão constantemente em transformação, as tradições também podem sofrer alterações ao longo do tempo. Nesse caso, a identificação com esses dois universos culturais – suaíli e macua – explicaria-se pelas mudanças ocorridas na política e na economia das sociedades do norte de Moçambique ao longo do século XIX, abordadas no decorrer dos capítulos desse trabalho.

Nesse sentido, cabe inserir a discussão realizada por Jean-Loup Amselle sobre a desconstrução da ideia de fronteiras culturais a partir do conceito de *branchements*. Na sua obra *Branchements. Anthropologie de l'universalité des cultures*, Amselle analisa um movimento multinacional chamado N'ko, originário da África ocidental, presente em três capitais de países africanos: Bamako no Mali, Cairo no Egito e Conakry na Guiné. Esse movimento foi criado pelo pensador mandinga Souleymane Kanté, em 1949. Para ex-

---

37 "O alcance destas informações e saber até que ponto são concretas depende em grande medida da avaliação crítica das fontes e dos pressupostos teóricos implícitos na sua utilização". *Ibidem*, p. 60.

38 VANSINA, Jan, op. cit, p. 158.

39 "Toda instituição social, e também todo grupo social tem uma identidade própria que traz consigo um passado inscrito nas representações coletivas de uma tradição que o explica e o justifica." VANSINA, Jan, op. cit., p. 163.

pressar esse movimento na forma de escrituras, Kanté desenvolveu um alfabeto – o N'ko – utilizando caracteres do latim, porém escritos da direita para a esquerda, como na língua árabe. Kanté, por exemplo, traduziu o Alcorão para esse novo alfabeto mandinga, na tentativa de reafirmar a cultura mandinga diante da cultura árabe-muçulmana, sobretudo no que se refere ao Islã, dissociando essa religião da cultura e da língua árabes. Entretanto, para reafirmar a cultura mandinga e construir essa nova identidade, Kanté utilizou aspectos das duas outras culturas – europeia e árabe.[40]

Para melhor entender as sociedades africanas, Amselle criou o conceito de *branchements* e abandonou o conceito de mestiçagem, com o qual trabalhou no seu livro anterior - *Logiques métisses. Anthropologie de l'identité en Afrique et ailleurs*,[41] por carregar o caráter biológico do termo, pressupondo a existência de culturas originais puras. Este autor utiliza, então, a metáfora de *branchements*, representada por uma comunicação eletrônica, em que vários fios se conectam em diferentes direções, pois acredita que esse conceito tende a desconstruir as ideias de limite e de fronteira das culturas, não no sentido de mistura ou de pureza, mas ressaltando as conexões possíveis entre elas.

> Para escapar desta ideia de mistura por homogeneização e por hibridação, é preciso afirmar ao contrário, que toda sociedade é mestiça e que a mestiçagem é o produto de entidades já mestiças, negando a ideia de uma pureza original.[42]

Partindo da metáfora de *branchments* elaborada por Amselle, é possível afirmar que, de acordo com as circunstâncias, as populações de Angoche acionavam suas conexões com as sociedades do interior do norte de Moçambique e as do litoral índico de diferentes maneiras: desde a construção de uma tradição explicativa da formação do sultanato, passando pelas relações de lealdade estabelecidas por meio da doação de terras, do parentesco e da religião islâmica, até a articulação da coligação de resistência no final do século XIX.

---

40 AMSELLE, Jean-Loup. *Branchements. Anthropologie de l'universalité des cultures*. Paris: Flammarion, 2001, p. 136.

41 Idem, *Logiques métisses. Anthropologie de l'identité en Afrique et ailleurs*. Paris: Payot, 1990.

42 Tradução: Regiane Mattos. "*Pour échapper à cette idée de mélange par homogénéisation et par hybridation, il faut postuler au contraire que toute société est métisse et donc que le métissage est le produit d'entités déjà mêlées, renvoyant à l'infini l'idée d'une pureté originaire.*" AMSELLE, Jean-Loup, op. cit., 2001, p. 22.

CONEXÕES INTERNAS: RELAÇÕES ENTRE OS SUAÍLIS E AS SOCIEDADES MACUAS

As sociedades suaílis do norte de Moçambique mantiveram, sobretudo no século XIX, conexões políticas, econômicas e culturais com as sociedades do interior, como a dos macuas, especialmente com os chamados imbamelas e os namarrais, demonstrando a inexistência de fronteiras rígidas entre si. Para melhor compreender essas conexões entre os denominados suaílis e macuas do norte de Moçambique faz-se necessário, nesse momento, historicizar o uso do etnônimo macua e apresentar as principais características das sociedades que levaram essa designação.

As sociedades macuas

Até o século XIX, embora o termo macua fosse, muitas vezes, empregado para designar todos os povos do norte de Moçambique, ele se restringia à designação dos povos do *hinterland*, isto é, do continente ou do interior, da ilha de Moçambique, sendo diferenciado de outras populações como a dos maraves, chamados assim desde o século XVII e a dos mujaos (ajauas), desde o século XVIII. A partir do século XIX, o etnônimo macua passou a representar especificamente as sociedades localizadas no interior do distrito de Moçambique, atual província de Nampula.[43]

De acordo com o reverendo António Pires Prata, o termo macua tem origem na palavra *nikhwa* (plural, *makhuwa*), que significa "grande extensão de terra", "sertão", "selva", "deserto". Até o século XX, essa palavra tinha uma conotação pejorativa, empregada pelos muçulmanos do litoral para classificar os não-muçulmanos como "selvagens", "atrasados".[44]

Essa diferenciação teria surgido a partir dos primeiros contatos entre árabes e persas muçulmanos e populações do litoral norte de Moçambique, chamadas de macas pelos povos do interior. Estes, por sua vez, eram denominados macuas. O termo maca seria extensão da palavra *maka* que significa sal ou uma deturpação da palavra Meca (cidade sagrada para os muçulmanos), significando, assim, "a gente de Naharra, isto é, da faixa costeira, ou gente de Alá (Nahala) ou a gente de Meca que vivia no litoral africano".[45]

---

43 MEDEIROS, Eduardo. *Notas sobre o estudo da formação de entidades tribais e étnicas entre os povos de língua(s) emakhuwa e elomuwè e advento da etnicidade macua e lómuè*. Texto de Apoio do Curso de Mestrado em Desenvolvimento e Cooperação Internacional, ISEG, Lisboa, 1995.

44 MACHADO, A. J. de Mello. *Entre os macuas de Angoche*. Lisboa, 1970, p. 108-109.

45 MEDEIROS, Eduardo, op. cit., 1995, p. 18-19.

Entretanto, as próprias populações classificadas como macuas não se identificavam utilizando o etnônimo macua, e sim outros termos relacionados, sobretudo, à geografia da região e às chefias locais. De acordo com Eduardo Medeiros:

> No passado e mesmo hoje, porque de facto ainda não existe uma etnicidade macua (...), apenas se pode afirmar que, no extenso espaço geográfico do norte de Moçambique do Zambeze ao Rovuma e do oceano Índico aos Lagos, viveram (e morreram) muitas comunidades independentes com línguas e dialectos aparentados e com estruturas socio-familiares idênticas e que passaram a ser designadas em conjunto por uma mesma designação pelo mundo exterior.[46]

As sociedades macuas eram divididas em "subgrupos", como os denominados imbamelas e namarrais. Os imbamelas eram formados ainda por três segmentos: *à-sêna*, *á-nélla* e *á-iadje*. Na segunda metade do século XVI, eles migraram das terras do Borôro, a oeste do Barué, em direção ao mar por conta das invasões de outros grupos e pelo interesse no comércio costeiro. O chefe dos *á-nella* recebia a designação hereditária de Morla-muno. Os *á-sêna* juntaram-se aos *á-iadje*, cujo chefe tinha o nome de Kuernéa-muno (ou Guarnéa-muno).[47]

O território da Imbamela, sob a influência política de Morla-muno, abrangia toda a região a leste da Mogovola e ao sul de Sangage até ao Moelene. O chefe imbamela tinha como "dependentes" os chefes que estavam nas terras entre Lona e Larde, a Matadane e Mocogone e a sul do M'luli. Até meados do século XIX, Guarnéa-muno também governava sob a sua dependência.[48]

Os namarrais têm sua origem na migração das populações nguni vindas do sul e que provocaram transformações político-sociais na região da Zambézia, nas primeiras décadas do século XIX.[49] Nancy Hafkin sugere que, em 1865, os namarrais teriam se organizado como grupo nas terras próximas a Mossuril e Moginqual.[50] Por sua vez, Luísa Martins acredita que essa nova sociedade tenha provavelmente se constituído num período um pouco anterior, tendo em vista que o processo de "diáspora nguni" já estava em curso antes disso, sendo explicado também por outras causas endógenas e/ou exógenas.

---

46 MEDEIROS, Eduardo, op. cit., 1995, p. 12.
47 LUPI, Eduardo do Couto, op. cit., 1907, p. 145- 174, 202-206.
48 AMORIM, Pedro Massano de, op. cit., p. 47-48.
49 A migração das populações ngunis é tratada em NEWITT, Mallyn, op. cit.; SERRA, Carlos. *História de Moçambique*. Maputo: Universidade Eduardo Mondlane, Departamento de História e Tempo Editorial, 1982; SANTOS, Gabriela A. *Reino de Gaza: o desafio português na ocupação do sul de Moçambique (1821-1897)*. São Paulo: Alameda, 2010.
50 HAFKIN, Nancy, op. cit., p. 365.

Este "novo Estado" namarral, governado por chefes que levavam o nome de *Mocuto*, tinha características muito próprias, que o diferenciaram de uma "chefatura tradicional".[51]

José Capela aponta que escravos fugidos da ilha de Moçambique dirigiram-se ao território fronteiro no continente denominado Ampapa e ali instalaram uma aringa,[52] nome dado a uma povoação fortificada, em geral composta por escravos. Essa povoação teria se integrado ao grupo namarrais por meio de novas chefias. Em 1886, o governador geral afirmava que um "régulo do Namarral era um verdadeiro salteador, com mando sobre numerosas hordas de cafres e que se refugiam os maiores malfeitores escapados às justiças".[53]

Capela acrescenta que na década de 1820, as desordens causadas pelas migrações dos ngunis provocaram a decadência de alguns prazos na Zambézia e, por consequência, muitos escravos e colonos abandonaram o território, juntando-se a outros prazos ao sul ou constituindo novas formações sociais.[54] Nas sociedades do norte de Moçambique, um indivíduo vindo de fora poderia ser integrado ao grupo se fosse aceito pelo chefe principal por meio do casamento com uma mulher escolhendo pertencer ao grupo dela ou, se escravo, sendo libertado.[55]

Entretanto, mesmo para um escravo existia a possibilidade de incorporação ao grupo, pois a escravidão nessa região configurava uma forma de dependência. Na descrição das sociedades matrilineares realizada por Eduardo Lupi, nota-se certa semelhança entre os escravos e os homens que eram incorporados por meio do casamento com as mulheres da linhagem. Os escravos eram obtidos por herança, indenização, compra ou aprisionados em guerra e razias, devendo ser necessariamente estranhos ao grupo. A condição de escravo provavelmente seria transmitida à sua descendência, embora houvesse grandes

---

51   MARTINS, Luisa F. G. Os Namarrais e a reacção à instalação colonial (1895-1913). Instituto de Investigação Científica Tropical (IICT). *Blogue de História Lusófona*. Ano 6, julho de 2011. Acesso em setembro de 2011. Disponível em: http://www2.iict.pt

52   Aringa é o nome dado à povoação de escravos fugidos. O termo mussito também era utilizado com esse significado, dependendo da localidade e da época, em Moçambique. RODRIGUES, Eugénia. Senhores, escravos e colonos nos prazos dos Rios de Sena no século XVIII: conflito e resistência em Tambara. *Conference The Evolution of Portuguese Asia: Quincentenary Reflections: 1498-1998*, Charleston, South Carolina, Estados Unidos da América, 18-20 de Março de 1999.

53   CAPELA, José. Como as aringas de Moçambique se transformaram em Quilombos. *Tempo. Revista do Departamento de História da UFF*. Rio de Janeiro: 7 Letras, v.10, n.20, jan.-jun. 2006, p. 86-90.

54   *Ibidem*, p. 90-91.

55   LUPI, Eduardo do Couto, op. cit., 1907, p. 142.

chances de alcançarem a liberdade a qualquer momento por vontade do seu proprietário. Este não se referia a ele como escravo, normalmente o considerava um "filho".[56]

Durante a sua juventude, o escravo não tinha o direito de possuir bens, recebendo apenas alimentação e vestuário para a sua sobrevivência e ainda corria o risco de ser vendido ou doado. Quando alcançava a idade adulta, já podia pegar em armas e muitos eram preparados para exercerem a função de guerreiros. Ou, então, instalavam-se numa povoação próxima do seu dono, que geralmente casava-o com uma escrava ou com qualquer outra mulher do grupo, fornecendo-lhe uma porção da sua terra para cultivar. A maior parte da sua produção era destinada ao seu proprietário. Como a sua descendência ficava sob os desígnios do seu senhor, quanto mais filhos tivesse mais a sua condição melhorava, pois teria menos trabalho nas terras de seu dono.[57]

Já a mulher escrava, quando se tornava concubina, seria libertada com o nascimento de um filho ou realizando casamento com um indivíduo escolhido pelo seu senhor. Todavia, corria o risco de ser doada ou vendida a qualquer momento, pois era a principal moeda de troca das relações comerciais realizadas na região.[58]

Era certo que o escravo não continuaria sob tal condição após a morte do seu dono, embora pudesse ser por ele libertado ainda em vida. Algumas vezes, o escravo fugia e negociava a sua liberdade intimidando ou ameaçando o seu proprietário até este a reconhecer.[59]

Com alguma frequência, ex-escravos de confiança eram nomeados capitães (cabos de guerra ou guerreiros), sendo responsáveis pela defesa do território. Questões como a composição do conjunto de guerreiros e da incorporação de indivíduos de fora do grupo são tratadas com mais detalhe no quarto capítulo deste trabalho, ao ser analisada a participação de soldados e guerreiros na coligação de resistência.[60]

Características da organização política compartilhadas entre as sociedades do interior (Macuas) e as do litoral (Suaíli)

É possível perceber que as sociedades do norte de Moçambique, tanto as denominadas macuas do interior quanto as suaílis do litoral compartilhavam algumas características em relação às formas de organização política. Ambas eram caracterizadas por uma

---

56   *Ibidem*, p. 142.
57   LUPI, Eduardo do Couto, op. cit., p. 149.
58   *Ibidem*, p. 151.
59   *Ibidem*, p. 149.
60   *Ibidem*, p. 149.

estrutura política hierarquizada, na qual o poder do chefe principal era sustentado pela fragmentação do território em pequenos chefados, cujos chefes subordinados tornavam-se aliados por meio de laços de parentesco e/ou pela doação de terras. No interior, os chefes eram chamados de *muno ou mwené*, enquanto no litoral levavam a designação de xeque ou sultão, não obstante estes se considerassem também *muyini ou monhé* (este último termo é encontrado especialmente na documentação portuguesa). O *mwené* (*muno, muyini, monhé*) era o chefe eleito pela linhagem que primeiro chegou ao território, considerado o dono ou senhor da terra.[61]

O chefe principal exercia a autoridade sobre o território e os chefes subordinados, inclusive o direito de vida e morte sobre eles.[62] O território era dividido pelo chefe principal entre os indivíduos que chegavam de fora e realizavam o casamento, passando a ficar sob a sua dependência, assim como toda a sua população. O território conservava o nome do primeiro chefe, considerado o senhor da terra, e todos reconheciam a sua preeminência sobre os outros.[63]

Embora concentrasse os poderes judicial e executivo em suas mãos, o chefe principal governava junto a um conselho, formado por este e por sua "família", composta de "irmãos", "irmãs" (a mais velha tinha maior influência) e "filhos", o *m'culucana* (representante religioso) e os ajudantes do chefe.[64]

O representante mais importante além do chefe principal era conhecido por capitão-mor, que cuidava das relações externas do grupo. Nos estabelecimentos islâmicos da costa havia também o cargo de vizir, que ajudava o sultão ou xeque a governar.[65]

---

61 *Ibidem*, p. 171.

62 AMORIM, Pedro Massano de, op.cit., 1911, p. 100-101. LUPI, Eduardo do Couto, op.cit., 1907, p. 129-131.

63 GEFFRAY, C. *Nem Pai nem Mãe. Crítica de Parentesco: O caso de Macua*. Lisboa: Editorial Caminho, 2000, p. 138-139.

64 AMORIM, Pedro Massano de, op.cit., 1911, p. 100-101. LUPI, Eduardo do Couto, op.cit., 1907, p. 129-131.

65 "(...) há sempre um régulo grande de toda a tribo; inferiores a esse, há os régulos principais chefes de clã; dentro do clã há régulos subalternos, que administram terras diversas, por seu turno, separadamente, confiadas a cabos; estes últimos superintendem num grupo de povoações, cada uma das quais tem seu chefe – geralmente chefe de uma só família, porque raras são as povoações em que reside mais de uma destas. O divulgado absolutismo do sistema tribal, não é tão rigoroso como geralmente se supõe." LUPI, Eduardo do Couto, op. cit., 1907, p. 131. "No interior os régulos têm um lugar-tenente, que é o capitão-mor ou mais raramente o vazir, a quem dá as ordens, transmitindo-as este ou fazendo-as executar com o auxílio de seus ajudantes (mahamo). AMORIM, Pedro Massano, op.cit., p. 102. A relação dos chefes principais e seus subordinados na região de Angoche pode ser observada em: AMORIM, Pedro Massano, op.cit., p. 41-52.

O chefe principal tratava dos assuntos mais importantes da sociedade, sobretudo aqueles relacionados à justiça, em audiências públicas. As reuniões costumavam ocorrer próximo à casa do chefe, onde todos ficavam sentados em esteiras. O chefe era o último a chegar e sentava-se num banco. Após a reunião eram servidas comidas e bebidas.[66] Mesmo que o chefe principal não usufruísse mais de grande prestígio, tendo menos subordinados e recursos que o possibilitariam exercer esse cargo, não corria o risco de perder a importância adquirida nas cerimônias nem o direito de dar a última palavra nas reuniões.[67]

Durante essas audiências públicas, o problema era exposto e o chefe principal ouvia a opinião dos membros de um conselho liderado pelo conselheiro principal, pessoa mais idosa que poderia ser um "tio" ou "irmão" do chefe, chamado de *harria*, entre os muçulmanos, e *muchukuru* entre os demais. Até mesmo um escravo poderia tornar-se um conselheiro. Neste caso, ele deveria ter sido comprado pelo chefe principal exclusivamente com o ganho do próprio trabalho realizado na machamba (propriedade agrícola) ou em negócios comerciais. O conselheiro principal era o único que podia se expressar livremente em qualquer situação e sua presença era obrigatória nas questões mais importantes, ou seja, sem ele nada podia ser decidido. Em caso de guerra podiam opinar também o capitão-mor de guerra, o capitão-mor e o cazembe. Em questões de política externa, tinha um papel importante o capitão-mor político (não o de guerra), os membros do conselho que costumavam fazer muitas viagens e os que viviam nas fronteiras das comunidades.[68]

Na década de 1850, quando Mussa Quanto, em seu posto de comandante militar, organizou uma expedição para ampliar os domínios do sultanato de Angoche, o sultão Hassane Issufo reuniu os "grandes da terra" para apresentar o seu projeto de expansão, que acabou aprovado por unanimidade.[69]

Essa característica da estrutura política das sociedades do norte de Moçambique dava margem, muitas vezes, a interpretações segundo as quais seriam sociedades muito fragmentadas e sem uma unidade política. Isto por parte das autoridades portuguesas, dos viajantes e dos exploradores europeus que estiveram na região. O governador de Moçambique, por exemplo, escrevia em 1898 em seu relatório:

> A unidade de raça do interior não corresponde felizmente a unidade de governo. Não há régulos grandes, chefes de extraordinário prestígio, como entre as raças guerreiras do sul, fato que nos livra do receio de

---

66 *Ibidem*, p. 102.
67 LUPI, Eduardo do Couto, op. cit., p. 131.
68 Ibidem, p. 131-132.
69 AMORIM, Pedro Massano de, op. cit, 1911, p. 4.

grandes insurreições ou revoltas, mas que, ao mesmo tempo, embaraça o desenvolvimento rápido da nossa influência que se tem de fazer passo a passo, régulo a régulo.[70]

Essa estrutura política fazia com que acordos realizados com o governo português fossem desfeitos pelos chefes dependentes, após a consulta ao chefe principal. A esse respeito, o capitão-mor de Angoche Eduardo Lupi concluía que "tais dificuldades, tais reviravoltas, [provinham] da ordem ou do conselho do régulo grande, sempre consultado nesses casos de real importância para a tribo, por muito longe que resida, por muito reduzido que seja o seu poderio efetivo". E que para levar a cabo a ocupação efetiva era necessário o conhecimento desse sistema político, dando-se a importância a cada agrupamento, muitas vezes, menosprezado pelos funcionários encarregados dessa tarefa.[71]

Nas sociedades do norte de Moçambique o sistema de parentesco era matrilinear com relação à descendência, à sucessão e à herança. Nessas sociedades as mulheres tinham um papel fundamental, sendo responsáveis, por exemplo, por garantir a descendência do grupo, que se dava necessariamente pelo lado materno. Os "filhos" pertenciam à linhagem materna e quando o matrimônio era dissolvido, por divórcio ou morte de um dos cônjuges, os "filhos" que eram menores de idade ficavam sob a autoridade da "mãe" ou da família materna.[72] O acesso à terra e a outros recursos da comunidade, assim como a organização da agricultura, eram controlados pelas mulheres. Elas eram responsáveis também pelos rituais de iniciação e pelos cultos aos ancestrais.[73]

A sucessão do poder nessas sociedades era matrilinear, acontecendo entre os parentes da linha colateral do chefe e, de preferência, entre os do sexo masculino. De acordo com as informações recolhidas ao sul de Chinga, região vizinha a Mogovola, por Pedro Massano de Amorim, o sucessor era o sobrinho mais velho, filho da irmã mais velha. Na falta de um sobrinho, era a sobrinha mais velha, filha da irmã mais velha, que exercia o poder. No caso de não haverem sobrinhas, quem assumia o poder, pela ordem, era o primo ou a prima mais velho(a), filho(a) da irmã da mãe, o irmão ou a irmã mais velho(a), o tio

---

70   COSTA, Eduardo da. *O distrito de Moçambique em 1898: notas e apontamentos*. Lisboa: Livraria Ferin, 1902, p. 3.
71   LUPI, Eduardo do Couto, op.cit., p. 129-130.
72   *Ibidem*, p. 142.
73   SERRÃO, Joel; MARQUES, A. H. de Oliveira. *Nova História da Expansão Portuguesa. O Império Africano (1890-1930)*. Lisboa: Editorial Estampa, 2001, p. 561.

ou tia irmão(ã) da mãe, o avô materno ou a mãe do chefe. Se o sucessor era uma mulher, era o marido que governava de fato.[74]

No interior do distrito de Angoche, a sucessão era um pouco diferente e seguia a seguinte ordem: 1º sobrinho mais velho, filho da irmã mais velha; 2º irmão, filho da mesma mãe; 3º. sobrinha, filha de irmã; 4º irmã, filha da mesma mãe; 5º primo, filho de tia irmã do régulo falecido; 6º tio, irmão do régulo antecessor e filho da mesma mãe deste; 7º prima, filha de tia, irmã do régulo antecessor ao falecido, mas filho da mesma mãe daquele; 8º tia, irmã do régulo antecessor, porém filho da mesma mãe.[75]

Após a morte do chefe, era o irmão mais velho que cuidava de dar todos os bens do falecido ao seu sucessor. E as suas esposas ficavam sob a responsabilidade das mulheres mais velhas para que não tivessem nenhuma relação com outro homem. Somente depois do enterro do chefe, o "conselho dos grandes" se reunia para preparar a sucessão. De outra maneira, o chefe podia deixar indicado um nome caso não tivesse confiança no sucessor direto. No dia da posse do novo chefe, os chefes subordinados eram convocados, recebendo presentes. Durante a cerimônia, os chefes jogavam farinha de milho na cabeça do chefe eleito para que "governasse com justiça e sabedoria". Havia "batuques" durante vários dias. Em alguns lugares, o chefe era ungido com óleo de rícino e recebia um bastão de madeira, símbolos do poder político nessas sociedades.[76]

Contudo, o cargo de chefe poderia ser ocupado também por meio de um poder adquirido por esforço próprio, caso o escolhido não fosse um herdeiro direto. Quando ocorria a deposição de um chefe ou se era negada a sucessão ao herdeiro direto, devido a algum impedimento físico ou moral, realizava-se uma eleição entre os "grandes" do grupo, sendo observado que o parente escolhido deveria ser o mais próximo de primeiro grau e na falta deste devia-se escolher "o maior (em linhagem) dos grandes senhores".[77]

Essas brechas nos processos sucessórios explicariam as disputas ocorridas, ao longo do século XIX, entre integrantes de diferentes linhagens que se consideravam legítimos ocupantes do cargo de chefe ou sultão no norte de Moçambique. A demora da legitimação de um novo chefe pelos "grandes" do seu grupo, observada em diversas ocasiões e descritas com detalhes nos próximos capítulos desse trabalho, também foram aproveitadas pelo governo português que se aproximava dos candidatos à sucessão reconhecendo-lhes como legítimos antes mesmo da sua eleição. Alguns candidatos, por sua vez, faziam

---

74   AMORIM, Pedro Massano de, op.cit, p. 102.
75   *Ibidem*, p. 103.
76   *Ibidem*, p. 103.
77   LUPI, Eduardo do Couto, op. cit., p. 131.

uso igualmente dessa aproximação política das autoridades portuguesas para se fortalecerem diante dos seus concorrentes ao cargo.

Relações de parentesco: o caso das sociedades matrilineares macuas

> (...) o sistema de parentesco tinha um sentido histórico mais preciso e particular do que o de celebrar a humanidade da espécie e a sua submissão à ordem simbólica. Os factos de parentesco, na sua dimensão mais formal — a lógica do sistema terminológico —, tomavam-se com efeitos inteligíveis, relacionando-os com o dispositivo social histórico onde eles se desenvolviam.[78]

Como já mencionado na Introdução desta tese, as populações suaílis de Angoche acionavam, de acordo com as circunstâncias, as conexões estabelecidas com as sociedades do interior do norte de Moçambique de diferentes maneiras, como, por exemplo, na construção de uma tradição explicativa da formação do sultanato que estabelecia relação entre dois universos culturais, macua e suaíli. Outra forma de conexão existente entre essas sociedades era fundamentada nas relações de lealdade estabelecidas por meio do parentesco e na incorporação do sistema matrilinear macua pelos estabelecimentos suaílis da costa, como o sultanato de Angoche.

No que se refere ao parentesco macua, Christian Geffray adverte que o primeiro grande desafio do pesquisador é entender as relações de parentesco nas sociedades matrilineares e traduzir os vocabulários empregados para a nossa língua, sem que se faça uma distorção do seu significado. O risco está em fazer uma transposição direta do vocabulário do nosso parentesco, como categorias analíticas, para entender um sistema diferente como é o parentesco macua.[79]

Para este autor, as noções de pai, mãe, filhos, irmãos, tios, sobrinhos, primos, avós, tal qual se empregam nas nossas relações de parentesco, não devem ser traduzidas. Essas noções não possuem um significado universal, não se encontrando o mesmo sentido entre os macuas. Somente a noção de esposa pode ser deste modo traduzida sem que se

---

78 GEFFRAY, C., op.cit, p. 34.

79 O trabalho de Christian Geffray, utilizado nesta tese para entender as relações de parentesco matrilienares das sociedades macuas, é resultado de uma pesquisa realizada por este autor entre as populações de língua macua que ocupam a província de Nampula no período de julho de 1983 e janeiro de 1985, num esforço, segundo o autor, de "restituir a dinâmica das práticas e instituições domésticas antigas", a partir das narrativas e testemunhos que remontam aos anos 1930.

distorça o seu significado. Por essa razão, todas as outras palavras que se referem ao parentesco devem ser escritas entre aspas.[80]

Geffray alerta para um segundo grande desafio: compreender a própria noção de parentesco para essas sociedades.

> A filiação não é consanguinidade, e a aliança não é o acasalamento, mas creio não trair a concepção antropológica comum em matéria de parentesco ao considerar que o 'parentesco-aliança' é aqui concebido como o efeito de uma ordenação simbólica primitiva e fundadora destas ligações biológicas.[81]

O parentesco não se constitui apenas na relação de consanguinidade, diferenciando, por exemplo, os pais dos não pais. A instituição parentesco é caracterizada pela filiação, isto é, pela "concepção coletiva e instituição do laço de pertença", cujo ponto de partida e o fim são os laços sociais marcados pela disputa pelo destino das crianças.[82]

Se se considerar o parentesco uma institucionalização de laços biológicos consanguíneos ou das funções maternas e paternas, o sistema social macua não pode ser chamado de parentesco. O que aproxima o sistema macua da nossa noção de família é a reivindicação da autoridade sobre as crianças. Deste modo, a noção de parentesco não deve ser associada à paternidade, à maternidade, tão pouco à consanguinidade.[83]

Geffray parte, então, das relações sociais em torno do trabalho, da distribuição e do consumo da produção com o objetivo de mostrar as formas de reagrupamentos sociais associadas, tais como os grupos de pertença, os grupos domésticos, as casas e as áreas matrimoniais.[84]

A base da organização das sociedades africanas é a linhagem que supõe um antepassado comum. Uma ou mais linhagens constituem uma aldeia que é a menor unidade do território e a base da estrutura política.[85] No caso dos macuas, a linhagem, chamada de *errukulu*, como instituição social remete à filiação (pertença) e ao reconhecimento de um

---

80   Ibidem, p. 23-25.

81   *Ibidem*, p. 28.

82   *Ibidem*, p. 180.

83   "As relações sociais na região macua poderiam ser encaradas, neste sentido como laços de parentesco, na condição de definir 'parentesco' como o complexo institucional que surge da simbolização do desejo de se apoderar do destino das crianças". *Ibidem*, p. 156-157.

84   "Este caminho levou por fim a pôr em evidência a existência de grupos sociais definidos pelas práticas sociais de produção, integralmente congruentes com as classes de pessoas distinguidas na terminologia de parentesco." *Ibidem*, p. 34.

85   MUNANGA, Kabengele. Origem e histórico do quilombo na África. *Revista da USP*. São Paulo, n. 28, dez./fev., 1995/96, p. 61.

antepassado comum entre as pessoas que constituem o grupo. No entanto, os indivíduos parecem se reunir não apenas observando esse aspecto da memória de um antepassado comum, mas também dos laços sociais em torno da produção e da consequente legitimação da autoridade sobre as crianças.[86]

Geffray distingue a linhagem de um grupo social - *adelfia* - cuja pertença se reporta a um mesmo indivíduo mais velho, só que vivo (decano), e não à memória de um antepassado morto.

> A palavra 'adelfia' faz assim às vezes de alavanca para erguer a pesada capa institucional da linhagem, e observar por baixo dela o livre jogo das relações de forças sociais onde ela se apoia. Um processo mais fundamental do que a filiação e a linhagem será então revelado: a reivindicação de autoridade sobre as crianças. Todo o dispositivo social e as suas instituições aparecerão de facto redutíveis aos efeitos desse desejo.[87]

Nas sociedades macuas estudadas por Geffray, um jovem casado tem como principal objetivo a reprodução, o que não significa que lhe seja reconhecida a paternidade sobre a criança, ou seja, é identificado como fecundador e não como genitor. Ao casar-se, o homem se desloca e passa a viver na e para a adelfia da sua esposa. "As mulheres geram, os homens fecundam, eles próprios não geram nada, têm simplesmente a obrigação de contribuir para fazer nascer as crianças dos outros."[88] Contudo, para completar o seu percurso social, o jovem precisa provar as suas capacidades de trabalho, sendo reconhecidos pelo seu papel de fecundador bem como pelo de produtor.

Casado, o jovem deve trabalhar na produção de gêneros agrícolas da adelfia da sua esposa. Como não tem a sua própria terra, deve utilizar uma parte das terras do seu "sogro". Uma parte do produto do seu trabalho é destinada a abastecer o celeiro da sua "sogra" e a outra é destinada à compra de produtos, como tecidos, para ela e para sua esposa. O jovem deve cuidar de outros trabalhos como limpar ao redor das palhotas, buscar água e madeira, construir os móveis da casa.[89]

---

86 "O domínio de definição do grupo das pessoas da 'linhagem' toma-se então o sistema orgânico das dependências sociais e materiais, e a compreensão da formação deste grupo é relativamente independente da representação filiática que os sujeitos sociais dela fazem (antropólogos incluídos). Passa-se com a 'linhagem' o mesmo que com qualquer instituição, a sua verdade está noutro local que não no seu próprio discurso." GEFFRAY, C., op. cit., p. 36-37.

87 GEFFRAY, C., op. cit., p. 39.

88 *Ibidem*, p. 44.

89 "Depende social e materialmente dos seus afins, e não pode subtrair-se à observação de que é objeto du-

Somente com o nascimento da criança se estabelece a união matrimonial e o jovem homem passa a receber o respeito e consideração que ainda não tivera na adelfia da esposa. Então, será autorizado pela "sogra" a construir uma palhota para a sua esposa, a explorar uma plantação própria e a ter um celeiro. As suas terras são indicadas pelo chefe (*humu*) da adelfia da sua esposa. No entanto, não abandona totalmente o trabalho nas terras da sua "sogra", apenas diminui essa produção para trabalhar nas suas próprias.

Por volta dos trinta anos de idade, a esposa deixa de armazenar uma parte das suas colheitas nos celeiros da sua "mãe", dispondo sozinha da produção do seu "marido". Este também já cultiva menos as terras da sua "sogra", pois nesse momento, seus "filhos" e "filhas" têm entre dez e catorze anos e passam a ajudar nas tarefas na casa da "avó", para onde vão todos os dias. Além disso, neste período, ocorria o casamento das suas "filhas", determinando uma transformação marcada pela mudança de geração. Então, a esposa exercerá o papel de "sogra" e ocupará a posição que até aquele momento a subjugava.[90]

O grupo estabelecido em torno da produção do jovem casal destinado à "sogra" do rapaz é denominado de grupo doméstico. "Este grupo resulta dos laços estabelecidos em torno das actividades produtivas e genesíacas entre diversas categorias de pessoas, que se diferenciam segundo a geração, o sexo e a pertença adélfica (...)".[91]

O trabalho e os bens circulam no grupo doméstico, na medida em que a reserva alimentar acumulada nos celeiros das mulheres mais velhas ("sogras") são utilizadas para alimentar diariamente as crianças nascidas no grupo. As crianças, em geral, visitam todos os dias as casas das "avós" e se alimentam dos produtos dados pelos jovens casais, ou seja, os "pais" dessas crianças.[92]

Apesar de as crianças se alimentarem da produção realizada pelos seus "pais", aos homens não é reconhecido o papel de alimentador. Cabe às mulheres esse papel assim como o de decisão quanto à produção. Elas são as donas e administram os celeiros, deci-

---

rante um longo período, onde alternam repreendas e encorajamentos, chamadas à ordem, desconfiança ou benevolência calculada, tirania maliciosa ou magnanimidade". *Ibidem*, p. 49-50.

90   GEFFRAY, C., op.cit, p. 50.
91   *Ibidem*, p. 51.
92   "Através da organização do consumo, uma parte importante do produto do trabalho é por sua vez socializada no seio do mesmo grupo. Esta parte específica do produto de víveres assim redistribuída corresponde mais precisamente à fracção de sobreproduto social é destinada à alimentação das crianças. A sua socialização não se efectua pelo transporte da alimentação de um celeiro para outro, mas pela deslocação contínua das crianças—consumidores de um lar do grupo domestico para outro. O sobreproduto é assim dado diariamente às crianças sob a forma de refeições preparadas em casa da avó sénior, onde são principalmente alimentadas." *Ibidem*, p. 56.

dindo a quantidade e o produto a ser retirado para o consumo e para a venda. Da mesma maneira que as mulheres são responsáveis pela produção alimentar, detém a autoridade sobre a progenitura, já que a autoridade sobre o destino das crianças lhes é reservada. Por sua vez, a pertença das crianças está relacionada ao grupo da sua "mãe". Dessa maneira, é pelo casamento que o homem submete-se socialmente, assim como o seu trabalho, não tendo o direito de reivindicar autoridade sobre o destino de uma descendência da qual ele é o maior responsável pela sua sobrevivência. "A união matrimonial perdura tanto tempo quanto o esposo aceitar submeter-se a este processo: alimentar os filhos dos outros."[93]

Cabe também às mulheres transmitir o *nihimo*, que instaura a pertença de linhagem das crianças ao seu grupo. O *nihimo* é o nome que indica a pertença, e, por ele, os indivíduos de um mesmo grupo social se reconhecem, como por exemplo, Lapone, Mirasse, Marevoni. A transmissão do *nihimo* é efetuada por meio dos rituais de iniciação, realizada por volta dos dez, doze anos de idade. É nesse momento que se conhece o seu *nihimo* e os saberes associados a ele, o caminho percorrido e os atributos secretos dos antepassados, o papel de cada indivíduo na sociedade.[94] Com a transmissão do *nihimo*, são dadas ao indivíduo a sua pertença ao grupo e a sua identidade social.

> (...) o 'filho' de uma 'mãe' Mirasse torna-se Mirasse, já não é suposto ignorar quem é quem, e torna-se socialmente responsável tanto pelo seu trabalho como pela sua sexualidade (fecundador e produtor), mutação institucional anterior ao seu casamento. Sabe então o que é uma esposa, uma 'sogra', como se deve comportar com elas quando for casado, as condições em que trabalhará junto delas, as prestações sexuais que poderá esperar da sua esposa, a necessidade e o inconveniente da sua gravidez (...). Conhece agora o chefe da sua adelfia, os seus antepassados e o respeito que lhes deve, e não poderá abster-se de dar uma ajuda no seu lar.[95]

A transmissão do *nihimo* também fundamenta a lei pois, ao definir a pertença, estabelece a autoridade da qual provém esta pertença. Ao ser nomeado e ganhar uma

---

93 GEFFRAY, C., op.cit., p. 63.

94 BAPTISTA, Abel dos Santos. *Monografia etnográfica sobre os macuas: breve ensaio etnográfico sobre a Nação Macua, dos distritos de Cabo Delgado, Nampula e Quelimane*. Lisboa: Agência Geral do Ultramar, 1948, p. 26. GERARD, Padre. Costumes dos macuas do Medo. *Moçambique Documentário Trimestral*, n. 28, out./nov, 1941. GERARD, Padre. Mahimo Macuas. *Moçambique Documentário Trimestral*, n. 26, abril/junho, 1941.

95 GEFFRAY, C., op.cit., p. 72.

identidade social, esse indivíduo é chamado a submeter-se às leis do grupo. "E seu *nihimo* será retirado caso ele cometa desvios."[96]

Do mesmo modo que os homens são obrigados a produzir o alimento para os "filhos" dos outros, as mulheres mais jovens também não tem nenhuma autoridade sobre as crianças – seus "filhos". Há uma hierarquia entre as mulheres, na qual as mais velhas centralizam o poder por deterem a autoridade sobre as crianças a partir da sua função alimentadora.[97]

Quando há o casamento das "netas" da mulher mais velha, esta é introduzida no grupo de anciãos, deixando, então, o grupo doméstico. Para assegurar a sua subsistência quando da passagem para o grupo de anciãos, a mulher velha "adota" a primeira "neta", nascida do casamento da sua "filha", que viverá com ela desde pequena. Dessa forma, quando a primeira "neta" se casar garantirá por meio do "genro-neto" a produção e a subsistência da mulher velha no momento em que esta se tornar anciã.[98]

A mais velha do grupo de anciãs é chamada de *apwya* – "a mulher que nos alimentou a todos". Ela ocupa uma posição específica, a de "mãe-alimentadora" de todos os membros da adelfia e centraliza as relações de uma comunidade mais ampla (chamada por Geffray de "casa"), formada pelas três gerações de mulheres adultas da adelfia, os seus "filhos" e esposos. A casa é delimitada por um território, muitas vezes, determinado por elementos da natureza como rios e montanhas. Também cabe às mulheres a transmissão da terra, à qual os homens somente têm acesso por meio do casamento. Dessa maneira, o território é controlado sempre pelos membros femininos da adelfia, pois apenas elas o ocupam de maneira permanente.[99]

Os membros da adelfia denominam a sua linhagem de *errukulu*, que significa literalmente ventre, ou seja, uma metáfora que demonstra que todos aqueles saíram do mesmo ventre – o da *apwya*.[100]

---

96 "Todos os indivíduos, sem distinção de sexo, pertencem a um 'nihimo', a que ninguém é lícito renegar. Todos os indivíduos de um 'nihimo' se encontram ligados pelos mais estreitos laços de família. Um homem de determinado 'nihimo', que venha, por exemplo, de Quelimane para Porto Amélia, ao encontrar, aqui, uma mulher do seu 'nihimo' trata-la-á por mãe, se for idosa, e por irmã, se for nova, muito embora só naquele momento a tenha conhecido." BAPTISTA, Abel dos Santos, op. cit., p. 25.
97 GEFFRAY, C., op. cit., p. 75.
98 *Ibidem*, p. 79.
99 *Ibidem*, p. 83.
100 "A linhagem é a instituição que resulta da objetivação de uma ideia de adelfia; este último grupo social encontra aliás a sua determinação no exercício social da produção. Esta ideia manifesta-se aqui sob a espécie de metáfora materna (...)." *Ibidem*, p. 87

A *apwya* é também responsável por transmitir o *nihimo* a todo o grupo. Ela entrega aos seus dependentes o *nihimo* que recebeu dos mortos do seu grupo, tornando-se uma referência da identidade social para todos os membros. Não gerou a vida dos seus dependentes, porém ao transmitir-lhes o *nihimo*, fornece-lhes a pertença, tornando-os vivos dentro do grupo. Após a sua morte, ela se une aos antepassados a partir dos quais o grupo constrói a sua história e direciona as suas estratégias atuais.[101]

Entretanto, sobre esse sistema paira uma ameaça advinda da falta ou do número reduzido de nascimentos de meninas que põe em risco a existência do grupo. As consequências disso são o pequeno número de mulheres jovens e de casamentos, resultando em poucos casais jovens responsáveis pela reprodução e produção de alimentos, gerando um desequilíbrio demográfico e social. Para resolver a questão, os membros da adelfia "doente" podem agregar os seus dependentes a uma adelfia ligada ao seu *nihimo* mas, nesse caso, não são mais independentes e passam a submeter-se à autoridade daquela que os recebeu. Outra solução é incorporar mulheres de fora do grupo por meio da violência, sequestrando-as.[102]

Para tanto, a adelfia deve contar sempre com um grupo de guerreiros escolhidos dentre os homens mais fortes, bem preparados e habilidosos, incumbidos pelos chefes e anciãos de roubar meninas em territórios o mais distantes possível. A jovem sequestrada é iniciada recebendo o nome e a identidade social desse seu novo grupo. Todavia, se a jovem já fora iniciada no seu grupo, deve-se proceder de modo diferente, deixando-a isolada por vários meses numa palhota, apenas recebendo a alimentação diária. Após esse período de isolamento total, ela está apta para ser iniciada novamente, agora no seu novo grupo.[103]

Dessa maneira, embora as mulheres detenham a autoridade em detrimento dos homens, elas acabam dependentes deles por não serem capazes de organizar a produção e reprodução social sozinhas, tendo de se submeterem à autoridade masculina.

> Senhoras dos celeiros, as mulheres são fixas e determinam a pertença social das crianças; dependem por isso mesmo dos homens para o abastecimento do seu grupo de mulheres arranjadas noutros sítios quando da sua fecundidade falha, e para a sua proteção contra os homens dos outros grupos que as cobiçam pelas mesmas razões. Por outras palavras, é precisamente porque elas têm autoridade no domínio da produção, e tendo em conta os motivos sociais desta autoridade quanto à sua mobilidade e à pertença das crianças

---

101 GEFFRAY, C., op.cit., p. 86-87.

102 *Ibidem*, p. 110-114.

103 *Ibidem*, p. 117.

a nascer, que as mulheres forçosamente genetrizes a perdem no domínio da reprodução das relações sociais.[104]

Os homens também exercem a autoridade sobre a terra quando, como chefes, dominam o acesso a ela por meio de outros homens dependentes no momento do casamento.[105] Dessa forma, a partir do acesso à terra como meio de trabalho, os chefes controlam a produção e a subsistência, a hierarquia das mulheres estabelecida pela autoridade das mais velhas sobre as mais novas que lhes devem parte da produção, ou seja, "as relações de subordinações sociais".[106]

Além disso, os homens obtêm a autoridade sobre outros homens por meio do casamento das suas "sobrinhas", nascidas das suas "irmãs". Ele pode, por exemplo, casá-las com os seus "filhos". Como ele não exerce qualquer autoridade sobre os seus "filhos", ao casá-los com as suas "sobrinhas", submete-os ao chefe das mulheres da sua adelfia, fazendo com que habitem o seu território e produzam alimentos para as crianças do seu grupo. Na geração seguinte, se esse homem casar um "sobrinho-neto" com a sua "neta" mais velha, que ele "adotou", o fruto do trabalho desse casal jovem irá alimentá-lo quando se tornar um ancião.[107]

Várias fontes documentais consultadas nesta pesquisa fazem referência às *apwya*. Elas são mais comumente chamadas na documentação portuguesa de *pia-mwene* ou de rainhas. A *pia-mwene* tinha a função de conservar a memória da linhagem e estabelecer a ligação com os seus ancestrais. Participava de vários momentos e cerimônias significativos da sociedade e deveria ser sempre consultada em caso de guerra, quando lhe traziam um prato no qual jogava um pouco de farinha de mapira (espécie de sorgo) e via se o momento era favorável, decidindo se o chefe deveria ou não iniciar a batalha.[108]

A mapira e a sua relação com os ancestrais aparece em várias dimensões da sociedade, como por exemplo, nas celebrações ligadas ao exercício do poder político. A farinha de mapira, denominada *epépà*, era utilizada no momento da investidura de um novo chefe, quando, então, era jogada sobre sua cabeça para que os ancestrais o ajudassem a garantir

---

104 *Ibidem*, p. 123.
105 BAPTISTA, Abel dos Santos, op. cit., p. 52.
106 GEFFRAY, C., op. cit., p. 130.
107 *Ibidem*, p. 133.
108 AMORIM, Pedro Massano de, op. cit., 1911, p. 104. HAFKIN, Nancy, op. cit., 1973, p. 78. "Segue-se a mapira, nome que dão ao sorgo, o outro elemento principal, que juntamente com a mandioca constituía base da alimentação indígena, fazendo a'chima' (papas), e que fermentado em panellas dá o 'pôbe', ou cerveja de milho, bebida da sua predilecção." LUPI, Eduardo do Couto, op. cit, p. 50. HAFKIN, Nancy, op. cit.; p. 80; BONATE, Liazzat, op. cit., 2007, p. 58; MWILIZA, Joseph, op. cit., p. 69.

a justiça e a proteção de todo o grupo. A escolha do novo chefe deveria necessariamente receber a aprovação e a legitimação da *pia-mwene*, por meio do ritual de investidura.

A *epépà* era utilizada também nas oferendas aos ancestrais feitas nas sepulturas, nos locais da morte ou próximos a rios e montanhas. Em caso de calamidades, como fomes, secas, guerras ou doenças, os rituais também eram realizados, utilizando-se oferendas com farinha de mapira conduzidos pela *pia-mwene*. Nos casamentos, a farinha de mapira era cozida e entregue aos "noivos".[109]

Portanto, a *epépà* apresenta dois aspectos simbólicos que estão interligados. Representa o elemento estrutural da organização econômica, na medida em que a mapira é o principal produto da alimentação local, manifestando a importância da fertilidade da terra, do trabalho e da estabilização econômica do grupo. Ao mesmo tempo, revela a relação dos elementos fundamentais da sociedade (a fertilidade da terra e dos homens, a produção econômica, o poder político e o equilíbrio da natureza) aos ancestrais.[110] Dessa maneira, a autoridade da *pia-mwene* é inerente à sua função e ao seu poder de se comunicar e ser responsável pela conexão com os ancestrais. A farinha de mapira é o elemento simbólico dessa conexão, servindo como mediador entre os ancestrais e a linhagem.[111]

A importância das mulheres, sobretudo da mais velha, nos momentos ritualísticos da sociedade é atestada na descrição do cônsul inglês em Moçambique, Henry O'Neill:

> As dansas usadas pelo povo nem são delicadas nem de um caracter gracioso, e é impossível deixar de observar que ellas são intencionalmente provocantes. (...) Um tambor ou batuque afinado em tom grave era tangido á mão pela mais velha do rancho, a qual com voz aguda e progressivo enthusiasmo ia incitando as dansarinas o mais que podia até caírem fingindo-se exhaustas. Dois tambores menores tangidos com paus, e um coiro agudo e discordante em que todas as mulheres tomavam parte augmentava a bulha e excitação geral.[112]

Em 1885, o capitão-mor das Terras Firmes, João da Silva, escrevia que "depois que se concluiu a guerra Che Amade solicitou aliança do régulo da Mutoucanho e do

---

109 BAPTISTA, Abel dos Santos, op. cit., p. 34, 53.

110 As relações existentes entre a ancestralidade e as instituições sociais na África é analisada em LEITE, Fábio. *A questão ancestral: África Negra*. São Paulo: Palas Athena; Casa das Áfricas, 2008.

111 Para uma análise comparativa dos elementos simbólicos e a autoridade entre os Mbundu de Angola é importante o trabalho de MILLER, Joseph C. *Poder político e parentesco. Os antigos estados mbundu de Angola*. Luanda: Arquivo Histórico Nacional, 1995.

112 O'NEILL, Henry. África Oriental Portuguesa: Observações acerca da costa e do interior da Província de Moçambique. *Boletim da Sociedade de Geografia de Lisboa*. Lisboa, 1882, p. 208.

Capitão-mor de Sancul para o apresentarem a pwiamuene (rainha) das terras do Namarral com o fim de hostilizarem os povos da península da Matibane (...)".[113]

Na segunda metade do século XIX, a *pia-mwene* dos namarrais era a rainha Naguema, conhecida por participar da coligação de resistência junto ao capitão-mor de Sancul, o Marave, e de Farelay do sultanato de Angoche, e ter a sua "filha" Máquia sequestrada pelo governo português. Em vários documentos ela aparece como "irmã" do chefe principal dos namarrais, o Mucuto-muno. No entanto, um desses documentos traz a informação de que "Mocuto-muno [a] trata por mãe, mas não o é", ou seja, ela simbolizava a "mãe-alimentadora", no sentido da *pia-mwene*.[114]

M'Fatima ou Nune Fatima Bine Zacharias, "mãe" do xeque Che Agy, de Mogincual, era também uma *pia-mwene*, conhecida como rainha de Kinga (ou Seremage), na área de Sangage. Ela é retratada nas fontes documentais como uma mulher respeitada e detentora de muito prestígio nessa região.[115] Esteve também envolvida na coligação de resistência organizada no final do século XIX. Há indícios de que ela ajudava o capitão-mor de Sancul, o Marave, enviando "gente de guerra".[116] Como demonstração das funções de uma verdadeira *pia-mwene*, em 1891, ela informava ao comandante militar de Mogincual, Francisco de Meneses e Mendonça, que já havia nomeado o novo xeque para substituir o seu filho, Selemane Bine Aly.[117]

Maziza era provavelmente outra *pia-mwene*. Ela foi acusada de ser responsável pela morte de Abdulrramane Said Aly, xeque da Quitangonha, em 1875. Abdulrramane

---

113   Correspondência do capitão-mor das Terras Firmes ao secretário geral do Governo de Moçambique. Terras Firmes, 30 de novembro de 1885. Arquivo Histórico de Moçambique (AHM), Fundo do século XIX, Governo Geral de Moçambique, 1885, caixa 8-149, maço 1.

114   Correspondência do capitão-mor das Terras da Coroa ao chefe da Repartição Militar do Distrito de Moçambique. Mossuril, 25 de julho de 1898. AHM, Fundo do século XIX, Governo do Distrito de Moçambique, 1898, caixa 8-9, maço 1.

115   Correspondência de Che Agy Bine Aly ao comandante militar do Mossuril, [1891]. AHM, Fundo do século XIX, Governo Geral de Moçambique, 1891, caixa 8-151, maço 1.

116   Correspondência do capitão-mor das Terras da Coroa ao chefe da Repartição militar do Distrito de Moçambique enviando a nota do comandante militar do Infusse. Infusse, 18 de setembro de 1898. Correspondência do capitão-mor das Terras da Coroa ao chefe da Repartição Militar do Distrito de Moçambique. Mossuril, 26 de outubro de 1898. AHM, Fundo do século XIX, Governo do Distrito de Moçambique, 1898, caixa 8-9, maço 1.

117   Correspondência do comandante militar do Moginquale ao secretário geral do Governo Geral de Moçambique. Mogincual, 12 de janeiro de 1891. AHM, Fundo do século XIX, Governo Geral de Moçambique, 1891, caixa 8-151, maço 1. Ver também: Correspondência do capitão-mor do Mossuril ao chefe da Repartição Militar do Distrito de Moçambique. Mossuril, 21 de agosto de 1899. AHM, Fundo do século XIX, Governo do Distrito de Moçambique, 1899, caixa 8-9, maço 1.

havia usurpado o cargo de xeque de Ali Heri com o apoio do governo português. No documento escrito pelo governador geral de Moçambique, João Guedes de Tavares, consta que "uma mulher velha chamada Maziza, chefe de uma tribo de macuas" teria sido responsável pela morte do xeque da Quitangonha, Abdulrramane Said Aly, junto com dois mouros e um parente do antigo xeque Ali Heri, preso em Lisboa. Segundo algumas testemunhas, o motivo da morte era que Abdulrramane devia-lhe algo e a proibia de realizar o tráfico de escravos.[118] Esse argumento também é apresentado no trabalho de Nancy Hafkin, que utiliza fontes documentais escritas por representantes do governo inglês envolvidos com a repressão ao tráfico de escravos em Moçambique.[119]

Embora possa existir alguma relação entre a razão da morte de Abdulrramane e o envolvimento de Maziza com o comércio de escravos, é preciso problematizar a predominância do fator econômico, tendo em vista que as fontes documentais produzidas por europeus tendem a ressaltar constantemente esse aspecto. É preciso compreender esse episódio não somente observando a relação econômica, marcada pelo comércio de escravos, mas também considerando outros princípios existentes nas relações entre os africanos, como os da organização das sociedades matrilineares. Deste modo, é possível pensar que, como uma *pia-mwene*, Maziza teria agido em resposta à atitude de Abdulrramane por ter desrespeitado as normas de transmissão de poder numa sociedade matrilinear, quando este confabulou com o governo português, o que resultou na prisão do xeque eleito pelo grupo e aprovado por ela.

Este episódio envolvendo a rainha Maziza mostra a maneira como o governo português interferia, não apenas na economia da região ao proibir o tráfico de escravos ou cobrar impostos, mas também na estrutura política das sociedades matrilineares. Algumas estratégias do governo como apoiar um pretendente em caso de disputa pela sucessão ou provocar a destituição de um chefe, prendê-lo e colocar um aliado no seu lugar, como aconteceu com o novo xeque da Quitangonha Abdulrramane Said Aly, desrespeitavam as normas de transmissão de poder, alterando o equilíbrio social do grupo, o que implicava em não considerar o poder decisório de uma *pia-mwene*.

Em 1893, o governo português interferiu novamente na estrutura das sociedades africanas ao destituir Selemane Bine Mocombotas do cargo de xeque de Seremage, acusando-o de "criminoso e traficante de escravatura", e nomear para o seu lugar um novo

---

118 Correspondência do governador geral de Moçambique, 21 de julho de 1875. AHU, Secretaria de Estado da Marinha e Ultramar (SEMU), Direção Geral do Ultramar (DGU), Moçambique, caixa sem n., pasta 49, capilha 1, documento 181. Esta questão também é tratada em: Relatório do governador geral de Moçambique. AHU, SEMU, DGU, Moçambique, 1875, caixa sem n., pasta 50, capilha 1, documento 1.

119 HAFKIN, Nancy, op. cit., p. 270-274.

xeque, Sheagy Bin Aly. A *pia-mwene* de Seremage, M'Fatima, não o reconheceu como xeque e continuou legitimando Mocombotas, aprovado por ela. Por conta disso, o comandante militar de Moginqual, Antonio Diniz de Ayalla, escreveu a M' Fátima mostrando que se ela fosse um homem já teria procedido de outro forma, deixando subentendido que lhe faria guerra: "Eu e Sheagy bem sabemos que é mulher e por isso temos muita pena dele de termos milando com ela, nós antes queríamos que fosse um homem porque nem eu como governo nem Sheagy escreveríamos cartas e procederíamos d'outra maneira."[120]

No entanto, o governo português parecia compreender inteiramente o papel de uma *pia-mwene*. Nessa mesma carta enviada a M' Fátima, o comandante militar de Moginqual tratou de tranquilizá-la, afirmando que ninguém lhe faria mal e que o novo xeque Sheagy a trataria com respeito "como se Nune Fatima fosse mãe dele".[121] Em outra circunstância, ao sequestrar Máquia, a "filha" da rainha Naguema, com o objetivo de depois negociá-la em troca da captura do Marave, as autoridades portuguesas sabiam muito bem a importância que a sua figura representava, isto é, a continuidade da descendência daquela linhagem.[122]

Outras rainhas são mencionadas nos documentos ao visitarem as sedes do governo português com suas comitivas, como o fez, pela primeira vez, a rainha Muano Sarimo, de Mtumalapoe, Matibane, em 1901. Nesse mesmo ano o governo recebeu a visita do chefe Matola, namarral da região do Pão, "ainda menor, acompanhado da mãe, rainha Sigia, que governa em seu nome".[123]

CONEXÕES EXTERNAS: OS INTERCÂMBIOS COMERCIAIS

Os intercâmbios comerciais na costa africana do Índico foram iniciados, por volta do século XII, sobretudo pelas cidades de Mogadixo, Quíloa, Brava, Lamu, como ates-

---

120 Correspondência de Antonio Diniz de Ayalla, comandante militar de Moginqual, a Nune Fatima Bine Zacharias. Moginqual, 11 de maio de 1893. AHM, Fundo do século XIX, Governo Geral de Moçambique, 1896, caixa 8-156, maço 1. Ver também: AHM, Fundo do século XIX, Governo Geral de Moçambique, 1891, caixa 8-151, maço 1.

121 Correspondência de Antonio Diniz de Ayalla, comandante militar de Moginqual, a Nune Fatima Bine Zacharias. Moginqual, 11 de maio de 1893. AHM, Fundo do século XIX, Governo Geral de Moçambique, 1896, caixa 8-156, maço 1.

122 Há vários documentos que relatam o sequestro da "filha" de Naguema e as negociações que se seguiram. A este respeito consultar: AHM, Fundo do século XIX, Governo Geral de Moçambique, 1898-1900, caixa 8-9.

123 Biblioteca Nacional de Portugal, Boletim Oficial do Governo Geral da Província de Moçambique, 3 de fevereiro de 1901. Biblioteca Nacional de Portugal, Boletim Oficial do Governo Geral da Província de Moçambique, 2 de agosto de 1901.

tam as fontes documentais árabes, a exemplo dos relatos do geógrafo Al'Idrisi. Pesquisas arqueológicas realizadas na cidade de Manda encontraram cerâmicas e louças de vários tipos originárias de Madagascar, além de contas de cornalina e quartzo e objetos de vidro. Peles e objetos de ferro eram exportados de Melinde e Mombaça. A principal moeda de troca eram os cauris, mais tarde substituídos por moedas de bronze e prata.[124]

A partir de meados do século XII, imigrantes árabes e persas (sobretudo de Shiraz) deslocaram-se para a costa da Tanzânia, especialmente para Quíloa, transformando esta cidade no centro das rotas comerciais. O comércio desses produtos era realizado em direção às ilhas de Zanzibar, Comores e Madagascar e às regiões mais distantes do Golfo Pérsico e da China, tornando-se uma das mais importantes importadoras de cerâmicas azuladas e porcelanas Song. Foi a partir desse momento que a língua e a cultura suaíli se expandiram desde o litoral da Tanzânia até o norte de Moçambique.[125]

Somente no século XVI os portugueses estabeleceram relações comerciais na costa oriental da África, construindo entrepostos com os objetivos de realizar o comércio de ouro, âmbar, marfim e fibra de coco e proporcionar o reabastecimento dos navios que se dirigiam para a Índia. Por isso, não podiam deixar de construir uma feitoria em Sofala, principal fonte de ouro.[126]

Com a dominação das rotas comerciais de ouro em Sofala pelos portugueses, os mercadores de Quíloa, Melinde e Mombaça se deslocaram para Angoche e Quelimane, de onde conseguiram chegar, através dos rios Zambeze, Luenha e Mazoé, às fontes auríferas do planalto, na região do reino do Monomotapa.[127] Em 1511, na tentativa de controlar essa rota comercial, o governo português invadiu Angoche e prendeu o seu sultão. Os "grandes de Angoche" revidaram ao ataque e detiveram o capitão de um navio português que havia encalhado na região, recuperando o seu sultão em troca do capitão português. Então, sem sucesso, os portugueses decidiram ir diretamente à fonte de ouro nos territórios do Monomotapa. Fizeram várias viagens,

---

124 HERNANDEZ, Leila Leite, op. cit., p. 42.

125 MEDEIROS, Eduardo, op. cit., 1988, p. 11-13. KAGABO, Joseph H. Les reseaux marchands árabes et swahili en Afrique orientale. In: LOMBARD, Denys e AUBIN, Jean. *Marchands et hommes d'affaires asiatiques dans l'Océan Indien et Mer de Chine, 13-20émes siécles*. Paris: EHESS, 1988, p. 237-252. ALPERS, E. A. *Ivory and slaves in East Central Africa*. Londres: Heinemann, 1975.

126 COSTA E SILVA, Alberto da. *A manilha e o libambo: a África e a escravidão, de 1500 a 1700*. Rio de Janeiro: Ed. Nova Fronteira, 2002.

127 NEWITT, Malyn; op. cit., 1998, p. 174.

acompanhados por guias africanos, pelas terras entre os rios Save, Lúndi e Zambeze, passando por Manica, Teve, Mocaranga, Barué e Butua.[128]

Dessa maneira, na segunda metade do século XVI, os portugueses já dominavam o vale do Zambeze, provocando a interrupção das relações comerciais entre Angoche e o planalto aurífero. No século XVII, a atividade comercial em Angoche era ainda reduzida, exportando-se marfim, âmbar, escravos, tapetes e chapéus de palha entrelaçada.[129]

O comércio de marfim, inicialmente direcionado a Quiloa, Zanzibar e Ibo, desenvolveu-se no século XVI ao mesmo tempo em que o comércio de ouro sofreu um declínio. No século XVII, os ajauas já eram os principais produtores e comerciantes de marfim, espalhando-se no século seguinte pelo interior por meio das caravanas comerciais entre o Zumbo e Quíloa, chegando também ao Mossoril e à ilha de Moçambique. O acesso à produção e ao lucrativo comércio de marfim promoveu a ascensão de chefes locais e de caravanas.[130]

No final desse mesmo século, com a reconquista das cidades suaílis da atual Tanzânia pelo sultanato de Omã, os portugueses tiveram de abandonar as feitorias comerciais ali localizadas, concentrando as atividades em Quelimane, Sofala, Inhambane e na ilha de Moçambique, incrementando o comércio nesses locais.[131]

No início do século XVIII, o comércio em Angoche tinha a participação de um pequeno número de estrangeiros. Todavia, já em meados do mesmo século, com os crescentes incentivos portugueses, suaílis e árabes ao comércio, sobretudo de escravos, Angoche tornou-se um dos mais importantes centros econômicos da África oriental. No século XIX, já era um grande ponto comercial de escravos destinados a Zanzibar, Comores, ilha de Moçambique, Europa e América.[132] A expansão política e econômica do sultanato de Angoche ocorreu nessa época, ligada notadamente ao controle do comércio de escravos, à conquista de novas terras e de áreas de influência política, temas abordados no próximo capítulo.

---

128   COSTA E SILVA, Alberto da; op. cit., 2002.

129   RITA-FERREIRA, Antonio; *Fixação portuguesa e história pré-colonial de Moçambique*. Lisboa: Instituto de Investigação Científica Tropical/Junta de Investigações Científicas do Ultramar, 1982, p. 91.

130   SERRÃO, Joel; MARQUES, A. H. de Oliveira, op. cit., p. 564.

131   MEDEIROS, Eduardo, op. cit., 1988, p. 18.

132   RITA-FERREIRA, Antonio, op.cit., 1982, p. 124, 156, 301. CLARENCE-SMITH, William. *The economics of the Indian Ocean slave trade in the nineteenth century*. London: Frank Cass, 1989. LIESEGANG, Gerhard. A first book at the import and export trade of Mozambique, 1800-1914. In: LIESEGANG, G.; PASCH, H.; JONES, A. (eds.) *Figuring African Trade*. Berlin: Dietrich Reimer, 1986, p. 452-523.

Quadro: Exportações e importações realizadas na costa suaíli

artigos	exportados	importados
vestuário e adornos	marfim de elefante, rinoceronte e hipopótamo, peles, carapaças de tartaruga e pedras preciosas	algodão, sedas, lã, vidro, contas de pedra, fios de metal e joias
perfumes	âmbar, algália	sândalo, cosméticos, fragâncias
comidas	sorgo, milheto, gergelim (usado para óleo), óleo de coco, vinagre, peixe seco	arroz, especiarias (especialmente pimenta, canela, cravo e noz-moscada), café, chá, outros alimentos.
madeira	madeiras e ébano	teca (madeira da árvore originária da Índia)
equipamentos	barcos, sisal, fibra de coco, borracha	acessórios de ferro e latão
itens de luxo	marfim, cristal, goma copal, vernizes, tabaco, portas entalhadas, baús	latão, vidro, papel, tintas, madeira entalhada, livros, baús esculpidos
guerra	marfim e chifres de rinocerontes para espadas e punhais, ferro forjado	armas, munições, pólvora, espadas e adagas
religião e medicina	incenso, mirra, resinas, gomas, chifres de rinocerontes	conhecimentos religiosos e estéticos
metais	ouro, cobre e ferro	ouro, prata e bronze
trabalho	escravos domésticos e agricultores e concubinas	especialistas religiosos e artesãos

FONTE: MIDDLETON, John; HORTON, Mark. *The Swahili: the social landscape of a mercantile society*. EUA: John Wiley Professio, 2001, p. 13

Capítulo II

A EXPANSÃO POLÍTICA E ECONÔMICA DO SULTANATO DE ANGOCHE

COMÉRCIO DE ESCRAVOS EM MOÇAMBIQUE

O comércio de escravos foi um dos mais lucrativos negócios realizados nos portos de Moçambique. No século XVII, algumas localidades da região centro-ocidental africana foram ocupadas pelos holandeses, de modo que os comerciantes portugueses e brasileiros passaram a investir no tráfico de escravos com a costa oriental. Na segunda metade do século XVII, os portugueses expandiram seus domínios para os territórios acima do rio Zambeze, englobando os reinos maraves do Undi, Calonga e Lundu.

Entretanto, até o final do século XVIII, os franceses foram os grandes exploradores do tráfico de escravos, pois há muito tempo tinham estabelecido o controle desse comércio entre Moçambique e as ilhas do Índico. Produziam várias espécies de café e especiarias, como cravinho, nas ilhas Reunião e Maurícia utilizando mão-de-obra escrava adquirida na costa da África oriental, em geral, oriundas de Madagascar, Quíloa, Zanzibar e da ilha de Moçambique e comercializados por árabes, suaílis e portugueses.[1] (Imagem 5, Anexo, p.307)

O comércio era feito pela "Companhia Francesa das Índias" e por agentes do próprio governo francês, mas também por negociantes europeus e americanos que possuíam estabelecimentos particulares nas ilhas do Índico. Durante muitas décadas, os franceses priorizaram o comércio de escravos realizado diretamente com o governo português na

---

1   RITA-FERREIRA, Antonio, op. cit, 1982, p. 19-20. CAMPBELL, Gwyn. Madagascar and Mozambique in Slave Trade of the Western Indian Ocean, 1800-1861. *Slavery & Abolition*, n.9, 1988, p. 166-193.

ilha de Moçambique, que lhes concedia licenças para permanecerem por mais tempo com seus barcos no local. Todavia, com o aumento desse comércio e das taxas de embarque nos portos sob controle do governo português, os franceses passaram a procurar os negociantes árabes, suaílis e portugueses em portos situados fora da jurisdição daquele governo, como os da ilha de Cabo Delgado e de Angoche.[2]

Os escravos eram trocados por armas de fogo, pólvora, tecidos, bebidas e missangas. Os principais produtos que seguiam para o interior do continente, destinados aos chefes que faziam a captura, eram os tecidos e as missangas, juntamente com o sal e as conchas.[3]

Antes do século XVIII, a maior parte dos escravos dessa região era transportada em direção ao Mar Vermelho e ao Saara. Entre 1786 e 1794, de Moçambique embarcaram para as Américas cerca de 5.400 escravos por ano. Durante o século XIX, essa área aumentou significativamente suas exportações atingindo, já na primeira década, a marca de dez mil escravos negociados, na década seguinte, sessenta mil e, nas terceira e quarta décadas, cem mil cada.[4] Quelimane destacou-se como um dos maiores pontos de exportação de escravos da África oriental para as Américas, transportando só para o Brasil, em 1806, 1.080 escravos. Entre 1820 e 1832, foram traficados pela rota Quelimane - Rio de Janeiro aproximadamente quatro mil africanos por ano.[5]

Contudo, as mudanças observadas no tráfico de escravos não se restringiram apenas ao número de exportações, envolvendo também a participação de outros agentes. Os grupos niamuézis, do interior da Tanzânia, e os ajauas, fixados entre a costa oriental africana e o lago Malauí, passaram a comercializar escravos e marfim. Quíloa era outro importante ponto exportador de escravos, oferecendo cativos do seu interior e recebendo as caravanas do lago Malauí e de outros portos mais ao sul. Alguns destes escravos eram encaminhados para Zanzibar, Pemba e ilhas do Índico. Entre 1815 e 1820, cerca de sete mil escravos foram levados para as ilhas Mascarenhas.[6] José Capela calculou que aproxi

---

2   MEDEIROS, Eduardo, op. cit., 1988, p. 19-23.

3   *Ibidem*, p. 24.

4   LOVEJOY, Paul. *A escravidão na África. Uma história de suas transformações*. RJ: Civilização Brasileira, 2002, p. 109, 234.

5   ROCHA, Aurélio. Contribuição para o estudo das relações entre Moçambique e o Brasil no século XIX (Tráfico de escravos e relações políticas e culturais). *Estudos Afro-Asiáticos*, n.21, dezembro de 1991, p. 201-204-206.

6   Nome dado ao conjunto das ilhas Reunião, Maurícia, Cargados e Rodrigues no Oceano Índico. MEDEIROS, Eduardo, op. cit., 1988, p. 59.

madamente 251.600 escravos embarcaram de Moçambique para trabalhar nas plantações das ilhas do Índico durante a primeira metade do século XIX.[7]

Na região sul do atual Moçambique, o comércio de escravos não chegou a alcançar os números de exportação do norte, sobretudo do vale do Zambeze. Contudo, portugueses e brasileiros marcaram sua presença, embarcando cativos nos portos de Lourenço Marques e Inhambane, em particular, originários de guerras ocorridas em áreas de populações ngunis, no início do século XIX.

A intensificação do tráfico entre a costa oriental da África e o Brasil aconteceu em fins do século XVIII, apesar de existirem brasileiros estabelecidos em território moçambicano desde o início do século, mas que prefeririam realizar o comércio com as ilhas de Reunião e Maurícia no Índico, por considerarem mais seguro e lucrativo. Foi a política colonial de incentivos ao tráfico de escravos, implementada pelo Marquês de Pombal, que fez da região oriental africana a grande fornecedora de mão-de-obra escrava para o Brasil.

Em fins do século XVIII, existia na ilha de Moçambique, estabelecida por Antônio Lopes da Costa, a chamada *Casa do Rio de Janeiro*, onde se comercializavam várias mercadorias produzidas no Brasil, tais como açúcar, aguardente, mandioca, milho, feijão, abóbora, batata-doce, papaia, goiaba, tabaco, armas, pólvora, madeiras para a construção de navios e cordame para embarcações. Em troca, de Moçambique para o Brasil, eram levados escravos, ébano e tecidos da Índia. Em 1768, foram exportados para o Brasil tecidos de Bengala, comercializados diretamente pela *Casa do Rio de Janeiro*.[8]

Já em 1826, o negociante de escravos do Rio de Janeiro, Zeferino José Pinto de Magalhães, reclamando dos "estorvos" que estavam sendo causados em Quelimane devido à obrigatoriedade das embarcações terem que ir até Moçambique para pagar os direitos de entrada e saída, faz um relato a respeito do comércio de escravos nessa região da África oriental:

> O Brasil em 1800 entrara a especular no resgate de escravos em Moçambique e fora ele quem ressuscitara o comércio da costa oriental de África a ponto que os negociantes de Moçambique se animaram a ir resgatar escravos aos inóspitos sertões de Tete e de Sena. (...) os especuladores do Brasil não contentes com o aumento que deram ao comércio de Moçambique animaram-se a descobrir o porto de Quelimane e com efeito o povoaram por ser menos quatro graus de viagem: por reputarem melhor suas mercadorias não só em escravos, como em tartaruga, e marfim e por ser

---

7   CAPELA, José; MEDEIROS, Eduardo. *O tráfico de escravos nos portos de Moçambique*. Porto: Edições Afrontamento, 2002. Idem, op. cit., 1987.

8   ROCHA, Aurélio, op. cit., 1991, p. 203.

mais cômoda a viagem dos sertões de Quelimane, Tete e Sena para aquele porto que para Moçambique.[9]

Angoche tornou-se um dos mais importantes centros econômicos de Moçambique a partir de meados do século XVIII, quando o tráfico de escravos ganhou força com os crescentes incentivos portugueses. Ali, o comércio de escravos proporcionava aos chefes suaílis riquezas e produtos como armas e pólvora, fazendo com que dominassem uma rede comercial importantíssima.

Assim, já no início do século XIX, o sultanato de Angoche era um dos principais pontos comerciais de escravos da África oriental frequentados por mercadores árabes, persas, indianos, franceses, portugueses e brasileiros. Os escravos que saíam de Angoche eram destinados a Zanzibar, Comores, ilha de Moçambique, Europa e América.[10]

Entretanto, em 10 de dezembro de 1836, foi promulgado o decreto, elaborado meses antes pelo ministro da Marinha e Ultramar de Portugal, Sá da Bandeira, proibindo a exportação de escravos em territórios portugueses. Porém, esse decreto não permitia à Inglaterra a fiscalização das embarcações, pois a Marinha de Guerra não tinha poder de visita aos navios com bandeira portuguesa. Diante desse fato, a Inglaterra continuou exigindo de Portugal a abolição total do comércio de escravos. Em 3 de julho de 1842, o governo português cedeu às pressões inglesas e assinou um tratado que extinguiu o tráfico de escravos, permitindo aos ingleses o apresamento de navios portugueses e o julgamento dos tripulantes envolvidos com o tráfico de escravos.[11]

A despeito desse acordo, o tráfico de escravos cresceu substancialmente no território do sultanato de Angoche. Portugueses e franceses investiam cada vez mais nesse comércio realizado, sobretudo através do Oceano Índico. As ilhas Comores tornaram-se o principal entreposto, deslocado somente em 1857 para o litoral sul da atual Tanzânia e para o norte de Moçambique, quando a França proibiu de fato o tráfico e promoveu a interdição do abastecimento dos navios em Zanzibar.[12] Em Angoche, os negociantes da ilha Anjoane, no arquipélago de Comores, chegavam com

---

9   AHU, cx.203, apud CAPELA, José. *Dicionário de negreiros em Moçambique, 1750-1897*. Porto: Centro de Estudos Africanos da Universidade do Porto, 2007, p. 142.

10   RITA-FERREIRA, Antonio, op. cit., 1982, p. 124, 156, 301. CLARENCE-SMITH, William. *The economics of the Indian Ocean slave trade in the nineteenth century*. London: Frank Cass, 1989.

11   ALEXANDRE, Valentim, op. cit., 2000.

12   MEDEIROS, Eduardo, op. cit., 1988, p. 35-36. MIDDLETON, John. *African merchants of the Indian Ocean. Swahili of the east african coast*. EUA: Waveland Press, INC, 2004.

armas e pólvora compradas dos ingleses e franceses que eram trocadas por escravos e marfim e depois vendidos aos ingleses e franceses.[13]

À época do tráfico "clandestino", houve intensificação da captura, sobretudo na área sob o domínio do sultanato de Angoche, sendo esta uma das mais frequentadas por comerciantes de escravos, os quais eram levados para Sangage e posteriormente embarcados para Madagascar.

Mesmo com as medidas antiescravagistas tomadas, sobretudo pela Inglaterra e por Portugal, entre 1840 e 1864, Brasil, Cuba e as ilhas do Índico continuaram a importar escravos, sendo os principais destinos dessa mercadoria. Mesmo com a abolição da escravidão decretada na ilha de Reunião, em 1848, os trabalhadores do continente africano continuavam a chegar como "trabalhadores contratados" (*librés engagés*). Dessa maneira, disfarçava-se apenas a condição em que seguiam para as ilhas pois, na prática, a forma de trabalho nas plantações continuava sendo compulsória.[14]

Em 1854, Portugal extinguiu a escravidão em seus territórios, inclusive nos do Ultramar. Os escravos, então, passaram à condição de libertos. Nesse mesmo ano, o gover-

---

13   CAPELA, José. *O escravismo colonial em Moçambique*. Porto: Edições Afrontamento, 1993, p. 85.

14   MEDEIROS, Eduardo, op. cit., 1988, p. 30-31. "Em 1857, os delegados ingleses da Comissão mista da cidade do Cabo (tratado de 1842) informaram o Foreign Office que a exportação de negros de Moçambique sob a designação de 'libres engagés' se tinha largamente desenvolvido com o apoio do governador geral e dos governadores do Ibo e de Quelimane. Entretanto, o governo francês insistia junto da corte portuguesa para a autorização [ler: legalização] do embarque de trabalhadores moçambicanos, afirmando que a expatriação tornava os negros livres e a sua vida melhor. Sá da Bandeira retorquiu que o tráfico dos 'emigrés' encorajava as guerras dos árabes na região com o propósito de fazerem escravos, e que afastava trabalhadores necessários ao progresso da agricultura na colônia. De novo o cônsul britânico em Moçambique escreve ao Foreign Office informando que os navios franceses estavam a ser autorizados pelas autoridades locais a carregar negros com destino à Reunião. Claro que tanto o cônsul como a Comissão do Cabo não referiram os trabalhadores que iam via Reunião ou diretamente para a Maurícia 'britânica'. Formalmente, um representante do Estado francês e outro das autoridades portuguesas locais verificavam o caráter 'voluntário' do engajamento. Os escravos vinham sobretudo da região do Niassa e aguardavam embarque em paliçadas situadas a dois ou três dias de marcha do litoral. Mais informou o mesmo cônsul, noutra nota, que um negreiro navegando com pavilhão dos Estados Unidos embarcara 1200 escravos no Ibo, vencendo a concorrência de sete negociantes franceses, e que ele próprio tinha informado o governador das Ilhas Quirimba da presença do traficante 'americano'. Em 1859, foram de novo os delegados da Comissão do Cabo que denunciaram o tráfico dos pequenos 'emigrés' de Quíloa e do Ibo na monção do Sul, e de Santo Antonio e Quizungo, na monção sudoeste. E, em 1860, foi o brigadeiro inglês Copplan quem traçou um sombrio quadro da situação na África oriental portuguesa. Segundo ele, desenvolvia-se o tráfico de escravos, estando as autoridades coloniais larga e interesseiramente comprometidas nele; por isso, defendia a intervenção da marinha inglesa e a 'transferência dos cativos libertados para o Natal, onde havia constante necessidade de trabalhadores'". MEDEIROS, Eduardo, op. cit., 1988, p. 34-35.

no português, pressionado por proprietários das plantações das ilhas francesas, autorizou, por meio de um decreto, o recrutamento de trabalhadores imigrantes de Moçambique. Porém, no ano seguinte, Sá da Bandeira, proibiu novamente a saída desses trabalhadores. Contudo, a contratação de *libres engagés* continuou na região, devido ao apoio das autoridades portuguesas em Moçambique.[15]

O governador geral de Moçambique já escrevia em portaria de 1847:

> (...) pela maneira mais escandalosa, o proibido tráfico de escravos, estabelecendo-se ali seus agentes com feitorias e barracões, e que neste criminoso comércio tem tido grande e activa arte alguns indivíduos desta cidade e seu termo, vendendo escravos, e auxiliando clandestinamente por meio de sórdidos interesses aquele iníquo tráfico (...).[16]

Quase vinte anos depois, a situação parecia não ter mudado. Em 1865, o comandante militar de Angoche relatou ao secretário geral de Moçambique:

> A Ilha de Angoche está cercada, pelo continente, de ladrões, assassinos e vendilhões da humanidade – ao sul, a gente do régulo Nhamelugo – ao norte, Mujojo Bino Damune, Athemane Bumo Ambacy e Mussaquanto, com inúmeras forças, armadas já, quase todas, com espingardas sofrível artilharia de calibre 2 e 3.[17]

Para as autoridades portuguesas, um dos fatores que possibilitavam a continuidade do comércio de escravos em Angoche era a fragilidade da ocupação e do domínio do governo português. Ainda no final do século XIX, Joaquim Augusto Mousinho de Albuquerque, comandante militar das campanhas de "pacificação" de 1895 e governador-geral de Moçambique, revelou a precariedade da ocupação portuguesa no norte de Moçambique ao escrever:

> Angoche era um valhacoito de malfeitoria e de rebeldes, um foco de escravatura e contrabando. Seguindo a costa para o norte havia pequenos postos isolados – Sangage, Monguicale, Infusse, Lunga – ora ocupados por meia dúzia de praças indígenas incapazes de se defender contra qualquer

---

15   *Ibidem*, p. 31-33.

16   AHM, códice 11-85, fls. 9 vs., portaria do governador-geral de 27 de julho de 1847. Apud CAPELA, José, op. cit., 1993, p. 28.

17   AHM, Governo-Geral, cx.2, maço1, documento n.56, do comandante militar de Angoche para secretário-geral, 28 de janeiro de 1865. Apud CAPELA, José, op. cit., 1993, p. 33.

agressão, ora de todo abandonados. Das condições em que estes postos estavam, sob o ponto de vista do conforto e segurança da guarnição, apenas há a dizer que eram péssimos, excepto na Lunga, onde havia, muito mal situada, uma casa de alvenaria.[18]

Para demonstrar a independência do sultanato de Angoche com relação ao governo português é ilustrativo o episódio, ocorrido em 1850, quando houve um encontro entre emissários do sultão de Angoche, Hassane Issufo, e o governador geral de Moçambique. João de Azevedo Coutinho relata, em sua obra *As duas conquistas de Angoche*, esse acontecimento:

> Assim três anos decorridos, em Julho de 1850, no dia 20, largava ferro adentro do fundeadouro de Moçambique uma corveta de guerra inglesa, a «Bacchante», em que se transportavam três enviados do então sultão de Angoche Hassane-Issufo. Vinham eles afirmar ao Governador-geral a obediência e respeito do príncipe mujôjo,[19] e fazer os seus protestos de submissão. Recebidos pelo Governador Geral que aceitou esses protestos de sujeição e vassalagem, foram-lhes impostas, por ele, várias condições para poder considerar efectivos, sinceros e formais, esses propósitos de obediência. Como cláusula primordial impunha-se a plena obediência às determinações do governo português que exigia que, ele sultão, não consentisse a permanência, em suas terras, de engajadores de escravos, nem tão pouco, claro está, o exercício da escravatura.
>
> Impôs-se-lhe mais ainda o dever de dar conhecimento, às autoridades portuguesas, de qualquer ocorrência extraordinária que viesse a dar-se nos seus senhorios ou, nos domínios dos xeques seus vassalos. Baldadas imposições![20]

Desta descrição, é interessante destacar alguns trechos que pretendem demonstrar a superioridade do governo português em relação ao sultanato de Angoche, como

---

18 ALBUQUERQUE, Joaquim Augusto Mousinho de. *Moçambique, 1896-1898*. Lisboa: Divisão de Publicações e Biblioteca. Agência Geral das Colônias, 1934-35. Encontrei vários documentos que mostram a fragilidade da ocupação e do domínio português em Angoche ao longo de todo período estudado (1842-1910). Ver também: AHU, SEMU, DGU, Correspondência dos Governadores, Moçambique, 1875, caixa sem nº, pasta 49, capilha 3, documento 11. AHU, SEMU, DGU, Correspondência dos Governadores, Moçambique, 1887, caixa 1354, capilha sem nº, documento 154 anexo.

19 Nome dado à população da costa norte de Moçambique, imigrantes de Zanzibar e ilhas Comores de língua suaíli. HAFKIN, Nancy, op. cit., p. 35.

20 COUTINHO, João de Azevedo, op.cit., 1935, p. 8-9.

por exemplo, "recebidos pelo Governador Geral que **aceitou** esses protestos de sujeição e vassalagem, **foram-lhes impostas**, por ele, várias condições (...)"; ou então, "como cláusula primordial **impunha-se a plena obediência** às determinações do governo português que **exigia** que, ele sultão (...)" (grifos meus). Estas passagens sugerem a superioridade do governo português impondo as suas condições e exigindo que fossem cumpridas, enquanto o sultanato de Angoche apenas aceitava as suas determinações.

No entanto, mais à frente, Coutinho comenta que a *"singular iniciativa de submissão"* de nada adiantou, pois em 1856, o governador geral viu-se obrigado a enviar uma nova expedição contra o sultão Hassane Issufo que continuava a permitir o tráfico de escravos, não cumprindo com a sua palavra, acusação muito recorrente dirigida às chefias africanas nas fontes portuguesas analisadas. Coutinho reconhece, então, que o domínio português no norte de Moçambique era apenas nominal.[21]

Ao analisar esse episódio a partir das correspondências trocadas entre as autoridades portuguesas, é possível recuperar a trajetória da relação estabelecida com o sultão Hassane Issufo e conhecer o principal motivo do envio de emissários à sede do governo português por parte do sultão de Angoche. Em 1848, Hassane Issufo enviou uma carta ao governador geral de Moçambique com o seguinte conteúdo:

> Illmo. E Exmo. Snr Governador Geral da Província de Moçambique, Domingos Fortunato do Valle; Saúde e Deos Guarde V. Exa. meo amigo. Exmo. Snr. – Participo a V. Exa., que aqui [assertarão-se] povo e gente mais grande d'Angoxe, que eu devia tomar posse por morte do meo Thio Sultão Amade, como os rapazes, que vierão junto com [esses] Ingleses, disserão que não tinha chegado parte a V. Exa. da minha nomeação, por isto faço esta Carta para que V. Exa. fica participada que eu estou prompto para servir obedecer tudo o que me determinarem, assim como obedecia e reconhecia os meos antecessores. Deos guarde a V. Exa. Amigo e muito obrigado. Sultão Assane Bunu Issuf. Angoxe, 1848.[22]

---

21 É importante dizer que Coutinho não participou pessoalmente deste episódio, que relata com base em obras de outros militares portugueses contemporâneos a ele, como Pedro Massano de Amorim e Eduardo Lupi. Ademais, a publicação dessa obra aconteceu somente em 1935, após a ocupação efetiva e a instalação da administração colonial na região. Nessa época, é muito recorrente nessa literatura um discurso de exaltação da política e dos feitos portugueses no continente africano.

22 AHU, SEMU, DGU, Correspondência dos Governadores, Moçambique, 1850, caixa 1294, pasta 12, capilha 3, documento 270.

Cerca de dois anos depois, em 1850, o sultão enviou à sede do governo português, numa embarcação inglesa, alguns emissários (um deles seria seu irmão) para informar a sua nomeação ao cargo de novo sultão de Angoche. Observe-se que, de acordo com a correspondência do governador português em Moçambique, ele teria enviado os emissários para tratar da sua "sujeição e obediência". Depois desse encontro, o governo português enviou-lhe um documento, já apresentado em 1847, ao sultão Amade Bar Bana Mucusi, com uma série de disposições que deveriam ser seguidas para que se iniciasse qualquer relação com Portugal. As disposições enviadas ao sultão Hassane Issufo eram as seguintes:

> Como súdito português prometo respeitar o Governo da Rainha e cumprir as suas ordens e de seus delegados em Moçambique;
> Não admitirei no meu porto embarcação alguma, nem ainda mesmo pangaios ou lanchas, sem virem munidos de documentos legais do Governo de Moçambique;
> Não consentirei a compra de escravos para embarque, nem a residência de homem de chapéu, mouros ou baneanes, dos que se empregam naquele tráfico;
> Darei parte ao Governo de Moçambique de qualquer novidade ocorrida neste distrito, e farei retirar para Moçambique toda a embarcação, que se apresentar no porto, sem ser munida dos documentos mencionados;
> Finalmente farei sair já desta povoação todos os homens de chapéu e outros, que se acharem à compra de escravos.[23]

Em resposta, o sultão de Angoche não fez qualquer menção às referidas disposições, afirmando apenas que havia sido escolhido como sultão pelo povo e "grandes de Angoche" em virtude da morte de seu tio, o sultão Amade, e que comunicava essa notícia por terem os ingleses lhe informado que o governo português ainda não sabia da sua nomeação.

Para o governo português, o sultão Hassane Issufo "declinava da questão principal, não se dando por conhecedor das condições que lhe foram transmitidas pelos seus emissários (...)", sendo o seu principal objetivo solicitar o reconhecimento do seu nome como o novo sultão de Angoche.[24] Ademais, lembraram as autoridades portuguesas nas correspondências, o reconhecimento por parte das autoridades portuguesas permitiria que o novo sultão Hassane Issufo recebesse o "subsídio de costume", referindo-se a uma

---

23 AHU, SEMU, DGU, Correspondência dos Governadores, Moçambique, 1850, caixa 1294, pasta 12, capilha 3, documento 270.

24 *Ibidem*.

espécie de tributo pago pelo governo português aos chefes e sultões a partir do momento em que assinassem um tratado de vassalagem.[25]

Atitudes como a de Hassane Issufo, isto é, a apresentação de um novo representante político, eram recorrentes na região, fazendo parte, desde o século XVII, das relações entre o governo português e os chefes locais em toda a África. Isto ocorria em decorrência da prática da assinatura de tratados de vassalagem como uma das estratégias das relações entre o governo português e as chefias africanas.

Entretanto, quando Hassane Issufo menciona na carta que estava pronto para "servir e obedecer" ao governo português parecia se estabelecer de fato uma submissão. Contudo, é preciso observar que este documento é uma tradução feita por um intérprete do governo português ("língua do Estado"), que empregava termos e expressões recorrentes à linguagem das autoridades portuguesas que poderiam não ter o mesmo sentido para os africanos. Além disso, quando Hassane Issufo acrescenta "como obedicia e reconhecia os meos antecessores", supõe-se que não se tratava mesmo de uma submissão política do sultanato. Hassane mantinha a sua autonomia como fizera o sultão anterior, considerado "rebelde" desde 1816, sendo atacado, em 1847, com o apoio da marinha inglesa por não cumprir as determinações vindas do governo português.

Embora os representantes do governo português considerassem esse encontro com os emissários do sultão de Angoche uma iniciativa de submissão, os mesmos declararam em outras fontes que Hassane Issufo queria apenas comunicar a sua posse como novo sultão e obter o reconhecimento das autoridades portuguesas.

É preciso ressaltar, entretanto, que os tratados de vassalagem poderiam ter significados diferentes para cada um dos poderes envolvidos. Por um lado, o governo português aproveitava a ocasião para tentar impor ao sultanato ou, ao menos, demonstrar que impunha naquele momento, uma relação de submissão, sobretudo no que se refere ao fim do tráfico de escravos, porque lhe interessava também mostrar aos ingleses que acompanhavam os emissários de Angoche, o domínio português sobre aquele território. De outro lado, para o novo sultão de Angoche, tratava-se de uma oportunidade para manifestar seu interesse em manter relações com o governo português, o que não significava submissão do sultanato, pois preservava a sua autonomia política ao controlar as principais rotas comerciais, incluindo o comércio de escravos.

Na prática, o sultão de Angoche permitia que comerciantes de diferentes nacionalidades: franceses, portugueses (incluindo autoridades de Moçambique) e brasileiros,

---

25   Ibidem.

como Manoel Maria Mergú, construíssem feitorias e continuassem a embarcar escravos nos portos sob o seu controle.

No ano de 1847, Manoel Maria Mergú estava em Angoche para comprar escravos. Nessa ocasião o comandante das Terras Firmes escreveu ao secretário do governo-geral que Mergú deveria ser preso para que o tráfico de escravos acabasse definitivamente.[26] Afirmava também sobre o sultão de Angoche:

> [O sultão de Angoche] tem muitas ligações dos mujojos, os mais abastados moradores daquelas ilhas e o aconselharam a admitir o comércio dos brasileiros para deste modo reduzirem melhor as suas fazendas e são estes que se correspondem com os habitantes aventureiros desta capital para lhes fornecerem escravos a maior parte roubados aos habitantes pacíficos, e podem deste modo reduzirem as fazendas que passam por alto extraviadas aos Direitos.[27]

O comerciante brasileiro Manoel Maria Mergú era associado ao comerciante Manoel Pinto da Fonseca, do Rio de Janeiro, um dos mais poderosos traficantes de escravos entre 1837 e 1850 e responsável por várias feitorias na África ocidental e oriental. Associado ao seu irmão Joaquim Pinto da Fonseca, também grande negociante do Brasil, Manoel Pinto da Fonseca desenvolvia sua atividade como negreiro entre Moçambique e Brasil através do Cabo.[28]

Em 1842, quando da proibição do tráfico de escravos, Manoel Pinto da Fonseca foi um dos principais articuladores da ideia da utilização da bandeira norte-americana para fugir à repressão inglesa, junto com Manoel Maria Mergú, um advogado brasileiro e dois corretores norte-americanos.[29]

Em Angoche, Pinto da Fonseca era considerado um "homem de chapéu", pela sua importância como traficante e por possuir grande quantidade de escravos, além de uma feitoria em Quelimane. Em meados do século XIX, Portugal promoveu ataques a Angoche. Em 1847, interessado no apoio do sultão aos traficantes, Pinto da Fonseca ad-

---

26   AHM, códice 11-7, p. 6 vs., do comandante das Terras Firmes para secretário do governo-geral, 28 de maio de 1847. Apud CAPELA, José; op. cit., 1993, p. 32.
27   AHM, códice 11-7, p.6vs, apud. CAPELA, José; op. cit., 2007, p. 245.
28   ROCHA, Aurélio; op. cit., 1991, p. 219.
29   *Ibidem*, p. 219.

quiriu cinco a seis mil espingardas de um navio norte-americano que, mais tarde, foram utilizadas pelo sultão de Angoche contra os portugueses.[30]

Em 1850, Manoel Pinto da Fonseca constava na lista de suspeitos e procurados pelas autoridades brasileiras por praticar tráfico "clandestino" de escravos. Realizava esse comércio principalmente em Quelimane e igualmente em Angoche, Inhambane e Sofala.[31] Nessa época, os irmãos Pinto da Fonseca tiveram que deixar o Brasil, acusados de envolvimento com esse comércio "ilícito" e também com o tráfico de moedas.[32] O *Jornal do Comércio*, do Rio de Janeiro, de 17 de fevereiro de 1851 trouxe a seguinte informação:

> O Joaquim Pinto da Fonseca, que recebeu ordem para sair do Império, e presentemente se acha no Rio Grande, pediu prorrogação de prazo. Não lhe foi concedido, e tem, portanto, de retirar-se apenas expirem os 4 meses que lhe foram prescritos.[33]

Meses mais tarde, no mesmo jornal, foi noticiada a partida de Manoel Pinto da Fonseca para a Europa.[34]

---

30 SUBSERRA, Marquês da Bemposta e. Resumo do Estado actual da Província de Moçambique, dos melhoramentos de que carece, da fertilidade do seu solo, e das riquezas em que abunda. *Boletim da Sociedade de Geografia de Lisboa*. 55ª Série, n.7-8, julho-agosto de 1937, p.300. AHU, Moçambique, Pasta 9: Do Almirante d'Acres para o governador Domingos Fortunato do Valle. Cabo da Boa Esperança, 11-8-1847, 15-11-1847 e 16-11—1847; idem: Do governador Domingos Fortunato do Valle para o almirante d'Acres, 16-11-1847. Apud, ROCHA, Aurélio; op. cit., 1991.

31 CAPELA, José; op. cit., 2007, p. 228.

32 ROCHA, Aurélio; op. cit., 1991, p. 219.

33 CAPELA, José; op. cit., 2007, p. 224.

34 "Os acontecimentos mais notáveis da semana que hoje acaba não passara de 2- a súbita partida do negociante Manoel Pinto da Fonseca [...]. O Manoel Pinto tensionava partir para a Europa no paquete inglês Clyde, que esperamos de Southampton no dia 11 de março; pelo menos inscreveu-se na lista dos novos passageiros naquele navio. Quando menos o podiam suspeitar os seus conhecidos e amigos soube-se pelos jornais diários, e por um ou outro bilhete de despedida que na véspera remeteu a certos amigos mais íntimos com quem se não pôde avistar, que seguia para o Havre a bordo do paquete francês Ville de Rio, que daqui saiu a 25 do mês passado. O motivo que dão os mais competentes para aquela inesperada deliberação é a notícia que se espalhou de ser ele o proprietário da barca Tentativa que tendo saído de Quelimane carregada de africanos, encalhou na costa de Quissamã, ao norte de Macaé, onde foi apresada toda a sua carga. Acrescentam, e cuido que com algum fundamento, que esta barca, tendo largado deste porto para Havana, há coisa de um ano, e com carregamento de carne seca, fora dali mandada para a Costa sem ciência do seu dono." *Jornal do Comércio*, Rio de Janeiro, 2 de março de 1851. Apud CAPELA, José; op. cit., 2007, p. 228. Manoel Pinto da Fonseca faleceu em 1855 e seu irmão Joaquim, em 1897. *Ibidem*, p. 229.

Outro episódio demonstra a independência política de Angoche com relação ao governo português e a presença constante da Inglaterra que, a todo momento, procurava indícios da fragilidade do domínio português no norte de Moçambique, interessada em exercer soberania sobre aqueles territórios. Em 1857, o almirante Protter, que comandou as forças navais inglesas na estação do Cabo da Boa Esperança, relatou que havia conversado com um português "muito respeitável", residente há mais de cinquenta anos em Moçambique, para saber se o sultão de Angoche reconhecia a autoridade portuguesa. O tal português respondera que a bandeira portuguesa nunca tinha ali tremulado, declarando ter sido Angoche sempre uma "cidade árabe independente". O sultão costumava receber anualmente do governo português um "subsídio", porém nos últimos trinta anos não recebera nenhum pagamento.[35]

O almirante Protter teve, então, um encontro com o próprio sultão de Angoche que lhe confirmara a informação de que não tinha nada com os portugueses e que nem ele nem seus antecessores haviam firmado sujeição a Portugal. Ao ser perguntado sobre o recebimento de subsídio do governo, o sultão afirmou que há muito tempo "um certo sultão Hassane" que habitava com a sua gente em Quelimane retirara-se a pedido dos portugueses para Angoche e por isso passara a receber um subsídio. Deste modo, o almirante Protter concluiu que nem o sultão nem a população de Angoche reconheciam a autoridade portuguesa.

Ainda no final da década de 1850, notícias do comércio realizado em Angoche davam conta de que cerca de setenta pangaios, originários em sua maior parte de Zanzibar e carregados de fazendas, faziam o comércio de contrabando, levando cargas de escravos, marfim e goma.[36] Dessa forma, mesmo com as tentativas de intervenção do governo português, Angoche afirmava a sua autonomia política ao manter o tráfico de escravos, recebendo, cada vez mais, em seus portos os comerciantes interessados na permanência desse lucrativo comércio.

Todavia, não eram somente os comerciantes brasileiros, de Zanzibar ou das ilhas do Índico que faziam o comércio "ilícito". Algumas autoridades portuguesas em Moçambique também continuavam a ganhar muito dinheiro com a venda de escravos. Em 1874, foram feitas acusações contra o governador de Angoche por rapto de mulheres e por realização do comércio

---

35   AHU, SEMU, DGU, Processos Gerais, Moçambique, caixa 1566, capilha: "Papéis relativos a Angoche", 1857.

36   Biblioteca da Sociedade de Geografia de Lisboa. Relatório de Visconde de Sá da Bandeira. Arquivo das Colônias, Lisboa: Ministério das Colônias, v.2, 1918.

de escravos utilizando embarcações do próprio governo.[37] Dois anos mais tarde, o governador geral José Guedes Meneses dizia ser necessário tomar algumas medidas a respeito dos navios de origem árabe que faziam livremente o comércio de escravos na costa, sem nenhum controle do governo. Informava que muitos navios de outras procedências, como os franceses, quando pretendiam fazer o tráfico de escravos, não mostravam a bandeira e os papéis de bordo, passando-se por árabes, já que a maior parte dos tripulantes era dessa origem.[38]

Pode-se dizer que foi com o apoio e os incentivos de comerciantes de diferentes origens, e também com a conivência de autoridades portuguesas em Moçambique, que o sultanato de Angoche conseguiu resistir à interferência portuguesa no caso da proibição do comércio de escravos, até o início do século XX, quando ainda escravos eram embarcados nessa área. Prova disto é a afirmação contida no livro "Moçambique" de Mousinho de Albuquerque:

> Piores do que os seus vizinhos de Além-canal são os mujôjos de Angoche. São nossos inimigos: — politicamente — por serem os antigos senhores da terra; economicamente — por lhes tolhermos o seu mais favorito negócio, a escravatura: e superior a estas duas coisas e bastante de per si, têm-nos o ódio de raça, e o ódio de crença. São nossos inimigos, e foram-no sempre...[39]

Por outro lado, o governo português, pressionado pela Inglaterra, esforçava-se para mostrar que impedia o comércio de escravos na África e, sobretudo nessa época, no norte de Moçambique. Há relatos, por exemplo, a respeito do controle exercido pela Marinha Inglesa nessa região. João de Azevedo Coutinho, militar e governador-geral de Moçambique, escreveu:

> Mercê de um acordo que hoje se nos afigura inexplicável mas que a penúria de recursos próprios, as deficiências da ocupação efectiva nessa época fazia parecer tolerável (a alguns) os escaleres da fragata inglesa «Cleopatra» entravam então no rio de Angoche com o fim de perseguir pangaios negreiros que ali iam buscar a sua carga, como ignobilmente diziam, de pau preto. Efectivamente lá estavam alguns e a marinhagem recebida a tiro, apenas

---

37 AHU, SEMU, DGU, Correspondência dos Governadores, Moçambique, 24 de agosto de 1874, caixa sem n., pasta 48, capilha 1, documento 374.

38 AHU, SEMU, DGU, Correspondência dos Governadores, Moçambique, 8 de agosto de 1876, caixa sem n., pasta 51, capilha 2, documento 212.

39 ALBUQUERQUE, Joaquim Augusto Mousinho de; op. cit., 1934-35.

conseguiu queimar um, retirando as embarcações para o mar debaixo de fogo intenso das gentes de terra.[40]

O almirante inglês Protter, comandante da estação naval do Cabo da Boa Esperança, afirmava que o tráfico de escravos ocorria livremente nos territórios do sultanato de Angoche. Diante desse fato, em 1847, o governador geral de Moçambique, Abreu Lima, juntamente com o almirante inglês, resolveu organizar uma expedição punitiva para "castigar" o sultão de Angoche que era "conivente com os negreiros" ao permitir que realizassem o comércio de escravos em suas terras. As embarcações dos traficantes foram atacadas e muitos barracões para escravos destruídos, fazendo com que homens e mulheres prestes a serem embarcados como escravos conseguissem fugir.[41] Outro documento afirma que esta expedição destruiu a povoação do sultão em retaliação ao comércio de escravos e que a intenção era instalar uma força militar no porto de Angoche onde vários navios franceses, ingleses e árabes realizavam aquele comércio sem pagar os "devidos impostos".[42]

Apesar do empenho (em alguns casos, apenas aparente) para combatê-lo, o comércio de escravos continuava a ocorrer no norte de Moçambique. Para algumas autoridades portuguesas isso acontecia porque o governo não organizou, na primeira metade do século XIX, campanhas militares seguidas de ocupação efetiva dos territórios em Moçambique. Após a expedição organizada em conjunto com o almirante inglês, João de Azevedo

---

40   COUTINHO, João de Azevedo, op. cit., 1935, p. 7.

41   "A força constituída por várias embarcações dos navios portugueses e ingleses, com marinhagem de desembarque, soldados e artilharia, tudo sob o comando do major Campos em 21 de Novembro de [1847] entrou no rio." *Ibidem*, p. 7-8. Em 1845, foi apresado um pangaio em Quitangonha com escravos roubados provavelmente de seus proprietários, pois tinham nomes portugueses e eram ladinos, ou seja, falavam o idioma português, demonstrando "serem do serviço interno das casas". AHU, SEMU, DGU, Correspondência dos Governadores, Moçambique, 1845, caixa 1291, pasta 9, capilha 5, ofício n. 192 e documento 1. Há outros documentos que revelavam a permanência do tráfico de escravos no norte de Moçambique. Ver também: AHU, SEMU, DGU, Correspondência dos Governadores, Moçambique, 1845, caixa 1291, pasta 9, capilha 5, ofício n. 192, documento 1. AHU, SEMU, DGU, Correspondência dos Governadores, Moçambique, 1848-49, caixa 1293, pasta 11, capilha 1, documento 42. AHU, SEMU, DGU, Correspondência dos Governadores, Moçambique, 1871-72, caixa sem n., pasta 44, capilha 5, documento 144. AHU, SEMU, DGU, Correspondência dos Governadores, Moçambique, 1887, caixa 1354, capilha sem n., documento 154 anexo. Correspondência do Capitão-mor das Terras Firmes em Mossuril ao Secretario Geral do Governo Geral de Moçambique dando informações sobre o tráfico de escravos, como locais de embarque e destino, traficantes (Mucuse Omar, Molide Volai, etc). AHM, Fundo do século XIX, Governo Geral de Moçambique, caixa 8-147, maço 2.

42   AHU, SEMU, DGU, Processos Gerais, Moçambique, 1854, caixa 1566, capilha: Papéis relativos a Angoche, documento 464.

Coutinho relatou que "os inhabacos de Angoche e o seu sultão refeitos da ensinadela e abandonados a si próprios, continuaram praticando a escravatura quási às escâncaras!"[43]

Mussa Quanto e a expansão política do sultanato de Angoche

Além de proporcionar às chefias locais prestígio e riquezas, o comércio, sobretudo de escravos, contribuiu para o fortalecimento de determinados indivíduos e linhagens, bem como para a formação de confederações de chefaturas macuas. No caso de Angoche, é possível perceber que houve, a partir do século XVIII, a ascensão ao poder de linhagens ligadas, de alguma maneira, às redes de comércio do interior.

De acordo com a tradição oral recolhida por Eduardo Lupi, no início do século XX, o sultanato era formado por quatro linhagens, simbolizadas pelos quatro filhos do fundador, um imigrante muçulmano, e sua esposa macua: *inhanandare*, *inhamilala*, *inhaitide* e *m'bilinzi*. A linhagem *inhanandare* era considerada a fundadora do sultanato, representada pelo primeiro filho e herdeiro do fundador imigrante, seguia o sistema de parentesco patrilinear. Os sultões de Angoche eram escolhidos entre os membros dessa linhagem, cujo reduto era a povoação de Muchelele na ilha de Angoche. As outras três linhagens (*inhamilala*, *inhaitide* e *m'bilinzi*) estabelecidas em Catamoio, formavam o clã *inhabaco*, que representava o *nihimo* macua da esposa do fundador, seguindo o sistema de parentesco matrilinear.[44]

No século XVIII, o sultão da linhagem *inhanandare* morreu sem deixar descendentes, sendo o poder do sultanato transferido a Molidi, marido de sua irmã, que fazia parte da linhagem *inhamilala*. Após a morte da irmã do antigo sultão, que também não deixara descendentes, surgiu novamente um problema na sucessão. Os *inhanandare* defendiam que a chefia do sultanato deveria voltar para a sua linhagem. Por outro lado, os *inhamilala* e as outras linhagens do clã matrilinear *inhabaco*, não queriam abrir mão do novo sistema de sucessão que se instalara no sultanato. Então, o pretendente da linhagem *inhanandare*, Carangueza-muno, assassinou o *inhamilala* Molidi, viúvo da irmã do último sultão, refugiando-se em Quivolane, na baía do Mocambo. Depois de passada essa crise política, os *inhabacos* permitiram a volta à ilha de Angoche da linhagem *inhanandare* sob a condição, aceita, de desistirem por juramento da demanda ao cargo de sultão. A partir desse momento, as linhagens matrilineares do clã *inhabaco* alternavam-se nos principais cargos do sultanato: sultão, vizir e capitão-mor. O cargo de capitão-mor deveria pertencer

---

43   COUTINHO, João de Azevedo, op. cit., 1935, p. 7.
44   LUPI, Eduardo do Couto, op.cit., 1907, p. 162-163.

à linhagem *inhamilala* e os de sultão e vizir seriam ocupados alternadamente pelas linhagens *m'bilinzi* e *inhaitide*.[45]

Essa transformação no sistema de sucessão provocada pela ascensão das linhagens matrilineares ao poder de Angoche relaciona-se, em certa medida, ao poder que o comércio, sobretudo de escravos, proporcionou às linhagens que estavam ligadas às chefias e às rotas de comércio do interior, como no caso do clã matrilinear *inhanbaco*. Entretanto, apenas essas relações comerciais não seriam suficientes para assegurar a preponderância da linhagem *inhamilala*, pois todas as três linhagens do clã *inhabaco* estavam envolvidas no comércio. A hegemonia da linhagem *inhamilala* foi favorecida também por outros fatores abordados no terceiro capítulo deste trabalho, entre os quais, a expansão política ocasionada pela incorporação de novos territórios sob a influência de Angoche e pela expansão do Islã.

No final da década de 1840, após a morte do sultão Amadi, Hassane Issufo, da linhagem *inhamilala*, que deveria ocupar o cargo de capitão-mor, fez-se proclamar o novo sultão de Angoche. O comandante militar do sultanato era Mussa-Momadi-Sabo, mais conhecido como Mussa Quanto, seu meio-irmão, filho da mesma mãe e do xeque da Cabaceira Pequena, localidade no continente em frente à ilha de Moçambique. Em 1849, Mussa Quanto realizou uma longa viagem em companhia de um parente, considerado *sharif*[46] e *hajj*.[47] Percorreram o Lomué, o Lugenda e chegaram ao Zambeze, tecendo uma importante rede de interesses comerciais e políticos. Em seguida, partiram em direção ao território dos ajauas, onde o *sharif* procurou angariar prosélitos, promovendo a expansão do islamismo entre os grupos do interior do continente. Mais tarde seguiram para Zanzibar, com o objetivo de visitar parentes, e depois seguiram para as ilhas Comores e Madagáscar. Para Eduardo Lupi, Mussa Quanto e seu parente *sharif* tinham objetivos diferentes nessa viagem:

> Enquanto o bom do xarifo só pensava em converter bárbaros e infiéis à crença do Profeta, Mussa, adolescente, mas observador, analisava os recursos

---

45 *Ibidem*, p. 163-164.

46 *Sharif* significa "todo aquele que descende directamente do Profeta; por causa dessa descendência são designados por 'Duriath M'nabie' ou 'A'hali Baith M'nabie', que significa 'Os do sangue do Profeta'. Têm tratamento de 'Saide' ou 'Mulana' (respectivamente Alteza e Senhor)". CARVALHO, Álvaro Pinto de. Notas para a história das confrarias islâmicas na ilha de Moçambique. *Arquivo. Boletim do Arquivo Histórico de Moçambique*. Maputo: Arquivo Histórico de Moçambique, 4, outubro de 1988, p. 65.

47 *Hajj* significa aquele que fez a peregrinação a Meca. *Ibidem*.

esparsos por toda essa feracissima região d'aquém-Nyassa, expostos à mercê do primeiro forte e hábil, que soubesse apossar-se deles e valorizá-los.[48]

Aproveitando a grande influência que exercia sobre o sultão Hassane Issufo, Mussa Quanto o convenceu a organizar uma expedição de guerra comandada por ele e destinada a conquistar as terras do Zambeze. Nessa época, o sultanato sofria com a concorrência do comércio realizado nas feiras do Zambeze e nos prazos de Quelimane. Os caçadores do Lomué e da serra da Chinga ou do Namuli e as caravanas do Gurüé e do Milange levavam para lá marfim e ouro.

Em suas investidas no vale do Zambeze, Mussa Quanto invadiu as terras do senhor de prazos João Bonifácio Alves da Silva, que junto com seu irmão Vitorino Romão, era arrendatário dos prazos Macuse e Licungo. Seu pai, o negociante reinol, António Silva, apareceu em Sena no segundo quartel do século XIX, como comerciante de caravanas constituídas por carregadores e "cipaios",[49] que percorriam os sertões. António Silva associou-se a João de Jesus Maria, pai de Romão de Jesus Maria, arrendatário do prazo Marrai. Silva tinha dois filhos e uma filha, que viviam com o pai em Quelimane. A filha era casada com um negociante e senhor de prazo, de sobrenome Azevedo.

Os filhos João Bonifácio e Vitorino Romão, acompanhando os passos do pai, comandavam uma casa comercial e também construíram a aringa de Maganja da Costa, próxima ao Errive. João Bonifácio ainda mandara seus homens construírem a aringa do Bajone, que servia para vigiar as terras do xeque de Nhaoichiúa, "vassalo" dos *inhabacos* de Angoche.

Maganja da Costa era conhecida como a maior e mais forte das aringas que existiam em toda a Zambézia. A palavra aringa é comumente encontrada nas fontes documentais sobre Moçambique com o significado de povoação fortificada formada por escravos fugidos. No caso da aringa de Maganja da Costa não se tratava de escravos fugidos, mas de escravos comandados pelo seu senhor, João Bonifácio Alves da Silva. Como possuía forma e estrutura semelhantes às comunidades de escravos fugidos, bem como servia, algumas vezes, de abrigo para cativos em fuga, era mencionada nos documentos portugueses como aringa.[50]

---

48 LUPI, Eduardo do Couto, op. cit., 1907, p 183.

49 A grafia dessa palavra pode variar de acordo com a documentação, aparecendo também cipais, sipais ou sipaios e que significa soldado, provavelmente originária da palavra *shipahi*, em hindi. João de Azevedo Coutinho utilizada o termo cipaio com o significado de guerreiro. COUTINHO, João de Azevedo, op. cit., 1935, p. 12.

50 CAPELA, José. Como as aringas de Moçambique se transformaram em Quilombos. *Tempo. Revista do Departamento de História da UFF*. Rio de Janeiro: 7 Letras, v. 10, n. 20, jan-jun 2006, p.83-108. Idem, A

Iniciada a expedição de guerra por volta de 1855, após ter percorrido e devastado algumas terras, Mussa Quanto sofreu a resistência dos guerreiros dos prazos a oeste do Chiperone, próximo ao Chire. Em menor número do que os de Angoche, mas entrincheirados na "maneira tradicional da Zambézia", isto é, na forma de uma aringa, os guerreiros conseguiram esgotar as munições das gentes de Mussa Quanto nas proximidades da serra Ligura.[51]

Obrigado a recuar, o comandante militar de Angoche desceu pelo Congone e pelas serras de Tonga. Encontrando os prazos Boror, Tirre, Nameduro, Macuse e Licungo desguarnecidos militarmente, Mussa os atacou, escravizando os prisioneiros desta guerra. Entre as aringas invadidas estavam as do Erive, também conhecida como Maganja da Costa, a do Nepiode e a do Bajone, todas de posse de João Bonifácio Alves da Silva.[52]

Como reação à invasão das suas terras e à escravização da sua população, Bonifácio organizou um ataque ao sultanato de Angoche. Durante alguns anos, preparou os recursos necessários, como a compra de armas e o recrutamento de homens, recebendo o apoio militar de Portugal.[53]

Para justificar o início dos ataques de Mussa Quanto, há uma versão que conta terem sido os portugueses e João Bonifácio os responsáveis pelas hostilidades ao sultanato, enviando um "mouro" que havia se estabelecido próximo ao prazo do Licungo, chama-

---

república militar de Maganja da Costa. Maputo, 1988. Coutinho afirma que esta aringa era "muito maior do que as enormes aringas do Mungari e de Inhachirondo dos Macombes no Barué; que a de Massangano dos Bongas ou do Matacanha no Massingire. Aringa tão grande que quando em 1898 a Maganja e o Robe foram batidas e ocupadas por forças do meu comando que vingaram a morte do 1.º tenente da Armada Semeao de Oliveira, a um canto por assim dizer, acamparam os 6.000 cipais e carregadores da coluna. E havia espaço para três ou quatro vezes esse número de homens!" COUTINHO, João de Azevedo, op. cit., 1935, p. 15. O trabalho mais recente realizado no Brasil sobre a Maganja da Costa é a dissertação de SPACACHIERI, Marly. *Gentes do Jardim, gentes do quintal: Maganja da Costa (1890-1892)*. (Dissertação de Mestrado). São Paulo: FFLCH/Universidade de São Paulo, 2010.

51 COUTINHO, João de Azevedo, op. cit., 1935, p. 13.

52 *Ibidem*.

53 Coutinho assim descreve a organização da invasão do sultanato de Angoche pelo senhor de Maganja da Costa: "Durante anos se preparou o pertinaz e obstinado João Bonifácio fazendo a selecção cuidadosa da sua gente, sendo recrutados negros para seus cipais entre os afamados e destemidos caçadores do Absinta e Caia na Zambézia, ou do Alto Marrai e Massingire, que já conheciam e haviam repelido os mujôjos, como vimos, e pedindo concurso aos outros arrendatários ou senhores de prazos. Militarizou a gente da aringa da Maganja e deu-lhe a curiosa, notável e única organização militar a que me refiro no meu relatório oficial da Campanha do Barué em 1902 e que se perpetuou ampliada até 1898. Proveu os lugares de capitão, cazembes, cabos e de canhongos em homens absolutamente seguros e de valentia a toda a prova. Organizadas as suas 12 ensacas com 250 homens cada, e ao fim de 6 anos, tinha as suas forças prontas e mais de metade delas, isto é, 150 homens por ensaca, armados de espingarda, as primitivas lazarinas — o que então se vendia para pretos." COUTINHO, João de Azevedo, op. cit., 1935, p. 17.

do Amade Che, para raziar, na margem esquerda de Ligonha, as terras de Nampi-muno, chefe macua aliado do sultanato de Angoche. Outro chefe macua Murraméla-muno, teria pedido ajuda a Mussa-Quanto que atacou as terras de João Bonifácio.[54]

Já o governador geral João Tavares de Almeida dizia que o mesmo "mouro" Amade Che, atacado pela gente de Mussa Quanto, pediu ajuda ao dono do prazo, João Bonifácio, que o acolheu e procurou as autoridades portuguesas com o objetivo de acabar com os ataques de Mussa. Ao saber disso, Mussa Quanto exigiu a entrega do "mouro", ameaçando o prazeiro de guerra. Tavares de Almeida afirmava que o governo não possuía meios suficientes para colocar fim aos ataques do sultão de Angoche: "A conquista da região é de direito, mas não é de fato, não havendo força para fazer respeitar esse direito (...)".[55]

Eduardo Lupi estava convencido de que vários fatores teriam desencadeado o início da guerra entre Mussa Quanto e João Bonifácio:

> (...) o xequado vassalo de Pebane, na margem esquerda do rio Muniga, defrontava-se imediatamente com os territórios da Maganja, de fato enfeudados aos donatários, senhores de terras a leste do Macuse; e assim, a fuga de colonos que abandonavam os prazos para se eximirem ao pagamento do mussoco, o contrabando feito através do estreito rio-fronteira, cerceando os proventos do monopólio comercial, a concorrência na permuta – eram motivos de sobra para originar má vizinhança entre zambezianos e gente muinhé.[56]

Para iniciar a guerra contra Mussa Quanto, João Bonifácio havia solicitado apoio militar ao governador geral de Moçambique que considerava inadmissível para o governo português a insubmissão do sultanato de Angoche e, por isso, concedeu-lhe ajuda de pronto enviando 18 praças do Batalhão nº 2 de caçadores da África oriental, então aquartelado em São Domingos em Quelimane, sob o comando do alferes Lourenço Lançarote. Enviou-lhe também algumas armas e munições e prometeu pagar todas as despesas da guerra.[57]

No final de junho de 1861, João Bonifácio ordenou que em agosto seu exército de cativos composto por lolos e maganjas mais outros homens de guerra e carregadores se concentrassem para dar início à invasão de Angoche. Cada ensaca era formada por 250 soldados armados de zagaia, machadinha e espingarda. No total, a força militar era com-

---

54 LUPI, Eduardo do Couto, op. cit, 1907, p. 182.

55 AHU, SEMU, DGU, Correspondência dos Governadores, Moçambique, 1860, caixa 1308, pasta 26, capilha 1, documento 112.

56 LUPI, Eduardo do Couto, op. cit., p. 182.

57 FERRERI, Alfredo Brandão Cro de Castro. *Angoche. Breves considerações sobre o estado d'este districto em 1881*. Lisboa: Typographia Ed. Mattos Moreira, 1881, p. 16.

posta por dois mil homens escolhidos entre os guerreiros da Maganja da Costa e de outros prazos. O comando dos soldados foi confiado ao capitão da aringa chamado Mateus. Em número reduzido, os carregadores eram responsáveis por levar artilharia, munições, bagagens e mantimentos que durariam alguns poucos dias, sendo depois necessário se alimentarem por meio da pilhagem, o que lhes era permitido nesses casos.

Finalmente, em 25 de setembro de 1861, por volta das nove horas da manhã, as forças de João Bonifácio chegaram a cinco quilômetros do Vau de Quíloa, que dá acesso pelo continente à ilha de Angoche. O comandante Mateus, com uma ensaca de 250 homens, ocupou a região e fortificou o local. No dia seguinte, com a chegada do restante das forças militares, iniciou-se a tentativa da passagem e, como consequência o tiroteio, não muito intenso, devido a pouca quantidade de munições. Atingido, João Bonifácio morreu no local.[58]

Apesar deste revés, as forças de João Bonifácio lograram ocupar a ilha de Angoche. Mussa Quanto foi ferido e fugiu para a povoação do xeque de Sancul, na baía do Mocambo, onde, então, foi preso e levado para a fortaleza de São Sebastião. Por sua vez, o sultão Hassane Issufo dirigiu-se para Madagascar, onde mais tarde, morreu. Pedro Massano de Amorim apresenta outra versão sobre a morte do sultão de Angoche de acordo com a qual, antes de morrer, Hassane Issufo foi expulso de Madagascar, refugiou-se em Zanzibar, onde o Imã de Mascate não permitiu sua presença. Dirigiu-se, então, para Anjoanne, em Comores, onde morreu envenenado.[59]

Após essa "primeira conquista" e com a morte de João Bonifácio, foi nomeado capitão-mor de Angoche seu irmão, João Victorino, função que exerceu até 1862 com o objetivo de tomar as povoações cujos chefes não "se submeteram" imediatamente. Contudo, alguns chefes logo se apresentaram, dentre eles o xeque de Sangage, o Morla-muno e mais 24 chefes seus dependentes. João Victorino retirou-se levando consigo seus "cipaios

---

58   COUTINHO, João de Azevedo, op. cit., 1935, p. 20-21. Vale mencionar a descrição realizada por Coutinho da ocupação do território do sultão de Angoche, em Catamoio: "João Bonifácio pôs-se à frente dos seus cipais adiantados, e num impulso cheio de vigor escalou o parapeito a que se abrigavam os de Angoche, e apesar do seu elevado número (Lupi diz serem 10.000, as minhas informações nada dão de positivo, mas Romão dizia serem mais de 6.000) desbarata-os completamente, fazendo entre eles grande mortandade. Escusado será dizer que a segunda linha se juntou à primeira, e que o alferes Lançarote com os seus soldados acompanhou com valor, logo que o entendeu conveniente, a carga dos nossos. (...) Dias inteiros se seguem no saque pelos arredores e interior, ou na perseguição dos inimigos a quem segundo o uso nas guerras cafreais, não dão quartel... Numa das últimas escaramuças o João Bonifácio é morto por um tiro, mas a presença do alferes Lançarote, o prestígio do Mateus e disciplina das ensacas, e a ânsia do saque fazem com que os cipais zambezianos continuem a sua missão de castigo e de razia, sem debandarem, ou pensarem em retirada." *Ibidem*, p. 22.

59   AMORIM, Pedro Massano, op. cit., p. 5.

da Zambézia". Em correspondência, o governador geral João Tavares de Almeida escrevia que os soldados de João Bonifácio, presentes no distrito de Angoche, recebiam um salário do governo o que "sobrecarregava este cofre com uma considerável despesa". E como, naquele momento, alguns chefes imbamela "se submeteram" e havia indícios de que até Mussa Quanto queria prestar juramento, não considerava mais necessária a permanência dos soldados em Angoche.[60]

João Victorino foi substituído na Capitania por Frederico Gourgel, um oficial da guarnição da província. Nas palavras de João de Azevedo Coutinho o objetivo de instalação da Capitania de Angoche era:

> (...) pôr termo, por então, a uma situação deprimente como fora a que havia permitido que os navios e tripulações inglesas interviessem por vezes nas lutas em terras e portos que, embora do Sultão, eram portugueses, com o objectivo de fiscalizarem ou de evitarem e porem termo a actos de reconhecida e descarada escravatura, que nós procurávamos extinguir sem resultado, apesar de nesse intuito empregarmos esforços reiterados e possíveis.[61]

Algumas reflexões devem ser feitas a respeito da política do sultanato de Angoche e da sua relação com outras sociedades do interior do continente africano, bem como da participação portuguesa nesta "primeira conquista" de Angoche.

Nota-se que, nessa época, o sultanato de Angoche estava centrado na sua expansão política direcionada, sobretudo, para a dominação da região do Zambeze, com destaque ao que tange as atividades de exploração do comércio de escravos, marfim e ouro. Diante da invasão e escravização da população de alguns prazos zambezianos por Mussa Quanto, João Bonifácio organizou um contra-ataque, solicitando auxílio ao governo português em Moçambique.

Dessa maneira, não parecia haver uma política portuguesa efetiva de ocupação de Angoche com grandes esforços próprios. As autoridades portuguesas em Moçambique atuavam como coadjuvantes, aproveitando-se dos benefícios gerados pelas disputas entre as diferentes sociedades africanas e o sultanato de Angoche. Muitas vezes, essa atuação tinha o caráter de colaboração, com o fornecimento sobretudo de armas e homens; em outras, de mediação, chegando a promover acordos de paz.

---

60   AHU, SEMU, DGU, Correspondência dos Governadores, Moçambique, 1862, caixa 1311, pasta 29, Capilha 2, documento 254.

61   COUTINHO, João de Azevedo, op. cit., 1935, p. 23; AMORIM, Pedro Massano de, op. cit., p. 6.

No caso da "primeira conquista" de Angoche, como é mencionada nos documentos históricos, houve um conflito interno às sociedades africanas, isto é, entre o senhor do prazo João Bonifácio e o sultanato de Angoche. Ressalte-se que João Bonifácio, assim como outros senhores de prazo, era um agente local e não um representante do governo português. Nesse conflito, as autoridades portuguesas participaram como colaboradoras, ajudando com homens e armas. Mesmo assim, é preciso destacar que foi uma colaboração irrisória, segundo Coutinho, com o envio de 18 praças do batalhão n° 2 de caçadores da África oriental.

Ao mesmo tempo, Coutinho informa alguns dados que permitem perceber qual foi o nível de participação do governo português nessa disputa e o faz adotando um discurso favorável à Portugal, segundo o qual essa "primeira conquista" de Angoche teria sido um grande feito português que contou com o apoio de João Bonifácio. Vale ressaltar o emprego da palavra "conquista" para tratar de um fato que, na realidade, foi a ocupação da ilha de Angoche e não de todo o território que fazia parte ou estava sob a influência política do sultanato. Isto significa que as autoridades portuguesas em Moçambique aproveitaram a derrota de Mussa Quanto e o recuo dos representantes do sultanato para ocupar o reduto da elite política de Angoche. Deve-se mencionar ainda que a historiografia subscreve esta versão de que foi realmente uma primeira conquista de Angoche promovida com o grande empenho de Portugal.[62]

Outra questão que pode ser levantada diz respeito às razões que levaram João Bonifácio a deixar decorrer tanto tempo - cerca de seis anos - entre os ataques de Mussa Quanto às suas terras, ocorridos em 1855, e a organização de uma guerra para ocupar a ilha de Angoche em 1861. A resposta encontrada nas fontes portuguesas é que João Bonifácio levou todo esse tempo para preparar a guerra, recrutando gente, preparando seus homens e obtendo os armamentos necessários.

Outrossim, é possível pensar que o governo português tenha tido uma maior influência, incentivando e até mesmo pressionando João Bonifácio a dar uma resposta aos ataques de Mussa Quanto, o que interessava tanto ao prazeiro, que já havia sido atacado e poderia vir a perder seus territórios e o controle das rotas de caravanas diante das tentativas de expansão do sultanato de Angoche, quanto ao governo português, que concorria, cada vez mais, com os interesses de outros governos europeus na região.

No final da década de 1850, circulava a notícia da existência de um tratado realizado entre o sultanato de Angoche e a Inglaterra, o que pode ter provocado certa urgência em mostrar que o governo português tinha o domínio das terras do sultanato. O

---

[62] Como se pode notar em: RITA-FERREIRA, Antonio. op. cit., 1982; NEWITT, Malyn, op. cit., 1972; PELISSIÉR, René, op. cit., 1994; HAFKIN, Nancy, op. cit, 1973.

governador geral Vasco Guedes de Carvalho e Meneses escrevia em 1857 que um agente particular da ilha de Reunião, que estava em Angoche para tratar com o sultão do envio de trabalhadores *engagés* para as ilhas francesas no Índico, conversara com o comandante de uma fragata inglesa sobre a existência de um tratado entre a Inglaterra e o sultanato de Angoche e que, por essa razão, o sultão não deveria mais estabelecer relações com os franceses, nem permitir que enviassem trabalhadores *engagés* às ilhas no Índico.[63]

De acordo com a correspondência ao governador geral de Moçambique, essa informação provocou grande preocupação devido à comprovação, diante dos ingleses, da autonomia do sultanato e o que isto significava, ou seja, que o governo português não lograra a conquista efetiva daquela região. Além disso, a consequente ameaça aos interesses franceses e ingleses em Angoche fazia com que se considerasse urgente a ocupação do sultanato, o que naquele momento específico, pode ter contribuído para o início da guerra organizada por João Bonifácio.

Dessa maneira, este capítulo mostrou que a expansão política e econômica de em Angoche permitiu que o poder fosse exercido por uma das linhagens - *inhamilala* - que compunha o sultanato. Os representantes dessa linhagem, sobretudo o sultão Hassane Issufo e seu comandante militar, e mais tarde também sultão, Mussa Quanto, obtiveram legitimidade para governar Angoche por meio da incorporação e da influência política sobre novos territórios e pelo controle das rotas de comércio de escravos, marfim e ouro. No entanto, foram igualmente importantes as redes de lealdade construídas a partir da doação de terras e de laços de parentesco com outras linhagens do interior que, atraídas, em grande parte, pelo crescimento do comércio, dirigiram-se aos territórios costeiros; e pela expansão do Islã. Todos esses fatores que propiciaram a hegemonia da linhagem *inhamilala* e a expansão política do sultanato de Angoche são considerados igualmente fatores de mobilização para a formação da coligação de resistência, e serão analisados no próximo capítulo.

---

63   AHU, SEMU, DGU, Correspondência dos Governadores, Moçambique, 6 de julho de 1857, caixa 1300, pasta 18, capilha 1, documento 346.

CAPÍTULO III

ESTRATÉGIAS PARA RESTABELECER O PODER EM ANGOCHE: GUERRAS, RELAÇÕES DE LEALDADE E ISLÃ

O RETORNO DE MUSSA QUANTO A ANGOCHE

Com o objetivo de recuperar o poder do sultanato e retomar a ilha de Angoche, perdidos em 1861 após a ocupação pelas forças do prazeiro João Bonifácio Alves da Silva e do governo português, uma das estratégias utilizadas por Mussa Quanto foi atacar os postos administrativos e militares portugueses e os territórios dos chefes que tinham se aproximado politicamente das autoridades portuguesas.

Em 1862, Mussa Quanto fugiu da fortaleza de São Sebastião onde havia permanecido preso por alguns meses e, segundo João de Azevedo Coutinho, teria ido para Madagascar onde iniciou a organização de um contra-ataque para retomar o poder em Angoche. Para tanto, obteve o apoio das elites de Madagascar que lhe forneceram armas e munições.[1] Para conseguir armamentos, Mussa Quanto oferecia escravos e marfim adquiridos em troca de fazendas (tecidos) com os chefes do interior.[2] Eduardo Lupi descreve como Mussa Quanto procedeu em certa ocasião para obtê-los:

> Encontrando-se no interior com uma caravana de mamtibuires, que procuravam a costa para permutar marfim, compra-lhe todo o carregamento que manda revender a Catamoio com enorme lucro,

---

[1] COUTINHO, João de Azevedo, op. cit., 1935, p. 24.

[2] AHU, SEMU, DGU, Correspondência dos Governadores, Moçambique, 3 de janeiro de 1867, caixa 37, capilha 1, ofício n.9, documento 1.

provendo-se de armas e munições, mercê da cumplicidade de um negociante indiano por alcunha Bacay.[3]

Coutinho também sugere que havia indícios de que Mussa Quanto tentara organizar a resistência a partir do interior de Moçambique.[4]

Em primeiro lugar, os guerreiros de Mussa atacaram um destacamento de soldados do governo português próximo ao Parapato.[5] Em seguida, avançaram em direção ao xecado de Sangage que, antes aliado de Angoche, aproximara-se do governo português após a invasão da ilha pelos soldados de João Bonifácio Alves da Silva. Essa aproximação política era feita, muitas vezes, por meio da assinatura de um tratado de vassalagem com o governo português. De sua parte, os objetivos das chefias africanas eram vários: obter maior poder e prestígio diante de outros chefes ou linhagens, aumentar vantagens comerciais e ter proteção em caso de disputas ou guerras. Em contrapartida, o governo português adquiriria o direito de circular ou estabelecer postos naqueles territórios e receberia apoio com o envio de homens em caso de guerra. Dessa maneira, ao acercar-se das autoridades portuguesas, os representantes do xecado de Sangage tentavam também assegurar sua autonomia política, diante do projeto expansionista de Angoche, comandado por Mussa Quanto. Tais estratégias políticas estabelecidas entre o governo português e outras sociedades do norte de Moçambique configuravam obstáculos - o que pode ser entendido também como formas de resistência - à expansão do sultanato de Angoche.

Ao ser atacado por Mussa, o xeque de Sangage pediu ajuda ao governador geral de Moçambique que lhe enviou em torno de cem cipaios por mar. Em agosto, mandou-lhe uma expedição formada por nove artilheiros com duas peças, 920 cipaios da Zambézia e cem macuas de Marrevone, todos sob o comando do alferes Agostinho Salvador de Sousa, natural do Ibo e que falava as línguas suaíli e macua.

Como resultado desse enfrentamento, Mussa Quanto teve dois pangaios apresados, sendo que em um deles estava Mahera, sua irmã e do sultão Hassane Issufo que, de acordo com o sistema matrilinear, deveria assegurar a sucessão no sultanato. Mussa Quanto se dirigiu para as terras do Mugovola na tentativa de obter apoio e reorganizar um novo contra-ataque.

O xeque de Sangage foi novamente ameaçado por Mussa Quanto. A pedido do governador geral de Moçambique, o xeque de Sancul enviou a Sangage mil homens

---

3   LUPI, Eduardo do Couto, op. cit., 1907, p. 195.

4   COUTINHO, João de Azevedo, op. cit., 1935, p. 24.

5   Localidade do continente em frente à ilha de Angoche, mais tarde, denominada Antonio Enes, onde o governo português havia construído um posto administrativo.

munidos de espingarda sob o comando do tenente Desidério Guilhermino e mais dez marinheiros dirigidos pelo oficial da armada real Metzner. Conforme escreveu Coutinho, seguiram-se várias batalhas até que o Namuali, como então era também conhecido Mussa Quanto, "declar[ou] cançado da guerra, mand[ou] entregar, num gesto teatral, a sua espingarda ao capitão-mór do Mossuril, foi para a Conducia e de Kissimajulo abal[ou]-se num pangaio para Madagascar".[6]

Em agosto de 1864, Mussa Quanto retornou a Sangage com mais armamentos e submeteu grande parte da população, carregando nove pangaios com escravos. Logo depois, atacou também o posto no Parapato, fazendo seu comandante, o alferes Montenegro, fugir para Muchelele. Após ameaças da gente de Mussa Quanto, como os "mujojos" Athemane Bumo Ambacy e seu irmão Bino Damune, o governador geral de Moçambique, Antonio do Couto e Castro, ordenou que fossem retiradas as forças do Parapato. Assim, o governo português perdia um dos principais pontos estratégicos no continente.[7]

Em 1867, o governador geral Antonio do Couto e Castro solicitou ao Victorino Romão que enviasse ajuda militar, com seus mais de oitenta homens armados, ao governo para libertar os prisioneiros feitos por Mussa Quanto e retomar as comunicações com o interior até então interrompidas por ele. Victorino Romão recusou a solicitação justificando que além de estar muito doente para comandar as forças de guerra, toda a sua gente estava negociando pelo sertão, sendo impossível reuni-la naquele momento.[8]

Vale lembrar que, embora a ocupação da região ainda fosse muito frágil no início da década, João Victorino permaneceu em Angoche com os seus soldados apenas até 1862, quando o governador geral, João Tavares de Almeida, disse não ser mais necessária a presença dos seus homens armados, porque além da remuneração sobrecarregar os cofres do governo, alguns chefes já estavam "submetidos". Este fato comprova que, nessa época, o governo português não estava realmente preocupado em despender esforços próprios para a ocupação do norte de Moçambique.

---

6   COUTINHO, João de Azevedo, op. cit., 1935, p. 26. Constava que o "bando armado" de Mussa Quanto havia se dispersado após algumas providências tomadas pelo governador geral João Tavares de Almeida. O xeque da Quitangonha informava ao governo português que o Mussa "fugira em seu pangaio árabe para Madagascar". AHU, SEMU, DGU, Correspondência dos Governadores, Moçambique, 30 de abril de 1863, caixa 1312, pasta 30, capilha 1, documento 62.

7   AHU, SEMU, DGU, Correspondência dos Governadores, Moçambique, setembro/outubro de 1864, caixa 1315, pasta 33, capilha 1, documento 159.

8   AHU, SEMU, DGU, Correspondência dos Governadores, Moçambique, 30 de agosto de 1867, caixa sem n., pasta 37, capilha 1, documento n. 65.

Joze Maria Pereira, capitão do Exército de Moçambique, escreveu a Manoel Jorge d'Oliveira Lima:

> (...) os portugueses na costa d'África Oriental apenas são senhores dos pontos em que residem os Governadores – resto e aonde existem as riquezas está em poder dos régulos e potentados – alguns desses régulos dizem-se súbditos portugueses quando lhes convem e deixem de os ser quando lhes apraz consequência inevitável da impunidade em que têem vivido até hoje.[9]

No norte de Moçambique, o governo português estava estabelecido apenas na ilha de Moçambique, em Quelimane e na ilha do Ibo.[10] No território continental em frente à ilha de Moçambique foi construída a capitania-mor das Terras Firmes, onde, desde o século XVI, portugueses cultivaram suas plantações. Aquele era um ponto estratégico de ligação comercial entre o litoral e o interior do continente, porque próximo dali, mas fora do domínio português, as caravanas de marfim e de escravos aguardavam, em feiras ou acampamentos, os comerciantes da costa para realizar seus negócios.[11]

Além disso, o comércio de escravos continuava em pleno desenvolvimento. Há vários documentos que demonstram isso, como os ofícios do comandante do navio de guerra inglês, Robert Parr, nos quais relatou que, ao verificar a informação de que eram realizados embarques de escravos em grande escala em Sangage, encontrou vários pangaios que, sem bandeira ou documentos de controle, apresentavam outros fortes indícios da prática desse comércio, como "cobertas para escravos e grande quantidade de farinha de [pão] e água".[12]

Outro episódio que envolveu um navio da Coroa Britânica, em 1864, nas águas do rio Santo Antonio, em Sangage, demonstra a fragilidade da ocupação portuguesa no norte de Moçambique, bem como a retomada de poder de Mussa Quanto. Em 10 de janeiro de 1865, o governador geral recebeu um ofício do comandante da Corveta Britânica

---

9   AHU, SEMU, DGU, Correspondência dos Governadores, Moçambique, 22 de junho 1861, caixa 1309, pasta 27, capilha 1, documento 50 anexo, p. 12-13.

10 ROCHA, Aurélio, op. cit., 1989, p. 585.

11 DIAS, Jill; ALEXANDRE, Valentim, op. cit., p. 583.

12 AHU, SEMU, DGU, Correspondência dos Governadores, Moçambique, outubro de 1864, caixa 1315, pasta 33, capilha 1, documento 190. Em 1875, o governador geral José Guedes de Carvalho Meneses informava sobre o apresamento de um pangaio que pertencia a uma pessoa de Madagascar com 150 escravos comprados ao Mussa Quanto e depois abasteceu com mais 130 escravos ao sul de Quivolane, totalizando 280 escravos. AHU, SEMU, DGU, Correspondência dos Governadores, Moçambique, 16 de setembro de 1875, caixa 49, capilha 3, documento 250.

Wilham Gardner no qual reclamava "o castigo dos habitantes da costa de Moçambique" por terem atacado o escaler da Coroa Britânica.[13] Relatou que o Tenente Reed tinha sido amarrado, assim como toda a tripulação e conduzidos até Mussa Quanto que, depois de alguns dias os soltou, comprometendo-se a punir os responsáveis.

Em resposta, o governador geral justificou-se afirmando que já havia proposto ao governo "o aumento da força pública e os meios convenientes para trazer à obediência definitiva os habitantes desta costa desde Fernão Velloso até o rio Santo Antonio". Quanto à repressão aos acontecimentos com o navio britânico, afirmou não possuir naquele momento "meios para castigar aqueles bárbaros" e por isso autorizava o governo britânico "a reprimir todos os atos de barbaridade praticados".[14] Este é mais um episódio a demonstrar que o governo português não tinha forças suficientes para reprimir atitudes como estas, tão pouco dominava efetivamente os territórios no norte de Moçambique.

Eduardo Lupi conta como Mussa Quanto conseguiu, graças a esse episódio, resgatar a sua irmã Mahera e outros parentes que tinham sido aprisionados pelo governo português em 1862:

> (...) um acaso feliz guinda-o a uma notoriedade européia que põe em bem crua luz o nosso periclitante domínio. É o caso de um escaler de uma corveta inglesa, onde o tenente Reed anda a reconhecer a barra de Sangage, vir a cair-lhe nas mãos. Mussá informa por cartão o almirante britânico que conservará em reféns o oficial e marinheiros até que lhe sejam restituídos os seus parentes, aprisionados pelo alferes Agostinho e pelo Mateus na marcha deste até Etagi, em 1862. Impõe e obtém. O almirante inglês não desiste de ver solto o seu tenente, exerce pressão em Moçambique: o governador português cede: a bella Mahera e os restantes membros da família do novo sultão são levados até Sangage, a bordo da fragata inglesa.[15]

Entretanto, os ataques de Mussa Quanto perduraram ao longo da década de 1860, chegando, na década seguinte, ao território dos imbamelas sob o comando do chefe Morla-muno, que também havia assinado um termo de vassalagem, apresentando-se às autoridades portuguesas após a ocupação da ilha de Angoche. Eduardo Lupi descreve o ataque aos imbamelas da seguinte maneira:

---

13   AHU, SEMU, DGU, Correspondência dos Governadores, Moçambique, 10 de janeiro de 1865, caixa 1316, pasta 34, capilha 1, documento 51.
14   *Ibidem.*
15   LUPI, Eduardo do Couto, op. cit., 1907. Apud COUTINHO, João de Azevedo, op. cit., 1935, p. 27.

> A primeira campanha – Janeiro e Fevereiro de 1871 – começa favoravelmente para o sultão; só o Morla-muno se não rende, internando-se para oeste, mas todos os seus régulos, batidos e aprisionados, são obrigados a submeter-se jurando pazes, e forçados a rapar a cabeça à moda dos muinhé.[16]

Em 1871, Mussa Quanto conseguiu se instalar nas terras imbamelas levando o Morla-muno a se refugiar nas fronteiras dos mugovolas. Segundo João de Azevedo Coutinho, "Mussa está de novo no apogeu da sua fortuna e tudo domina mais ou menos desde o Melai a Sangage e Monginquale, excepção feita na ilha de Angoche".[17]

Para enfrentar Mussa Quanto, o chefe Morla-muno pediu auxílio ao governo português que lhe enviou oito barris de pólvora. No ano seguinte, ainda sofrendo com as derrotas causadas por Mussa Quanto, solicitou novamente ajuda militar dos portugueses. Até que, em conversa com o novo governador do distrito, Joaquim da Silva Ferrão, Morla-muno declarou querer um acordo de paz com Mussa que, pelo contrário, resolveu atacá-lo. Desconfiado das atitudes de Joaquim Ferrão, o chefe imbamela obrigou-o a lhe fornecer mais armas e pólvoras. Ferrão também enviou um morador de Angoche, chamado Manoel Simões, para assumir o comando dos homens de guerra de Morla. No entanto, ao se dirigir às terras imbamelas, Manoel Simões foi feito prisioneiro por Mussa Quanto, mas conseguiu escapar, fugindo para o território de Morla-Muno. Com cerca de mil homens armados promoveu a vitória contra Mussa Quanto que, não desistindo, atingiu novamente a povoação dos imbamelas. Essa contenda só terminou com um acordo de paz promovido pelas autoridades portuguesas.

Em maio de 1877, o governador de Angoche João do Nascimento Mello foi ao encontro de Mussa Quanto, ocasião em que este se apresentou acompanhado de todos os "régulos e grandes das suas terras". Quando chegou próximo à povoação, o governador teve de deixar toda a sua comitiva armada de fora para poder entrar. O acordo de paz com Mussa Quanto impunha "uma anistia geral, direito de conservar três residências principais em pontos que escolheu e para marcar bem que concedia e não pedia, obrigou o governador a ir à Moma".[18]

Assim que soube da resolução do governo português, Morla-muno deixou de atacar e "fazer provocações" ao Mussa Quanto. Além disso, a pedido do governo, Morla-muno teve que libertar todos os prisioneiros de guerra das terras do Mussa. Na verdade, o governador promoveu uma reconciliação entre o chefe imbamela e Mussa Quanto,

---

16   *Ibidem*, p. 193.
17   COUTINHO, João de Azevedo, op. cit., 1935, p. 28.
18   *Ibidem*, p. 28.

exercendo o papel de mediador num conflito antes incentivado pelo próprio governo português. Como se pôde observar, ao final dessa contenda, o representante de Portugal na região ainda teve que promover um acordo de paz, dirigindo-se ao encontro de Mussa Quanto e aceitando as suas imposições.

No "termo de conciliação feito entre os principais mouros de Angoche e o sultão Mussa Quanto"[19] consta a informação de que este também prestou um "juramento de paz e amizade", embora muitas outras fontes revelem que Mussa Quanto havia assinado um "termo de vassalagem", como no documento transcrito a seguir:

> Termo de Juramento prestado pelo Sultão Mussa, em sinal de respeito e submissão à Coroa Portuguesa.
> Aos oito dias do mês de maio do ano de mil oitocentos e setenta e sete, achando-se o governador do distrito João do Nascimento Mello, o secretário do governo João Silvestre Caetano de Sousa, sargento-mor das terras Manoel Simões, dito reformado, Salemane Rajá, e todos os mouros, principais moradores de Angoche, reunidos na povoação de Inhacaroba; compareceu o ex-sultão Mussa, acompanhado dos seus grandes e em presença do governador e todos os mais, jurou a verdadeira vassalagem e obediência ao Rei de Portugal, prometendo doravante prestar-se com toda a sua gente, fiel e desinteressadamente a todo serviço do governo, à medida das suas possibilidades; e bem assim fazer desenvolver a agricultura e o comércio lícito desde o limite de Imbamela até as margens de Quizungo, (domínios de Moma); igualmente prometeu respeitar as leis, e em especial pugnar pela que proíbe o tráfico de escravatura em toda a costa de Moma. – O governador do distrito louvando-o nesta ocasião, assegurou a todos em nome do governo,

---

[19] "Cópia – Governo do Distrito de Angoche – Termo de conciliação feita entre os principais mouros de Angoche e o sultão Mussa – Aos nove dias do mês de maio do ano de mil oitocentos e setenta e sete, achando-se o governador do distrito de Angoche, João do Nascimento Mello; o secretário do governo João Silvestre Caetano de Sousa; Sargento-mor das terras, Manoel Simões; dito reformado Selimane Rajá; e os principais mouros de Angoche, todos reunidos na povoação de Inhacaroba; fez o governador reconciliar os ditos mouros com o sultão Mussa, também presente; por isso que, de há muitos anos viviam em discórdia, sendo esta a principal causa de todas as calamidades havidas no distrito: igualmente fez-lhes prestar juramento de paz e amizade. Pelo que se lavrou este termo vai por todos assinado. Povoação de Inhacaroba, nove de maio de mil oitocentos e setenta e sete – João do Nascimento Mello – governador – João Silvestre Caetano de Sousa, secretário do governo – Manoel Simões, sargento-mor – Selimane Rajá, sargento-mor reformado – Sultão Mussa Mahamade - Amade Marreca – Abdarremane – Marrecamundo – Amade Salú – Ali Mamade – Mamade Viage – Jamal Usuff – Chaboane Malismo – Omar Sadaca – Chalé Ingive – Muc Serima – Matua, capitão das terras – Está conforme – Secretaria do governo do distrito em Angoche, 9 de maio de 1877. – João Silvestre Caetano de Sousa, secretário do governo." Biblioteca Nacional de Portugal, Boletim Oficial do Governo Geral da Província de Moçambique, ano de 1877.

que da parte deste haverá sempre benévolas disposições em proteger e auxiliar todo aquele que se mostrar digno da sua contemplação. Pelo que se lavrou este termo, que a por todos assinado.

Povoação de Inhacaroba, aos oito de maio de mil oitocentos setenta e sete – João do Nascimento Mello, governador – João Silvestre Caetano de Sousa, secretário do governo – Manoel Simões, sargento-mor – Salemane Rajá, sargento-mor, reformado – Sultão Mussa Mahamade – Amade Marreca – Abdarremane – Marrecamundo – Amade Salú – Ali Mamade – Mamade Viage – Jamal Usuff – Chaboane Malismo – Omar Sadaca – Chalé Ingive – Muc Serima – Matua, capitão das terras – Está conforme – Secretaria do governo do distrito em Angoche, 8 de maio de 1877. – João Silvestre Caetano de Sousa, secretário do governo.[20]

É interessante observar os termos desse "juramento prestado pelo Sultão Mussa, em sinal de respeito e submissão à Coroa Portuguesa". A questão principal era garantir que o sultão de Angoche não continuasse a realizar o comércio de escravos ao prometer "obediência ao Rei de Portugal" e promover o desenvolvimento da agricultura e do "comércio lícito", em respeito às leis, "e em especial pugnar pela que proíbe o tráfico de escravatura". Em troca, o governo português protegeria e auxiliaria, porém somente "aquele que se mostra[sse] digno da sua contemplação". O juramento parece sugerir a submissão do sultão de Angoche, como demonstra o próprio título do documento. Contudo uma pequena ressalva é feita ao se mencionar que a prestação de serviços ao governo deveria ocorrer "à medida das suas possibilidades", demonstrando que havia certa flexibilidade, o que caracteriza mais um acordo entre iguais do que uma relação de submissão, sendo mais condizente com o contexto no qual o tratado foi assinado: expansão do sultanato de Angoche e retomada do poder por Mussa Quanto. Por essa razão, é necessário sempre questionar os objetivos e os significados desses tratados para cada um dos envolvidos.

Mussa Quanto morreu logo depois, em 27 de julho de 1877, quando controlava toda a região litorânea entre Moginqual e a Maganja da Costa, com um exército estimado em trinta mil homens.[21] A sua sucessão foi disputada entre Suleimane-Bin-Rajah, conhecido também como Itite-muno, apoiado pelos portugueses, e Ussene Ibrahimo, parente de Mussa Quanto, o escolhido pelos "grandes de Angoche".

---

20   Biblioteca Nacional de Portugal, Boletim Oficial do Governo Geral da Província de Moçambique, 1877. Em 28 de maio de 1877, o governador geral Jose Guedes Meneses dava a notícia da assinatura do Termo de Vassalagem pelo Mussa Quanto. AHU, SEMU, DGU, Correspondência dos Governadores, Moçambique, 28 de maio de 1877, caixa sem n., pasta 52, capilha 1, documento 123.

21   RITA-FERREIRA, op. cit., 1982, p. 303.

REDES DE PARENTESCO E LEALDADE ENTRE O SULTANATO E AS SOCIEDADES DO INTERIOR

De acordo com a pesquisadora Liazzat Bonate, além de fazer parte do "mundo suaíli" e se integrar à rede comercial e cultural do Oceano Índico, o sultanato de Angoche também dirigiu seus interesses e promoveu estratégias políticas (não apenas visando o tráfico de escravos) no interior do continente. Os líderes de Angoche mantiveram contatos comerciais e fizeram uso de uma política de parentesco em relação às sociedades localizadas desde o interior até a costa africana com elas criando laços de lealdade. [22]

A presente pesquisa mostrou que a relação política e cultural construída entre o sultanato de Angoche e os povos do interior do continente constitui uma dimensão importante a ser considerada quando se trata de entender a resistência às investidas de dominação portuguesa. A existência de interconexões políticas, econômicas e culturais entre essas sociedades contribuiu para a manutenção da independência de Angoche em relação ao governo português e para a formação da coligação de resistência no final do século XIX.

Ao longo do século XIX, notam-se, por parte do sultanato de Angoche, tentativas de fomentar alianças entre as diferentes sociedades presentes nessa região. Essas alianças podem ser observadas já em meados desse século, quando houve o combate contra o senhor do prazo João Bonifácio Alves da Silva. Nessa ocasião, Eduardo Lupi relata a estratégia estabelecida por Mussa Quanto para recuperar o poder em Angoche:

> Nas vésperas do combate, incansável [Mussa Quanto] tinha percorrido as regiões aliadas da terra firme, fazendo tocar os batuques de guerra, discutindo com os régulos macuas a utilidade geral da independência da ilha, e a conveniência em afastar o jugo dos brancos – tão maus vizinhos com as suas idéias contra a escravatura.[23]

Em 1862, segundo o comandante militar de Angoche, um grupo que havia atacado um destacamento do comando militar de Angoche no Parapato foi, logo depois, encontrado na ilha de Saja e abatido pelas forças portuguesas. Este grupo era formado por alguns "moiros de Quitangonha e macuas, que Mussa Quanto pudera reunir à força de grandes promessas para o acompanharem. Depois deste episódio, consta que Mussa Quanto foi procurar ajuda com um chefe do interior".[24]

---

22   BONATE, Liazzat J. K., op. cit., 2003, p. 115-143. BONATE, Liazzat J. K., op. cit., 2007, p. 7.
23   LUPI, Eduardo do Couto, op. cit., 1907, p. 187.
24   AHU, SEMU, DGU, Correspondência dos Governadores, Moçambique, 27 de maio de 1862, caixa

Essas relações eram estabelecidas, muitas vezes, por meio do comércio ou por laços de parentesco. Em 1867, o governador interino de Angoche, José Joaquim Muniz Cabral, escreveu ao secretário do governo geral da província de Moçambique, Alexandre Balduino Soares Tavares de Mendonça, relatando que alguns "monhés" que estavam no M'luli tinham ido para a Murrua (território onde habitava o Mussa Quanto) levando escravos e armas com o objetivo de tratar como Mussa seria "introduzido" na região. Acrescenta que arranjaram em M'luli o seu casamento com uma mulher parente de um "monhé" chamado Canana.[25]

A estratégia de estabelecer relações com os chefes do interior resultava de maneira duplamente positiva para Mussa Quanto, pois ao mesmo tempo conseguia se fortalecer e recuperar o poder na região e ainda provocar o descontentamento de outros chefes que tinham se aproximado do governo português e dele cobravam medidas contra os ataques de Mussa. É o caso, por exemplo, do chefe Itite-muno. Em 1867, dirigiu-se à sede do governo em Angoche, acompanhado de seu filho Abacar e seu "genro" Amura, um "língua do Estado" (intérprete), para pedir permissão para guerrear contra Mussa Quanto queixando-se de que há seis anos esperava o governo cumprir sua promessa de expulsar o Mussa Quanto, mas "não tem visto o governo a fazer nada" e com isso o Mussa "faz tudo o que quer".[26]

As alianças entre o sultanato de Angoche e os chefes das sociedades do interior fundamentavam-se nas relações de parentesco e na doação de terras. A propriedade das terras nessa região era, por direito, dos chefes que as conquistavam por meio de herança ou da ocupação e as distribuíam entre a população. Em alguns casos, a propriedade passava para o chefe da família e seus herdeiros. Para que uma família pudesse se estabelecer em novas terras, devia pedir permissão ao chefe e entregar uma filha ou mulher para se casar.[27]

1310, pasta 28, capilha 2, documento 118.

25 AHU, SEMU, DGU, Correspondência dos Governadores, Moçambique, 31 de julho de 1867, caixa 37, capilha 1, documento 65. Em 1868, Celestino Feliciano de Meneses, membro do conselho do governo, afirmava que Mussa Quanto preparava-se para atacar as terras fronteiras à ilha de Moçambique, ajudado pelos chefes seus amigos e aliados. AHU, SEMU, DGU, Correspondência dos Governadores, Moçambique, 29 de outubro de 1868, caixa sem n., pasta 40, capilha 1, documento 49.

26 AHU, SEMU, DGU, Correspondência dos Governadores, Moçambique, 31 de julho de 1867, caixa 37, capilha 1, documento 65.

27 "A gente que vem de novo estabelecer-se nas terras de um regulo pede previamente licença. É uso, geralmente quando é um chefe pequeno que vem para as terras de outro, concedida a licença, oferecer-lhe uma filha ou mulher sua subordinada para casar. O régulo manda indicar por um ajudante ou cabo a povoação para onde o indígena deve ir viver." AMORIM, Pedro Massano de, op.cit., 1911, p. 115.

A relação, por exemplo, entre o sultanato de Angoche e a sociedade macua- imbamela (á-nambamella) foi marcada por uma política de doação de terras que influenciou a formação de alianças e a constituição da coligação de resistência ao governo português no final do século XIX.

Os imbamelas estavam divididos entre á-nélla e á-iadje. Ao longo do século XIX esses dois grupos estabeleceram uma relação conflituosa. O governo português aliou-se aos á-nella contra os á-iadje, que se colocaram ao lado do sultanato de Angoche. Há indícios de que a relação de lealdade entre os á-iadje do chefe Guarnéa-muno e o sultanato de Angoche teve início a partir da doação de terras.

Em meados do século XVIII, os imbamelas dirigiram-se à região de Angoche e se fixaram no curso médio do rio M'luli, cada vez mais tentando se aproximar do litoral com o objetivo de explorar o comércio costeiro. Nos últimos anos do século XVIII, no governo do sultão Aláue-Mugossirima, Marreca-muno ("um dos grandes de Angoche") foi incumbido de negociar com os imbamelas as terras que ocupariam ao longo do M'luli, advertindo-os para que não invadissem a área reservada a cada um dos grupos. Todavia, no século XIX, Marreca-muno consentiu que os á-nélla ocupassem também as terras de Macogone e que os á-iadje descessem pelo vale do M'luli, cujas terras eram mais férteis do que a dos á-nélla.[28]

Portanto, pode-se aferir que as disputas entre as duas sociedades imbamelas ao longo do século XIX, assim como a relação de lealdade entre Angoche e os á-iadje de Guarnéa-muno e a aproximação entre o governo português e os á-nella de Morla-muno, inseriam-se numa política de doação de terras marcada pelo privilégio concedido pelo sultanato de Angoche aos á-iadje, permitindo que habitassem as terras mais férteis da região.

Há, contudo, outra explicação para as desavenças entre os a-nélla e os á-iadje e para a aliança ou oposição destes ao governo português. Em 1862, Morla-muno e 24 chefes seus subordinados tiveram um encontro com o capitão-mor de Angoche Gourgelt durante o qual, como uma forma de distinção, ofereceu-se uma cadeira a Morla-muno e outra a Suleimane-bin-Rajah, intermediário da aproximação com os imbamelas, deixando-se de lado o Guarnéa-muno que, desgostoso com a diferença de tratamento, não participou da aliança luso-imbamela.[29]

No entanto, a presente pesquisa permite apontar ainda uma terceira motivação para as disputas entre os chefes imbamela Morla e Guarnéa-muno. O sultanato de Angoche, ao autorizar que Guarnéa-muno ocupasse terras mais próximas ao litoral, concedeu-lhe van-

---

28   *Ibidem*, p. 145- 174, 202-206.
29   LUPI, Eduardo do Couto, op. cit, 1907, p. 203.

tagens econômicas e políticas advindas do controle do comércio costeiro e, com isso, contribuiu para o seu fortalecimento, garantindo sua autonomia em relação ao chefe Morla-muno.

Pedro Massano de Amorim revela que o chefe imbamela Morla-muno tinha vários "dependentes" na região entre Lona e Larde, a Matadane e Mocogone e ao sul do M'luli e, que até meados do século XIX, Guarnéa-muno estava sob sua dependência.[30] Razão pela qual Morla-muno não aceitava a interferência política de Angoche, quando da sua expansão, travando várias guerras contra o sultanato pois, além de ter interesse nas terras do sultanato próximas ao litoral, o próprio sultão de Angoche havia privilegiado um de seus dependentes, permitindo a ocupação daqueles territórios. É preciso ressaltar que a relação de lealdade do chefe imbamela Guarnéa-muno foi estabelecida com a linhagem inhamilala, do sultão Mussa Quanto, responsável pela expansão política de Angoche. Essa aliança permaneceria até o início o século XX, quando foi constituída a coligação de resistência.

Por sua vez, a aliança luso-imbamela durou toda a segunda metade do século XIX, porém, no final da década de 1880, algumas medidas do governo português provocaram descontentamentos. Em 1887, um novo chefe Morla-muno, eleito em meio aos combates entre os a-nélla e os a-iadje, procurou o governador do Parapato reclamando o envio de armas e pólvora como recompensa pelos serviços prestados ao governo do seu antecessor. Como parte das novas diretrizes políticas portuguesas, o governador negou o pedido de auxílio ao Morla-muno, alegando não querer mais contribuir para essa guerra.

Com a morte do líder Morla-muno no ano seguinte, foi eleito um novo chefe dos a-nélla que, mais tarde, foi o responsável pelo rompimento definitivo da aliança luso-imbamela. Como pagamento da guerra que tinham organizado contra o sultão de Angoche, Ussene-Ibrahimo, Morla-muno solicitou ao governo:

> um escaler carregado com pequenos barris de pólvora, outro escaler cheio de fardos de fazendas, um kissápo de rúpias e um barril grande de aguardente; para o Madjiua (um dos chefes principais a-nélla), um anel de ouro, um fardamento agaloado, 200 barris de pólvora e uma ancoreta de aguardente.[31]

O governo português considerou abusivas tais solicitações, embora tenham sido anteriormente aceitas e até mesmo incentivadas pelas autoridades portuguesas. No início do século XX, a aliança foi rompida dando início aos conflitos armados entre o governo português e os a-nélla.

---

30   AMORIM, Pedro Massano de, op. cit., 1911, p. 47-48.
31   LUPI, Eduardo do Couto, op. cit, 1907, p. 204-206.

O sultanato de Angoche também estabeleceu relações de lealdade a partir da doação de terras com as sociedades localizadas no território denominado M'lay e seus arredores (Selége, M'zêa e Morrua), próximos à vila de Antonio Enes. Quando algumas populações macuas do interior iniciaram um movimento migratório em direção ao litoral, essas terras estavam despovoadas por causa das razias realizadas para capturar pessoas feitas escravas. Para impedir que os migrantes chegassem aos principais portos de Kinga, Sangage e Parapato e concorressem ao controle do comércio costeiro, o sultanato de Angoche resolveu estabelecer uma barreira, deslocando aquelas sociedades do vale do rio M'lay (mais ao sul) para essa região. Nessa época, algumas sociedades do M'lay travavam uma disputa no território vizinho de Marrovone, devido à morte de um dos seus chefes (Marrussa-muno) por gente daquela sociedade. Por essa razão, e por serem as novas terras melhor localizadas, a população de M'lay acabou construindo laços de lealdade com o sultão de Angoche. Como resultado dessas relações, o sultanato de Angoche recebeu apoio dessas sociedades diante das interferências do governo português. Há indícios de que, já em 1861, Mussa-Quanto e os "grandes de Angoche" foram ajudados pela gente de M'lay, refugiando-se ali após a ocupação da ilha de Angoche pelos soldados de João Bonifácio.[32]

Dessa maneira, as redes de lealdade construídas a partir da doação de terras e de laços de parentesco com sociedades do interior propiciaram a expansão política da linhagem inhamilala do sultanato de Angoche. Quando acionadas, foram essas relações de lealdade, reforçadas sobretudo na segunda metade do século XIX, que favoreceram a mobilização das sociedades e a formação da coligação de resistência.

O islamismo foi outro fator importante que contribuiu para a construção dessas redes de lealdade e para a mobilização das várias sociedades do norte de Moçambique contra a dominação portuguesa.

ISLÃ NO NORTE DE MOÇAMBIQUE

Origens e características do Islã no norte de Moçambique

A religião islâmica chegou ao norte de Moçambique por volta do século VIII associada ao poder das elites suaílis da costa, cuja presença era marcante em Angoche, Sofala,

---

[32] *Ibidem*, p. 173-175.

Quelimane, nas ilhas Querimbas e Moçambique.[33] A maior parte dos muçulmanos nessa região fazia parte da vertente sunita, seguindo a corrente Shafi'i, originária do sul da Arábia.[34]

As autoridades portuguesas que estiveram na região mencionaram em seus relatórios e memórias as características do Islã professado no norte de Moçambique. De acordo com esses relatos, os muçulmanos construíram mesquitas frequentadas regularmente e cemitérios próprios, seguindo as práticas do Alcorão.[35] Usavam também a cabaia (ou malaia, uma espécie de camisa comprida à altura dos tornozelos) e o cofió (ou turbante) na cabeça. A privação de certos alimentos era comum, embora muitos continuassem a ingerir bebidas alcoólicas, prática não recomendada pela religião.[36]

No início do século XX, existiam 15 mesquitas na ilha de Angoche e duas em Sangage. Os muçulmanos da ilha de Angoche iam à mesquita três vezes ao dia, além de rezarem em suas palhotas.[37] Para o governador português Ernesto Jardim Vilhena, a prática do islamismo era mais intensa na região de Tungue e nas povoações do chefe Mataka, constituindo-se aí um centro importante do Islã. Os vestígios deixados pelos muçulmanos nessa área eram mais numerosos, as construções das habitações eram mais detalhadas com trabalhos artísticos de influência árabe nas portas e janelas.[38]

Algumas autoridades portuguesas se surpreendiam com a expansão do Islã na região. No final do século XIX, o chefe da 1ª Seção de Obras Públicas de Moçambique, Francisco C. Leott, afirmava que existiam, desde há muito tempo em Moçambique e na

---

33 BONATE, Liazzat J. K., op. cit., 2007, p. 7. MACAGNO, Lorenzo. Les nouveaux oulémas. La recomposition des autorités musulmanes au nord du Mozambique. Lusotopie. Leiden: Brill, XIV, 1, Mai, 2007, p. 152. "Os caracteres d'este primeiro período da influencia islâmica na costa oriental d'África, (do século VIII ao século XV), são portanto: domínio territorial ao longo do litoral, sobretudo nas ilhas, exercido por cidades independentes, frequentemente lucta entre si e com os indígenas da terra firme; larga difusão do islamismo, mas muito adulterado, reduzido, pode dizer-se, a um certo número de crenças, preceitos e usos; propagação do mestiço mais ou menos arabisado, mas tendendo a dissolver-se na massa negra da população indígena." VILHENA, Ernesto Jardim de. Cia. do Nyassa. Relatório e Memórias sobre os territórios. Lisboa: Typographia da "A Editora", 1905, p. 22.

34 HAFKIN, Nancy, op. cit., 1973, p. 42.

35 Segundo os muçulmanos, as revelações recebidas pelo profeta Maomé foram primeiramente memorizadas e anotadas; somente anos depois, reunidas num livro - Corão ou Alcorão - que se tornou sagrado.

36 LUPI, Eduardo do Couto, op. cit., 1907, p. 176-177.

37 NEVES, F. A. da Silva. Informações a cerca da Capitania-mor de Angoche. Moçambique: Imprensa Nacional, 1901, p. 17-18. "A maior parte dos habitantes da ilha de Angoche está ou finge-se fanatizada pela religião mahometana e passam os dias nas mesquitas ou nas palhotas a rezar, faltando-lhes as mais das vezes o necessário para se alimentarem." AMORIM, Pedro Massano de, op.cit., 1911, p. 63.

38 VILHENA, Ernesto Jardim de. "A influência islâmica na costa oriental da África". Boletim da Sociedade de Geografia de Lisboa. 24a série, n. 5, 6 e 7, 1906, p. 203.

Cabaceira Pequena, famílias de muçulmanos originárias da Índia e que os muçulmanos nessa época eram descendentes dessas famílias. Havia apenas um pequeno número de pessoas que não seguiam a religião islâmica no distrito de Moçambique:

> O número dos que não abraçam essa religião é limitadíssimo; chega mesmo a ser espantoso! (...) A influência muçulmana no distrito não definha, mas cresce majoritariamente (...) sem que para isso advenham poderes vindos de fora da Província.[39]

As autoridades portuguesas estavam convencidas que um "padre" (como chamavam também o representante religioso muçulmano) poderia ser qualquer homem do povo, sem precisar apresentar uma formação específica, bastando alguns outros homens atestarem que era sério, tinha bons costumes e sabia ler o Alcorão.

A religião islâmica era muito respeitada pelos chefes e xeques do norte de Moçambique, sendo seus preceitos, muitas vezes, observados nas relações com as autoridades portuguesas.[40] O governador do distrito de Angoche, Alfredo Brandão Cro de Castro nomeara, em 1881, Abo-Bacar, filho de Itite-muno, capitão-mor de Catamoio e M'luli. Abo-Bacar solicitou que a cerimônia da sua nomeação fosse realizada no segundo dia da próxima lua, por ser a atual muito "funesta" para ele.[41]

Nota-se que o Ramadã (mês em que teria sido revelado o Alcorão, correspondente ao nono mês do calendário árabe e ao primeiro mês do ano suaíli) era igualmente respeitado. Em 1886, Mussa Piri (ou Fire) Bine Sultane e Issufo Bin Ibrahimo, respectivamente "filho" e "irmão" do sultão de Angoche Ussene Ibrahimo, informavam ao comandante militar do Infusse, Francisco José Lopes Pereira, que a guerra contra Molide Volay e os macuas de Namala e Nhamacoio, deveria começar somente depois do Ramadã, ou seja, entre o final de julho e o princípio de agosto.[42]

---

39   AHM, Fundo do século XIX, Governo Geral de Moçambique, 1896, caixa 8-156, maço 1.

40   As cinco regras fundamentais da religião conhecidas como os Pilares do Islã são: 1)testemunho oral de que só há um Deus, e Maomé é o Seu Profeta; 2)prece ritual, isto é, repetir algumas palavras um determinado número de vezes, com um movimento específico do corpo, em cinco momentos do dia; 3) doação de uma parte dos seus ganhos que são aplicados em obras de caridade; 4) jejum do amanhecer até o anoitecer durante todo o Ramadã (mês que se acredita que foi revelado o Alcorão); 5) peregrinação à Meca (cidade sagrada) ao menos uma vez na vida. HOURANI, Albert. Uma história dos povos árabes. São Paulo: Companhia das Letras, 2006, p. 99.

41   AHM, Fundo do século XIX, Governo Geral de Moçambique, 1881, caixa 8-102, maço 3.

42   AHM, Fundo do século XIX, Governo Geral de Moçambique, 1886, caixa 8-149, maço 1. AHM, Fundo do século XIX, Governo Geral de Moçambique, 1886, caixa 8-150, maço 3.

O contato com o sultanato de Angoche e outras sociedades islamizadas do litoral, ao longo de vários séculos, provocou transformações na organização político-social das sociedades do interior, como a dos macuas. A esse respeito, Mousinho de Albuquerque relatou:

> Por todo o litoral e também próximo do Niassa, encontram-se muitos árabes de Zanzibar, mais ou menos, cruzados com macuas, exercendo muito predomínio. Os chefes são todos mestiços árabes ou arabizados e seguem o maometismo bastante mesclado de feiticismo. A propaganda muçulmana é muito activa e sempre animada por emissários vindos de Meca.[43]

A relação entre macuas e imigrantes muçulmanos de origem árabe aparece citada em obras de viajantes e estudiosos do século XIX que estiveram no norte de Moçambique. É o caso, por exemplo, de Daniel Grove, cujas impressões foram registradas no Boletim da Sociedade de Geografia de Lisboa:

> Os macuanos são descendentes dos primeiros homens que há cousa de oito séculos estiveram em contacto com elles. É fora de dúvida que foram os contratadores e negociantes árabes, que n'aquelles tempos consideravam as tribus africanas como propriedade sua, e é difficil dizer-se qual dos dois elementos predominaram no caracter nativo – se o árabe ou o indígena.[44]

Uma das consequências da expansão do Islã entre os macuas foi a adoção da escrita árabe-suaíli. A quantidade de indivíduos educados na religião islâmica causava espanto em viajantes como Daniel Grove:

> O número dos indivíduos educados conforme as idéas árabes e orientaes é prodigioso: sete oitavas partes, pelo menos, livres do pantheismo acreditam só no Deus dos mahometanos. Em regra são educados no conhecimento das línguas swahili e macua, como próprias, e escriptas em árabe pelos sacerdotes e negociantes mahometanos, há mais de seis séculos.[45]

As sociedades do norte de Moçambique utilizavam como língua principal o suaíli e faziam uso da escrita em caracteres árabes observada com frequência nas correspondências trocadas entre os chefes e xeques do norte de Moçambique e os representantes

---

43   ALBUQUERQUE, Joaquim Augusto Mousinho de; op. cit, 1934-35, p. 27.

44   GROVE, Daniel. África Oriental Portuguesa: A Macua. Boletim da Sociedade de Geografia de Lisboa. Lisboa, 1897, p. 139.

45   *Ibidem.*

do governo português.⁴⁶ O calendário muçulmano era também utilizado nessas cartas, a exemplo da missiva enviada pelo xeque da Matibane, Mamud Buana Amade Chivagy, ao comandante das Terras Firmes, cuja data era: "23 da lua Rabi'l'ackisi 1307".⁴⁷

Outros elementos da religião islâmica foram incorporados pelas sociedades macuas. Durante o processo de iniciação dessas sociedades, enquanto os jovens eram instruídos para caça, pesca e produção de armas e outros utensílios de ferro, aprendiam também as histórias do grupo (huahála) e as normas do direito civil e penal (charia). É interessante notar que as sociedades macuas utilizavam também o termo charia que para os muçulmanos significa o código de leis islâmicas, regulador dos aspectos políticos, econômicos e sociais, sendo um indício da islamização dessas populações.⁴⁸

No final do século XIX, a expansão da educação islâmica, que compreendia, além dos preceitos da religião, o aprendizado da escrita árabe-suaíli, atingia não somente as elites, mas alcançava também o restante da sociedade, incluindo as mulheres sem, contudo, alterar completamente a identidade matrilinear das sociedades do interior do norte de Moçambique.⁴⁹

O islamismo era professado em conjunto com as crenças locais, tendo ocorrido a convivência entre as duas, perceptível no caso dos "curandeiros" (mkulukwana), os quais se tornaram, com a conversão, também professores (mwalimu). Continuavam com as suas funções de guardiões do conhecimento espiritual e ritual da genealogia e dos ancestrais. Todavia, passaram a exercer novas funções promovidas pela incorporação do livro sagrado (Alcorão), ocupando-se das escrituras, da educação islâmica e acompanhando as caravanas comerciais.⁵⁰

Nas sociedades macuas não islamizadas os "curandeiros" eram chamados de a'culucana e se dividiam entre m'culucana m'lupali, m'culucana ónachéra eáku, m'culucana mrété e m'culucana narréua. O primeiro (m'culucana m'lupali) atuava junto aos chefes principais, descobrindo e curando as doenças por meio da adivinhação auxiliado por um

---

46 VILHENA, Ernesto Jardim de, op. cit., 1906, p. 203.

47 AHM, Fundo do século XIX, Governo Geral de Moçambique, 1890, caixa 8-149, maço 2.Ver também Correspondência de Molide Volay com data de 2 de lua 1310. AHM, Fundo do século XIX, Governo Geral de Moçambique, 1893, caixa 8-150, maço 1. Em correspondência do cheque de Sancul Issufo Abdalá ao governador geral de Moçambique, aparece a data "7 da lua fichahary soffry 1302". AHM, Fundo do século XIX, Governo Geral de Moçambique, 1884, caixa 8-147, maço 2. Há inúmeras correspondências em árabe-suaíli no Fundo do século XIX do Arquivo Histórico de Moçambique. Há um projeto ainda em fase de desenvolvimento, cujo objetivo é realizar a digitalização, a tradução e a transliteração dessas cartas e disponibilizá-las a pesquisadores de diferentes áreas do conhecimento.

48 LUPI, Eduardo do Couto, op. cit., 1907, p. 81.

49 NEVES, F. A. da Silva, op. cit, 1901, p. 17.

50 BONATE, Liazzat J. K. Matriliny, Islam and gender in Northern Mozambique. Journal of Religion in Africa. Leiden: Brill, v. 2, 36, 2006, p. 139-166.

aprendiz a quem ensinava tudo, preparando-o para ocupar o seu lugar quando morresse. O m'culucana ónachéra eáku dedicava-se a descobrir os criminosos; enquanto o m'culucana mrété curava as doenças preparando as mezinhas.[51] Por fim, m'culucana narréua tinha o poder de descobrir os "feiticeiros" (m'cuirre) responsáveis por causar as doenças.[52]

Os macuas acreditavam numa "divindade onipotente" (M'luku) e em espíritos maléficos que viviam entre os vivos. Todo o mal enfrentado pela sociedade, tais como doenças, secas e até mesmo a morte, poderia ser causado por estes espíritos maléficos.[53] Para acabar com tais males era preciso contar com a ajuda de "curandeiros" e dos seus remédios feitos de raízes, cascas de árvores, alimentos e "vestuário que se penduram nos ramos das árvores, na ideia de apaziguar o espírito, cuja maldade se provocou".[54]

As sociedades macuas davam grande importância aos mortos, pois acreditavam na continuação da sua existência; a eles recorriam em situações difíceis, por isso a necessidade de agradá-los, sobretudo, aqueles aos quais se atribuía a fundação das comunidades, os primeiros procriadores, os chamados "donos da terra". Para tanto, costumavam fazer oferendas aos mortos em suas sepulturas, acreditando que intercederiam a seu favor.[55]

Entre os macuas islamizados o m'culucana era chamado de mwalimo e tinha várias outras funções. Era responsável por realizar as cerimônias que marcavam os principais momentos da vida da comunidade, como os casamentos, as festas realizadas após o nascimento dos filhos e os rituais de sepultamento. Competia a ele resolver os casos de divórcio, recebendo as queixas de adultério, esterilidade ou negligência nos trabalhos domésticos. Também cuidava do tratamento das doenças, preparando remédios e mezinhas. O capitão-mor de Angoche, Neves Ferreira, contava que por dominarem vários conhecimentos curativos, o mwalimo usufruía de grande influência e prestígio. "Sentindo-se doente qualquer monhé ou pessoa de família, vão consultar o mualimo e pedir-lhe remédio (nicombe), que receita, como se segue, para quase todas as doenças."[56]

Quando, em 1881, o governador do distrito de Angoche, Alfredo Brandão Cro de Castro, nomeou Abo-Bacar, filho de Itite-muno, capitão-mor de Catamoio e M'luli,

---

51 Nome dado aos remédios preparados com elementos da natureza por esses sacerdotes.

52 AMORIM, Pedro Massano de, op.cit, 1911, p. 94-95. LUPI, Eduardo do Couto, op. cit., 1907, p. 87.

53 AMORIM, Pedro Massano de, op. cit., 1911, p. 98. NEVES, F. A. da Silva, op. cit., 1901, p. 15.

54 O'NEILL, Henry. África Oriental Portuguesa: Observações acerca da costa e do interior da Província de Moçambique. Boletim da Sociedade de Geografia de Lisboa. Lisboa, 1882, p. 261.

55 AMORIM, Pedro Massano de, op. cit., 1911, p. 96-99.

56 NEVES, F. A. da Silva. Informações a cerca da Capitania-mor de Angoche. Moçambique: Imprensa Nacional, 1901, p. 14.

apresentou como justificativa a elevada estima de Abo-Bacar junto à população por sua seriedade e pelo fato de ser um sacerdote ("mahimo"), atestando a importância destes representantes religiosos entre os muçulmanos.[57]

Para cada problema de saúde o mwalimo apresentava uma solução. De acordo com a descrição de F. A. da Silva Neves, para dor de cabeça ou febre ele escrevia algumas palavras do Alcorão numa folha de papel, depois jogava dentro de uma panela com água fervente. Em seguida, fazia o doente sentar-se no chão sobre uma esteira, cobria-lhe a cabeça com um pano e, tendo a panela entre as pernas, respirava, assim, o vapor. Este remédio tinha o nome de nifasso. Já para "dor de barriga", ele escrevia palavras do Alcorão num prato branco, enchia-o de água, dando para o doente beber.[58]

Quando uma pessoa desconfiava que a sua doença era causada por "feitiço", procurava logo o mwalimo para desvendar o nome do causador fazendo uso do Alcorão, por meio do qual se chegava à conclusão de quem havia provocado a doença, promovendo, em seguida, uma espécie de julgamento do acusado.[59]

O mwalimo fazia, com frequência, amuletos para serem pendurados no pescoço ou amarrado nas pernas ou nos braços. Os amuletos eram bolsinhas de algodão dentro da qual havia um papel com algumas palavras do Alcorão. Mousinho de Albuquerque escreveu em 1897 que durante a campanha militar por ele comandada contra as sociedades namarrais, fora apreendido junto com Moamade Charamadane, chefe dos guias do governo português, um saquinho com papéis, cuja tradução dizia que era "feitiço para os brancos serem vencidos pelos namarrais".[60]

Pedro Massano de Amorim observou que "na Mogovola e Imbamela alguns chefes indígenas traziam consigo em geral ao pescoço, verdadeiros rosários destes sacos".[61] Em 1890, o capitão-mor das Terras Firmes, Miguel Antonio Xavier, comandou a captura de Amade Ibrahimo, aliado do Marave, capitão-mor de Sancul, acusado de repassar informações sigilosas sobre as forças do governo em Ampapa e Mossuril. Quando Amade Ibrahimo foi morto, encontraram com ele "muitas bolsinhas no pescoço que diziam trazer feitiços de guerra do Marave".[62]

---

57   AHM, Fundo do século XIX, Governo Geral de Moçambique, 1881, caixa 8-102, maço 3.
58   NEVES, F. A. da Silva, op. cit., 1901, p. 14.
59   *Ibidem*, p. 17.
60   ALBUQUERQUE, Joaquim Augusto Mousinho de. A campanha contra os Namarraes. Lisboa: Ministério dos Negócios da Marinha e Ultramar, 1897, p. 10-11.
61   AMORIM, Pedro Massano de, op. cit., 1911, p. 95.
62   Biblioteca Nacional de Portugal, Boletim Oficial do Governo Geral da Província de Moçambique, 28 de

O mwalimo também era acionado nos momentos de guerra. Depois de um chefe decidir junto com os seus subordinados pela guerra, ele era chamado para indicar o dia mais propício para iniciá-la. Em algumas sociedades macuas as mulheres, chamadas pia-mwene, exerciam essa função. Com a islamização, elas passaram a dividir a tarefa com o mwalimo, demonstrando a influência e a alteração que o Islã promovia nas estruturas sociais matrilineares. No dia determinado, todos seguiam até um local escolhido por ele para realizar uma cerimônia na qual os combatentes sacrificavam um cabrito numa cova. Em seguida, o mwalimo distribuía amuletos aos que lutariam na guerra e seguia acompanhando-os durante os combates, pronunciando palavras do Alcorão. Terminada a guerra, o mwalimo promovia um juramento entre os chefes diante do Alcorão estabelecendo a paz. É interessante observar como, dessa maneira, as sociedades do norte de Moçambique faziam uso de elementos da religião islâmica, por exemplo, incluindo o Alcorão nas práticas rituais locais.

O mwalimo era responsável igualmente pela educação da população. Ensinava a ler e a escrever a língua suaíli em caracteres árabes nas escolas islâmicas. Os alunos escreviam em tábuas retangulares, chamadas nimbáo, com uma caneta feita de cana de milho fino e tinta de fuligem dissolvida em água. Essas lousas eram caiadas com uma substância retirada de uma planta marinha, seca ao sol e transformada num pó. Quando o nimbáo estava completo de caracteres, lavavam-no e tornavam a caiá-lo. As aulas ocorriam pela manhã e à tarde, com duração em média de três horas em cada período. Os alunos costumavam frequentá-las a partir dos cinco anos de idade, terminando os estudos aos 12. Na ilha de Angoche existiam dez escolas, três delas situadas só em Catamoio, todas muito frequentadas.[63]

As autoridades portuguesas ficavam sempre muito admiradas da educação que recebiam os africanos muçulmanos, como comentou João de Azevedo Coutinho:

> Outro fato que considerei sempre digno de atenção e que até certo ponto explica o ascendente incontestável, em dadas regiões africanas, de religião muçulmana e dos homens negros que a professam, sobre os seus iguais em cor e muitas vezes em raça, é a instrução (?) que eles recebem. Não existe de fato uma povoação de muçulmanos negros, em que não se encontre uma escola, e não haja um professor "monhé" que ministra ensino aos pequenos negros.

---

junho de 1890.

63 NEVES, F. A. da Silva, op. cit., 1901, p. 17. "Primeiramente desse que a área a que efetiva e realmente se estende a ação da autoridade no distrito de Moçambique limita-se a esta pequena ilha e o continente fronteiro a poucas milhas de território em que há palmariz ocupadas quase só por libertos, que as povoações vizinhas de Cabaceira, Sancul, Quitangonha são de mouros que tem as suas escolas em que ensinão o suaili." AHU, SEMU, DGU, Moçambique, 14 de Agosto de 1875, caixa sem nº, pasta 49, capilha 3, documento 11.

Todos sabem ler, ao menos, no Alcorão e todos contraem hábitos de relativa higiene e asseio que os outros negros, por completo ignoram ou desprezam.[64]

Entretanto, a maneira como o Islã era professado no norte de Moçambique, isto é, em comunhão com as crenças locais, dava margem a interpretações por parte das autoridades portuguesas segundo as quais a sua prática era fraca ou até mesmo inexistente. Militares e administradores portugueses descreviam em seus relatórios que o islamismo era professado com "menor rigor", pois não compreendiam que sua forma de expressão era diferente da observada em outras regiões.

O professor José da Silva Horta apresenta uma discussão interessante ao analisar as representações do Islã e do processo de islamização na região da Senegâmbia entre os séculos XV e XVII a partir dos textos portugueses. Horta afirma que, em geral, as representações estudadas restringem-se aos aspectos externos das práticas religiosas africanas, sem o acompanhamento de uma reflexão da essência da sua natureza. Em alguns casos, as crenças locais suscitavam maior interesse dos autores portugueses do que o próprio Islã, talvez porque estes pensassem que os africanos islamizados não fossem muito diferentes dos outros muçulmanos. No entanto, quando a representação do Islã era feita, nota-se que os autores a faziam considerando as informações do seu próprio repertório cultural e, muitas vezes, difundindo estereótipos sobre o assunto. Portanto, de acordo com Horta, ao analisar essas representações ou fazer uso das informações nelas contidas é preciso observar os seguintes aspectos:

> (...) as categorias de representação da religião que informam e condicionam todo o discurso antropológico dos autores; as significações a elas associadas que conduzem a uma filtragem na observação da alteridade; os lugares-comuns que vão sendo construídos e fixados no contato com elas.[65]

Nesse sentido, é interessante observar a descrição realizada por Eduardo Lupi sobre a prática e a extensão do islamismo entre as populações do norte de Moçambique:

> Quem apenas tenha visitado os portos, ou mesmo aqueles que, tendo residido no litoral, desconheçam o interior e as suas gentes – e são todos – facilmente se deixarão induzir em erro pela apreciação pelo efeito do espetáculo próximo;

---

64   COUTINHO, João de Azevedo, op. cit., 1941, p. 67.
65   HORTA, José da Silva. O Islão nos textos portugueses: noroeste africano (sécs. XV-XVII) - das representações à história. O Islão na África Subsaariana: actas do 6º Colóquio Internacional. Estados, Poderes e Identidades na África Subsaariana. Porto: Universidade do Porto, Centro de Estudos Africanos, 2004, p. 170.

> sobretudo na vila de Antonio Ennes e nas povoações da ilha de Angoche, abundam as escolas muinhé, não são raras as mesquitas, e é geral o uso do vestuário típico da gente arabizada. Apenas, porém, fora desses centros, tudo isso desaparece com incrível rapidez; faltam logo escolas e mesquitas, a cabaia e o cofió passam a ser simplesmente usados como trajo de luxo, o alcorão mal é conhecido de nome, e as suas máximas são tão pouco seguidas, tão pouco acreditadas, tão perfunctoriamente conhecidas, - mesmo pelos poucos que falam do coroane, - como acontece com as dos textos que jamais alguém tentou vulgarizar. Num ou noutro lugar do que pode chamar-se ainda a faixa litoral, até 30 ou 40 kilometros da beira-mar (citaremos como melhor exemplo a povoação de M'cupéla-muno nas terras de Sangage), dá-se por vezes o caso de se encontrar um núcleo de árabes ou arabizados, escrupulosamente praticantes da religião de Mahomé; pois é de notar que apesar de uma presença por vezes secular, esses núcleos se conservam de tal maneira reduzidos, por tal forma impotentes na catequização dos povos circunvizinhos, que à falta de informação contraria nos sentiríamos levados à impressão de que o seu estabelecimento é um fato de dias, de semanas quanto muito. Mesmo nos cruzamentos de puros islamitas com negros desta região, a regra é que o neto, senão o filho, tenha regressado ao mais simples gentilismo.[66]

Ressalta-se, contudo, que Eduardo Lupi restringe a sua análise a elementos externos da manifestação da religião islâmica para concluir que as povoações localizadas fora dos principais centros como a vila de Antonio Enes e a ilha de Angoche não eram islamizadas ou estavam perdendo adeptos. Sob tal perspectiva, refere-se à existência de poucas escolas e mesquitas na região, sem considerar que os indivíduos poderiam utilizar outros locais para manifestar os preceitos e realizar as cerimônias da religião islâmica ou ainda que pudessem se deslocar às mesquitas e escolas existentes nas povoações vizinhas. Também como elementos da exterioridade islâmica africana presentes no seu repertório cultural, Lupi menciona o "vestuário típico da gente arabizada", reportando-se especificamente à cabaia e ao cofió, que, segundo o autor, eram usados no interior como "trajos de luxo". Todavia, o autor não se recorda que os tecidos utilizados para a fabricação desse vestuário eram, em geral, trazidos de fora do continente e que a dificuldade de acesso, pelo seu valor financeiro ou pela distância dos pontos de comércio, poderia ser a causa da sua raridade. Deve-se, outrossim, acrescentar que Lupi desconsiderou a capacidade das populações africanas quanto à possível reelaboração desses aspectos do islamismo como meio de construir novas formas de expressão da religião islâmica.

---

66   LUPI, Eduardo do Couto, op. cit., 1907, p. 176-177.

Seguindo a mesma linha interpretativa de Lupi, o comandante militar de Angoche afirmava, em 1896, que "os indígenas deste conselho são fetichistas" e que o islamismo estava circunscrito apenas a Sangage, Antonio Enes, Angoche, Nabury e Moma. Somente os "mouros da Índia" frequentavam as mesquitas, "não constando mesmo que algum ministro desta religião se tenha internado para fazer o proselitismo. Dizia que não havia influência muçulmana e "portanto não exist[ia] direção religiosa nem política".[67]

Os diferentes entendimentos pelas autoridades portuguesas sobre a religião islâmica professada no norte de Moçambique resultavam em relatos contraditórios, afirmando-se, por exemplo, que o Islã era o responsável por acabar com a "religião tradicional". Acreditavam que o islamismo continuava muito forte em Moçambique, não desaparecendo diante do contato com as práticas religiosas locais devido à influência "constante e persistente de fora", de Zanzibar, da Meca ou da Pérsia. Dessa maneira, as práticas religiosas locais se "corrompia[m] e desaparecia[m] à proporção que os negociantes muçulmanos caminhavam e se estabeleciam no interior".[68]

O islamismo aparece, com frequência, nas fontes documentais portuguesas como um forte obstáculo à dominação de Moçambique porque concorria de maneira desigual com o catolicismo. Tal preocupação era compreensível na medida em que o projeto colonial português estava apoiado no catolicismo como suporte ideológico, justificando e contribuindo para a colonização. Para as autoridades portuguesas a religião islâmica era facilmente aceita pelos africanos, em detrimento ao catolicismo, por três razões: pelas características próprias dos muçulmanos que expandiram o islamismo e que atraíam os africanos, pela facilidade de compreensão da doutrina islâmica e pelo pouco empenho dos religiosos enviados por Portugal na disseminação do catolicismo.

No que se refere à primeira razão, a conversão dos africanos ao islamismo, o governador Eduardo da Costa explicava que os chamados mouros, mujojos e monhés possu-

---

67   AHM, Fundo do século XIX, Governo Geral de Moçambique, 1896, caixa 8-105, maço 3, documento 28. Joaquim Clemente d'Assumpção, capitão-mor das Terras Firmes, afirmava que essa conversão era apenas nominal, ou seja, aparente, porque poucos eram os que seguiam todos os preceitos do Islã. Muitos não sabiam ler o Alcorão e "por isso embriagam-se e casam-se com mais mulheres do que o número preceituado pelo Alcorão, etc, etc. Dizem-se maometanos como se poderiam dizer cristãos, indiferentemente. (...) No interior a religião é puramente fetichista, a forma mais rude e inculta do paganismo". Correspondência do capitão-mor das Terras Firmes ao Secretário Geral do Governo Geral de Moçambique. AHM, Fundo do século XIX, Governo Geral de Moçambique, 1896, caixa 8-156, maço 1.

68   Correspondência do capitão-mor das Terras Firmes ao Secretário Geral do Governo Geral de Moçambique. AHM, Fundo do século XIX, Governo Geral de Moçambique, 1896, caixa 8-156, maço 1, "O contato com Zanzibar e a deficiente ocupação permitiu a expansão do islamismo no século XVII". VILHENA, Ernesto Jardim de, op. cit., 1905, p. 33.

íam as "virtudes guerreiras dos árabes, reuniam o seu espírito de proselitismo, os mesmos instintos de rapina e o seu orgulho fanático, qualidades que lhe garantem aos olhos dos pobres indígenas um prestígio e uma autoridade que os nossos processos de benévolo governo nunca chegaram a adquirir."[69]

A bem sucedida penetração da religião islâmica entre as sociedades do norte de Moçambique era explicada também pelas autoridades portuguesas como uma falta de capacidade das populações africanas de entender doutrinas mais complexas, como o catolicismo. Mousinho de Albuquerque afirmava que "no norte a conversão do indígena é muito difícil porque se lhe opõe tenazmente a propaganda maometana, sempre a mais ativa e a melhor acolhida pelo negro".[70]

Imbuídos de fortes preconceitos, administradores e militares portugueses publicavam, de maneira recorrente, informações reforçando que os africanos possuíam caráter e inteligência inferiores. Diziam, como o capitão-mor de Angoche Eduardo Lupi, que embora os africanos não combatessem nenhuma propaganda de fé cristã, o "grande estado de atraso moral e intelectual" impediam-nos de incorporar qualquer crença religiosa que envolvesse muitas abstrações. Não era possível nem mesmo realizar grandes conversões em massa porque o seu sangue não havia sido "suficientemente apurado por cruzamentos sucessivos com o elemento superior" sendo "inteiramente indiferentes a quaisquer esforços de proselitismo".[71]

Além do incômodo que causava a presença do Islã, o governo português enfrentava o completo abandono da religião católica na região. As fontes documentais trazem com frequência informações de que não havia escolas, nem padres ou professores que pudessem garantir a expansão do catolicismo e concorrer de igual maneira com o islamismo. Muito do sucesso do islamismo era atribuído ao fracasso do catolicismo que, por sua vez, tinha a sua causa na precariedade das condições de ensino. Em 1880, existia somente uma escola católica de instrução primária em Angoche e também um professor em Sangage, que ocupava o cargo de regedor. No início do século XX, havia em Antonio Enes uma escola do sexo masculino com uma média de vinte alunos, dirigida por um pároco, enquanto as escolas muçulmanas cresciam substancialmente, concorrendo com as poucas católicas existentes na região.[72]

---

69 COSTA, Eduardo da, op. cit., 1902, p. 3-4.
70 ALBUQUERQUE, Joaquim Augusto Mousinho de, op. cit., 1934-35, p. 132.
71 LUPI, Eduardo do Couto, op. cit., 1907, p. 178.
72 NEVES, F. A. da Silva, op. cit., 1901, p. 27.

Em 1844 foi criado em Lisboa um seminário preparatório para missionários com o intuito de formar gente que levasse a fé cristã ao continente africano. Mas, até 1875, os únicos padres que se arriscavam a fazer este trabalho eram de origem goesa.[73]

Para o governador geral, João Tavares de Almeida, os padres católicos que trabalhavam em Moçambique eram originários de Goa, por isso não possuíam as virtudes necessárias para serem respeitados pela população local. Estavam envolvidos no comércio, deixando de lado a propagação do catolicismo e davam maus exemplos com seus costumes. Dessa maneira, o islamismo ganhava espaço, "com aquele furor e proselitismo que é uma das [suas] feições particulares".[74]

Alfredo Brandão Cro de Castro Ferreri, escreveu a seguinte afirmação sobre os padres católicos de Moçambique:

> Eram, em geral, filhos da Índia, falam um detestável português e cujos conhecimentos são tão medíocres que mal chegam para si, quanto mais para os dividirem pelos discípulos. E, francamente, o governo só nos canarins encontra quem se sujeite pela mesquinha remuneração que lhes é dada, a servirem de párocos missionários e professores. Tais são os mestres que Portugal tem na colônia de Moçambique.[75]

Apesar da má qualidade de alguns padres, Andrade Corvo ressalta, em seus Estudos sobre as Províncias Ultramarinas, que era admirável a "abnegação sublime de muitos missionários, a fé viva com que têm sofrido uma dolorosa existência de privações e mesmo o martírio". Contudo, destaca que as poucas missões católicas enviadas a Moçambique quase nada conseguiram produzir de duradouro na expansão do catolicismo, sendo raros os pontos onde se pudesse encontrar resultados concretos da presença da religião cristã.[76]

As missões protestantes, como a missão anglicana enviada à Serra do Chire, foram atuantes a partir da década de 1860 em Zanzibar. Nas duas décadas seguintes foram

---

73   ALEXANDRE, Valentim; DIAS, Jill, op. cit., p. 618.
74   AHU, SEMU, DGU, Moçambique, 18 de setembro de 1859, cx.1359, pasta 23, capilha 3, documento 106. Há outros documentos que trazem críticas das autoridades portuguesas ao clero em Moçambique. Diziam que os padres católicos eram devassos e as práticas religiosas eram desprezadas e quase esquecidas permitindo com que o islamismo progredisse. A respeito da relação entre o imã de Mascate e a expansão do Islã em Moçambique, João Tavares de Almeida defendia que era um "vizinho poderoso, cuja influência a religião tornará mais temível e eficaz". AHU, SEMU, DGU, Moçambique, 8 de maio de 1858, cx.1302, pasta 20, capilha 2, documento sem nº.
75   FERRERI, Alfredo Brandão Cro de Castro, op. cit., 1881, p. 33-34.
76   ANDRADE CORVO. Estudos sobre as Províncias Ultramarinas, v.3, p. 78. In: Andrade, A. Freire de. Relatórios sobre Moçambique. Lourenço Marques: Imprensa Nacional, 1910.

enviados missionários para o norte de Moçambique, em Muembe, e fundada uma base na ilha de Licoma, na região do lago Malawi (Niassa).[77]

No final do século XIX, as autoridades portuguesas defendiam o estabelecimento de missões católicas subsidiadas pelo governo no norte de Moçambique e as consideravam importantes, porém, somente após as expedições militares terem imposto a soberania portuguesa às aquelas sociedades. O que demonstra o interesse português em enviar missionários católicos para os territórios sobre os quais já haviam conquistado de fato o direito da posse. Quanto à admissão de padres católicos estrangeiros, Mousinho de Albuquerque dizia não ser contrário, mas parecia-lhe prudente excluir os de origem inglesa dessas missões.[78]

As confrarias islâmicas em Moçambique

A vertente sunita[79] do islamismo expandiu-se no norte de Moçambique por meio das confrarias sufistas, as chamadas turuq (tariqa-singular em árabe, dtiqiri- na língua macua).[80] Essas confrarias tinham como principal representante o chehe, pertencente a uma rede genealógica de mestres. Todo chehe recebe um documento escrito, denominado silsila, que representa essa rede e lhe confere legitimidade como líder diante dos seus discípulos.[81] De acordo com Mello Machado, a silsila representa uma "estrutura de parentesco espiritual que liga o chehe, ou líder da confraria, a seus antecessores, a seus mestres e aos santos fundadores do grupo e, em última instância – e no vértice da pirâmide espiritual -, ao profeta Maomé e a sua família".[82]

O chehe possuía um assistente chamado de halifa. Este, por sua vez, tinha também um ajudante, conhecido por nakibu. Outra figura importante na tariqa era o murshid (cantor). O juiz (khadi), que normalmente estava acostumado a atuar junto aos xeques e vizires, neste caso, ligava-se mais às confrarias, realizando discursos com base na Charia.[83] Lorenzo Macagno explica que as mulheres apareciam como halifa em várias regiões

---

77 ALEXANDRE, Valentim; DIAS, Jill, op. cit., 1998, p. 618.

78 AHU, SEMU, DGU, Moçambique, 19 de setembro de 1896, caixa sem nº, pasta 19, capilha 1, documento 27.

79 Sunita significa aquele que segue a Suna, obra composta pelas leis e práticas do islamismo, divulgada por meio dos Hadiths, escrituras que contém narrações sobre a vida e as palavras do Profeta Maomé.

80 A palavra tariqa significa caminho, via.

81 MACAGNO, Lorenzo. Islã, transe e liminaridade. Revista de Antropologia da USP. São Paulo: USP, 2007, v. 50, n. 1, p. 86.

82 MACHADO, A. J. de Mello., op. cit., p. 275-278.

83 Ibidem.

islamizadas da África exercendo um papel importante nas confrarias, cuidando de alguns rituais em casamentos e enterros.[84]

As confrarias islâmicas chegaram ao norte de Moçambique no final do século XIX, levadas por habitantes das ilhas Comores, Madagascar e Zanzibar. No que se refere ao período estudado nesta tese (1842-1910), há informações a cerca da existência de três ordens religiosas: Rifa'iyya, Shadhiliyya e Qadiriyya.

A ordem Rifa'iyya existiu antes das Shadhiliyya e Qadiriyya. Há indícios de que esta confraria também precedeu as outras duas nas ilhas Comores e Zanzibar. August Nimtz Jr. afirma que, na segunda metade do século XIX, a ordem Rifa'iyya estava presente na costa e também no interior da Tanzânia. Como o norte de Moçambique mantinha relações comerciais e culturais com essas regiões do Índico, pode-se inferir que a ordem Rifa'iyya se expandiu daí para o restante de Moçambique nesse mesmo período.[85]

A Ryfa'iyya existe até hoje na ilha de Moçambique e é popularmente conhecida como Maulide, que significa em árabe "aniversário do Profeta" (mawlide). Muitos teólogos muçulmanos em Moçambique não aceitam a comemoração do Maulide, pois afirmam não existir referências a ele no Alcorão ou nos Hadiths, além de condenarem a idolatria a Maomé considerado apenas o mensageiro de Deus. Os rituais realizados atualmente, contudo, não têm relação com o aniversário de Maomé, ocorrendo, às vezes, em comemoração a um acontecimento qualquer. Nesses rituais há danças, cânticos, práticas de êxtase e transe onde os adeptos cravam estiletes nos corpos e no rosto.[86]

---

84 MACAGNO, Lorenzo, op. cit., 2007, v. 50, n. 1, p. 87.

85 BONATE, Liazzat, op. cit., 2007, p. 129-149. TRIMINGHAM, J.S. Islam in East Africa. Oxford: Clarendon Press, 1964. NIMTZ JR., A. Islam and politics in East Africa: the Sufi Ordes in Tanzania. Minneapolis: Minnesota University Press, 1980.

86 De acordo com Lorenzo Macagno, o transe, em algumas regiões da África oriental, está ligado à crença nos gênios (jinns), nos anjos e nos diabos, que fazem parte do Islã, embora os membros das confrarias não gostem de falar sobre esses seres. MACAGNO, Lorenzo, op. cit., 2007, v. 50, n. 1, p. 115. "Deus anunciou no Alcorão que criou outros seres, que os nossos olhos são incapazes de ver em suas formas originais, da mesma forma que são incapazes de ver os anjos (...). Essas criações são os gênios (...). O Alcorão nos informou que os gênios foram criados do fogo; porém, isso não significa que eles são corpos abrasadores que podem queimar tudo que entre em contato com eles. É possível que Deus os tenha moldado em diferentes formas, como o fez no caso do homem". ATTANTAWI, A. Apresentação geral da religião do Islam. Rio de Janeiro, SBMRJ, 1993, p.124. Apud MACAGNO, Lorenzo, op. cit., 2007, v. 50, n. 1, p. 115. "(...) uma forma de devoção popular sufista encontra consolo, antes de tudo, nos fenômenos psíquicos, na comunicação com os espíritos, nos gênios, no transe atingido graças à dança, à magia, aos prodígios como a mastigação de vidro, a perfuração dos corpos com a ajuda de facas e assim por diante. Nos poderes do psiquismo e nos estados mentais que se apresentam além da normalidade, encontram-se as provas de uma realização espiritual. Esse fenômeno é a origem do uso da palavra faquir pelos europeus. (...) o destino dessa palavra ultrapassou

Quanto às suas origens é sabido que a ordem foi fundada por Ahmad al-Rifai, nascido no início do século XII, no Iraque, consolidando-se entre as cidades de Wasit e Basra. Ibn Batuta esteve em Wasit, em 1327 e, ao visitar o templo de Almad al-Rifai, em Umm Ubayda, observou vários fiéis realizando práticas semelhantes às da Rifa'iyya. A confraria logo chegou à Síria e ao Egito onde, no final do século XIX, foi construída, próxima ao Cairo, uma grande mesquita. Nos séculos XIII e XIV a Rifa'iyya já era muito popular na Turquia, sobretudo em Anatólia de onde alcançou os Bálcãs e a Bulgária. Foi também muito importante na corte otomana com a influência do shaykh Abul-Huda Muhammad al-Sayyad (1850-1909). Pode-se observar a presença da Rifa'iyya no Magreb, onde algumas práticas variantes foram incorporadas pela Isawiyya, fundada por Muhammad b. Issa (m.1524).[87]

A Rifa'iyya chegou nas Ilhas Comores, na segunda metade do século XIX, levada por Said Salim bin Said Ahmad Al-Hamani, morto em 1909, que teria entrado em contato com essa ordem em Zanzibar.[88] Constituiu-se uma das confrarias mais importantes em Comores, sobretudo na ilha de Anjouan. Tornou-se muito popular nesse período em Tanganica (atual Tanzânia), tendo penetrado no continente via Zanzibar e instalado sua principal sede em Kaule, perto de Bagamoyo.[89]

Os administradores e militares portugueses em Moçambique não fizeram menção especificamente às ordens islâmicas existentes no norte de Moçambique mas, ao testemunharem alguns rituais, deixaram informações que podem ser associadas à ordem Rifa'iyya. João de Azevedo Coutinho identificou um desses rituais apresentando-o apenas como um elemento de uma "sociedade de dança":

> Vi algumas vezes, mas sobretudo em dadas épocas do mês lunar em ocasiões ou por motivos extraordinários, dançar o batuque de réua, batuque realmente impressionante e extraordinário em que os dançarinos, quase sempre muçulmanos, por vezes parecendo estar hipnotizados e insensíveis à dor, dançavam sobre carvões ardentes ou retalhavam a língua e picavam

---

o vocabulário ocidental e terminou por se impor igualmente sobre as sociedades islâmicas". GLASSÉ, C. Dictionnaire Encyclopedique de l'Islam. Paris: Bordas, 1991, p. 379. Apud MACAGNO, Lorenzo, op. cit., 2007, v. 50, n. 1, p. 108.

87   MACAGNO, Lorenzo, op. cit., 2007, v. 50, n. 1, p. 90-91.

88   ABASSE, Alloui. Itinéraires biographiques de quatre membres de l'élite comorrienne de Marseille. Éléments pour une sociologie de l'Islam comorrien, Islam et sociétés au Sud du Sahara. Paris, v. 9, 1995, p. 99-116.

89   NIMTZ, A. H. Islam and politics in East África. The Sufi Order in Tanzania. Minneapolis, University of Minnesota Press, 1980.

os braços com as folhas ou as pontas das suas facas afiadas. Influência do Oriente? É bem possível que tal dança seja imitação embora atenuada, mas perturbante no entanto, dos ritos e misteriosas torturas que a eles próprios se infligem de fato ou aparentam infligir, os fakires indianos. [90]

Antonio Enes, quando realizou sua viagem para Moçambique em 1894, fez o seguinte relato sobre o "batuque das facas", possivelmente um dos rituais da Rifa'iyya:

> Parem selvagens! Basta canibais! Gritei, barafustei; dei murros na varanda, mas o tambor ensurdecia, a grita atordoava, as facas iam cortando, o sangue alastrava na areia! O cabo de cipaes teve de agarrar os desvairados pelos hombros, de fazer rolar o tambor com um pontapé, de espalhar cachações pela turba, para pôr termo ao repugnante espetáculo! [91]

Pedro Massano de Amorim relatou uma cerimônia fúnebre realizada no norte de Moçambique com batuques e banquetes, chamada kiri. Este nome pode ser uma corruptela de dtiqiri, palavra que se refere à confraria (tariqa) na língua macua, atestando, assim, a existência na região de uma possível ordem sufi. A cerimônia era realizada no dia seguinte ao enterro ou, então, depois de seis a oito dias, tendo duração de três dias de batuques e banquetes preparados com alimentos deixados pelo morto, como galinhas, arroz, peixes, cabritos, etc.[92]

Um indício da presença da Rifa'iyya em Angoche foi deixado por Silva Neves, de acordo com quem os "monhés" realizavam uma cerimônia quarenta dias depois do nascimento do primeiro filho com um jantar (caramo) e um batuque (quiringa ou mólide). Na quiringa dançavam homens e mulheres ao ar livre e no mólide só os homens participavam da dança realizada dentro de uma casa. Nesse momento, o mwalimo cortava pela primeira vez o cabelo da criança.[93]

Mólide seria uma corruptela de Mawlid, nome pelo qual é conhecida a ordem Rifa'iyya. Em sua tese de doutorado, Liazzat Bonate entrevistou alguns moradores de Catamoio, em Angoche, de acordo com os quais Mawlid era uma dança, uma celebração da ordem Rifa'iyya praticada pelos chefes e seus guerreiros envolvidos no tráfico de escravos.

---

90 COUTINHO, João de Azevedo, op. cit., 1941, p. 67.
91 ENES, Antonio. De Lisboa à Moçambique. Serões. Revista Mensal Ilustrada. Lisboa, v. I, II, III, 1901-1903, p. 93.
92 AMORIM, Pedro Massano de, op. cit., 1911, p. 142.
93 NEVES, F. A. da Silva, op. cit., 1901, p. 10.

Acreditavam que a Rifa'iyya tinha se expandido de Angoche para o resto de Moçambique e que Farelay e seus guerreiros gostavam dessa forma de Mawlid.[94]

Pesquisadores já mostraram que na Tanganica, por exemplo, as confrarias islâmicas constituíram um dos fatores mais importantes da expansão da religião no interior de Moçambique e serviram, muitas vezes, de instrumento político e religioso por meio do qual uma chefia local demonstrava e consolidava a sua autoridade. Pertencer a uma confraria representava o acesso à dimensão dos ritos, o que transcendia a vida cotidiana, proporcionando poder e prestígio aos seus participantes.[95]

As ordens Shadhiliyya e Qadiriyya foram fundadas em Moçambique em 1897 e 1904, respectivamente em meio a um contexto de conquista militar e implementação da administração colonial de Portugal.[96]

A Shadhiliyya foi introduzida nas Ilhas Comores por Abdallah Darwish e defendida por Shaykh Muhammad Ma'ruf b. Shaykh Alhmed b. Abi Bakr (1853-1905), um sharif nascido na família Hadrami, em Moroni (cidade da ilha Grande Comore). Na ilha de Moçambique esta ordem chegou pelas mãos de um comerciante também de Moroni, chamado Shaykh Amur ['Amir] b. Jimba, que se fixara em Zanzibar e mantinha negócios em Madagascar. Provavelmente a pedido de Abdallah Darwish, Shaykh Ma'ruf visitou a ilha de Moçambique durante um mês e deu os ijazat (diplomas) a dois homens, Muhamade Amade Gulamo e Nemane b. Haji Ali Twalibo (também conhecido como Nemane Haji Galibo), nomeando-os líderes da confraria. Não se sabe exatamente o motivo pelo qual Shaykh Ma'ruf ignorou Shaykh Amur e forneceu os ijazat, mas é possível que se tratasse de uma contestação de poder ocorrida na ilha de Moçambique.[97]

A Qadiriyya foi introduzida na ilha de Moçambique vinda de Zanzibar em 1904 ou 1906. O shehe incumbido dessa missão foi Issa b. Ahmed, originário de Moroni, mas que havia completado seus estudos em Zanzibar.[98]

A ilha de Moçambique e de Angoche constituíam os dois mais importantes centros islâmicos no norte de Moçambique. Não é por outra razão que o shehe da Qadiriyya,

---

94   BONATE, Liazzat J. K., op. cit., 2007, p. 68.

95   LE GUENNEC-COPPENS, Françoise, CAPLAN, Pat. Les Swahili entre Afrique et Arabie. Kathala: Paris, 1991, p. 53.

96   CARVALHO, Álvaro Pinto de, op. cit., p. 61-63.

97   A esse respeito ver ALPERS, Edward. A. Complex relationship: Mozambique and the Comoro Islands in the 19th and 20th centuries. Cahiers d'Études Africaines, n. 161, XLI-I, 2001, p. 86.

98   *Ibidem*, p. 87.

também conhecido pelos portugueses como bispo muçulmano de Moçambique, residia na ilha de Moçambique. E, por sua vez, o shehe da Shadhiliyya vivia em Angoche.[99]

Muitos líderes religiosos do Islã no norte de Moçambique eram também imigrantes das ilhas Comores ou de Madagascar, como o "Mualimo Xá Daudo, espécie de bispo, chefe dos mais padres monhés, aquele que os educa e os instrui nos segredos e práticas da religião". Ele teria chegado na região há mais de trinta anos vindo de Ingagiza, em Madagascar.[100]

A expansão do Islã

O sultanato de Zanzibar e a entrada das caravanas comerciais do interior do continente africano

Da mesma forma que o sultanato de Angoche mantinha relações muito próximas, inclusive de parentesco, com as elites muçulmanas de Zanzibar e das outras ilhas do Índico, há muito tempo preservava contatos de caráter fortemente econômico com essas áreas. Entretanto, há que se considerar igualmente o aspecto religioso de tais relações, marcado pelo interesse em expandir o islamismo.

O sultanato de Zanzibar foi fundado em 1698 por muçulmanos originários de Omã. Zanzibar era uma das principais cidades comerciais do Índico, para onde se dirigiam comerciantes de várias localidades com o objetivo de realizar o comércio de escravos e marfim em troca de tecidos, armas de fogo e pólvora. Em um primeiro momento, esses comerciantes eram agentes intermediários das trocas. As sociedades do interior levavam seus produtos até o litoral onde eram negociados pelos mercadores da costa.[101]

Em 1840, objetivando controlar o comércio realizado através do oceano Índico pelas cidades suaílis da África oriental, o sultão de Omã, Sayyid-Said, transferiu-se para Zanzibar pois percebera que para manter uma atividade comercial vantajosa, precisava chegar às fontes dos produtos que queria negociar e não esperar que elas fossem levadas até ele e, por essa razão, transformou Zanzibar na capital do seu sultanato. A partir desse momento, Zanzibar passou a ocupar um lugar importantíssimo na cena política, econômica e cultural do Índico.

---

99   Castro, Soares de. Os Lómuès do Larde. Lourenço Marques: Sociedade de Estudos de Moçambique, 1952, p.32-33. LUPI, Eduardo do Couto, op. cit., p. 223.
100 NEVES, F. A. da Silva, op. cit., 1901, p. 22.
101 VILHENA, Ernesto Jardim de, op. cit., 1906, p. 197.

> Ele [o sultão] introduziu nas suas possessões africanas uma administração centralizada e melhor organizada do que os xeques tradicionais e assim uma política econômica que fez de Zanzibar o maior mercado internacional da África subsaariana no século XIX. Essa prosperidade econômica baseava-se principalmente no cultivo de cravos, na exploração de goma copal e de marfim africano, bem como no trabalho escravo empregado nas plantações das ilhas do Oceano Índico ou exportados para a América. O desenvolvimento deste comércio atraiu os clientes ocidentais e impulsionou os comerciantes de Zanzibar a conquistar outros mercados no continente.[102]

A mudança aumentou a demanda por produtos e incentivos do sultão Sayyid-Said e, como consequência, intensificou o comércio. Muitos comerciantes que costumavam ficar no litoral passaram a penetrar no continente com suas caravanas em busca de mercadorias, o que contribuiu para as transformações sociais, políticas e econômicas, tendo repercussões também na configuração do Islã na região.[103]

Muitos mercadores árabes e também baneanes se fixaram no interior da África central e oriental, construindo grandes "impérios" comerciais, como o famoso Hamed ben Mohammed el-Murjebi, mais conhecido como Tippo Tip, que atuou na segunda metade do século XIX, chegando a exercer influência política até o território do Congo a oeste do Lago Tanganica.[104]

O sultão Sayyid Said e mais tarde seus sucessores, sobretudo o sultão Bargash, aproveitaram as caravanas comerciais para construir redes políticas por meio da expansão do Islã e das confrarias islâmicas, como a Rifa'iyya, a Qadiriyya e a Shadhiliyya. Ou seja, a expansão do Islã no interior do continente estava intrinsecamente associada ao comércio caravaneiro.[105]

---

102 Tradução: Regiane Mattos. "Il introduisit dans ses possessions africaines une administration centralisé et mieux organisée que celle des sheikh traditionnels, ainsi qu'une politique économique qui fit de Zanzibar le plus grand marché international de l'Afrique sub-saharienne au 19é siècle. Cette prosperité économique reposait principalement sur la culture des clous de girofle, sur l'exploitation de la gomme copal et de l'ivoire africain, ainsi que sur la traite des esclaves employés dans les plantations des îles de l'Océan Indien ou exportés en Amerique. Le développement de ce commerce attirra des clients occidentaux et poussa les marchands de Zanzibar à la conquête d'autres marchés à l'interieur du continent." LE GUENNEC-COPPENS, Françoise; CAPLAN, Pat, op. cit., p. 19.

103 PENRAD, Jean-Claude. Commerce et religion: expansion et configurations de l'Islam en Afrique Oriental. O Islão na África Subsaariana: actas do 6º Colóquio Internacional. Estados, Poderes e Identidades na África Subsaariana. Porto: Universidade do Porto, Centro de Estudos Africanos, 2004, p. 186.

104 TIPPO TIP. L'autobiographie de Hamed ben Mohammed el-Murjebi Tippo Tip: (ca. 1840-1905) / traduite et annotée par François Bontinck, avec la collaboration de Koen Janssen, S.C.J. Bruxelas: [s.ed.], 1974.

105 "L'autre aspect est marqué par la penetration de l'islam par l'interieur des terres, par les routes commercia-

Todo novo discípulo que aderia a uma confraria tornava-se muçulmano ao manifestar fidelidade ao mestre espiritual e tomar conhecimento e respeitar os cinco pilares do Islã. Com esse juramento se estabelecia o vínculo entre o discípulo e o mestre e entre aquele e os demais membros da confraria, fundamentado no respeito à palavra dada, mecanismo também importante nas práticas do comércio de longa distância. A rápida expansão do Islã por meio das caravanas comerciais era facilitada igualmente pela maneira de se conferir autoridade e autonomia religiosa aos discípulos.[106] A escolha de um representante da confraria em diferentes territórios era formalizada por um documento escrito ou manifestada oralmente e autorizava a partir daquele momento a criação de redutos próprios.[107]

Na mesma época, um processo semelhante pode ser observado no norte de Moçambique, onde as caravanas comerciais eram acompanhadas, muitas vezes, pelos professores muçulmanos (mwalimo), envolvidos também no comércio. Aproveitavam essas ocasiões para expandir o Islã, convertendo os chefes do interior. Posteriormente era construída uma escola muçulmana no local.

As descrições feitas pelos viajantes europeus mostram que as sociedades macuas dependiam muito do comércio de marfim, escravos, objetos de ferro e borracha. Uma de

---

les, et l'islamisation progressive des populations en contact avec les marchands et les commerçants arabes musulmans. Les peuples musulmans de la côte ont répandu l'islam à l'interieur du pays, essentiellement au XIXé siècle, au moyen d'un réseau de commerce et de troc de marchandises, un islam très spécifique, tel qu'il est compris et pratiqué par les Arabes." LE GUENNEC-COPPENS, Françoise; CAPLAN, Pat, op. cit., p. 19. "C'est a partir du XIXé siècle qu'apparurent les migrations temporaires à l'intérieur de l'Afrique. La pénétration du continent africain par les commerçants árabes en quête d'ivoire et d'esclaves ouvrit une phase nouvelle: les itinéraires caravaniers. Partis de leurs établissements côtiers, les Árabes s'enfoncèrent vers le centre de l'Afrique et le bassin du Congo; les convoiements s'allongèrent: un an, deux quelquefois pour un aller et retour. Ces itinéraires, fixes, furent jalonnés de villes-étapes; l'un des plus fréquentés partait de Bagamoyo sur la côte du Tanganyka et s'enforçait vers l'ouest en direction du pays unyamwezi: Tabora en fut la ville-étape, puis Ujiji sur les bords du lac Tanganyka. Plus tardivement, lors de la pénétration des provinces orientales du Congo, Nyangwe fut une ville-relais et au XIXé siècle, lorsque le Burundi puis le Rwanda devinrent accessibles établissements permanents accéléra l'émigration et favorisa la venue de groupes entiers. Des membres féminins de la tribu, émigrés d'Oman et plus fréquemment de Zanzibar, se fixèrent dans ces villes-relais." *Ibidem*, p. 164-165.

106 Esta certificação da autonomia religiosa, no caso da confraria, é chamada em árabe de ijaza.

107 Entre as personalidades sufis das confrarias estava o shehe somaliano Uways (Uways b. Muhammad al Barawi/1847-1909). Ele foi responsável pelo desenvolvimento de um ramo importante da Qadiriyya na Somália. Convidado para ir à Zanzibar, teve todas as facilidades para enviar seus discípulos até as rotas das caravanas. Alguns desses discípulos estabeleceram-se durante muito tempo nos postos comerciais, como as cidades de Tabora e Ujiji, na atual Tanzânia, que delimitavam as rotas entre o leste do Congo, em Uganda, no Kenia, ao sul em direção a Moçambique e a região do lago Malawi. PENRAD, Jean-Claude, op.cit., 2004, p. 188-189.

suas principais ocupações era a fundição do ferro, que extraíam do monte de Chinga. Os objetos produzidos eram, em sua maioria, enxadas, facas e machados. O controle do comércio desses produtos proporcionava prestígio aos chefes, que adquiriam um status de distinção entre os demais e também por estarem próximos às principais localidades comerciais. Muitas caravanas de macuas se dirigiam para estes pontos comerciais levando sacos de arroz e borracha que trocavam, em particular, por tecidos que não tinham em sua região.[108]

A partir da década de 1840 algumas dessas sociedades do interior de macuas e também de yaos (ou ajauas) já apresentavam traços da cultura islâmica, tendo a religião ganhado força nessa área. Na década seguinte, o islamismo estava espalhado por todo o norte de Moçambique, sendo levado pelos yaos às Terras Altas do Shire, porém não muito além do sul do Zambeze.[109]

O relatório do capitão-mor das Terras Firmes, Joaquim Clemente d'Assumpção, enviado ao secretário geral do governo geral de Moçambique traz várias informações relevantes sobre a influência do Islã no norte de Moçambique. Dizia o capitão-mor, em 1896, que os muçulmanos se reuniam em grandes confrarias onde havia uma autoridade temporal e espiritual exercida por chefes ou indivíduos escolhidos pelos muçulmanos "da categoria dos que no norte da África (Argel e Barbaria) são conhecidos pelo nome de marabuto". Havia grande número de muçulmanos espalhados pelo continente devido à influência que exercem os negociantes muçulmanos, eles próprios responsáveis, através do seu exemplo, pela conversão dos africanos do interior. Portanto, a propaganda do Islã era feita pelos negociantes e por "escolas espalhadas pelo mato" e próximas aos pontos de comércio ocupados por estes negociantes. Uma parte representativa dos muçulmanos aprendia a ler e a escrever o suaíli nas escolas, existindo um grande número de palhotas onde se ensinavam as crianças.[110]

A expansão do Islã no norte de Moçambique pode ter sido realizada também pela influência do sultanato de Zanzibar na região. Como vimos, era antiga a relação entre o sultanato de Angoche e Zanzibar. Em 1859, o governador geral de Moçambique, João Tavares de Almeida, considerava o sultão de Angoche de fato independente do governo e procurava atrair para o seu lado "árabes, mujojos e outros moiros das Ilhas ao norte desta Província, da mais ínfima classe, ou antes verdadeiros piratas e traficantes de Zanzibar, crescendo com este auxílio, em força e audácia." Era dessa maneira que Angoche conseguia

---

108 GROVE, Daniel, op. cit., 1897. O'NEILL, Henry, op. cit., 1882.

109 NEWITT, Malyn, op. cit., 1997, p. 381.

110 Correspondência do capitão-mor das Terras Firmes ao secretário geral do Governo Geral de Moçambique. AHM, Fundo do século XIX, Governo Geral de Moçambique, 1896, caixa 8-156, maço 1.

repelir as forças enviadas pelo governo português ajudado, muitas vezes, pela Grã-Bretanha. Afirmava também que o sultão de Angoche recebia a proteção do imã de Mascate e agora passava a recebê-la do sultão de Zanzibar que, por sua vez, fazia isso porque tinha interesses comerciais e religiosos, já que era muçulmano. [111]

Nesse mesmo ano, João Tavares de Almeida culpava os padres enviados pelo governo português que, por serem "filhos de Goa" e estarem envolvidos com o comércio, não se dedicavam à propagação da religião católica. Acrescentava ainda que os muçulmanos aproveitavam para expandir a religião islâmica, mantendo contato com os árabes de Zanzibar e de Mascate e, assim, espalhavam o Islã, que ia "invadindo a olhos vistos". [112]

Merece destaque o fato de as autoridades portuguesas considerarem o envolvimento de religiosos com o comércio a principal razão da dificuldade de difusão do catolicismo na região. Isso porque essa mesma associação era imputada ao sucesso da religião islâmica, como demonstra pensar Ernesto Vilhena quando se refere à influência dos comerciantes muçulmanos, sobretudo vindos de Zanzibar, na expansão do Islã no norte de Moçambique a partir de meados do século XVII:

> Do Tejungo para o Norte, nos territórios do distrito de Moçambique, essa influência a principio decadente volta a tomar vulto, logo que a nossa ação no mar deixa de ser tão intensa como era antes. A ausência de ocupação do território e a comunicação em que fica com os islamitas de Zanzibar e golfo Pérsico, que ali vêm principalmente ao tráfico de escravos, são causa do renascimento dessa influência, hoje muitíssimo acentuada em toda a

---

111 AHU, SEMU, DGU, Correspondência dos Governadores, Moçambique, 8 de agosto de 1859, caixa 1305, pasta 23, capilha 2, documento 53. Ver também: AHU, SEMU, DGU, Correspondência dos Governadores, Moçambique, 18 de setembro de 1859, caixa 1305, pasta 23, capilha 3, documento 106.

112 AHU, SEMU, DGU, Correspondência dos Governadores, Moçambique, 18 de setembro de 1859, caixa 1305, pasta 23, capilha 3, documento 106. "Na proporção que vou estudando a necessidade d'esta Província maior é o número de faltas que n'ela encontro (...). O estado do clero desta provincia é vergonhoso. (...) Os padres são pela maior parte devassos – pelo que as praticas religiosas se acham desprezadas e quase esquecidas. Com isto muito sofre a moral publica – os bons costumes e a nossa influencia, ao passo que o Islamismo faz rapidos progressos, - verdade é que por ora são inofenssivos taes progressos, mas podem para o futuro ter serias consequencias, e uma Provincia tão mal organizada, e dividida como esta, pela influencia do Imamo de Mascate, vizinho poderozo cuja influencia a religião tornará mais temivel e eficaz. V. Exa. quão pernicizo se torna a continuação d'este estado, e a necessidade de serem para aqui mandados Eclesiasticos bem morigerados e conhecedores dos seus deveres que venham crescer o seu ministerio n'esta Provincia – e estender o nosso dominio pelo meio poderozo da religião. Deos Guarde a V. Exa Moçambique 8 de maio de 1858. As. João Tavares de Almeida. Governador Geral." AHU, SEMU, DGU, Correspondência dos Governadores, Moçambique, 8 de maio de 1858, caixa 1302, pasta 20, capilha 2, documento sem n.

costa e no interior do antigo distrito de Angoche, de onde promanou a tenaz resistência que teem sofrido os nossos esforços de penetração. No distrito de Cabo Delgado também a deficiência da ocupação deixa todo o vasto interior aberto às incursões dos árabes de Zanzibar e régulos por eles influenciados, que desenvolvem em larga escala o tráfico de escravos, exercido pelos portos da costa, mas sobretudo, atravessando o Rovuma, pelos diretamente submetidos ao sultão de Zanzibar. Esta parte da província, acompanha a costa de Zanguebar no renascimento da Influência islâmica que tem lugar no meado do século XVII e cujo fato mais notável é a tomada da fortaleza de Mombaça, por gente de Mascate em 1696.[113]

A relação com Zanzibar e com as ilhas Comores era importante no que se refere à educação islâmica. Os chefes e xeques costumavam enviar para lá seus filhos para estudarem em escolas islâmicas, como o xeque de Quitangonha que mandou, em 1830, um de seus filhos para as ilhas Comores. Da mesma maneira, o xeque de Sancul fez questão de que, em 1878, seu filho fosse educado em Mohilla.[114] Exemplares do livro sagrado, o Alcorão, chegavam também da Arábia, por intermédio das livrarias de Zanzibar.[115]

De acordo com Edward Alpers, é muito provável que o parente de Mussa Quanto que era hajji e sharif e realizou com ele aquela viagem, em 1849, fosse de origem comoriana. Muitos comorianos e seus descendentes habitavam a costa de Angoche e a ilha de Moçambique nessa época. Alpers revela que a tradição oral identificava um homem de Comores chamado Hassane que se casara com uma mulher de um dos principais clãs de Angoche, o Murreiane.[116]

Os sharifs formavam uma categoria social muito particular, responsáveis pela introdução da educação islâmica, das escolas corânicas, pela tradição literária e pela escrita de livros. Ainda assim estavam envolvidos com o comércio, criando redes comerciais entre a costa e as ilhas do Índico. Em sua maior parte, eram originários da Península Arábica – Mascate, Omã ou Iêmen - e permaneceram na costa suaíli, sobretudo em Paté, Lamu, Zanzibar e Comores.[117]

---

113   VILHENA, Ernesto Jardim de, op. cit., 1905, p. 33.

114   NEVES, F. A. da Silva, op. cit., 1901, p. 16.

115   PEIRONE, Federico. Correntes islâmicas moçambicanas. Lisboa: [s.n., D.L. 1964], p. 6.

116   ALPERS, Edward, op. cit., 2001, p.85. AHM, Secção Especial n.20, SE 2III, p.6. Província de Moçambique, SCCI, Prospecção das Forças Tradicionais. Distrito de Moçambique, Lourenço Marques, 30 de dezembro de 1969. BRANQUINHO, José Alberto Gomes de Melo. Relatório da Prospecção ao Distrito de Moçambique (um estudo das estruturas das hierarquias tradicionais e religiosas e da situação político-social), Napula, 22 de abril de 1969.

117   LE GUENNEC-COPPENS, Françoise; CAPLAN, Pat, op. cit., p. 41.

De acordo com o relatório de Melo Branquinho, alguns membros da linhagem do chefe Murrapahine, do clã Lucasse, que viviam próximos à Mossuril, reconheciam a existência de relações com as ilhas Comores. Apesar de afirmarem serem descendentes de Molide Volay, capitão-mor de Sancul, diziam que seu progenitor era mesmo Murrapahine, chefe do território de Lunga na segunda metade do século XIX. Do lado paterno, Murrapahine era, descendente da ilha Grande Comoro (Ngazidja) e do lado materno descendia do clã "Muanacha de Sangade".[118] Estas informações reiteram a afirmação de que as tradições orais contam sobre a origem dessas sociedades revelando uma identificação com dois universos culturais – o suaíli (neste caso relacionado aos habitantes das ilhas Comores) e o macua.

Mousinho de Albuquerque relatou a importância da relação entre o sultanato de Angoche e o de Zanzibar. Atestava que ao sul do Parapato, na ilha de Angoche, o sultão residente em Catamoio "considerava-se de todo independente da autoridade portuguesa e, ainda não há muitos anos, recebia ordens diretas do sultão de Zanzibar".[119]

Em 1857, o almirante Protter, que comandou as forças navais na estação do Cabo da Boa Esperança, esteve com o sultão de Angoche Hassane Issufo. Em visita a sua povoação constatou que havia uma "bandeira (árabe) vermelha" hasteada na casa do sultão, em Angoche. Perguntado sobre a referida bandeira, o sultão respondeu que a colocara pela primeira vez há apenas três anos.[120]

O pesquisador Joseph Kagabo mostra que a autonomia política prevalecia na relação entre o sultanato de Zanzibar e as chefaturas do interior da atual Tanzânia. O sultão de Zanzibar não exercia um poder de soberania nem de suserania sobre as sociedades do continente. Havia uma relação de dependência, na qual o dependente era protegido sem ser submetido. De acordo com as suas fontes, Kagabo resume:

> Quando os árabes hasteavam a bandeira vermelha do Sultanato em uma aldeia, era para assinalar que estava sujeita à exploração comercial. Assim era em Tabora, onde o governo fazia balançar uma bandeira árabe sem, apesar disso, relatar suas atividades ao sultão.[121]

---

118 BRANQUINHO, José Alberto Gomes de Melo, op. cit., p. 83-84.

119 ALBUQUERQUE, Joaquim Augusto Mousinho de, op. cit., 1934-35, p. 75.

120 AHU, SEMU, DGU, Processos Gerais, Moçambique, caixa 1566, capilha: Papéis relativos a Angoche, 1857.

121 "Lorsque les Arabes arboraient le drapeau rouge du sultanat dans une village, c'était pour signaler que celui-ci était soumis à l'expoitation commerciale. Ainsi en étaint-il de Tabora, où le gouvernement faisait flotter un drapeau arabe sans pour autant rendre compte de ses activités au sultan." KAGABO, Joseph H.

Nesse sentido, e também de acordo com o estudo das fontes coletadas para a presente pesquisa, é possível considerar que a relação entre o sultanato de Zanzibar (que nesse período era capital de Omã) e os estabelecimentos islâmicos da costa de Moçambique, como o sultanato de Angoche, não era fundamentada na submissão política. Como procurei demonstrar, o sultanato de Angoche mantinha relações próximas, inclusive de parentesco, com as elites mercantis muçulmanas de Zanzibar e das outras ilhas do Índico. Essas relações estavam muito mais inseridas num espaço de interconexões, o que pressupõe interações de diferentes agentes e intercâmbios culturais, políticos e econômicos, notadamente por meio das relações de parentesco, de comércio e pela expansão do Islã.

Mussa Quanto e a expansão do Islã no norte de Moçambique

É possível associar uma das ondas de expansão do Islã no norte de Moçambique à atuação do comandante militar e depois sultão de Angoche, Mussa Quanto. A esse respeito, uma das questões já debatida pela historiografia sobre o tema se refere às guerras organizadas por Mussa Quanto a partir da década de 1860, se podem ser consideradas jihads.

Esta ideia foi apresentada pela primeira vez por Carlos Roma Machado em artigo publicado em 1919 no Boletim da Sociedade de Geografia de Lisboa, no qual considerou as guerras de Mussa como jihads.[122] Para Nancy Hafkin, a campanha de Mussa Quanto, em 1862, tinha alguns aspectos de jihad na medida em que foi uma guerra de conversão contra infiéis e com o intuito de purificar a fé. Além da conversão de chefes macuas não-muçulmanos, teria sido objetivo de Mussa Quanto a conquista dos soberanos muçulmanos que se afiliaram ao governo português ou esqueceram sua relação com Angoche.[123]

Para Liazzat Bonate, Mussa tinha por objetivo controlar o comércio de escravos criando redes de apoio com os chefes da região,[124] pois, no interior, os chefes e seus dependentes eram os principais produtores de escravos. Com a atuação de Mussa, os chefes que não aceitaram fazer parte da sua rede de apoio e não se converteram ao Islã, foram alvos da escravização. As razias realizadas por Mussa Quanto eram marcadas por um "espírito de jihad" (e para a au-

---

Les reseaux marchands árabes et swahili en Afrique orientale. In: LOMBARD, Denys e AUBIN, Jean. Marchands et hommes d'affaires asiatiques dans l'Océan Indien et Mer de Chine, 13-20émes siécles. Paris: EHESS, 1988, p. 245.

122 MACHADO, Carlos Roma. Mussa Quanto, o Namuali (O Napoleão de Angoche). Boletim da Sociedade de Geografia de Lisboa, n. 38, 1920, p. 63.

123 HAFKIN, Nancy, op. cit., p. 336.

124 Esse aspecto das guerras dirigidas por Mussa Quanto são também apresentados por ROCHA, Aurélio, op. cit.,1989.

tora jihad tem o significado de guerra santa) e permitiam que os africanos do interior optassem por se converterem ao islamismo com o objetivo de escapar da escravização. A autora também conclui que, por esse motivo, o Islã nessa região era uma religião de elite.[125]

Edward Alpers defende o ponto de vista de que é duvidoso afirmar que os esforços militares de Mussa Quanto para a expansão de Angoche tinham um caráter de jihad. Contudo, sem desenvolver o argumento, afirma acreditar que o seu projeto estava ligado às redes islâmicas do Canal de Moçambique e do Oceano Índico.[126]

Por sua vez, Joseph Mbwiliza argumenta que uma "cruzada religiosa" poderia ter colocado a perder os planos de expansão de Mussa Quanto diante das circunstâncias do norte de Moçambique, onde predominavam os conflitos de interesses entre muçulmanos e a crescente militarização das chefaturas. Por isso, o elemento religioso foi usado de forma moderada, como "uma manobra tática destinada a alguns xeques para que o apoiassem. Considerações políticas práticas ao invés de fundamentalismo religioso guiavam suas relações com os líderes muçulmanos ao longo da guerra".[127]

Para analisar esse aspecto, em primeiro lugar, considero necessário esclarecer o conceito de jihad. A palavra jihad se origina da raiz árabe j-h-d que significa esforço, luta, não apresentando obrigatoriamente um sentido religioso, sendo usada no Oriente Médio, por exemplo, como nome próprio cristão. Como afirma o pesquisador Youssef Cherem, jihad é um conceito polissêmico, que pode ter ou não conotação religiosa. Tendo o significado religioso, a palavra jihad apresenta ainda três sentidos: o de luta contra as tentações ("jihad do coração", "jihad da alma"), o de proselitismo do Islã (da'wa) e o de defesa da moralidade ("comandar o bem e proibir o mal", al-'amr bilma'ruf wal-nahy'an al-munkar).[128]

O termo jihad tal qual se conhece hoje, como guerra espiritual ou santa (jihad fi sabili'llah - jihad no caminho de Deus, ou jihad al-sayf - jihad da espada) foi empregado pelos juristas muçulmanos por volta do século VIII/IX, não existindo indícios do uso do termo para guerras religiosas antes desse período. As campanhas militares organizadas

---

125 "Thus, Islam in northern Mozambique in the second half of the nineteenth century was an Islam of the ruling elite, whose power and authority rested above all on the premise that they were lords of the lands (…)." BONATE, Liazzat, op. cit., 2007, p. 60.

126 ALPERS, E. A. East Central África. In: Levtzion, N.; Pouwels, R.L. (eds.). The History of Islam in Africa. Athens: Ohio University Press, Oxford: James Curry, Cape Town: David Philip, 2000, p. 307.

127 "(…) a tactical manouvre aimed at persuading some other sheiks to rally behind him. Practical political considerations rather than religious fundamentalism guided his relationship with the Muslim leaders throughout the duration of the war." MBWILIZA, Joseph F., op. cit., p. 126.

128 CHEREM, Youssef. Jihad: duas interpretações contemporâneas de um conceito polissêmico. Campos (UFPR), v. 10, 2010, p. 83-84.

por Maomé não eram denominadas jihads. As conquistas islâmicas dos séculos VII e VIII foram deste modo classificadas apenas num momento posterior. As guerras de conquista do Império Otomano na Europa também não foram qualificadas como jihad. O novo sentido do termo como guerra espiritual ou santa foi desenvolvido a partir da transição da dinastia Omíada (661-750) para a dinastia abássida (750-1258) quando houve a expansão do Islã com a conversão de outras etnias como persa e turca, a ponto de se tornar a religião majoritária e com a definição de doutrinas religiosas pelas escolas jurídicas islâmicas.[129]

Para Youssef Cherem é nesse momento que, concomitantemente ao processo de elaboração de jihad como jus belli pelos juristas muçulmanos, surge uma interpretação desse termo como luta espiritual.

> O jihad permanece com um significado ambíguo desde então – um jihad dos juristas (fuqahá, sing.: faqih) ou doutores da lei (ulemás), e outro dos místicos (sufis). Devemos notar que o sentido espiritual não nega o sentido material, sendo o "jihad da espada" (jihad al-sayf) muitas vezes um complemento ou uma extensão do "jihad da alma" (jihad al-nafs), e que a moral e a "boa intenção" — de lutar para a glória de Deus — estão subentendidos na caracterização do jihad.[130]

Entretanto, o principal objetivo de uma jihad não seria apenas a conquista mas, conforme um hadith (narrações sobre a vida e as palavras do Profeta Maomé), aquela que "eleva a palavra de Deus". O conceito de jihad aparece em duas suratas (capítulos do Alcorão) e em um hadith que diz que "foi alçada a obrigação coletiva para derramar o sangue dos politeístas, e que a comunidade (Umma) se deve estender para lá dos seus limites e assegurar na terra o reino da palavra divina". A jihad é fundamentada no princípio do Islã de expandir ao máximo a religião, preservando contudo certa tolerância em relação aos adeptos cristãos e judeus que aceitarem se submeter e pagarem o tributo de capitação (djizya) e o imposto fundiário (kharadj). Para os infiéis sem escrita, isto é, aqueles que não seguem as "religiões dos livros" (cristãos e judeus) a conversão é obrigatória, sob o risco de escravização ou morte.[131]

Como acrescenta Youssef Cherem, jihad não é apenas a guerra feita em nome de Deus, mas é uma concepção de guerra que inclui como objetivo "engrandecer o nome de

---

129 Ibidem.

130 Ibidem, p. 84.

131 M'BOKOLO, Elikia. A África Negra. História e Civilizações do século XIX aos nossos dias. Tomo II. Lisboa: Edições Colibri, 2a edição, 2007, p. 50.

Deus". "A jihad é um tipo de luta ou esforço, o empenho de um indivíduo para o seu próprio bem (jihad al-nafs) ou para o bem coletivo (a pregação ou, em última instância, a luta armada)". Dessa maneira, a jihad implica literalmente num esforço político, militar e religioso.[132]

Ao considerar jihad e os seus diversos significados, esta pesquisa permite concluir que Mussa Quanto pode ter organizado jihads em pelo menos dois momentos. Se utilizarmos a definição de jihad como guerra religiosa, Mussa Quanto a teria realizado a partir da década de 1860, como já apontou a historiografia. Todavia, se empregarmos o termo jihad com o sentido de proselitismo do Islã (da'wa), o comandante militar de Angoche já a teria feito em 1849, quando realizou a viagem com seu parente sharif. Porém, mais importante do que classificar as ações de Mussa Quanto como jihads ou não, é matizá-las, mostrando seus avanços e os recuos e analisando em que medida o sultão as associou ao Islã. É interessante verificar que, em alguns momentos, Mussa Quanto não visava estritamente expandir ou defender a religião islâmica, pois, tendo igualmente outros objetivos políticos e econômicos, tentava atingi-los fazendo uso do elemento religioso, mas não obrigatoriamente por meio da guerra.

A historiografia tem analisado como jihad apenas as guerras de Mussa a partir de 1862. Nesse ano, após sair da prisão e ter perdido a ilha de Angoche, ocupada pelos guerreiros de João Bonifácio, Mussa Quanto reorganizou as suas forças militares para recuperar o poder do sultanato na região, aproveitando para expandir e reafirmar (no caso das sociedades já islamizadas) o Islã.

Neste caso, o intuito de Mussa Quanto era recuperar a soberania do sultanato de Angoche, cujo reduto político (a ilha de Angoche) fora tomado pelo governo português. Além disso, outras sociedades islamizadas do norte de Moçambique e que de alguma maneira mantinham há muito tempo relações de dependência com Angoche, como o xecado de Sangage, procuraram conquistar a sua autonomia, aproximando-se politicamente do governo português.

Para tanto, uma das estratégias utilizadas por Mussa Quanto para retomar o poder foi promover uma guerra contra essas sociedades que tinham se distanciado do sultanato. Como já foi apontado, os xecados de Sangage, Sancul e Quitangonha foram fundados por gente de Angoche ou tiveram seus territórios cedidos por este sultanato. Portanto, essa relação era fundamentada em princípios de lealdade, já que muitas delas consideravam os "grandes de Angoche" os antigos senhores da terra. No entanto, com as transformações no processo de sucessão do sultanato, em particular com a hegemonia da

---

132 CHEREM, Youssef, *op. cit.*, p.84-85.

linhagem inhamilala de Mussa Quanto, os xecados de Sangage, Sancul e Quitangonha não a reconheciam como legítima para exercer o poder em Angoche.

De acordo com Nancy Hafkin, nas primeiras décadas do século XIX, o xeque Sangage Hussein Behari fizera algumas alianças que fortaleceram econômica e politicamente o xecado. Uma dessas alianças foi realizada com os baneanes, indianos conhecidos por suas relações mercantis. A intenção de Behari era incentivar o comércio atraindo mais comerciantes para a região sob sua influência, concorrendo assim com o controle comercial exercido por Angoche, na tentativa de ganhar maior autonomia com relação a este sultanato. Para tanto, o xeque de Sangage iniciou uma aliança com os comerciantes baneanes de Moçambique, nomeando um deles - Juma Charamandane - para ocupar o cargo de capitão-mor do xecado.[133] Há também informações de que o Charamandane tentou fazer uma aliança com o governo português para favorecer o pretendente ao cargo de sultão de Angoche, Babogy Shuza, da linhagem inhanandare, contra o sultão Hassane Issufo, da linhagem inhamilala. Em troca, o governo português garantiria que os comerciantes se dirigissem a Sangage e ficassem submetidos às licenças fornecidas pelo xeque.[134]

É possível observar que, nessa ocasião, Mussa Quanto fez uso do elemento religioso de diferentes maneiras. Num primeiro momento, por meio da expansão do Islã ele conseguiu recompor suas forças militares e, num segundo, aproveitou-se da guerra, para retomar o poder em Angoche, sobretudo com relação à resistência que o xecado de Sangage lhe impunha.

Pedro Massano de Amorim informa que, em 1864, Mussa Quanto desembarcou em Sangage, vindo de Madagascar, com três pangaios carregados de armas e "com gente que conseguiu catequizar". A palavra catequizar pode ter sido empregada aqui apenas com um dos seus significados, o de convencer, aliciar. No entanto, é muito provável que Amorim a tenha utilizado com o significado mais recorrente, ou seja, de atrair pelos princípios da religião, neste caso, ressaltando a maneira como Mussa Quanto conseguiu compor as suas forças de guerra, isto é, com muçulmanos. Amorim afirma também que, em Sangage, as populações "submetem-se facilmente, e vão, pouco a pouco, reiterando os protestos de submissão, como seus antigos vassalos".[135] Isto significa que Mussa Quanto conseguiu, por meio da guerra, recuperar seus antigos aliados que já eram muçulmanos,

---

133   Um processo semelhante pode ser observado no sultanato de Zanzibar, em 1840, quando se tornou a capital de Omã. O sultão Seyyid Said reservou alguns postos na estrutura administrativa de Zanzibar para os indianos, dentre estes o de coletor alfandegário. HAFKIN, Nancy, op. cit., p. 240-241.

134   *Ibidem*, p. 242-243.

135   AMORIM, Pedro Massano de, op. cit., 1911, p. 7.

mas que haviam se aproximado do governo português e se posicionado contra o sultanato de Angoche, com quem mantinham uma relação de longa data.

Eduardo Lupi ressalta a importância da religião na retomada do poder em Angoche quando escreve:

> Devem tê-lo ajudado na propaganda, bem como na preparação da candidatura ao sultanato que também obtém, os parentes refugiados na ilha [São Lourenço] e os amigos que nela conseguiu em outros tempos – quando foi da sua viagem com o xarifo.[136]

Neste caso, configurava-se uma jihad, na medida em que se tratava de uma guerra com um objetivo determinado, ou seja, recuperar o poder do sultanato de Angoche e restabelecer uma relação de lealdade com as sociedades islamizadas que haviam rompido, ao menos naquele momento, com o sultanato de Angoche em favor do governo português e cristão, e que não legitimavam o poder da linhagem inhamilala, de Mussa Quanto.

No entanto, por que somente nessa ocasião Angoche teria promovido uma jihad se, em circunstâncias diversas o xecado de Sangage, assim como outras sociedades islamizadas, mantiveram relações amistosas com o governo português? Pode-se afirmar que até então, essas relações eram, sobretudo, comerciais e por meio delas Angoche mantinha o seu poder na região. Em nenhum outro momento a relação com Portugal havia implicado na perda da sua soberania, o que se configurou nesse caso com a prisão de Mussa Quanto e a ocupação da ilha de Angoche pelo prazeiro João Bonifácio.

Quanto à atuação de Mussa Quanto, seus ataques se seguiram ao longo da década de 1860. Em 1867, o sultão organizou uma guerra contra um chefe aliado dos portugueses ao norte de Sangage. Nesse mesmo ano, dois "mouros" se apresentaram com suas famílias na sede do governo português em Angoche solicitando uma licença para se estabelecerem em M'luli porque tinham sido atacados em Secumbir pelo sobrinho de Mussa Quanto.[137]

Na década seguinte, a guerra chegou aos á-nélla de Morla-muno e foi descrita por Eduardo Lupi da seguinte maneira:

> A primeira campanha – Janeiro e Fevereiro de 1871 – começa favoravelmente para o sultão; só o Morla-muno se não rende, internando-se para oeste, mas

---

136 LUPI, Eduardo do Couto, op. cit., 1907, p. 191.
137 AHU, SEMU, DGU, Correspondência, Moçambique, 3 de janeiro de 1867, caixa 37, capilha 1, ofício n. 9, documento 1.

todos os seus régulos, batidos e aprizionados, são obrigados a submeter-se jurando pazes, e forçados a rapar a cabeça à moda dos muinhé.[138]

Nesse episódio, é possível perceber que a guerra organizada por Mussa Quanto também pretendia alcançar algumas sociedades do interior que se tornaram aliadas do governo português e ainda não tinham se convertido ao Islã. A informação que Lupi traz, de que os chefes derrotados na guerra eram obrigados a "rapar a cabeça à moda dos muinhé", remete a um ritual de iniciação dos muçulmanos, observado no norte de Moçambique, quando as crianças assim que nasciam tinham o cabelo cortado pelo mwalimo.[139] Neste caso, o corte do cabelo seria um símbolo de conversão ao Islã dos chefes macuas, submetidos política e religiosamente por Mussa Quanto.

Eduardo Lupi divulga outra informação, demonstrando a importância da religião islâmica nesta guerra:

> Faz subir detrás da Imbamela os seus aliados de Môma, Marrevone e Matadane, recruta gente fresca na Mugovola e no Currani, e publicamente, presta, nas mãos do muaílimo, juramento grande e não descansar enquanto se não vingar completamente do Morla-muno.[140]

O juramento realizado publicamente e diante da presença do mwalimo revela que a guerra empreendida por Mussa Quanto tinha mesmo um componente fortemente religioso.[141]

É preciso lembrar que a expansão do Islã no norte de Moçambique teve um ponto de inflexão na década de 1840, ou seja, num momento anterior às guerras organizadas por Mussa Quanto. Malyn Newitt esclarece que já nesse período as sociedades macuas e yaos apresentavam traços da cultura islâmica, tendo a religião ganhado força e se espalhado por toda essa região.[142]

Em meio a esse contexto histórico ocorreu a longa viagem realizada por Mussa Quanto, em 1849, e seu parente hajji e também sharif. Ambos percorreram juntos o Lomué, o Lugenda chegando até ao Zambeze, tecendo uma importante rede de interesses comerciais e políticos. Em seguida, partiram em direção ao território dos ajauas, onde o

---

138 LUPI, Eduardo do Couto, op. cit., 1907, p. 193.

139 Os "monhés" realizavam uma cerimônia quarenta dias depois do nascimento do primeiro filho quando o mwalimo cortava pela primeira vez o cabelo da criança. NEVES, F. A. da Silva, op. cit., 1901, p. 10.

140 LUPI, Eduardo do Couto. Angoche, op. cit., 1907, p. 195.

141 A descrição dos tipos de juramentos realizados pelos muçulmanos no norte de Moçambique é feita em: AMORIM, Pedro Massano de, op. cit., 1911, p. 96.

142 NEWITT, Malyn, op. cit., 1997, p. 381.

sharif procurou arranjar prosélitos, promovendo a expansão do islamismo entre os grupos do interior do continente. Mais tarde, eles seguiram para Zanzibar com objetivo de visitar parentes e depois se dirigiram para as ilhas Comores e Madagascar.

A partir da análise das fontes históricas pesquisadas neste trabalho é possível argumentar que a viagem empreendida por Mussa Quanto tinha três propósitos direcionados ao interior do continente: estabelecer relações com as sociedades do interior, conhecer e dominar as principais rotas comerciais e expandir o islamismo. Mas, de alguma maneira, esses objetivos estavam também relacionados a sua política externa com relação a outros centros islâmicos do Índico. Na medida em que fazia uso dessas estratégias, Mussa Quanto transformaria o sultanato de Angoche no centro político, econômico e religioso mais importante do norte de Moçambique, tornando-se uma referência no continente para as organizações políticas localizadas no oceano Índico. Tudo isso poderia ser revertido em legitimidade e apoio para que ele e a linhagem da qual fazia parte - inhamilala - continuasse exercendo o poder em Angoche.

Vale lembrar que a presença do islamismo entre os diferentes povos do norte de Moçambique foi um fator importante para a mobilização e a coesão das diferentes sociedades envolvidas na organização da coligação de resistência. Isto significa que, a articulação política promovida por Mussa Quanto junto aos chefes do interior do continente africano, fundamentada na religião islâmica, facilitou a mobilização e a organização da resistência às investidas portuguesas de dominação.

Se considerarmos o significado de proselitismo do Islã (da'wa), sem a conotação de guerra santa, Mussa Quanto já teria realizado uma primeira jihad durante essa viagem. Contudo, ressalte-se que a expansão do Islã não foi o único objetivo de Mussa Quanto. Como já mencionado anteriormente, Mussa Quanto queria estabelecer relações políticas com as sociedades do interior e assim dominar as principais rotas comerciais do interior. O sultão pode ter utilizado a expansão do Islã como meio para conseguir alcançar os outros dois objetivos, da mesma forma que o fez o sultanato de Zanzibar. É ainda muito provável que as diretrizes políticas de Mussa Quanto para alcançar seus objetivos tenham sido inspiradas, ou até mesmo orientadas por Zanzibar, tendo em vista a sua visita a este sultanato à época da viagem com seu parente sharif.

Portanto, acredito que a religião islâmica esteve presente em diferentes momentos como um elemento importante na construção das relações entre o sultanato e os outros estabelecimentos islâmicos da costa e os chefes do interior. Defendo igualmente o entendimento de que a expansão do Islã foi realizada, em especial, por Mussa Quanto, não como um fim em si mesma ou guiada por um fundamentalismo religioso, mas como recurso ideológico para alcançar outros objetivos, como estabelecer laços de lealdade com os chefes do interior, controlar as rotas comerciais, garantir a expansão política do sultanato e a legitimidade para exercer o poder em Angoche. Por outro lado, o que pode ter levado os chefes do interior à aceitação do Islã?

A conversão à religião islâmica pelas sociedades do norte de Moçambique pode ter sido determinada por diversas razões. De acordo com a historiografia, uma das motivações seria a compatibilidade entre a cosmologia dessas sociedades e o Islã referente a uma crença comum na vida após a morte e no poder de uma divindade onipotente. Por exemplo, o deus dos macuas (Makulu) poderia ser identificado, muitas vezes, com Alá, o deus muçulmano. Outro argumento apresentado pela historiografia considera que a expansão do Islã nessa região pode ter sido muito atraente, sobretudo, para as sociedades matrilineares, como a dos macuas e ajauas, nas quais os homens buscavam ganhar mais espaço assumindo outras funções além dos papéis desempenhados de produtor e reprodutor social nos clãs matrilineares, na medida em que poderiam construir novos modelos de relações políticas e sociais.[143]

Joseph Mbwiliza, por exemplo, defende que a estrutura matrilinear se transformou acarretando o "declínio da ideologia de parentesco e a masculinização do poder político". Para o autor o papel da pia-mwene, passou a ser exercido, em certa medida, pelos xeques, assim como o elemento simbólico de poder da epépà (farinha de mapira) foi em parte substituído pelo Alcorão.[144]

Entretanto, outros autores defendem a ideia de que o Islã facilitou a conversão ao permitir que fosse professado junto com as crenças locais, não alterando totalmente os princípios das sociedades matrilineares. Isto era possível, em grande medida, devido à natureza não centralizada da autoridade nas sociedades islâmicas e a diversidade das suas estruturas, possibilitando a existência de várias redes, o que se refletia diretamente na expressão do islamismo na costa oriental da África.[145] Nesse sentido, a presente pesquisa permitiu igualmente demonstrar como as formas de expressão do Islã ocorriam em comunhão com os princípios matrilineares, alinhando-se às opiniões de Edward Alpers, de que os princípios da matrilinearidade prevaleceram nessas sociedades, e de Bonate, de acordo com quem os papéis políticos e rituais dos chefes muçulmanos e das pia-mwene eram complementares e paralelos.[146]

---

143 NEWITT, Malyn, op. cit., 1998, p. 560-561. MBWILIZA, J., op. cit , p. 71. BONATE, Liazzat J. K. op. cit., 2006, p. 139-166.

144 MBWILIZA, J., op. cit., p. 72-73.

145 LE GUENNEC-COPPENS, Françoise; CAPLAN, Pat, op. cit., 1991, p. 54.

146 ALPERS, E. A. Towards a History of the expansion of Islam in East Africa: the matrilineal people of

Ainda no que se refere às razões da conversão, a expansão do islamismo no norte de Moçambique estava relacionada ao comércio, proporcionando poder e prestígio aos chefes das sociedades do interior. Em seu estudo sobre a conversão dos chefes yaos, Alpers afirma que a entrada do Islã seguiu as rotas comerciais que ligavam litoral ao interior, podendo ser explicada por um conjunto de fatores, dentre eles a associação aos comerciantes muçulmanos da costa, sobretudo aqueles ligados ao sultão de Zanzibar e o seu grande prestígio; o desejo de se corresponder por escrito com os representantes políticos do litoral; a consolidação da autoridade com apoio do Islã como uma ideologia de governo e a resistência à dominação colonial.[147]

Esses argumentos podem ser aplicados também com relação à expansão do islamismo entre as sociedades macuas, orientada, principalmente pelo sultanato de Angoche. A identificação com os comerciantes muçulmanos, investidos de novos saberes comerciais e religiosos, criava a oportunidade de ocupar um espaço privilegiado a partir da adoção da cultura muçulmana, que consistia em vestuário, escrita árabe-suaíli e técnicas de arquitetura, além de terem acesso facilitado aos produtos mais valorizados, como os tecidos, trazidos de fora do continente pelas caravanas comerciais. Outrossim, o islamismo pode ter representado um elemento de proteção das sociedades que estavam constantemente ameaçadas pela possibilidade de se verem escravizadas ou pelos ataques de grupos migrantes.

Outra questão colocada pela historiografia se refere ao caráter elitista da conversão ao Islã no norte de Moçambique. Segundo Alpers, a expansão da religião islâmica teve início pela conversão dos chefes yaos e macuas, atingindo toda a população por meio do controle dos rituais de iniciação.[148] Por sua vez, Joseph Mbwiliza acredita que a expansão do Islã não partiu do topo da pirâmide social. Muitos chefes das sociedades macuas ao se converterem, procuravam obter mais poder e adquirir maiores vantagens, mas o islamismo nunca foi somente uma "religião de corte". Embora fosse mais fácil ocorrer primeiro a conversão do chefe, criando, então, um clima propício para que toda a população aceitasse também a nova religião, em muitos casos, a conversão aconteceu de maneira inversa, ou seja, a população exerceu uma pressão para que o chefe adotasse o Islã. Em outros, os indivíduos e chefes das pequenas linhagens adotaram a religião muçulmana como uma alternativa ao poder e privilégios dos chefes das grandes linhagens, isto é, em resposta às "formas tradicionais de controle social".[149]

---

the Southern Interior. In: RANGER, T. O; KIMAMBO, I. N. The historical study of african religion. Londres: Heinemann, 1972. BONATE, L., op. cit., 2007, p. 57.

147 ALPERS, E. A., op. cit., 2000, p. 307.
148 ALPERS, E. A., op. cit., 1972.
149 MBWILIZA, Joseph F., op. cit., 1991, p. 67.

No caso do sultanato de Angoche, a presente pesquisa mostra que a expansão do islamismo atingiu igualmente linhagens que buscavam autonomia, libertando-se das linhagens das quais eram dependentes. Como afirma Joseph Mbwiliza, a partir da década de 1850, surgiu uma nova geração de líderes militarizados entre os macuas, em grande medida, em razão dos movimentos populacionais e dos conflitos ocasionados pelas populações marave e ngunis. Novos chefes de novas linhagens também deixaram seus territórios controlados por linhagens mais antigas em busca de autonomia e privilégios trazidos pelo comércio de longa distância. Para Mbwiliza, isso aconteceu especialmente entre os grupos lomué e macua-medo, na segunda metade do século XVIII, quando migraram para o sul da Tanzânia. Esses chefes adotaram o Islã como uma alternativa para suplementar a ideologia das relações de parentesco.[150]

Eduardo Medeiros já ressaltara que o comércio de escravos e de marfim no norte de Moçambique também contribuiu para a formação de confederações de chefaturas macuas como a dos imbamelas de Morla e Guarnéa-muno, dos Mogovolas de Cubula-muno, de Mukapera-muno em Corrane e dos namarrais.[151] Para Liazzat Bonate, isso aconteceu apenas com as populações do interior. Os "antigos clãs Shirazi", ou seja, os estabelecimentos islâmicos da costa como Angoche, tiveram o seus poderes reforçados com essa situação devido a sua posição geográfica e o seu papel de liderança no comércio de escravos.[152]

Entretanto, é possível observar que não somente o controle do comércio de escravos, mas também a expansão do Islã, nesse caso, difundido pelos inhamilala de Mussa Quanto, permitiu a esta linhagem - que de acordo com as normas de sucessão do sultanato, não teria acesso ao cargo principal de sultão - obter a legitimidade para exercer o poder, ao construir laços de lealdade e de apoio com os novos chefes de novas linhagens que surgiam ou que se tornavam independentes das linhagens mais antigas, como o chefe Guarnéa-muno dos á-iadje.

No que diz respeito especificamente à expansão da religião islâmica realizada pelo sultanato de Angoche e o seu papel como elemento mobilizador da formação da coligação de resistência, Aurélio Rocha defende que o Islã era uma religião vinculada somente às elites e que, por essa razão, não parece ter sido "cimento de unidade" entre as sociedades da região.[153] Tal argumento é apresentado também por Liazzat Bonate, ao qual acrescenta que

---

150 MBWILIZA, Joseph F., op. cit., 1991, p. 144.
151 MEDEIROS, Eduardo, op. cit., 1988, p. 39.
152 BONATE, Liazzat J. K., op cit., 2007, p. 54.
153 ROCHA, Aurélio, op. cit., 1989, p. 605.

o islamismo não garantiu a paz nem a união entre os chefes muçulmanos, que continuavam disputando o poder, não configurando um fator de união na coligação de resistência.[154]

Em primeiro lugar, é preciso afirmar que as atitudes de resistência descritas nas fontes documentais demonstram que, a despeito da coligação de resistência ter sido organizada pelas elites do norte de Moçambique e da existência de diferenciação social, houve a integração e o apoio de diversas camadas sociais descontentes com as interferências do governo português. Destacam-se as ações individuais de soldados que desertavam das forças portuguesas e passaram a compor o conjunto de guerreiros dos chefes da coligação e dos guias que sabotavam as autoridades portuguesas conduzindo-as para territórios de difícil acesso e com parcos recursos naturais, impedindo assim que se efetivassem os ataques.

No próximo capítulo essas ações são analisadas com maior detalhamento. Também são explicadas as razões que motivaram indivíduos de diferentes camadas da sociedade a promoverem essas ações. Mas, ainda que não existam muitos exemplos descritos nas fontes, é interessante constatar que esses segmentos sociais foram também atingidos pela expansão do Islã e que este pode ter sido um elemento de incorporação desses indivíduos num novo grupo e de mobilização para a resistência.

Durante a campanha militar contra os namarrais comandada por Mousinho de Albuquerque em 1897, o chefe dos guias do governo português, Moamade Charamadane foi encontrado portando um saquinho com papéis, cuja tradução dizia que era "feitiço para os brancos serem vencidos pelos namarrais." [155]

Embora afirme que o Islã atingiu apenas as elites no norte de Moçambique, Liazzat Bonate revela que algumas pessoas que entrevistou em Catamoio, em Angoche, informaram-lhe que os chefes, como Farelay, e seus guerreiros, participavam de uma celebração da confraria islâmica Rifa'iyya, denominada Mawlid. [156]

Há grande probabilidade dos guerreiros de Farelay serem os soldados desertores das forças portuguesas, pois algumas fontes documentais revelam que estes ao desertarem buscavam se integrar ao sultanato de Angoche e a outras sociedades da região. Desse modo, é interessante observar que a religião islâmica configurava um meio de integração de indivíduos de fora da sociedade, considerando ainda o fato de que muitos deles poderiam ser escravos.

De acordo com o pesquisador Jean-Claude Penrad, ao pertencer às confrarias islâmicas, o indivíduo era introduzido a uma filiação diferente da sua biológica, ou seja, era colocado numa linhagem mística que remontava ao Profeta Maomé e sua família. Aconte-

---

154   BONATE, Liazzat J. K., op. cit., 2007, p. 60-61.
155   ALBUQUERQUE, Joaquim Augusto Mousinho de, op. cit., 1897, p. 10-11.
156   BONATE, Liazzat J. K., op. cit., 2007, p. 68. TRIMINGHAM, J.S., op. cit., p. 101.

cia, assim, um renascimento do indivíduo, sendo-lhe permitido ocupar uma posição social diferente do seu lugar na sociedade de origem. Poderia livrar-se de um status marginal, de uma posição inferior ou da exclusão social.[157] Bom exemplo é o de Manoel Luiz Duarte, um português condenado por vários crimes em Moçambique que, em 1867, procurou Mussa Quanto. Convertido, após fazer a profissão de fé diante do Alcorão, passou a ser tratado pelo sultão como "seu filho", chamando-se Momade Bin Sultani.[158]

Deve-se reiterar que a conversão criava um laço também entre o mestre e os seus discípulos. O governador Ernesto Vilhena no seu "Relatório e Memórias sobre os territórios da Cia. de Nyassa", publicado no início do século XX, relata que nas ilhas Ibo, Querimbas e Quivize existiam sepulturas, algumas sem nenhuma indicação enquanto outras eram apenas marcadas com uma pedra, onde jaziam indivíduos considerados importantes pela população e cujos túmulos se tornaram lugares de veneração. O autor cita o exemplo de um túmulo, em Quirambo, venerado por guardar os restos mortais de um "santo xarifo" (sharif) originário de Angoche.[159]

Dessa maneira, a expansão do Islã realizada sobretudo pelo sultanato de Angoche, e mais especificamente pela linhagem inhamilala de Mussa Quanto, possibilitou que indivíduos que ocupavam um lugar marginal em outras sociedades fossem integrados por meio da conversão religiosa ao Islã, construindo-se a partir desse momento um laço de lealdade acionado mais tarde, no momento da formação da coligação de resistência.

---

157 PENRAD, Jean-Claude, op. cit., 2004, p. 189.
158 AMORIM, Pedro Massano de, op. cit., 1911, p. 8.
159 VILHENA, Ernesto Jardim, op. cit., p. 234-235.

CAPÍTULO IV

As relações entre as sociedades do norte de Moçambique e o governo português

ESTRATÉGIAS POLÍTICAS ESTABELECIDAS PELAS SOCIEDADES DO NORTE DE MOÇAMBIQUE E PELO GOVERNO PORTUGUÊS

Os Tratados de vassalagem

As sociedades do norte de Moçambique e o governo português empreenderam diferentes estratégias para estabelecer relações políticas ao longo do século XIX. O governo português costumava iniciar os contatos políticos com uma chefia local enviando um representante em missão oficial que, em nome da Coroa, levava alguns presentes como tecidos e aguardente. Em geral, o passo seguinte era a assinatura de um tratado de vassalagem, espécie de termo de compromisso que, naquele contexto histórico e geográfico, era mais ou menos padronizado, por meio do qual se estabeleciam certos direitos e deveres entre os dois poderes envolvidos. Por estes tratados, as chefias locais tornavam-se fiéis ao governo português e permitiam a circulação de representantes administrativos por suas terras, além de se comprometerem a não atacar outros chefes "vassalos" e a colaborar com os portugueses em caso de guerra enviando homens armados. Por sua vez, o governo português daria a proteção necessária às chefias em situações de disputas políticas ou de guerra.

Os tratados de vassalagem eram instrumentos jurídicos que estabeleciam o domínio português (muitas vezes apenas nominal) sobre as chefias africanas e tentavam assegurar relações harmoniosas entre esses dois poderes. O ato de vassalagem dava ensejo a uma série de outras práticas entre as quais o envio de embaixadas, a renovação de "juramentos de fidelidade" ou "de amizade" pelo chefe eleito e as visitas desses novos representantes políticos seguidas de cerimônias e troca de presentes, como parte de uma política diplomática.[1]

A origem desses tratados remete aos rituais de vassalagem da Europa medieval. No contexto africano, sofreram transformações e incorporaram atos simbólicos relacionados às cerimônias locais. De acordo com Catarina Madeira Santos, na Europa medieval durante o ritual de encomenda (quando se realizava o juramento) o vassalo deveria ajoelhar-se diante do senhor. Já em Angola, as chefias africanas costumavam bater palmas, depois colocar as mãos na terra e, em seguida, levá-las ao peito. Durante a cerimônia de investidura (denominada undamento em Angola) os chefes africanos eram cobertos de pemba, símbolo do poder local.[2]

No norte de Moçambique, após a assinatura desses tratados pelos chefes muçulmanos, costumava-se fazer o juramento diante do *Alcorão* e, em algumas ocasiões, o ato era realizado numa mesquita. Uma dessas cerimônias de juramento foi descrita e publicada no *Boletim Oficial da Província de Moçambique*.

> Termo de juramento e posse que presta o régulo de Namarralo, Mucuto-Muno
> Aos 19 dias de mês de dezembro de 1874, nesta cidade de Moçambique e palácio do governo geral, perante o Exmo. Governador geral da província, José Guedes de Carvalho e Meneses, estando presente o capitão-mor das terras firmes, João Eduardo Pacífico de Souza, e as testemunhas abaixo assinadas, compareceram o régulo do Namarralo, Mucuto-muno, o qual, vindo prestar juramento de preito e homenagem perante o Exmo. Governador Geral, e pondo as mãos sobre o alcorão, proferiu o seguinte juramento: 'Prometo e, conforme os preceitos da minha religião, juro como vassalo da coroa de Portugal, manter a constituição política da monarquia portuguesa; observar as suas leis e fazê-las: exercer bem as funções do meu cargo; guardar e fazer guardar e manter tudo quanto for útil ao serviço nacional; cumprir exatamente as ordens de sua magestade El-Rei, e do Exmo. Governador geral; zelar os interesses dos povos que me são confiados; dar toda a proteção e auxiliar aos portugueses que forem exercer comércio ou cultivar terrenos no território do meu governo; distribuir justiça com

---

1   SANTOS, Catarina Madeira. Escrever o poder. Os autos de vassalagem e a vulgarização da escrita entre as elites africanas Ndembu. *Revista de História*. São Paulo: Dep. História/USP, n. 155, 2º semestre, 2006, p. 87-90. Uma análise minuciosa dos tratados de vassalagem realizados entre o governo português e os soberanos do Reino de Gaza (sul de Moçambique) no século XIX é feita por SANTOS, Gabriela A., op. cit.

2   SANTOS, Catarina Madeira, op. cit., p. 87.

igualdade; desempenhar bem os meus deveres; respeitar e fazer respeitar a religião dos portugueses, evitar por todos os meios ao meu alcance que se faça tráfico de escravos no território que me é confiado; e excitar nos povos sentimentos de amor e respeito ao governo de Sua Magestade Fidelíssima.' E prometendo o mesmo régulo ratificar este juramento no templo da sua religião segundo as formalidades do seu rito, declarou o Exmo. Governador geral que dava comissão ao seu ajudante de ordens Justiniano da Silva Pinto para representar sua Exa. no ato de ratificação do juramento. – Eu Francisco de Sales de Lencastro, secretário geral fez escrever este termo que subscrevo e assino depois de todos assinarem. José Guedes de Carvalho e Menezes, governador geral – João Eduardo Pacífico de Souza, capitão-mor das Terras Firmes – Sinal de Mucuto Muno – Assinatura em caracteres árabes, de Abdul Remane Said Aly, a rogo do régulo Mucuto Muno. Seguem-se cinco assinaturas de testemunhas em caracteres árabes – o intérprete Gulamo Ussene Valgy Mollá – Pedro Carlos de Aguiar Craveiro Lopes, capitão da fragata – Miguel Vaz Guedes Bacellar, capitão ajudante de campo – Justiniano da Silva Pinto, capitão ajudante de campo – Francisco de Sales de Lencastro, secretário geral.[3]

Em 1878, o capitão-mor das Terras Firmes, Manoel Pires d'Oliveira, enviava o "termo de fidelidade" assinado pelo xeque de Quitangonha. O xeque chegou acompanhado de uma comitiva composta por mais de 1.200 homens armados, declarando que estava ali para "prestar obediência ao governo português e pedir a confirmação do cargo de cheque da Quitagonha que lhe pertence por direito de sucessão e por assim o desejar o povo que interinamente tem administrado há mais de três anos". Seguiu-se uma cerimônia organizada pelo xeque com músicas e "danças tradicionais". No dia seguinte foi-lhe entregue um "donativo que o governo costumava dar em tais ocasiões (...)".[4]

Os tratados de vassalagem, muitas vezes denominados tratados de fidelidade ou de amizade, permitiam que ambos os signatários – a chefia africana e o governo português – utilizassem-no numa política particular, dando-lhes significados próprios. O governo português entendia que, a partir da relação estabelecida com a assinatura do tratado, teria os chefes africanos como seus vassalos e fiéis aliados adquirindo o direito de controlar seus territórios. Por sua vez, as chefias africanas faziam uso dos tratados nas disputas entre linhagens ou grupos e o salário ou subsídio recebido do governo português era recebido como um tributo

---

3   Biblioteca Nacional de Portugal. *Boletim Oficial do Governo Geral da Província de Moçambique*, ano de 1874.

4   AHM, Fundo do século XIX, Governo Geral de Moçambique, 1878, caixa 8-147, maço 2.

pago em troca dessa relação que, muitas vezes, incluía a permissão para a instalação de postos militares ou administrativos portugueses, o livre comércio e a circulação de pessoas do governo português no território. Ou seja, para as chefias africanas o tratado representava o início de uma relação política entre iguais, sem caracterizar submissão.

Há informações, por exemplo, de que os chefes africanos, como o Morla-muno dos imbamelas, exigiam presentes do governo português em troca de fidelidade. Como registrou em seu relatório sobre o distrito de Moçambique em 1898, o governador Eduardo da Costa, os presentes eram "muitas vezes exigidos mais com arrogância de senhor do que com a lhaneza de aliado".[5]

Algumas chefias africanas mantinham esse tipo de relação com o governo português motivadas pelo prestígio que poderia lhes proporcionar. Em geral, as cerimônias de posse de novos xeques e dos cargos de capitão-mor ou sargento-mor, bem como as assinaturas dos "termos de vassalagem ou de fidelidade" eram assistidas por vários convidados, amigos e parentes e por outros chefes do litoral e do interior. A presença das autoridades portuguesas nas cerimônias de investidura também causava certo impacto entre os convidados. Além disso, o prestígio almejado poderia advir igualmente do acesso que teriam às mercadorias fornecidas pelos portugueses, como tecidos e aguardente.

Outra questão importante para explicar as alianças de chefes africanos com o governo português era a preservação da autonomia política, sobretudo num contexto de disputas pela hegemonia entre certos grupos ou linhagens. O governo português, muitas vezes, incitava disputas entre as sociedades africanas. Apoiava também, fornecendo armas e munições, em caso de guerra, alguns chefes locais contra os que colocavam empecilhos aos seus interesses e os que estavam em expansão política, como no caso do sultanato de Angoche. Nesse caso, a aliança com o governo português poderia garantir a proteção em caso de guerra e a manutenção da autonomia política daquele grupo ou linhagem.

Vale a pena reproduzir a correspondência do governador geral de Moçambique, na qual informa sobre a assinatura do "juramento de fidelidade" pelo xeque de Sangage.

> Tenho a satisfação de comunicar a V. Exa para que se sirva leval-o conhecimento de Sua Magestade El-Rei que hoje teve logar neste Palácio do Governo o juramento de fidelidade, preito e homenagem prestado pelo Cheque de Sangage Buano Amade que por Portaria desta data, documento n.1, foi nomeado e confirmado por mim naquelle Posto – vago pelo fallecimento do Cheque Selimane Sadique. Este districto situado ao Norte d'Angoxe – já havia prestado obediência no anno de 1857 e o governo da

---

5   COSTA, Eduardo, op. cit., p. 10.

Província tinha até mandado alguns socorros para o sustentar contra as hostilidades que o Cheque de Angoxe lhe fasia. Estes socorros não foram nem suficientes nem efficases. Depois d'algumas hostilidades a bandeira portuguesa que os de Sangage tinham alvorado foi derrubado, e uma das peças de ferro que o meu antecessor lhe tinha fornecido foi tomada pelos de Angoxe. Desde 1857 até hoje por veses tinha o cheque mandado diversos recados e cartas a este Governo nos quaes eu tinha sempre respondido com benevolência convidando-o a vir a este Governo Geral prestar obediência e juramento de fidelidade a Sua Magestade El –Rei de Portugal – afim de poder mandar-lhe abonar um soldo para ajudar a satisfazer mais facilmente as ordens que em nome do mesmo Augusto Senhor houvesse de transmitir-lhe em qualquer ocasião. A doença ou outros motivos, que ignoro e ultimamente a morte impediram o Cheque que apresentar-se neste Governo Geral e de prestar juramento de fidelidade e obediência, e por tanto de se lhe estabelecer o soldo – morto este Cheque, pediram-me os de Sangage licença para a eleição d'um novo Cheque, quando me deram a noticia da morte. Disse-lhes que procedessem á escolha do mais digno, e que podesse servir bem o Governo de quem se reconheciam súbditos, e governal-os com justiça. Tendo pois procedido a esta eleição passado que foi o tempo de luto, se me apresentou o Capitão Mor das Terras Firmes com o Cheque que fora eleito para receber de mim a confirmação e investidura, o que teve lugar hoje pelas 12 horas em uma das sallas deste Palácio, prestando o Cheque Nomeado o juramento em minhas mãos sobre o Alcorão, indo depois confirmal-o á Mesquita perante o meu delegado para esse fim, voltando ao palácio aonde recebeu duas cabaias de seda e dous chalés de presentes e se serviram alguns refrescos ao dito Cheque – ao Cheque de Sancul e a alguns outros indivíduos mais notáveis que faziam parte da sua numerosa comitiva. Junto tenho a honra de remetter a V. Exa. a copia do termo (documento n.2) a que me refiro e que farei publicar no Boletim do Governo logo que haja a oportunidade. O que tudo me apresso a comunicar a V. Exa. que de certo não deixará de considerar este facto como importante e se servirá submeter a aprovação de Sua Magestade o soldo de 4:000 reis que por minha nomeação estabeleci ao Cheque de Sangage na conformidade da auctorização que nas minhas instruções a Real aprovação de Sua Magestade assim como tudo o mais que a este respeito pratiquei.
Palácio do Governo Geral da Província de Moçambique, 26 de outubro de 1860.
As. João Tavares de Almeida
Governador Geral.[6]

---

6   AHU, SEMU, DGU, Correspondência dos Governadores, Moçambique, 1860 caixa 1308, pasta 26, capi-

Na década de 1860, Mussa Quanto, para retomar a posse da ilha de Angoche e o poder do sultanato, promoveu vários ataques, obrigando o xeque de Sangage a fugir e, de certa maneira, fazendo com que outros chefes da região atingida prestassem "juramento de fidelidade" ao governo na tentativa de conseguir a proteção contra os ataques de Mussa Quanto.[7]

Em 1866, as povoações de Infusse e Mogincual tinham sido atacadas por Mussa Quanto, mas o governo português conseguiu controlar a situação, fazendo com que o sultão de Angoche cessasse os ataques. Logo depois, o xeque de Mogincual, Zubair Faguirá, enviou uma carta ao capitão-mor das Terras Firmes, informando que havia tomado posse como novo xeque sendo aceito por todos daquelas terras e "estava debaixo das ordens do governo português".[8]

O governo português aproveitava essas oportunidades para oferecer proteção em troca de alianças com as sociedades ameaçadas por estarem localizadas próximas aos postos portugueses ou às terras de chefes atacados por Angoche. Em 1872, vários chefes enviaram emissários ao governo e ao xeque de Sangage para prestar juramento. Anos antes, muitos deles tinham ajudado, defendendo ou acolhendo Mussa Quanto. Também os sobrinhos de Mussa Quanto, Ossane Ibrahimo, Mujojo e Adumane haviam solicitado uma conferência com o governo. Todos com receio dos guerreiros dos Imbamelas que estavam em guerra contra Angoche.[9]

O governo português aproveitava os tratados de vassalagem para cooptar para si as forças de guerra de chefes e xeques do norte de Moçambique considerados "subordinados" na tentativa de minar a autonomia e a expansão política do sultanato de Angoche.

Em 1865, o governador geral de Moçambique Vasco Guedes de Carvalho e Menezes procurou os xeques de Sancul, Mogincual e Sangage para lutar contra o sultão de Angoche. Para tanto, organizou uma expedição formada por homens armados vinculados aos referidos xeques que seguiria por terra e por um brigue com sessenta soldados europeus que atacariam pelo mar. O resultado da expedição foi um fracasso porque os xeques não compareceram com as suas forças de guerra. Certificava o governador geral que o xeque de Mogincual, por exemplo, havia alegado:

---

lha 2 documento 149.

7 AHU, SEMU, DGU, Correspondência dos Governadores, Moçambique, 1862, caixa 1311, pasta 29, capilha 1, documento 145.

8 AHU, SEMU, DGU, Correspondência dos Governadores, Moçambique, 1866, caixa 1316, pasta 36, capilha 2, documento 48 e anexo.

9 Biblioteca Nacional de Portugal. Boletim Oficial do Governo Geral da Província de Moçambique, ano 1872.

(...) que as estrelas ou não sei o que lhe diziam que seria infeliz se fizesse guerra a seus irmãos, ao passo que por outro lado os emigrados que tinhão recorrido a minha protecção, já quando o Cheque chegou a Sangage tinham pazes com o Sultão de Angoxe.[10]

Antes deste episódio, em 1859, o governador geral João Tavares de Almeida informava ao ministro e secretário de Estado dos Negócios da Marinha e do Ultramar que, naquele momento, não tinha condições de organizar a ocupação de Angoche, mas pretendia fechar aquele porto estacionando alguns navios de guerra e organizando os meios para uma tentativa eficaz de ocupação. Para tanto, contava com o auxílio do cheque de Sangage, com quem tinha "relações amigáveis". [11]

Alguns chefes africanos questionavam a participação das autoridades portuguesas em ataques às suas terras, demonstrando conhecer que essa era uma estratégia do governo. Ao mesmo tempo cobravam uma atitude de proteção já que haviam assinado um termo de compromisso. É o caso, por exemplo, de Selemane Bin Rajá que, no início da década de 1840, fora vizir do sultanato de Angoche. Rajá escreveu ao governador de Angoche em 1889 comunicando que a guerra na região da Imbamela havia chegado até seu território e que muitas casas haviam sido queimadas e muitas pessoas, mortas. Queria saber se esta guerra estava sendo feita pelo governo ou era somente dos chefes da Imbamela. Selemane repreendeu as autoridades portuguesas, caso estivessem por trás dos ataques dos imbamelas às suas terras, afirmando que se quisessem fazer isso deveriam ir à frente da guerra: "Se a guerra é do governo devia V. Exa. castigar-nos e não mandar a Imbamela fazer guerra." Por outro lado, como um "vassalo", cobrava a falta de apoio do governo português, que deveria protegê-lo, ou seja, caso não tivessem envolvidas na guerra, as autoridades portuguesas deveriam dar proteção e atacar os imbamelas: "Se a guerra não é do governo peço a V. Exa. pra castigar a esses que fizeram-me guerra."[12]

No mesmo ano, o sultão de Angoche, Ussene Ibrahimo escreveu ao governador de Angoche interpelando se a guerra promovida pela gente da Imbamela era também do governo. Em resposta, o governador Henrique Carlos Curvo disse que "nada sabia oficialmente a este respeito" e que não autorizara nenhuma guerra. Ussene Ibrahimo insiste em

---

10 AHU, SEMU, DGU, Correspondência dos Governadores, Moçambique, 10 de dezembro de 1865, caixa 1316, pasta 34, capilha 1, documento 51, p. 9.

11 AHU, SEMU, DGU, Correspondência dos Governadores, Moçambique, 8 de agosto de 1859, caixa 1305, pasta 23, capilha 2, documento n. 53.

12 Correspondência do sultão de Mulule Selemane Bin Rajá ao governador de Angoche. AHM, Fundo do século XIX, Governo Geral de Moçambique, caixa 8-104, maço 1, 1889, documento 22.

outra carta e acusa que "a gente de Imbamela promove [a guerra] é de combinação com o governo".[13] Em 1888, o xeque Ché Agy atestava ao governo de Moçambique que o sobrinho do xeque de Sangage Vagyry Mussá lhe fazia guerra sem conhecer o motivo. Queria saber se essa guerra era "por ordem superior".[14]

Nesses casos, as autoridades portuguesas não cumpriram as disposições dos tratados de vassalagem no que se refere à proteção acordada com os chefes africanos em caso guerra. Entretanto, em vários documentos escritos por militares e representantes do governo português, os acusados de não seguirem as condições do termo de vassalagem eram os chefes africanos "aliados". Por essa razão, as autoridades portuguesas argumentavam que as chefias africanas não eram confiáveis, pois "não tinham palavra".

Após um desentendimento com o chefe principal dos namarrais, Mocutu-muno procurou se estabelecer nas terras ocupadas pelo governo português que, aproveitando-se da situação, permitiu a ocupação em troca de um acordo de "vassalagem". Mais tarde, quando pretendia guerrear contra o xeque de Quitangonha, o governo português solicitou a ajuda de Mocutu-muno. Seus homens foram convocados e receberam armas e pólvora dos portugueses para serem utilizadas nos ataques a Quitangonha. Contudo, a expedição portuguesa logo teve que se retirar porque os homens de Mocutu-muno não apareceram para o combate.[15]

As autoridades portuguesas reclamavam constantemente que os chefes africanos apresentavam pedidos de envio de armamentos, porém, na hora dos conflitos, não se faziam presentes como aliados.[16] Deste modo, Pedro Massano de Amorim assegurava em seu relatório que:

> Os protestos de fidelidade, os preitos de homenagem dos sultões feitos quási sempre para que os deixassem sossegados e para que não se intrometessem nas suas correrias pelo interior, ou nos seus negócios de escravatura na costa, nada significavam quanto a subordinação e respeito pela autoridade portuguesa.[17]

---

13 Correspondência de Ussene Ibrahimo ao governador de Angoche. AHM, Fundo do século XIX, Governo Geral de Moçambique, caixa 8-104, maço 1, 1889, documento 8.

14 Correspondência de Ché Agy. Sem local, 5 de outubro de 1888. AHM, Fundo do século XIX, Governo Geral de Moçambique, 1888, caixa 8-151, maço 1.

15 AHU, SEMU, DGU, Correspondência, Moçambique, 31 de janeiro de 1882, caixa 1325, pasta 4, capilha 1, documento R (Relatório sobre a política com os régulos), p. 2-4.

16 COSTA, Eduardo, op. cit., 1902, p. 6.

17 AMORIM, Pedro Massano de, op. cit., p. 3.

Ainda em 1884, o governador geral Agostinho Coelho relatava o abandono em que se encontrava a vila de Angoche, na qual o governo possuía apenas um pequeno paiol para guardar pólvora de negociantes que seguiam para o interior. A sede do governo do distrito de Angoche era no Parapato, "distante 12 milhas da vila de Angoche". O sultão do M'luli, cuja residência ficava na povoação de Catamoio, não dava nenhuma proteção ao comércio no interior. Os moradores de Catamoio viviam em completa independência e "conser[va]vam para conosco umas duvidosas relações de amizade nos atos que os não contrariam no seu viver solto e independente."[18]

Portanto, a relação estabelecida entre as sociedades africanas e o governo português era marcada pela desconfiança mútua. Em 1867, o governador interino de Angoche, José Joaquim Muniz Cabral, dizia que só confiava nele mesmo e nos que estavam "sob o regulamento militar". A respeito do chefe Itite-muno, Cabral afirmava: "não quero dizer com isto que ele não tenha sido fiel ou deixe de continuar a sê-lo, porém digo que é mouro e que vendo-se abandonado pelos seus o que não acho nada difícil, pode com a mesma facilidade safar-se e deixar-me só no campo." Em contrapartida, de acordo com o governador interino de Angoche, Itite-muno disse-lhe que só confiava nele mesmo e nos seus filhos.[19]

As desconfianças eram ainda mais acentuadas em relação ao sultão Mussa Quanto. Em 1862, o governador geral João Tavares de Almeida escreveu "não me fio nas promessas de submissão de Mussa Quanto porque ele é moiro – e sem fé – não penso mesmo que ele se venha entregar".[20] Em 1865, circulava a notícia de que Mussa Quanto queria prestar juramento. Porém, ao tentar marcar um encontro, o governo soube que ele já não estava mais em Sarje, mas fora aos sertões da Imbamela para reunir a "gente de Angoche". Mais tarde as autoridades portuguesas foram informadas de que ele não poderia ir até a ilha por estar muito doente e quando estivesse melhor mandaria marcar um novo

---

18   AHU, SEMU, DGU, Correspondência dos Governadores, Moçambique, 1884, caixa 1327, capilha 1 documento 74.

19   AHU, SEMU, DGU, Correspondência dos Governadores, Moçambique, 31 de julho de 1867, caixa 37, capilha 1, documento 65. Todavia, a desconfiança não se restringia apenas aos chefes africanos. O governo português encontrava desertores dentro das suas próprias forças militares. Em 1856, o governador geral Vasco Guedes informava que enviara uma força para ajudar a gente de Sangage a ocupar Angoche. Porém, essa tentativa de ocupação fracassara, porque alguns soldados marinheiros, enviados pelo governo português, organizaram um plano para matar os oficiais e fugir com o navio. Não obstante a descoberta da conspiração ocorrer a tempo do comandante do navio retornar a Moçambique, o ataque português a Angoche não se cumpriu. AHU, SEMU, DGU, Correspondência dos Governadores, Moçambique, 26 de março de 1856, caixa 1299, pasta 17, capilha 1, documento 201.

20   AHU, SEMU, DGU, Correspondência dos Governadores, Moçambique, 1862, caixa 1311, pasta 29, capilha 2, documento 254.

encontro. O comandante militar de Angoche defendia como ponto de vista que Mussa Quanto não fosse acompanhado de sua gente armada e que não permanecesse muito tempo em Angoche.[21] As autoridades portuguesas desconfiavam que Mussa Quanto atacasse os postos portugueses, como o fizera em 1862 quando da sua volta a Angoche após fugir da prisão na ilha de São Sebastião.

Interferências portuguesas nas disputas africanas pelo poder

Para obter o apoio de chefes africanos no norte de Moçambique o governo português poderia interferir a favor de alguns deles em disputas pelo poder por meio de três estratégias: reconhecimento da legitimidade de um concorrente ao cargo de chefe ou xeque antes de ser eleito pelo seu grupo, incentivo e apoio em guerras por meio do envio de armas e munições e contribuição para a destituição de chefias.

É possível observar que o reconhecimento da legitimidade de um concorrente ao cargo de chefe ou xeque antes de ser eleito pelo seu grupo ocorria, sobretudo, em caso de disputas acirradas pela sucessão, como se configurou, por exemplo, a escolha do novo líder de Angoche após a morte de Mussa Quanto, em 1877. Há relatos mostrando que chegou a sete o número de pretendentes ao cargo de sultão. Contudo, apenas dois se destacaram na disputa: Ussene Ibrahimo, sobrinho de Mussa Quanto, e Suleimane-Bin-Rajá, que fora vizir de Hussani Issufo e recebera o apoio do governo português. João de Azevedo Coutinho resumia a disputa da seguinte maneira: "com aquele estavam os rebeldes e irrequietos, com este último os que pendiam para a autoridade portuguesa".[22]

Somente em 1884 Ussene Ibrahimo foi reconhecido como sultão pelos "grandes de Angoche". Até então, de acordo com Pedro Massano de Amorim, "depois de muitas questões e conciliabos, nunca se acordou unanimemente no reconhecimento de um ou de outro e passou a haver, por assim dizer, dois sultões".[23] Entretanto, a presente pesquisa permite afirmar que, em várias circunstâncias, as autoridades portuguesas aproveitavam os períodos de indefinição durante o processo sucessório, enquanto não era escolhido um novo sultão ou chefe, e reconhecia antecipadamente o concorrente ao cargo que lhe era mais próximo politicamente, aquele junto a quem teria maiores chances de defender os interesses do governo português.

---

21 AHU, SEMU, DGU, Correspondência dos Governadores, Moçambique, 1865, caixa 1317, pasta 35, capilha 1, documento 166.
22 COUTINHO, João de Azevedo, op. cit., 1935, op. cit., 30.
23 AMORIM, Pedro Massano de, op. cit., p. 11.

Em 1877, após a morte de Mussa Quanto, o governador José Maria Rodrigues apoiou, em troca do recebimento de cem pesos, um dos concorrentes a sua sucessão, considerado "inimigo" de Mussa, Selimane Bin Rajah. Esta informação pode ser encontrada num comunicado publicado no jornal *África Oriental* no qual o autor (cujo nome não é revelado) critica o fato do governo português não ter apoiado nenhum "parente" de Mussa Quanto na tentativa de manter a tranquilidade alcançada depois de tantas guerras. O autor do referido artigo ainda provocou o governo português indagando: "ora se houver algumas tentativas por parte de algum parente de Mussa para a repulsão do indivíduo proposto, ou mesmo contra o governo, quem será o responsável? A que preço não ficarão ao senhor Rodrigues os "cem" pesos?!"[24]

Em outras ocasiões, além de reconhecer a legitimidade de um indivíduo para exercer um novo cargo, o governo português publicava a sua nomeação (e também a sua exoneração), nos *Boletins Oficiais da Província de Moçambique*, pagando-lhe, a partir daquele momento, um "salário". Isto ocorria frequentemente com o cargo de capitão-mor cujo ocupante era responsável pelos assuntos referentes à política externa nas sociedades do norte de Moçambique, sobretudo nos estabelecimentos islâmicos da costa.

Em 1882, algumas autoridades portuguesas criticaram o reconhecimento de Molide Volay para o cargo de capitão-mor de Sancul, alegando que existiam fortes indícios de que ele estava envolvido com o tráfico de escravos. Diante desse dilema, já que a pressão por parte da Inglaterra era grande, o governador geral de Moçambique, escrevia em correspondência ao Ministro e Secretário de Estado dos Negócios da Marinha e Ultramar:

> Dizem que foi negreiro! Nada consta oficialmente, nem tem processo em aberto; e demais quem há ali na província, branco, negro ou mulato que há alguns anos a esta parte não fosse também negreiro? Se n'esse tempo até muitas das próprias autoridades favoreciam o trafico! Molide Volay em quanto andar direito, serve-nos contra uns, quando Molide Volay se desviar das regras estabelecidas por nós, servirmo-nos-hemos dos outros contra ele. Parece-me este é o único e verdadeiro sistema de governar estes potentados a quem só temos governado de direito que não de facto; e julgo que com este fim não deveremos nunca prender-mo-nos com escrúpulos e respeito da escravatura![25]

---

24 AHU, SEMU, DGU, Correspondência dos Governadores, Moçambique, 10 de novembro de 1877, caixa 52, capilha 3, documento sem n., p. 2.

25 AHU, SEMU, DGU, Correspondência dos Governadores, Moçambique, 31 de janeiro de 1882, caixa 1325, pasta 4, capilha 1, documento R (Relatório sobre a política com os régulos), p. 5-6.

Neste documento é possível observar que as autoridades portuguesas se aproveitavam das rivalidades entre chefes e xeques do norte de Moçambique, instigando uns contra os outros e promovendo rearranjos políticos em busca de uma situação favorável ao governo português.

Ainda com relação ao cargo de capitão-mor, quando das disputas entre Mussa Quanto e Morla-muno, na década de 1870, o governo geral de Moçambique enviou Joaquim Antonio da Silva Ferrão para negociar com Mussa Quanto, a quem ofereceu, a princípio, o posto de capitão-mor e um salário de 25 mil réis mensais em troca de paz com o governo português e do direito de instalar um quartel no Parapato. Mussa Quanto aceitou a proposta, porém apresentou algumas condições, demonstrando que não abriria mão do direito de governar aquelas terras. O quartel não deveria exceder um sargento e doze soldados. Além disso, para não mais atacar o Morla-muno, instituiu que o governo português lhe pagasse o valor das despesas que tivera com a guerra, ou seja, o equivalente a nove contos de réis.[26]

Como não obteve uma resposta imediata do governo, Mussa Quanto prosseguiu com os ataques às povoações de Morla-muno, recusando-se em seguida a fazer um acordo de paz, o que provocou o descontentamento de Morla-muno, sobretudo quando a sua solicitação de um novo carregamento de armas e munições não foi atendida pelo governo português, causando suspeitas de uma "traição" das autoridades portuguesas. O governador do distrito de Angoche teve muito trabalho para convencer Morla-muno de que não tivera responsabilidade no caso e que, mesmo sem a resposta do governo geral de Moçambique, dar-lhe-ia o auxílio.

Em 1865, Itite-muno ou Selimane Bin Rajá foi nomeado sargento-mor de Angoche, cargo pelo qual receberia o soldo de nove mil réis mensais, segundo as autoridades portuguesas, por ser muito conhecido e respeitado pela população e se alinhar politicamente ao governo português. Em ofício, o governador geral João Tavares de Almeida justificava a nomeação de Itite-muno por ter sido um dos poucos a ter permanecido na ilha depois da sua ocupação por João Bonifácio, mesmo que esta quantia fosse muito maior do que a paga, por exemplo, ao sargento-mor de Mossuril, que recebia 54 mil réis por ano. Além disso, segundo João Tavares de Almeida, Itite-muno fora também "rival e inimigo do antigo sultão e da sua família, portanto hoje do rebelde Mussa Quanto".[27]

---

26 FERRERI, Alfredo Brandão Cro de Castro, op. cit., p. 19-20.

27 AHU, SEMU, DGU, Correspondência dos Governadores, Moçambique, 1865, caixa 1316, pasta 34, capilha 2, documento 62.

O governo português poderia aumentar o valor do "salário" como aconteceu com o xeque de Sancul, Assane Mueneche, em 1860, que reclamara ao governador geral um aumento do seu salário por ser muito inferior ao do xeque de Quitangonha, sendo prontamente atendido.[28] No mesmo ano, o novo xeque de Sangage, Buano Amade, após a morte do xeque Selimane Sadique, assinou um "Termo de Juramento" pelo qual recebia a confirmação e a investidura do cargo pelo governo português. Acompanhado da sua "comitiva de notáveis", dentre os quais o xeque de Sancul, Buano Amade ganhou como presente duas cabaias de seda e dois chalés, além de garantir um salário de quatro mil réis.[29]

O governo português também agia incentivando as disputas entre as chefias africanas e contribuindo, sobretudo com oferta de armamentos e munições. Alguns xecados como os de Sangage, Sancul e Moginquale, depois da morte de Mussa Quanto, não aceitavam ser dependentes do sultanato de Angoche. Em busca da própria independência, receberam o auxílio dos portugueses em guerras contra o sultão de Angoche.[30]

Em 1885, Ussene Ibrahimo empreendeu uma guerra nas terras denominadas Infusse, em Sancul, onde existia um posto do governo português. De acordo com o capitão-mor do Infusse, o filho de Ussene Ibrahimo, Mussa Alfery (ou Effendy), escrevera-lhe comunicando que estava ali não para fazer guerra ao governo português, mas para "se vingar do que a gente de Quivolane junto com a do atual cheque Chaburaimo" tinha

---

28   Biblioteca Nacional de Portugal. Boletim Oficial do Governo Geral da Província de Moçambique, 22 de dezembro de 1860.

29   AHU, SEMU, DGU, Correspondência dos Governadores, Moçambique, 1860, caixa 1308, pasta 26, capilha 2, documento 149.

30   Em um desses casos, os portugueses tentaram instalar um posto militar em Sangage, como relata o tenente-coronel [Bel] de Almeida: "Depois de muitos atos de pirataria e contrabando o xeque de Sangage achava-se na ocasião ameaçado de represálias de um régulo insubmisso, sobrinho do Mussa Quanto que exigia a adesão a sua causa. A ocasião era propícia para a autoridade portuguesa procurar garantir-se contra alguma eventualidade e proceder à instalação de um posto em Sangage na povoação do xeque. Todavia a missão cometida à expedição era arriscadíssima por ser cheia de perigos por atender às exiguidades dos seus efetivos carência absoluta dos recursos militares de quem então dispúnhamos caso se esboçasse oposição da parte dos inimigos fortes e aguerridos que dispunham o xeicado de Sangage, sendo por isso necessária grande vigília e ponderação da parte do comandante na expedição. Foi encarregado de comandar esta expedição e de entabular negociações com o xeque João de Azevedo Coutinho que deu completo cumprimento a sua missão sem dar um tiro (...) alto critério, energia, perícia e patriotismo com que se conduziu nessas negociações insentando a série ininterrupta de ações gloriosas com que se achou envolvido pela vida a fora durante a sua relevante carreira ligada às páginas da vida nacional. João de Azevedo Coutinho para desempenho de tão importante e perigosa comissão de serviço contava com apenas 24 praças de Marinha e da diminuta força do Exército Colonial destinada à guarnição do novo posto que havia partido do Parapato ao seu encontro." Ibidem, p. 33.

provocado aos habitantes do Infusse "conhecidos por gente de Angoche", isto é, "parentes" e aliados de Ussene Ibrahimo estabelecidos naquela região há mais de trinta anos. Contudo, informou ao capitão-mor do Infusse o qual sabia que os ataques feitos por Molide Volay (capitão-mor de Sancul) e o Marave eram "autorizados" e apoiados pelo governo português que lhes fornecera armas e pólvora.[31]

Essa contenda teria se iniciado a partir da morte do xeque Jamal, do Infusse. Che Abdala ou seu irmão Senqueraimuno deveria sucedê-lo. De acordo com o capitão-mor do Infusse, os dois eram "parentes" de Usssene Ibrahimo e dispunham de muita força e prestígio na região. Todavia, Molide Volay e Marave, de Sancul, almejavam eleger "gente sua e se livrar do controle de Angoche". Para tanto, defenderam a eleição de Chaburaimo que dispunha "de alguma gente nas proximidades de Mascate, porém [era] inimigo de todos os habitantes chamados de Angoche". Che Abdala foi eleito, porém o governo português reconhecera apenas Chaburaimo como xeque, sustentado por Molide Volay. Quando, dias depois, o "povo do Infusse" apresentou Abdala como o novo xeque, as autoridades portuguesas comunicaram que podiam escolher quantos xeques quisessem, mas que o governo reconhecia apenas o xeque "nomeado oficialmente".[32]

Deste modo, o governo português interferia nas regras de transmissão do poder provocando e incentivando as disputas entre os chefes africanos. No entanto, os chefes africanos aceitavam e se aproveitavam também dessas interferências. Ademais, os sultões de Angoche, inclusive Ussene Ibrahimo, conheciam essas estratégias e, muitas vezes, decidiram por ações que não gerassem confrontos diretos com o governo português. Contudo, não perdiam a oportunidade de questioná-lo, como fez o filho de Ussene Ibrahimo quando afirmou acreditar que Molide Volay e Marave contavam com o apoio do governo, fornecedor de armas e pólvora. Diplomaticamente, Angoche negava que a guerra promovida era contra o governo português, porém indagava-o e lhe cobrava uma posição.

O filho de Ussene Ibrahimo, Mussa Effendy, comandou um ataque à povoação do xeque do Infusse, queimando as palhotas e provocando a sua saída do local. Embora o sultão de Angoche tivesse se comprometido a não atacar o comando português na região, as autoridades portuguesas estavam muito apreensivas, porque Molide Volay dissera que "guardaria os caminhos", ou seja, protegeria as estradas que davam acesso aos postos portugueses, mas até aquele momento nada fizera. O capitão-mor do Infusse, Vidal Abreu,

---

31   Correspondência do capitão-mor de Infusse ao secretário seral do Governo de Moçambique. Infusse, 8 de janeiro de 1885. AHM, Fundo do século XIX, Governo Geral de Moçambique, 1885, caixa 8-150, maço 3.

32   *Ibidem*.

orientava que, para evitar represálias, o melhor seria impedir que Molide Volay fosse pessoalmente ao comando português.[33]

Diante dessas informações, nota-se que mesmo sem atacar diretamente o governo português, o sultão de Angoche conseguia atingi-lo, pois as autoridades portuguesas sofriam a pressão dos dois lados para que assumisse uma posição. Em janeiro de 1886, Molide Volay escreveu ao Regedor Damião Francisco de Souza contestando a atitude do governo português de permitir a guerra organizada por Ussene Ibrahimo. Quando se dirigiu ao Infusse, indagou o Alferes porque deixava Ussene Ibrahimo "estragar terras do Rei". Questionou igualmente o sargento-mor e o Soallé as razões para promoverem "desordens com a gente portuguesa", que, por sua vez, responderam: "os portugueses tinham começado".[34]

O governo português não teve outra saída senão negociar e tentar realizar um acordo de paz. Em 1886, o capitão-mor Vidal Abreu foi desarmado e acompanhado de um intérprete ao encontro de Mussa Effendy, garantindo que Molide Volay recolheria todas as suas forças de guerra comandadas pelo Marave: "comprometi-me nisso a minha palavra de oficial, e se me aparecer gente de Molide Volay, depois de tempo que eu calculo; para que as ordens lhe sejam dadas neste sentido, recebo-os a tiro, como salteadores que são". O governador-geral de Moçambique, Augusto de Castilho, ordenou que Molide Volay voltasse para sua casa sob pena de ser condenado por desobediência e, se a região não voltasse à tranquilidade, seria considerado rebelde.[35]

O governo português buscou impedir a continuação da guerra organizada por Molide e para a qual despendera incentivos num momento anterior. Todavia, o empenho não se traduziu em apoio direto ao sultão de Angoche. O governo português incentivava as disputas entre as sociedades africanas, porém na hora dos combates priorizava a integridade dos territórios ocupados por postos portugueses.

A preocupação dos portugueses de preservar o que já haviam conquistado, estava presente, por exemplo, quando, em 1882, o capitão-mor do Mossuril, Agostinho Teixeira de Almeida Queiroz, tratou com o chefe Muqueije, de Chalau, a respeito da expulsão de um chefe namarral acusado de praticar o comércio de escravos e de mandar seus

---

33   Correspondência do capitão-mor de Infusse ao secretário seral do Governo de Moçambique. Infusse, 31 de dezembro de 1885. AHM, Fundo do século XIX, Governo Geral de Moçambique, 1885, caixa 8-150, maço 3.

34   Correspondência do capitão-mor de Sancul, Molide Volay ao regedor Damião Francisco de Souza. AHM, Fundo do século XIX, Governo Geral de Moçambique, 1886, cx.8-151, maço 1.

35   Correspondência do capitão-mor de Infusse ao secretário geral do Governo de Moçambique. Infusse, 3 de janeiro de 1886. AHM, Fundo do século XIX, Governo Geral de Moçambique, 1886, caixa 8-150, maço 3.

guerreiros armados assaltar e assassinar os negociantes que se dirigiam do interior rumo a Mossuril para vender seus produtos.[36]

Ao chegar à povoação de Muqueije, Agostinho Teixeira foi recebido por muita gente que tocava "tambores e campanhias" e por dois secretários do chefe que aos gritos anunciavam: "havia chegado Sua Senhoria para fazer amizade com Muqueije e que todos deviam acompanhar". Às três horas da manhã foi acordado para o encontro com o chefe que prometeu empenho, junto com mais 11 chefes subordinados, para expulsar o chefe namarral. Para tanto, solicitou armas, barris de pólvora e panos para presentear os chefes subordinados. No mesmo encontro, Agostinho Teixeira aproveitou para realizar a cerimônia de nomeação do irmão do chefe Muqueije como capitão-mor das terras denominadas Chalau, afirmando: "(...) só tratei de angariar a amizade do Muqueije, por me haver constado que fora régulo que em tempo o batera [o chefe namarral] até as fronteiras da capitania".[37]

O governador-geral Visconde do Paço dos Arcos, respondendo ao relato de Agostinho Teixeira, cientificou que não queria incitar uma guerra contra o governo português tão pouco que as terras da capitania fossem assoladas por ataques dos namarrais. A intenção era que Muqueije provocasse a fuga do chefe namarral para o interior, assegurando que não viesse para a capitania buscar refúgio. A estratégia novamente era fazer uso das forças militares dos "aliados" contra outros chefes, como fica claro na afirmação do governador-geral: "Não temos nem meios, nem vontade de fazer guerra, e só muita firmeza e muita prudência e paciência podem fazer que nos vejamos livres do Namarral (maus vizinhos), sendo este guerreado por outros que não por nós!"[38]

No caso da guerra entre Ussene Ibrahimo e Molide Volay, apesar da interferência para impedir a continuidade dos ataques do capitão-mor de Sancul, o governo portu-

---

36 Correspondência do capitão-mor de Mossuril ao secretário geral do Governo de Moçambique. Mossuril, 11 de janeiro de 1882. AHM, Fundo do século XIX, Governo Geral de Moçambique, 1882, caixa 8-147, maço 2.

37 Ibidem.

38 Correspondência do governador-geral de Moçambique ao capitão-mor de Mossuril. Mossuril, 14 de janeiro de 1882. AHM, Fundo do século XIX, Governo Geral de Moçambique, 1882, caixa 8-147, maço 2. Em outros documentos nota-se que a principal recomendação do governo português era agir com muita cautela e não provocar incidentes diretos com as chefias africanas que pudessem ser prejudiciais aos estabelecimentos portugueses. Em 1886, o capitão-mor das Terras Firmes, Joaquim Barbosa Lopes Lobo encaminhou uma carta do xeque da Matibane ao governador geral, informando que o comandante militar da Matibane estava procedendo com o xeque de maneira que poderia ser muito ruim para o governo. A orientação dada pelo governador geral Augusto de Castilho foi que recomendassem aos soldados que não provocassem conflitos na região evitando assim "consequências deploráveis". Correspondência do capitão-mor das Terras Firmes ao governador geral de Moçambique. Terras Firmes, 22 de maio de 1886. AHM, Fundo do século XIX, Governo Geral de Moçambique, 1886, caixa 8-149, maço 1.

guês não ajudou efetivamente o sultão de Angoche, isto é, não lhe forneceu armas e pólvoras como costumava fazer com outros chefes que apoiava. Diante da solicitação de pólvora dirigida por Ussene Ibrahimo, o capitão-mor do Infusse respondeu que a venda de armas e munições era proibida nos territórios portugueses. Dias depois, Ussene escreveu ao capitão-mor informando que conseguira comprá-la em Angoche e em Quelimane.[39]

Além de não fornecer armas e pólvora, as autoridades portuguesas impediram a passagem de Ussene Ibrahimo e seus guerreiros pelo território próximo ao posto português. João de Azevedo Coutinho informou que o sultão de Angoche se dizia "admirado que nunca viu tolher os meios de combater a um auxiliar que vai fazer guerra por nós contra o negreiro Molid Volay".[40]

Assim, o sultão de Angoche passou a exigir o mesmo tratamento dispensado a outros xeques e chefes do norte de Moçambique. Fez várias reclamações ao comandante militar José Lopes Pereira. Queixava-se primordialmente das atitudes de "um tal de Pontes que havia chegado a pouco" o proibido de ir ao Parapato comprar pólvora dizendo que lhe faria guerra. Acusava Pontes de receber dinheiro de Molide Volay e de "gente da Índia". Defendia-se das acusações de que queria armas e pólvora para guerrear no Parapato, argumentando tratar-se de intrigas "para atrapalhar". Reclamava também de não receber "ordenado" do governo como outros chefes africanos:

> Digo mais também, que o Quivolane também come. Alferes que está em Infusse e Ché Abdalá comem aqui os seus direitos. Eles recebem ordenados de S. Magestade e eu não recebo ordenado e nem como direitos. Eu não sou igual a gente de Quivolane, nem d'Infusse e nem de Sangage.[41]

Observa-se que o governo português tratava o sultão de Angoche de maneira diferenciada em relação aos demais chefes "aliados", causando até mesmo espanto ao Ussene Ibrahimo quando teve a passagem de sua gente de guerra impedida pelo governo.

Tais informações corroboraram a ideia de que, durante o período estudado nesse trabalho (1842-1910), as autoridades portuguesas agiram na tentativa de neutralizar a

---

39   Correspondência do comandante militar do Infusse ao secretário seral do Governo de Moçambique. Infusse, 3 de maio de 1886. AHM, Fundo do século XIX, Governo Geral de Moçambique, 1886, caixa 8-150, maço 3.

40   Correspondência de João de Azevedo Coutinho ao secretário geral do Governo de Moçambique. Moçambique, 19 de maio de 1886. AHU, Processos Gerais, 4ª repartição, Moçambique, caixa 1538, 1883-1887, pasta 3ª, documento 202.

41   Correspondência de Ussene Ibrahimo ao comandante militar do Infusse. [Angoche, 27 de julho de 1886]. AHM, Fundo do século XIX, Governo Geral de Moçambique, 1886, caixa 8-150, maço 3.

força do sultanato de Angoche. A partir da análise das fontes, é possível afirmar que, em nenhum momento, o governo português esteve efetivamente ao lado dos sultões de Angoche, auxiliando-os em disputas com envio de armas ou homens, como fez com outros chefes africanos. O governo português, quando não agia contra Angoche ao apoiar outros chefes e sultões, tentava manter relações amistosas. Contudo, em nenhum momento, protegeu ou lutou em favor de Angoche em caso de guerra. Talvez agisse assim por enxergar no sultanato de Angoche um dos mais fortes poderes no norte de Moçambique, concorrendo para o insucesso da implementação do projeto colonial português.

A medida adotada pelo governo português para acabar com a guerra entre o sultanato de Angoche e o xecado de Sancul foi reconhecer como xeque do Infusse, Chá Abdalá, aliado de Ussene Ibrahimo de Angoche. Em fevereiro de 1886, o filho de Molide Volay procurou o capitão-mor e informou que seu pai estava escondido no mato e que à noite o capitão-mor saberia se havia vencido a guerra. Mais tarde escutaram alguns tiros em comemoração a vitória de Molide Volay, Adamogy Ché Ibraimo e Marave contra o xeque Chá Abdala e Ussene Ibrahimo. Mesmo assim, dias depois, Chá Abdala foi ao encontro do capitão-mor para "prestar o respectivo juramento e tomar posse do logar de cheque [de Infusse], para o qual recentemente fora nomeado (...). Após este acto, a multidão que assistia a ele manifestou o seu contentamento para esta escolha e deu provas de estimar tal nomeação".[42]

Quanto ao compromisso de impedir os ataques do capitão-mor de Sancul, Molide Volay, contra a "gente de Angoche" que estava no Infusse, as autoridades portuguesas pareciam mais preocupadas com a defesa dos postos do governo do que em se colocar contra o Molide Volay e a favor de Ussene Ibrahimo. Isto porque a guerra poderia tomar grandes proporções, fugindo ao controle do governo português e, possivelmente, atingindo os territórios já ocupados.

Alguns documentos trazem informações sobre a dimensão desta guerra. Em um deles o comandante militar do Infusse, Francisco José Lopes Pereira, relatou que Ussene Ibrahimo pedira licença para passar com a sua gente de guerra, cerca de quatro a cinco mil homens, pelas terras de Infusse quando estivesse a caminho de Quivolane.[43]

---

42 Correspondência do capitão-mor do Mossuril ao secretário geral do Governo de Moçambique. Mossuril, 23 de fevereiro de 1886. AHM, Fundo do século XIX, Governo Geral de Moçambique, caixa 8-149, maço1.

43 Correspondência do comandante militar do Infusse ao secretário geral do Governo de Moçambique. Infusse, 9 de maio de 1886. AHM, Fundo do século XIX, Governo Geral de Moçambique, 1886, caixa 8-150, maço 3. Em outro documento, consta a informação de que Ussene Ibrahimo regressaria a Nabalea com quarenta "monhés" e os seguintes chefes macuas das terras de Angoche: Cobula-muno, Bomella, Morobá-muno, Maguiá-muno, Namalungo-muno, Cornea-muno, Cungunea-muno, Monhépa-muno,

Nesse momento, parecia que o objetivo do governo português era impedir a guerra e a consequente destruição do posto português na região. Para tanto, procurou isolar o xeque, que fora nomeado pelo próprio governo com apoio de Molide Volay, e reconheceu o xeque apoiado por Ussene Ibrahimo. O comandante militar Francisco José Lopes Pereira mandou prender um "monhé dos grandes do partido do ex-cheque" por ter dito que não conhecia o alferes do Infusse e não reconhecia como autoridade o último cheque nomeado. Na prisão, o "monhé" negou o que dissera e junto a Namotapore-muno, outro "grande de Infusse" prestou "juramento de fidelidade nas mãos do Chá Abdalá". Deste modo, o comandante Francisco José Lopes Pereira concluiu: "Estas medidas por mim adotadas, darão para o futuro bons resultados e o ex-cheque ficara totalmente só!"[44] O "ex-xeque" de Infusse, Ad Amagy, depois que recebeu um "recado" do comandante militar, teria se ausentado de Muique e se refugiado em Napago, local de residência de Molide Volay.[45]

Apesar da atitude das autoridades portuguesas de reconhecer o xeque apoiado por Ussene Ibrahimo, havia indícios, desde julho de 1886, de que ele planejava atacar o Parapato.[46] As autoridades portuguesas então acionaram o chefe imbamela Morla-muno para "aniquilar Ussene Ibrahimo". Para tanto, o governador esperava uma embaixada de Morla-muno para tratar do assunto.[47] Em novembro de 1887, circulava a informação, confirmada por Morla-muno, de que o sultão Anlaue e o sobrinho de Mussa Quanto Danune estavam organizando um ataque ao Parapato junto com Guarnéa-muno e Mussaquiva-muno.[48]

Em março de 1889, Ussene-Ibrahimo foi morto em combate durante ataque às terras do chefe Mariva-muno junto com chefes aliados e cerca de seiscentos guerreiros. Na

---

Boundo-muno, Ne-régolú-muno, Maddulá-muno e Namo-govóla. Eles atacariam três chefes macuas que "assolaram as terras de Infusse, a macuana e o mongicale com a gente do Marave, ex-cheque e outros, seguindo depois para Quivolane". Correspondência do comandante militar do Infusse ao secretário geral do Governo de Moçambique. Infusse, 9 de maio de 1886. AHM, Fundo do século XIX, Governo Geral de Moçambique, 1886, caixa 8-150, maço 3.

44   Correspondência do comandante militar do Infusse ao secretário geral do Governo de Moçambique. Infusse, 9 de maio de 1886. AHM, Fundo do século XIX. Governo Geral de Moçambique, caixa 8-150, maço 3.

45   Correspondência do comandante militar do Infusse ao secretário geral do Governo de Moçambique. Infusse, 20 de maio de 1886. AHM, Fundo do século XIX. Governo Geral de Moçambique, caixa 8-150, maço 3.

46   Biblioteca Nacional de Portugal. Boletim Oficial do Governo Geral da Província de Moçambique. Relatório de Antonio Joaquim da Silva Costa, comandante, Divisão Naval d'África Oriental e Mar da Índia. O governador respondeu que Ussene Ibrahimo estava acampado nas terras Murrua, "impedindo em parte a entrada do negócio". Disse também que receava que ele atacasse a vila [Parapato]. Moçambique, 31 de julho de 1886.

47   Ibidem.

48   Biblioteca Nacional de Portugal. Boletim Oficial do Governo Geral da Província de Moçambique. Relatório de Fernando Augusto Schwalbach. Parapato, 1 dez de 1887.

mesma batalha também morreu o capitão-mor de Sangage Amade Amudá que "comandava uma grande força de macuas" e outros de Angoche.[49] Como prova de seu "grande feito", o chefe imbamela Mariva-muno levou a "mão direita, a espada com copos de prata e uma oração encerrada numa peça cilíndrica de estanho (mezinha) escrita em dialeto mujojo que o mesmo trazia ao pescoço".[50]

Mais uma vez, o governo português incentivava o chefe imbamela a entrar em guerra contra Angoche, com quem já tinha uma disputa antiga, contribuindo com armas e pólvora. Mesmo após a morte de Ussene Ibrahimo, o governo português continuou a colaborar com os ataques de Morla-muno agora direcionados à ocupação da ilha de Angoche, o que fica claro no documento em que José Teixeira Sampaio e Albuquerque, capitão-mor de Angoche, revelou querer dominar a ilha de Angoche com a gente de Imbamela.[51]

O governador do distrito de Angoche, Augusto César de Oliveira, escreveu que não precisava utilizar landins (soldados) para fazer guerra e "castigar os rebeldes de Moma". Poderia fazê-lo com a "gente da Imbamela", pois "são há muito inimigos não só daqueles povos, mas também de Angoche e Lardi. São inimigos por serem parentes do sultão de Mululi que fazem guerra para conseguir escravos e vendidos aos mujojos de Madagascar e recebem em troca armas e munições." O governador alegava que, dessa maneira, o gasto com pólvora e presentes seria menor do que se contratassem landins para fazer guerra, além dos imbamelas serem "os povos mais aguerridos do distrito e conhecedores do terreno".[52]

Outra estratégia utilizada pelo governo português era contribuir para a destituição de chefias africanas, como aconteceu em Quitangonha com a disputa entre o xeque Aly Hery e o seu capitão-mor Abdurramane Sahid Aly. O xeque Aly Hery foi considerado "rebelde" e "demitido" pelo governo, de acordo com o registro da portaria de 12 de julho de 1857, depois de ser acusado pelo capitão-mor de enterrar vivos um irmão e outras pessoas da sua família e de saquear e incendiar as propriedades da região. O xeque negou que

---

49 Biblioteca Nacional de Portugal. Boletim Oficial do Governo Geral da Província de Moçambique. Nota de José Ribeiro, governador interino. Angoche, 1 março 1889.

50 Biblioteca Nacional de Portugal. Boletim Oficial do Governo Geral da Província de Moçambique. Nota de José Ribeiro, governador interino. Angoche, 31 de março de 1889. COUTINHO, João de Azevedo, op. cit., 1935, p. 30.

51 Correspondência do capitão-mor de Angoche José Teixeira Sampaio e Albuquerque ao secretário geral do Governo de Moçambique. Angoche, 24 de dezembro de 1889. AHM, Fundo do século XIX, Governo Geral de Moçambique, 1889, caixa 8-104, maço 2, documento 12.

52 Correspondência do governador do Distrito de Angoche ao secretário geral do Governo de Moçambique. Angoche, 31 de agosto de 1889. AHM, Fundo do século XIX, Governo Geral de Moçambique, 1889, caixa 8-104, maço 2, documento 12.

tivesse comandado os ataques e foi "reintegrado" ao cargo, mas "sem nunca ter prestado juramento", vivendo em completa independência. Contava o governador geral, em 1865, que ao avisar o xeque de Quitangonha Aly Hery que queria com ele conversar, este respondeu ao emissário do governo: "O senhor governador se tem desejo de me ver que venha cá." Contrariamente, segundo o mesmo governador, o capitão-mor Abdurramane Sahid Aly sempre fora "fiel ao governo" e prestara "bons e valiosos serviços a esta província em várias ocasiões principalmente quando em 1857 foi a gente sua acompanhar uma expedição a Angoche para subjugar o rebelde Mussa-Quanto." Em 1874, o xeque Aly Hery acabou preso pelo governo português e o capitão-mor Abdurramane Sahid Aly foi nomeado o novo xeque em seu lugar, sendo reconhecido pelo governo através de uma portaria e da participação da cerimônia de investidura em Quitangonha.[53]

A descrição da cerimônia de posse foi publicada no *Boletim Oficial de Moçambique* no ano de 1874, demonstrando que era importante ao governo português divulgar entre as potências europeias o domínio que exercia sobre os territórios e os representantes das sociedades africanas. Além disso, com a sua participação na cerimônia, o governo mostrava também aos demais chefes africanos a sua importância e as vantagens que teriam aqueles que se tornassem seus aliados.

Da cerimônia de posse do novo xeque, participaram o xeque de Sancul, da Cabaceira e o chefe namarral Mocuto-muno. Vários presentes foram entregues pelo governo ao novo xeque, dentre eles um tecido de seda e de ouro colocado sobre a sua cabeça. Todos os europeus presentes jogaram "pó de arroz" sobre a cabeça do xeque.[54] O capitão da fragata da Armada, Pedro Carlos d'Aguiar Craveiro Lopes, representante do governo na cerimônia, fez ver ao chefe namarral Mucutu-muno como os portugueses tratavam os seus "amigos", dizendo que não perdoaria as ofensas que os inimigos fizessem a quem o governo protegia. Dias depois da cerimônia, o chefe namarral Mocutu-muno assinava um "termo de juramento" junto ao governo português.

A investidura do novo xeque demonstra o entrelaçamento entre elementos simbólicos do poder local e dos portugueses que inseriram, por exemplo, a bandeira portuguesa na cerimônia. As mulheres de Quitangonha eram as responsáveis pela parte musical da cerimônia, tocando vários instrumentos fabricados na povoação. O governo providenciou que alguns "hinos da Coroa" fossem executados, especialmente no momento da entrega da

---

53   AHU, SEMU, DGU, Correspondência, Moçambique, 16 outubro de 1874, caixa 1320, pasta 1, capilha 1, documento 182; AHU, SEMU, DGU, Correspondência, Moçambique, 1874, caixa sem nº, pasta 48, capilha 5, documento "Relatório do Governador Geral".

54   O produto utilizado nas investiduras dos chefes no norte de Moçambique era a farinha de mapira, considerada o principal elemento simbólico de poder, como foi explicado no primeiro capítulo deste trabalho.

bandeira portuguesa ao xeque. A cadeira na qual o xeque deveria se sentar passou pelas mãos dos principais chefes e foi entregue pelo capitão da fragata da Armada portuguesa ao novo xeque, encerrando, deste modo, a cerimônia de investidura.[55]

Eis transcrito um trecho do relato da cerimônia publicado no *Boletim Oficial de Moçambique*:

> Todos admiravam e pareciam ansiosos por ver o seguimento da cerimônia, não se fez demorar muito. (a hora estava avançada, e não havia tempo a perder) 13 minutos depois de ter o capitão-mor lavrado o auto de posse, meteu-se o cheque (conservando sobre a cabeça a pirâmide ainda perfeita) e aquele na mesma machila, rodeados por uma imensidade de amigos e parentes do cheque, os convidados que tinham vindo a festa ainda de pontos os mais afastados, já do litoral, já do interior, mouros grandes e cabos de guerra seguiam-se à machila ou, todos os oficiais convidados europeus em grande gala, formando duas linhas e marchando com o passo muito curto, acompanhando a machila que lentamente se movia, fomos seguidos pela guarda de honra entoando a música uma marcha grave deslizando todo o acompanhamento por entre duas alas de mais de mil e quinhentos homens de gente de guerra, que revolvendo-se sobre si continuavam as alas todo o transito e ainda acompanhados pela guarda de honra feminina, que não querendo ceder à música européia, cantavam e faziam ouvir os seus instrumentos com todo afam, força e alegria: chegados que fomos à casa do cheque, este recolheu-se um pouco ao interior dela, a guarda tomou posição em lugar aonde havia sombra, eu e o estado maior ficamos numa varanda toldada, preparada ad hoc para a nossa recepção.
> Apareceu pouco depois o cheque, e de pé ainda coberto com o pano e pó, na atitude a mais respeitosa para ouvir ler ao capitão-mor a portaria da sua nomeação e auto de posse, e a mim credencial, a que me acreditava como representante de Va. Exa. na ocasião da sua posse sendo-lhe tudo traduzido pelo língua do estado; a guarda de honra fez a continência devida dando uma descarga geral, tocado a música o hino de V. Exa. Foi-me apresentada em seguida, pelo capitão-mor Pacífico a bandeira portuguesa, a qual desfraldei e apresentando-a ao novo cheque lhe fiz jurar que a aceitaria e de defenderia como fiel vassalo da coroa portuguesa, explicando-lhe qual a importância que ele assumia, quando de ora avante fizesse tremular a aquelas paragens a bandeira portuguesa; ele recebeu-a gostoso e aceitou-a tremulo orvalhando-se-lhes as faces de sentidas lágrimas prometeu defendê-la e

---

55 Biblioteca Nacional de Portugal. Boletim Oficial do Governo Geral da Província de Moçambique, ano de 1874.

acatá-la até morrer; (tudo foi traduzido e explicado pela língua do estado) por esta ocasião, a música tocou o hino da Carta Constitucional e a força em seguida à continência fez ouvir três descargas cerradas: ao terminar este ato foi-me apresentado pelo capitão-mor a cadeira que deve servir ao cheque, saindo eu para fora da varanda mostrar ao povo passando-a ao capitão-mor fazendo igual cerimônia a passou a outros, e assim sucessivamente correu pelas pessoas mais importantes européias e africanas, havendo muitos que chegaram a dançar com ela e deram vivas ao novo cheque; sendo por fim entregue por mim e pelo capitão-mor ao mesmo, o qual nela tomou assento: ficando assim completamente investido no seu novo cargo.[56]

Entretanto, as consequências da nomeação do xeque Abdurramane no lugar do xeque eleito Aly Heri em Quitangonha permitem observar outras dimensões da resistência não diretamente relacionadas à coligação organizada no final do século XIX, denominadas neste trabalho de espaços independentes de resistência.

ESPAÇOS INDEPENDENTES DE RESISTÊNCIA

É preciso lembrar que, neste trabalho, o conceito de resistência é entendido como o conjunto de ações, individuais ou organizadas, executadas em nome de diferentes grupos, não necessariamente incluindo violência física, como respostas às interferências políticas, econômicas e/ou culturais impostas por agentes externos e consideradas, de alguma maneira, ilegítimas pelos atores que as enfrentaram.

Ressalte-se que não apenas os chefes principais das sociedades do norte de Moçambique reagiram contra as tentativas de dominação do governo português e fizeram parte da coligação de resistência. Indivíduos de diferentes camadas sociais também demonstraram descontentamento em relação às medidas do governo português que visavam a instituição dos mecanismos de exploração colonial.

Nesse sentido, é possível observar outras dimensões da resistência manifestadas pelos povos do norte de Moçambique, denominadas espaços independentes de resistência, ou seja, ações que não possuíam necessariamente relação direta ou engajamento político na coligação e que ocorreram até mesmo num período anterior à sua formação, mas que, de alguma maneira, contribuíram para a resistência, na medida em que configuraram obstáculos às iniciativas efetivas de colonização portuguesa.

---

56 *Ibidem.*

Os espaços independentes de resistência podem ser divididos em dois tipos, de acordo com as motivações das camadas sociais envolvidas. O primeiro espaço independente de resistência diz respeito às ações de chefes subordinados e de *pia-mwene*, cujo objetivo era a preservação da autonomia política ameaçada pelas interferências políticas das autoridades portuguesas. Os chefes subordinados ignoravam as ordens de comandantes militares que pretendiam se estabelecer em suas terras, respondendo de forma ofensiva, criticando diretamente os arranjos do governo português ao apoiar guerras e fornecer armas e pólvora a outros chefes. Por sua vez, as *pia-mwene*, representantes das linhagens nas sociedades matrilineares, questionavam a interferência do governo português nos processos sucessórios ao verem ignorada a importância de uma das suas principais funções quando as autoridades portuguesas apoiavam e legitimavam o poder dos ainda concorrentes aos cargos de chefe e capitão-mor, antes mesmo da sua aprovação.

No segundo espaço independente de resistência incluem-se as atitudes de comerciantes e de trabalhadores, tais como soldados, guias e carregadores, cujas ações, embora pudessem ser movidos por interesses pessoais e imediatos, vinculadas a ganhos materiais ou à mudança da própria situação social, coincidiam com a oposição aos principais mecanismos de exploração colonial, como a cobrança de impostos sobre produtos comercializados e do imposto da palhota, o recrutamento militar e o trabalho compulsório.

Os comerciantes, por exemplo, burlavam a proibição e vendiam disfarçadamente armas e munições aos chefes da coligação. Os soldados (cipaios) que compunham as forças militares portuguesas desertavam, refugiando-se nos territórios de chefes e sultões do norte de Moçambique, passando a compor o conjunto de seus guerreiros. Os guias locais sabotavam as ações militares direcionando as autoridades portuguesas para outros territórios de difícil acesso e com parcos recursos naturais, impedindo que se efetivassem os ataques. Os carregadores se recusavam a realizar o seu trabalho gratuitamente ou utilizavam expedientes que dificultavam o sucesso das campanhas militares. Ações como estas demonstram que, embora a coligação de resistência tenha sido organizada pelas elites do norte de Moçambique e que, a despeito da existência de diferenciação social, houve integração e apoio no interior de diversas camadas sociais igualmente descontentes com as interferências do governo português.

No que se refere ao primeiro espaço independente de resistência, as chefias africanas do norte de Moçambique reagiam de diferentes maneiras frente às intervenções portuguesas. Algumas se colocavam completamente contrárias às tentativas de dominação, promovendo ataques diretos aos postos militares e administrativos. Outros líderes tentavam preservar a sua autonomia rechaçando as determinações vindas dos comandantes miliares ou governadores. O pouco conhecimento sobre os territórios e as populações do interior fazia com que as autoridades portuguesas dependessem inteiramente dos chefes locais para diferentes trabalhos, desde o estabelecimento do comércio até a construção de postos de comando nessas áreas. Cientes disso, os chefes colocavam em prática várias estratégias cotidianas de resistência, dificultando, por exemplo, o acesso às povoações e a construção de postos militares nesses territórios.

Em 1877, o xeque da Matibane (Quitangonha) Amade Abdulá comunicou o capitão-mor das Terras Firmes, Manoel Pires de Oliveira, que o governo de Moçambique poderia enviar trabalhadores para cortar a madeira de que precisava. Porém, se quisesse que o xeque fornecesse pessoas para o corte, teria que pagar um salário por este serviço. Abdulá acrescentou ainda que, de qualquer forma, precisaria que o governo português enviasse "gente entendida para designar as qualidades e quantidades da madeira para cortar, carecendo também de ferramentas para o corte".[57] Neste caso, é possível aventar a hipótese de que o xeque da Matibane apenas objetivasse ganhos financeiros com a exigência do pagamento aos seus trabalhadores. Contudo, poderia também solicitar o pagamento de um tributo pelo fato da madeira extraída – fosse pelos seus trabalhadores ou por enviados do governo –, fazer parte do seu território. Por outro lado, é interessante pensar que, ao exigir o pagamento de um salário aos seus trabalhadores pelo serviço prestado ao governo português, Amade Abdulá fosse contra especificamente ao trabalho compulsório nas suas terras. O xeque autorizava a extração de madeira, porém determinava que, para fazê-lo, todo trabalho deveria ser empreendido pelo governo português, pagando aos seus trabalhadores ou enviando trabalhadores próprios e fornecendo material e pessoas especializadas.

Um episódio ocorrido também na Matibane remete a uma estratégia usada pelas chefias locais como forma de resistência à instalação de postos portugueses em seus territórios. Em 1884, o capitão-mor de Mossuril Manoel Ignacio Nogueira contava que o novo xeque da Matibane recebera um pagamento do governo para construir um quartel, porém como demorava a ver a construção, foi até o local com a justificativa de medir o terreno. Lá chegando, o capitão-mor da Matibane avisou-lhe que deveria esperar o xeque para iniciar o trabalho. Ao presenciar o xeque chegar atrasado e com apenas um carpinteiro e seis ajudantes, Nogueira questionou se aqueles homens seriam capazes de construir o quartel. Ao que o xeque da Matibane, justificando-se, respondeu que havia mais trabalhadores empregados no corte da madeira. Junto a essa correspondência, foi enviada ao secretário geral do governo de Moçambique uma carta do xeque Mamuda Buanamade

---

57   Correspondência do capitão-mor das Terras Firmes ao secretário geral do Governo Geral de Moçambique. Terras Firmes, 24 de novembro de 1877. Fundo do século XIX, Governo Geral de Moçambique, caixa 8-147, maço 2.

pedindo ao capitão-mor da Matibane que impedisse Nogueira de iniciar a construção do quartel antes da sua chegada, que se daria por volta das onze, doze horas. Salientava ainda que não revelasse nada a respeito dessa combinação.[58]

Ainda que não se tenha mais informações, pode-se sugerir que esta seria uma medida deliberada do xeque para impedir ou ao menos dificultar a construção do quartel, na medida em que foram empregados poucos homens para realizar a obra. A combinação antecipada com o capitão-mor da Matibane para o impedimento do início do trabalho antes da sua chegada ao local onde seria construído o quartel fazendo com que o capitão-mor de Mossuril tivesse que o aguardar, pode revelar que o xeque da Matibane quisesse, além de atrasar a construção do quartel, deixar claro ao governo português que qualquer ação em seu território dependia da sua aprovação.

Em um primeiro momento, atitudes como estas podem parecer naturais numa relação política entre dois representantes políticos, na qual a chefia africana atuava de forma independente em relação ao governo português, realizando alianças e acordos, com espaços para negociação. Entretanto, inseridas no contexto em que foram tomadas, ou seja, no momento em que a atuação política portuguesa se torna mais ofensiva e direcionada para a ocupação efetiva do território e para a implementação dos mecanismos coloniais de exploração, tais atitudes podem adquirir o sentido de resistência na tentativa de garantir a autonomia política das chefias africanas.

Outro episódio ocorrido dois anos depois permite confirmar o objetivo do xeque da Matibane em demonstrar às autoridades portuguesas a sua autonomia política. Em 1886, ao comunicar a prisão de um homem na região, o comandante militar da Matibane, Antonio Ferreira de Carvalho, foi criticado pelo xeque que o ameaçou, avisando que não se importava que o governo português não estivesse satisfeito com a sua atitude, pois tinha muitos macuas para lhe fazer guerra. O comandante, então, pediu que enviassem mais soldados para que pudesse "reagir energicamente" caso isso ocorresse novamente. De sua parte, o xeque deixava claro que não permitiria que as autoridades portuguesas agissem sem a sua autorização, ou seja, que efetuassem prisões nos territórios sob sua jurisdi-

---

58 Correspondência do capitão-mor de Mossuril ao secretário geral do Governo de Moçambique. Mossoril, 9 de junho de 1884. AHM, Fundo do século XIX, Governo Geral de Moçambique, 1884, caixa 8-143, maço 2. Em 1887, o Che Agy recusou a solicitação de Francisco Meneses e Mendonça para ir ao posto do comando militar de Mogincual. Foi preciso enviar ao seu encontro um ajudante do capitão-mor de Sancul, Molide Volay, a quem entregou uma carta na qual se comprometia a avisar a sua população para que fossem liberados os caminhos. Correspondência do comandante militar de Moginquale ao secretário geral do Governo Geral de Moçambique. Natende, 27 de abril de 1887. AHM, Fundo do século XIX, Governo Geral de Moçambique, 1887, caixa 8-151, maço 1.

ção, tão pouco se importava com a aprovação do governo português quanto à sua crítica, porque tinha condições de lhe fazer guerra. [59]

Em um relatório, o capitão-mor das Terras Firmes, contava que o "ajudante das terras do Infusse", Ibrahimo Salé, negara-se a acompanhá-lo ao Infusse com sua comitiva de mais trezentas pessoas. Como justificativa, alegou que deveria antes consultar seus "parentes", o xeque Adamogy Ché Ibrahimo e o capitão-mor Molide Volay. Comunicou que reuniria "os filhos do Infusse" e lhe enviaria uma resposta em breve que, segundo o capitão-mor, nunca chegou. Ao se analisar esse episódio, num primeiro momento, pode-se pensar que Ibrahimo Salé estivesse apenas seguindo as normas internas do seu grupo, ou seja, como chefe subordinado, deveria solicitar a aprovação do chefe principal antes tomar certas decisões. No entanto, os chefes subordinados tinham liberdade para assumir algumas ações individuais, agindo, em muitas circunstâncias, de forma independente. Além disso, Ibrahimo nem sequer respondeu à solicitação do capitão-mor das Terras Firmes, o que permite pensar que o líder africano não quisesse realmente realizar esse trabalho para o governo português. Evitando o enfrentamento direto como estratégia de ação, Ibrahimo não aceitou a imposição do capitão-mor que solicitava o acompanhamento da sua comitiva, preservando assim sua autonomia política.

As chefias africanas que autorizavam o governo português a construir um posto em sua povoação, sobretudo se nele houvesse a presença de uma força militar, sofriam, muitas vezes, a pressão da sua própria população ou de seus vizinhos diante das intervenções das autoridades portuguesas que passaram a ser mais opressivas no final do século XIX.

Em 1887, o "monhé" [Valy var Mamade] fora avisado por um amigo seu que uma "grande quantidade de macuas" chegara a Nacalanga, solicitando ao vizir que fossem apresentados ao xeque Ché Agy. Queriam saber o teor da conversa entre Ché Agy e as autoridades portuguesas a respeito da prisão de um macua pelo capitão Xavier. O xeque Ché Agy escreveu, então, ao comandante militar Francisco Meneses e Mendonça informando que receava que os macuas atacassem as suas terras por ter permitido a construção de um posto militar português na região, o que, em certa medida, teria levado à prisão do referido macua. Por sua vez, os macuas advertiram o vizir que fariam guerra "por toda uma lua" caso o xeque não tomasse providências. O comandante militar de Moginquale acreditava que Ché Agy estivesse arrependido de "ter concorrido para a (...) instalação [do posto] neste local" e talvez

---

59   Correspondência do comandante militar da Matibane ao capitão-mor das Terras Firmes. Matibane, 19 de junho de 1886. AHM, Fundo do século XIX, Governo Geral de Moçambique, 1886, caixa 8-149, maço 1.

já apoiasse os macuas. Por essa razão, receava ser "traído" pelo Ché Agy, que deixaria de avisá-lo sobre um provável ataque dos macuas.[60]

Note-se que as restrições das populações africanas à instalação dos postos portugueses em seus territórios não eram acarretadas por uma mera disposição em combater a presença portuguesa na região, mas expressavam a tentativa de evitar a repressão provocada pelas autoridades portuguesas no contexto de implementação dos mecanismos coloniais de controle dos africanos.

Em 1888, de acordo com o governador Francisco Meneses e Mendonça, o xeque Ramadane ajudaria os macuas por ser contrário à presença da força militar portuguesa na região, o que lhe impedia de realizar o comércio de escravos, e também por terem os portugueses aprisionado um "monhé" que o líder africano enviara a Moçambique. Além disso, em correspondência enviada ao governador, o xeque Ramadane acusou o comandante militar de ter sequestrado e vendido o seu filho sem motivo:

> (...) que V. M.ᵉ. que tomou meu filho sem motivo nenhum, foi vce. que intrigou com os parentes dele, porque vce e cheque é que venderam meu parente aos portugueses. Senhor ten.ᵗᵉ. vce. e xeque é que vendeu meu parente. Eu hei de ir a Moçambique para queixar ao governador (...).[61]

Do mesmo modo, as *pia-mwene* confrontaram algumas ações do governo português, sobretudo no que se refere às interferências nos processos sucessórios. Como já foi comentado, a *pia-mwene* de Seremage (ou Kinga), M'Fatima não aceitou a imposição do governo português de nomear, em 1893, Sheagy Bin Aly xeque de Seremage quando o eleito e aprovado por ela, Selemane Bine Mocombotas, fora preterido sob acusação de ser "criminoso e traficante de escravatura" pelas autoridades portuguesas.[62] M'Fatima era considerada pelo comandante militar de Moginqual, Antonio Diniz de Ayalla, "inimiga" do governo português devido as suas atitudes frente a algumas solicitações, como o reconhecimento de Sheagy como xeque. M'Fatima também não entregara o "monhé" Abdala,

---

60   Correspondência do comandante militar de Monginquale. Namipe, 17 de dezembro de 1887. AHM, Fundo do século XIX, Governo Geral de Moçambique, 1887, caixa 8-151, maço 1.

61   Correspondência do xeque Ramadane. Sem local, [1888]. AHM, Fundo do século XIX, Governo Geral de Moçambique, 1888, caixa 8-151, maço 1.

62   Correspondência de Antonio Diniz de Ayalla, comandante militar de Moginqual, a Nune Fatima Bine Zacharias. Moginqual, 11 de maio de 1893. AHM, Fundo do século XIX, Governo Geral de Moçambique, 1896, caixa 8-156, maço 1. Ver também: AHM, Fundo do século XIX, Governo Geral de Moçambique, 1891, caixa 8-151, maço 1.

acusado de roubos em Natule e refugiado em suas terras, tão pouco fora ao encontro do comandante militar Ayalla, que ainda não a conhecia pessoalmente.[63]

No que diz respeito às ações de contestação das *pia-mwene*, o episódio ocorrido em 1875, envolvendo a *pia-mwene* Maziza e o xeque da Quitangonha é emblemático. Maziza fora acusada de mandar matar Abdulrramane Said Aly, xeque da Quitangonha porque este lhe devia o pagamento referente à venda de escravos e impedia a realização desse comércio.[64] No entanto, esta pode não ter sido a única razão para o assassinato de Abdulrramane, que passara a exercer o poder em Quitangonha em substituição ao xeque Ali Heri, preso pelo governo português.

É possível pensar também que a *pia-mwene* Maziza teria agido em resposta à atitude de desrespeito adotada por Abdulrramane quanto às normas de sucessão das sociedades matrilineares, na qual o chefe deve ter a aprovação da *pia-mwene*. Mesmo que não tenha sido uma atitude de confronto com governo português, tendo em vista que o único atingido direto fora Abdulrramane, Maziza mostrou que não aceitava a interferência das autoridades portuguesas, que ignoravam o seu poder de decisão ao apoiar a deposição do xeque.

As estratégias de resistência, que não privilegiavam o enfrentamento direto ou não faziam uso da violência com relação ao governo português, não eram apenas tomadas pelas chefias locais. Há relatos que mostram o apoio oferecido por comerciantes aos chefes envolvidos na coligação de resistência ao facilitar o acesso às armas de fogo e munições. Os comerciantes poderiam agir dessa maneira apenas motivados pelo ganho financeiro que a venda desses produtos proporcionava. Contudo, as fontes documentais permitem observar que essas ações também eram resultado do descontentamento de comerciantes diante das intervenções portuguesas para exercer o controle do comércio, o que incluía a cobrança crescente de impostos sobre os produtos comercializados.

Em 1886, o capitão-mor das Terras Firmes Joaquim Barbosa Lopes Lobo foi para Mutiquite e encontrou várias lojas fechadas. Os "mouros" que ali estavam disseram que apenas cuidavam das lojas, porque os proprietários, seus amigos, tinham ido à ilha de Moçambique vender seus produtos. Para Lopes Lobo os negociantes nos últimos tempos agiam dessa maneira para escapar do pagamento de tributos ao governo português.[65]

---

63 Correspondência do comandante militar de Moginqual a Nuno Fatima Bine Zacharias. Moginqual, 11 de maio de 1893. AHM, Fundo do século XIX, Governo Geral de Moçambique, 1893, caixa 8-156, maço 1.

64 Correspondência do governador geral de Moçambique, 21 de julho de 1875. AHU, SEMU, DGU, Moçambique, caixa sem nº, pasta 49, capilha 1, documento 181. Esta questão também é tratada em: Relatório do Governador Geral de Moçambique. AHU, SEMU, DGU, Moçambique, 1875, caixa sem nº, pasta 50, capilha 1, documento 1. HAFKIN, Nancy, op. cit., p. 270-274.

65 Correspondência capitão-mor das Terras Firmes ao secretário geral do Governo de Moçambique. Mos-

As autoridades portuguesas prejudicavam os comerciantes ao tolher o comércio de armas e munições, proibindo-o por lei. Todavia, armamentos continuavam a ser vendidos, sobretudo aos chefes da coligação, escondidos no meio de outros produtos. Em 1890, o capitão-mor das Terras Firmes informou ao secretário geral de Moçambique que o negociante Mamuda Muscagy fornecia pólvora ao Marave de Sancul dentro de panelas. A pólvora era colocada no fundo das panelas depois cobertas com milho até a superfície. O capitão-mor contou ainda que quando esteve em Lumbo viu fugir 18 homens nas proximidades da casa de Mamuda Muscagy, que seguiram em direção às terras de José Maria de Carvalho. Embora os soldados da força portuguesa os tenham perseguido, não conseguiram capturá-los. Porém, encontraram na casa de Muscagy "um barril de pólvora despejado, dois montes de macasa donde já tinham tirado alguma, um colchão de suma-á-uma velho, rasgado e a panela d'água vasada, e os armazéns com muitos barris para cajú cheios d'água."[66]

Próximo dali estava Assane Maumade, suspeito de envolvimento nos conflitos contra Molide Volay e o governo português.[67] Interrogado, Assane dissera não saber que Mamuda enviava pólvora em panelas ao Marave, mas que, na semana anterior, ele mandara buscar em Munapo quarenta panelas para "o uso de cajú". Assane afirmou ainda que Soalé enviara ao Marave uma porção de pólvora "dentro de um saco" por intermédio de um "criado" de nome Vito Vimosa.[68]

A informação de que Marave estava nas terras da "rainha" Naguema foi confirmada por um "espião" do Marave, preso pelo governo português. O acusado de espionagem era um "preto chamado Fregúa", que dissera em interrogatório que o Marave estava com a rainha Naguema, mas depois negou tudo, afirmando que mentira por medo. Ressalte-se que Frégua era acusado de espionagem por demonstrar que conhecia vários territórios, embora o capitão-mor afirmasse que seu conhecimento poderia ser em razão do seu trabalho como negociante.[69] Fátima e Ussene, respectivamente mulher e filho de Fregúa, foram

---

    suril, 23 de fevereiro de 1886. AHM, Fundo do século XIX, Governo Geral de Moçambique, 1886, caixa 8-149, maço 1.

66   Correspondência do capitão-mor das Terras Firmes ao secretário geral do Governo Geral de Moçambique. Moçambique, 16 de setembro de 1890. AHM, Fundo do século XIX, Governo Geral de Moçambique, 1890, caixa 8-149, maço 2.

67   O capitão-mor afirmou que o Assane fora reconhecido pela gente de Molide Volay por ter mostrado uma bandeira branca dizendo que a guerra havia terminado, mas quando se aproximaram foram atacados. *Ibidem*.

68   *Ibidem*.

69   Correspondência do capitão-mor das Terras da Coroa ao chefe da repartição militar do Distrito de Moçambique. Moçambique, 1898. AHM, Fundo do século XIX, Governo do Distrito de Moçambique, 1898, caixa 8-9.

também interrogados. Fátima declarou que fora ameaçada com uma faca pelo marido por não querer fugir para Naguema. O filho sustentou que Frégua costumava ir todos os dias a Ampapa comprar fazendas e depois as levava para a povoação dos namarrais, mas não sabia se o pai tinha contato com o Marave nem quem lhe fazia o pagamento.[70]

O administrador do Conselho de Moçambique, Joaquim Ignácio de Souza, escreveu, em 1891, ao presidente da Câmara solicitando que nenhuma licença fosse expedida para o estabelecimento de lojas em Muxelia e em outras localidades onde não houvesse um comando português. Segundo Souza, todos sabiam que Marave era o chefe de Muxelia, local que fora também sua residência até o momento em que as forças do governo destruíram e incendiaram esta povoação. O objetivo da proibição das licenças era impedir que o Marave conseguisse comprar alimentos, armas e munições, reconstruísse a sua povoação e recomeçasse a guerra contra o governo português. A resolução foi aceita. Contudo, como duas licenças já haviam sido liberadas, Joaquim Ignácio de Souza, considerando que isto poderia prejudicar a tranquilidade das povoações, solicitou os cancelamentos.[71]

Embora não existam evidências concretas de comprometimento político dos comerciantes com os chefes da coligação, ao facilitarem o acesso às armas e munições contribuíam para o sucesso das ações de resistência. Ao mesmo tempo, burlando a proibição de venda de armas e pólvora, os comerciantes impediam que vigorasse, na prática, a imposição da medida portuguesa para o controle do comércio.

Existem também vários relatos de incidentes causados por soldados africanos, integrantes das forças militares portuguesas, que configuram ações contra a política colonialista. Além das costumeiras deserções, ocorreram alguns episódios de abandono das forças em plena ação militar. Segundo o capitão-mor de Mossuril, durante a guerra contra os namarrais, em 1884, após a ordem de ataque do capitão-mor das Terras Firmes a uma povoação em Ampapa, mais de quatrocentos soldados armados "dividiram-se em grupos e assentaram-se debaixo do alvoredo!", obrigando toda a tropa a retornar para o acampamento.[72]

Em 1890, o encarregado do governo do distrito de Angoche, José Francisco Sampaio d'Albuquerque, informava ao governador geral que, naquela madrugada, a vila

---

70   Correspondência do capitão-mor das Terras da Coroa, Antonio Camisão, ao chefe da repartição militar do Distrito. AHM, Fundo do século XIX, Governo do Distrito de Moçambique, caixa 8-9, 1898-1900.

71   Correspondência do administrador do Conselho de Moçambique, Joaquim Ignácio de Souza ao presidente da Câmara. Moçambique, 10 de abril de 1891. AHM, Fundo do século XIX, Governo do Distrito de Moçambique, 1891, caixa 8-13, maço 4.

72   Correspondência do capitão-mor de Mossuril ao secretário geral do Governo de Moçambique. Mossoril, 9 de dezembro de 1884. AHM, Fundo do século XIX, Governo Geral de Moçambique, 1884, caixa 8-147, maço 2.

fora novamente atacada. Sampaio d'Albquerque desconfiava da participação de cipaios no episódio porque as marcas de munições encontradas eram daquelas utilizadas particularmente pelo governo português.[73] Afirmava ainda que muitos cipaios se associaram aos imbamelas aliados a Angoche, argumentando que: "reconhece[ra] pelos vestígios que as balas deixaram nas árvores e mesmo porque desapareceram alguns, eu sei estarem em Angoche."[74] Para o comandante militar de Angoche Francisco Pinto Cardoso Coutinho também existiam indícios de que os cipaios de origem local tentavam proteger e auxiliar Ibrahimo e Farelay.[75]

Quase no final do século XIX, Ibrahimo enviou ao capitão-mor de Angoche um soldado que, um ano antes, desertara do regimento português e se refugiara em suas terras. Declarou que não havia feito isso ainda porque o dito soldado viajara para a Imbamela.[76] O capitão-mor de Angoche Antonio Magalhães revelou que esse era um dos inúmeros casos de desertores que passara a viver em Angoche, afirmando que "outros vadios lá estão vivendo sob a sua proteção, fugidos d'aqui, sem que ele pense em envia-los à autoridade".[77]

Diversas razões podem ser atribuídas às ações organizadas por soldados, tais como as deserções, as fugas, a resistência em atacar determinadas povoações e a incorporação nas forças militares dos chefes que compunham a coligação. As ações de resistência dos soldados estão relacionadas à questão da arregimentação, dos baixos salários e das péssimas condições

---

73 "Mais uma vez se reconheceram provas de estarem ligados ao inimigo cipaes do Governo, não sendo todavia possível por enquanto, reconhecer-se quem elles são, em todo o caso há certeza dos cipaes estarem coligados com o inimigo por causa dos vestígios que as ballas Guider tem deixado (...)". AHU, SEMU, DGU, Correspondência dos Governadores, Moçambique, 2 de março de 1890, caixa 1333, pasta 12, capilha 1, documento 20/45.

74 Correspondência do encarregado do governo do distrito de Angoche ao secretário do Governo Geral de Moçambique. Angoche, 21 de fevereiro de 1890. AHM, Fundo do século XIX, Governo Geral de Moçambique, 1890, caixa 8-104, maço 3.

75 Correspondência do comandante militar de Angoche ao secretário geral do Governo Geral de Moçambique. Antonio Ennes, 11 de outubro de 1894. AHM, Fundo do século XIX, Governo Geral de Moçambique, 1894, caixa 8-105, maço 2.

76 Correspondência do sultão Ibraimo de Angoche ao Capitão-mor de Angoche, 8 de fevereiro de 1899. AHM, Fundo do século XIX, Governo do Distrito de Moçambique, 1899, caixa 8-8. Segue carta do capitão-mor de Angoche ao chefe da Repartição Militar de Moçambique informando sobre o ocorrido com o soldado João Domingos Fernandes que desertou e foi acolhido pelo sultão Ibraimo "chefe dos revoltosos de Angoche o qual não o quis entregar". Antonio Ennes, 20 de abril de 1898. AHM, Fundo do século XIX, Governo do Distrito de Moçambique, 1899, caixa 8-8.

77 Correspondência do capitão-mor de Angoche ao chefe da Secretaria Militar do Governo do Distrito de Moçambique. Antonio Ennes, 11 de fevereiro de 1899. AHM, Fundo do século XIX, Governo do Distrito de Moçambique, 1899, caixa 8-8.

de sobrevivência. O recrutamento de soldados e a composição dos regimentos era um problema recorrente enfrentado pelas autoridades portuguesas em Moçambique. Ressalte-se que, embora não haja elementos evidentes para concluir que em todos os episódios os soldados tiveram um comprometimento político com a coligação de resistência, reagiam contra a instituição dos mecanismos coloniais de exploração dos trabalhadores.

Na ausência de trabalhos específicos sobre o recrutamento militar e as deserções de soldados em Moçambique no século XIX, consultei o artigo da pesquisadora Eugénia Rodrigues sobre o tema para fazer aproximações que considero válidas para o período estudado nesta tese, a despeito de seu estudo se referir ao século XVIII.

De acordo com Eugénia Rodrigues, o recrutamento de soldados e a formação de um regimento militar em Moçambique era um problema presente já no século XVIII. Em meados deste século, o regimento de Moçambique era formado, em sua maior parte, por degredados oriundos de Portugal, Goa e Brasil. Em 1762, Marco Antonio de Azevedo Coutinho Montaury, governador dos Rios de Sena, apresentou uma proposta de importação de soldados da Índia, denominados cipaios. O governador geral justificava a escolha dos indianos argumentando que a vinda de soldados europeus era muito dispendiosa devido aos altos gastos com o transporte e às taxas elevadas de mortalidade. A utilização de mão-de-obra local também não seria apropriada pela fama de desleais atribuída aos africanos. Ademais, os indianos possuíam grande experiência militar e de uso de armas de fogo. A única ressalva que se fazia era que se selecionassem apenas os canarins (indianos católicos), para evitar o risco de expansão da religião hindu e islâmica entre os africanos. Antes desse projeto os indianos já eram utilizados nas tropas portuguesas, todavia, nesse momento, houve um direcionamento, visando a substituição das tropas pelos soldados indianos.[78]

Os crescentes conflitos com as chefias do norte de Moçambique localizadas próximas às Terras Firmes (continente fronteiro às ilhas de Moçambique) obrigaram as autoridades portuguesas a encontrarem outra solução para o problema da composição dos regimentos, que se resumiu na formação de uma companhia de naturais arregimentados entre suaílis e macuas, que receberam também a denominação de cipaios. Nesse caso, o emprego de soldados locais era considerado vantajoso por várias razões: os africanos eram mais resistentes ao clima, ao relevo e às doenças locais, além de conhecerem o território.[79]

---

78 RODRIGUES, Maria Eugénia. Cipaios da Índia ou soldados da terra? Dilemas da naturalização do exército português em Moçambique no século XVIII. História: Questões e Debates. Curitiba: Editora UFPR, n.45, 2006, p. 61-78.

79 *Ibidem*, p. 83.

Entretanto, já no século XVIII, as deserções eram constantes e inúmeras, motivadas pelos baixos salários, pelos castigos sofridos e pelas imposições. Antonio de Melo e Castro, governador-geral (1786-1793), atribuía a causa das fugas dos soldados à resistência ao trabalho e à disciplina.[80] Além disso, o valor dos salários era menor do que daqueles que ocupavam os regimentos portugueses. O capitão Nogueira de Andrade também se referiu às várias deserções ressaltando que os castigos infligidos aos soldados não faziam mais efeitos.[81]

Em 1793, o governador-geral D. Diogo de Sousa Coutinho viu-se obrigado a formar um regimento composto por africanos, indianos de Goa e os colonos dos prazos da Zambézia. O governador encontrou maiores dificuldades para o recrutamento dos colonos, enfrentando a oposição dos chefes e senhores a quem não interessava perder mão de obra trabalhadora e contribuinte. Diante das resistências ao recrutamento e das deserções, o governador-geral limitou o serviço voluntário a seis anos.[82]

As autoridades portuguesas acreditavam que seria mais fácil arregimentar soldados entre os africanos porque estes prefeririam a vida militar às agruras da escravidão. De acordo com Eugénia Rodrigues, esta justificativa demonstrava que o governo português não compreendia a noção de escravidão presente nas sociedades locais, caracterizada por uma dependência social, que não se assemelhava ao tipo de relação estabelecida numa economia de plantação.[83]

As estratégias utilizadas para escapar ao recrutamento eram múltiplas, dentre as quais a própria escravização por meio da "venda do corpo". Os senhores "compravam o corpo" dos colonos recrutados, que adquiriam o estatuto de escravos, e os acolhiam em suas terras. A prática constrangeu o governador a expedir um alvará, em 6 de setembro de 1765, estabelecendo a penalização daqueles que dessem asilo aos soldados desertores. Por sua vez, os soldados passaram a evadir-se para mais longe, procurando os territórios de chefes africanos que não estavam sob a jurisdição portuguesa. A solução seria a compra

---

80   Correspondência do governador geral Antonio de Melo e Castro para o Secretário de Estado, Moçambique,14 de agosto de 1786. AHU, Moçambique, caixa 52, documento 11; Correspondência do governador geral Antonio de Melo e Castro para o Secretário de Estado, Moçambique, 30 de setembro de 1787, AHU, Moçambique, caixa 55, documento 43. Apud RODRIGUES, Maria Eugénia, op. cit., p. 83.

81   ANDRADE, J. J. N. de. Descripção do Estado em que ficarão os Negócios da Capitania de Mossambique nos fins de novembro do anno de 1789 com algumas observações e refecções sobre a causa da decadencia do Commeçio dos Estabelecimentos Portugueses na Costa Oriental da África. Arquivo das Colónias, 1917, v. I. Apud RODRIGUES, Maria Eugénia, op. cit., p. 83.

82   *Ibidem*, p. 88.

83   *Ibidem*, p. 86.

de escravos para a formação dos regimentos. Contudo, a situação financeira do governo português em Moçambique não permitia que se realizasse tal investimento.[84]

Durante o século XIX, o problema do recrutamento de soldados para os regimentos coloniais persistia. Mais uma vez a questão recaía sobre a origem dos soldados, ou seja, se o regimento deveria ser formado exclusivamente por portugueses, goeses ou africanos. Nas décadas de 1860, a opção feita foi a importação de soldados de Portugal e de Goa.[85]

De acordo com Eduardo Lupi, os soldados que atuavam na região de Angoche, recrutados nas companhias indígenas de infantaria, eram de diferentes origens. Para o capitão-mor de Angoche, a diversidade não permitia que as forças miliares tivessem uma unidade, um "espírito de corpo". Somava-se a isso o fato de que desde 1877 fora cancelado o sistema dos prêmios de alistamento, causando o descontentamento dos soldados. Ademais, as tropas portuguesas eram pouco "instruídas e disciplinadas". Com a renovação da sua composição dirigentes e subordinados desconheciam-se uns aos outros e os oficiais que chegavam de Portugal ignoravam completamente as condições de vida e a situação da região, bem como suas funções e responsabilidades.[86]

Já em 1879, a escolha para a composição das tropas portuguesas recaiu sobre recrutados vindos de Angola, que assinavam um contrato de trabalho de cinco anos, mas acabavam permanecendo por muito mais tempo, forçados pelo governo ou pelas circunstâncias financeiras ou sociais, como laços familiares estabelecidos, que dificultavam a sua volta.[87]

Mousinho de Albuquerque escreveu em 1897 um relatório sobre a campanha militar que comandou contra os namarrais no qual defendia a necessidade de se ter uma "polícia a pé" que auxiliasse a polícia a cavalo. Porém, para isso, era preciso que os soldados fossem africanos ou indianos porque, segundo Mousinho, "o europeu a pé não anda[va] quase nada neste clima deprimente e adoec[ia] logo às primeiras marchas e às privações inseparáveis da vida no sertão." O capitão-mor Gomes da Costa tentou obter cerca de sessenta "marathas verdadeiros, gente de confiança", referindo-se a uma casta de guerreiros indianos presente em várias regiões da Índia, como em Goa e Gujerat. Para as autoridades portuguesas os soldados de origem local não mereciam nenhuma confiança, sendo "medrosos e todos mais afeitos aos mouros".[88]

---

84 RODRIGUES, Maria Eugénia, op. cit., p. 89.
85 M'BOKOLO, op. cit., p. 326.
86 LUPI, Eduardo do Couto, op. cit., 1907, p. 222.
87 M'BOKOLO, op. cit., p. 326.
88 ALBUQUERQUE, Joaquim Augusto Mousinho de, op. cit., 1897, p. 10-11.

Apenas em meados da década de 1890, diante da necessidade da ocupação efetiva dos territórios, o governo português finalmente organizou seu regimento colonial com reforços vindos de Portugal, chegando a aproximadamente sete mil homens. Na década anterior, o número de soldados do regimento não ultrapassou 1.400.[89]

Os soldados que desertavam e fugiam para outros territórios e que poderiam formar o corpo de guerreiros de chefes do norte de Moçambique resistiam ao recrutamento devido aos baixos salários, às más condições de sobrevivência, aos maus tratos e imposições. Como eles, guias e carregadores recusavam-se, muitas vezes, a cumprir as determinações do governo português e sabotavam as ações das autoridades portuguesas.

Em 1892, Molide Volay de Sancul informara ao comandante militar do Moginquale Antonio Diniz Ayalla, que pernoitava em suas terras, que naquela ocasião não poderia lhe fornecer carregadores os quais acusavam as autoridades portuguesas de maus tratos argumentando que quando chegavam aos comandos portugueses eram presos e apanhavam, além de não receberem nenhum pagamento pelo serviço realizado.[90]

Mousinho de Albuquerque escreveu em 1897 que, durante a campanha militar contra os namarrais, suspeitara da traição dos guias africanos que os direcionaram para territórios de difícil acesso e com parcos recursos naturais, impedindo que se efetivassem os ataques. Além do cansaço e do consumo rápido de munições, não havia próximo ao local nenhuma fonte de água potável, o que ocasionou a retirada das tropas em pouco tempo. Segundo Mousinho, durante a última noite dos ataques, os namarrais gritavam para as tropas portuguesas: "entraram mas não tornam a sair; não beberam água nem a tornaram a beber". Mousinho passou a desconfiar da atitude dos guias africanos desde o início da marcha quando discutiam muito sobre os caminhos a serem seguidos. Além disso, o encontro de um saquinho contendo papéis junto ao "mouro" Moamade Charamadane, chefe dos guias, cuja tradução dizia que era "feitiço para os brancos serem vencidos pelos namarrais", aumentaram ainda mais as desconfianças de que os guias contribuíram ativamente para a derrota portuguesa na guerra contra os namarrais.[91]

No mesmo episódio, durante a retirada das tropas, a marcha seguiu lentamente devido ao território muito acidentado, ao estado dos animais que levavam os carre-

---

89 M'BOKOLO, op. cit., p. 326.

90 Correspondência do comandante militar do Moginquale Antonio Diniz Ayalla ao secretário geral do Governo Geral. Moginqual, 1 de novembro de 1892. AHM, Fundo do século XIX, Governo Geral de Moçambique, 1892, caixa 8-151, maço 1.

91 ALBUQUERQUE, Joaquim Augusto Mousinho de, op. cit., 1897, p. 10-11.

gamentos e "à má vontade" dos carregadores (carreiros) que dificultaram ainda mais a marcha e causaram acidentes.[92]

A resistência dessas camadas sociais às determinações do governo português e a consequente contribuição dada à coligação poderia estar relacionada à questão da arregimentação de trabalhadores contratados após a instituição da abolição da escravidão.

A abolição total da escravidão nas possessões africanas foi promulgada em 1858 por um decreto elaborado por Sá da Bandeira que determinava o prazo de vinte anos para a sua completa implementação. Porém, o estatuto de liberto, que regulamentava a condição dos ex-escravos, foi decretado somente em 25 de fevereiro de 1869. Logo depois, em 1875, uma lei instituiu o fim do estatuto e estabeleceu as regras para o contrato de trabalho, facilitando o recrutamento de trabalhadores, sobretudo destinados à prestação de serviços em outras regiões, então chamados de serviçais.

De acordo com a pesquisadora Elaine Ribeiro, no que se refere especificamente aos carregadores, em 1839 foi apresentada pela primeira vez uma proposta de lei para a emancipação desse tipo de trabalho compulsório. Depois de anulada no início da década de 1840, a proposta foi novamente apresentada em 3 de novembro de 1856.[93] As fugas ocorriam em massa por causa da violência com que eram tratados os carregadores, muito semelhante aos castigos despendidos aos escravos.[94]

Ressalte-se que os carregadores poderiam agir contra as intervenções do governo português motivados por questões pessoais, vinculadas à mudança da própria situação social ou aos principais mecanismos coloniais portugueses, como as formas de trabalho compulsório e a cobranças de impostos. Nem sempre há evidências concretas

---

[92] *Ibidem*, p. 10. "Com respeito aos comboios mais uma vez se demonstrou a absoluta necessidade de ter muares e carros bons para os formar. Os bois andam muito devagar e sofrem muito com a falta de água. Os carros do país não prestam. Os macambuzes (boieiros indígenas) fogem, empacham os carros de propósito para não avançar mais, roubam as cargas, etc. Empregar carregadores é perigoso porque aos primeiros tiros fogem. O único meio é ter carros e muares de Portugal, mas carros pequenos e muares ensinados. Em 1895 requisitei 4 carros ao ministério da guerra, instando para que fossem dos mais pequenos usados no Alentejo para burros – mandaram 4 carros dos maiores e mais pesados que há!" *Ibidem*, p. 14.

[93] Uma discussão minuciosa sobre a legislação portuguesa referente ao trabalho compulsório nas possessões africanas e, especificamente, ao trabalho de carregadores é realizada por Santos, Elaine Ribeiro da Silva dos. Barganhando sobrevivências: os trabalhadores centro-africanos da expedição de Henrique de Carvalho à Lunda (1884-1888), 2010. Dissertação (Mestrado em História Social). Faculdade de Filosofia, Letras e Ciências Humanas da Universidade de São Paulo, São Paulo, p. 60. Igualmente relevante é o trabalho de MARTINEZ, Esmeralda Simões. O trabalho forçado na legislação colonial portuguesa: o caso de Moçambique (1899-1926). Lisboa, 2008. Dissertação (Mestrado em História da África), Faculdade de Letras da Universidade de Lisboa.

[94] Santos, Elaine Ribeiro da Silva dos, op. cit., p. 61.

de que esses agentes sociais tinham um comprometimento político com a coligação de resistência. Contudo, é possível observar que ações de rebeldia de determinadas camadas sociais, como a deserção de soldados e as sabotagens realizadas por guias e carregadores, poderiam dar origem ao engajamento a um movimento de resistência mais amplo ou ser fruto de um compromisso com os chefes da coligação. A informação de que alguns desses trabalhadores eram muçulmanos sugere que, como escravos ou libertos, poderiam ter se integrado às sociedades dos chefes que compunham a coligação de resistência por meio da construção de laços de lealdade em torno do Islã, reiterando o papel da religião como elemento de integração e mobilização da resistência. O mesmo poderia valer para os laços criados a partir das relações de parentesco e da doação de terras.

As fugas de escravos e libertos para o norte de Moçambique eram muito recorrentes. Na primeira metade do século XIX, foi construída uma aringa em Ampapa por escravos fugidos da ilha de Moçambique. A povoação teria se integrado ao grupo namarral por meio de relações de lealdade e de dependência com as novas chefias. Em 1886, o governador geral afirmava que um "régulo do Namarral era um verdadeiro salteador, com mando sobre numerosas hordas de cafres e que se refugiam os maiores malfeitores escapados às justiças".[95]

Capela acrescenta que na década de 1820 as desordens causadas pelas migrações dos ngunis provocaram a decadência de alguns prazos na Zambézia e, por consequência, muitos escravos e colonos abandonaram o território juntando-se a outros prazos ao sul ou constituindo novas formações sociais.[96] No caso dos colonos, Eduardo Lupi acreditava que o motivo dos conflitos entre zambezianos e a "gente munhé" de Angoche residia no fato de muitos colonos fugirem para as terras dos sultões do norte de Moçambique com o objetivo de não pagarem o "mussoco", imposto sobre o trabalho.[97]

Nas sociedades do norte de Moçambique, um indivíduo vindo de fora poderia ser integrado ao grupo se fosse aceito pelo chefe principal ou por meio do casamento com uma mulher desde que escolhesse pertencer ao grupo dela ou ainda, se escravo, sendo libertado.[98] De acordo com as fontes analisadas, é possível perceber que o Islã também se configurou como um elemento de integração desses indivíduos externos à sociedade e considerados, muitas vezes, marginalizados como libertos e escravos, fossem eles carregadores, soldados ou guias.

---

95   CAPELA, José, op. cit., 2006, p. 86-90.
96   *Ibidem*, p. 90-91.
97   LUPI, Eduardo do Couto, op. cit., 1907, p. 182.
98   *Ibidem*, p. 142.

O PROJETO COLONIAL PORTUGUÊS E O CONTEXTO POLÍTICO EUROPEU DO FINAL DO SÉCULO XIX

O governo português começou a traçar um projeto colonial voltado para as possessões africanas a partir da década de 1820 com o desmembramento do "império sul-atlântico", iniciado com a Independência do Brasil, e que marcou profundamente a sociedade portuguesa do ponto de vista econômico e institucional. De acordo com o historiador Valentim Alexandre, pretendiam-se conservadores os projetos elaborados nos anos 1820 na medida em que objetivavam o restabelecimento das relações, sobretudo econômicas, do Antigo Regime e a recuperação das camadas sociais, notadamente a mercantil, afetadas pela sua crise, promovendo novas atividades econômicas nas possessões africanas.[99]

O interesse pelas possessões africanas ganhou maior impulso com a Independência do Brasil, em 1822, como afirma Valentim Alexandre:

> (...) o interesse pelos domínios africanos nasceu naturalmente das dificuldades que a perda definitiva do Brasil produziu numa sociedade cuja vida econômica e institucional estava estreitamente ligada à existência do império. Os laços entre a descolonização brasileira e a expansão em África são sobretudo evidentes ao nível mais concreto – o das tentativas dos sectores mais atingidos pela crise, principalmente o mercantil. Mas também os planos políticos para as colônias mergulham as suas raízes nos problemas estruturais resultantes da procura de novas formas de inserção do País no sistema econômico internacional.[100]

Portugal, então, enxergava nas possessões no continente africano uma solução para as dificuldades econômicas que enfrentava provocadas pela concorrência entre as nações europeias no contexto de intensa industrialização. As colônias africanas seriam as grandes fornecedoras de matérias-primas, produtos agrícolas e mão-de-obra a baixíssimo custo, assim como se tornariam mercados consumidores para suas mercadorias, em particular, os têxteis e o vinho de baixa qualidade, conhecido como "vinho para preto".[101]

---

[99] ALEXANDRE, Valentim. Velho Brasil/ Novas Áfricas: Portugal e o Império (1808-1975). Porto, Afrontamento, 2000, p. 121-130.

[100] *Ibidem*, p. 140.

[101] CABAÇO, José Luis Oliveira. Moçambique, identidade, colonialismo e libertação. 2007. Tese (Antropologia), Faculdade de Filosofia, Letras e Ciências Humanas, Universidade de São Paulo, São Paulo, 2007, p. 73.

Entretanto, na prática, o governo português encontrou uma série de obstáculos à implementação de seu projeto colonial. O desconhecimento e a fragilidade da ocupação dos territórios imperavam e os investimentos financeiros eram insuficientes para garantir até mesmo a permanência das autoridades portuguesas nas possessões africanas. As tentativas do governo português de estabelecer o controle sobre a extração de matérias-primas, a produção agrícola e o comércio esbarraram também na participação consolidada de negociantes, sobretudo de escravos, radicados no Brasil e, no caso de Moçambique, de indianos, que se opuseram às interferências econômicas. Todos esses fatores contribuíram para que não se efetivassem as iniciativas coloniais portuguesas na África.

Na década de 1830, um novo projeto colonial foi formulado a partir da proposta de Sá da Bandeira, ministro do Estado e dos Negócios da Marinha e Ultramar de Portugal, que previa uma série de medidas, dentre as quais o fim do tráfico de escravos, visando a aplicação de capitais, antes destinados ao comércio de gente, em atividades produtivas e ao aproveitamento local dos trabalhadores, concorrendo diretamente com o Brasil na produção de gêneros agrícolas.[102]

Sá da Bandeira deu início ao referido projeto promulgando, em 10 de dezembro de 1836, o decreto elaborado meses antes, proibindo a exportação de escravos em territórios portugueses. Para os teóricos da época, somente uma reforma no aparato administrativo-jurídico português, com ênfase na questão do comércio de escravos, permitiria a execução de um sistema colonial na África. Para tanto, o governo português ditou instruções rigorosas para a repressão efetiva do comércio de escravos e o fomento da produção agrícola. Todavia, as novas diretrizes não tiveram sucesso devido à forte resistência de chefias africanas e de comerciantes envolvidos com o negócio, às dificuldades de comunicação e à escassez de meios para a fiscalização do trabalho dos próprios governadores locais. Além disso, os interesses na exportação de escravos imperavam na vida econômica e social do continente africano, sendo difícil extinguir os privilégios oriundos do envolvimento com essa atividade dos quais mesmo as autoridades portuguesas usufruíam. Valentim Alexandre resumiu da seguinte maneira o período subsequente à tentativa de implantação das diretrizes do projeto colonial português:

> (...) esta política encontrará dificuldades inultrapassáveis, tanto em Angola, como em Moçambique, onde sucessivos governadores-gerais ou se adaptaram ao sistema existente, não reprimindo o tráfico e dele aproveitando, ou quando tentaram contrariá-lo (casos de Noronha, em Angola, e de Marinho, em

---

102 ALEXANDRE, Valentim, op. cit., 2000, p. 233.

Moçambique), foram rapidamente constrangidos a abandonar a luta e a embarcar para Lisboa.[103]

Frente às pressões impostas pelo governo britânico, o governo português assinou, em 3 de julho de 1842, o Tratado Luso-Britânico pelo qual foi decretada a abolição completa do comércio de escravos e permitida a fiscalização pela Marinha de Guerra inglesa das embarcações com bandeira portuguesa, podendo apresar os navios e realizar o julgamento dos tripulantes envolvidos no tráfico de escravos.[104]

A partir 1850, e mais intensamente na década seguinte, a política colonial portuguesa ganhou um novo impulso. De acordo com um documento elaborado pelo Conselho Ultramarino, em 25 de junho de 1964, as diretrizes coloniais mudaram de foco e se voltaram não mais à conquista de novos territórios, mas ao desenvolvimento e à manutenção dos que consideravam já ocupados, priorizando, deste modo, as relações de amizade com as chefias locais vizinhas a esses territórios.[105]

Várias medidas foram tomadas para que a administração portuguesa se tornasse efetiva, entre as quais a substituição do regime dos prazos por um sistema de arrendamento e campanhas militares contra os interesses escravistas nas possessões africanas. Também foram elaboradas normas que visavam a modernização do aparato administrativo e o estímulo da imigração de pessoas experientes e capazes de dar o impulso econômico necessário às colônias africanas. A imigração foi uma das maiores dificuldades encontradas pelo governo português para que a política de colonização fosse realmente instituída.

No caso de Moçambique, foram criados, em 1854, o Departamento de Saúde Pública e, em 1858, a Junta Geral da Província, responsável por realizar obras públicas e projetos de infraestrutura. No mesmo ano, iniciou-se a impressão e a circulação do *Boletim Official do Governo Geral da Província de Moçambique*, que divulgava as notícias e as ações políticas e econômicas promovidas pelo governo. Em 1864, o Banco Nacional Ultramarino recebeu o monopólio bancário nas colônias e o direito de emissão de moeda local pelo período de 15 anos. Em 1869, foram organizados os "Conselhos Inspectores da Instrucção Publica" com o objetivo de iniciar a criação de um serviço de instrução nas colônias.[106]

Na década de 1870, novas diretrizes da política colonial entraram em cena com as ações de Andrade Corvo, ministro do Ultramar e dos Negócios Estrangeiros. Naquele

---

103   Ibidem, p. 138.
104   Ibidem, p. 233.
105   DIAS, Jill; ALEXANDRE, Valentim, op. cit., p. 65.
106   NEWITT, Malyn; op. cit., 1998.

momento chegavam notícias sobre as melhores condições econômicas tanto da metrópole, geradas pelo aumento do fluxo de capitais, como das colônias, com as descobertas de jazidas de ouro e pedras preciosas em Moçambique e o desenvolvimento comercial acarretado pelo ciclo da borracha em Angola.

De acordo com Valentim Alexandre, o principal objetivo da nova política colonial era romper o isolamento da metrópole ao incentivar as relações externas, abrindo "o império ao exterior, associando Portugal às demais nações da Europa na tarefa de 'civilizar' a África — o que passa (...) pelo recurso aos capitais estrangeiros, que fomentariam a produção, suprindo a escassez dos nacionais e a sua muito reduzida disponibilidade".[107]

A política adotada por Andrade Corvo compreendia um sistema cujo aspecto central era estabelecer uma "estreita aliança" com a Inglaterra nas colônias africanas e a "cooperação constante" fundamentada na "reciprocidade de interesses". De certa forma, o ministro retomava a linha empregada por Sá da Bandeira nos anos 1830 no que se refere, em particular, à expansão territorial realizada com a ajuda do governo britânico e à abolição do trabalho servil. O maior símbolo da política antiescravagista de Andrade Corvo foi a promulgação, em 1875, pelo parlamento português, da abolição do trabalho escravo nas colônias. Contudo, seu projeto foi inovador ao defender uma política de abertura aos mercados externos.[108]

A política do ministro do Ultramar e dos Negócios Estrangeiros, entretanto, suscitou uma forte resistência em Portugal, pois contrariava as ideias nacionalistas em torno da questão colonial. Durante os anos de 1878 e 1879, por exemplo, foi negociado entre Portugal e Inglaterra o "Tratado de Lourenço Marques", que previa a construção de um caminho de ferro para o Transvaal. Pelo tratado, assinado em 30 de maio de 1879, os ingleses se comprometiam a compor uma comissão para estudar a viabilidade da construção do caminho de ferro, enquanto o governo português fazia várias concessões, permitindo-lhes inclusive o livre trânsito e a realização do comércio em Moçambique. Embora o objetivo maior fosse conseguir o apoio inglês nas negociações europeias sobre a posse dos territórios africanos, sobretudo do norte de Angola, o tratado e, de uma maneira geral, a política externa de Andrade Corvo, eram vistos como uma ameaça ao domínio português no continente africano.[109]

Ainda na década de 1870, outra preocupação afetou o projeto colonial português. O rei Leopoldo II, da Bélgica, patrocinou, em setembro 1876, a Conferência Inter-

---

107 ALEXANDRE, Valentim, op. cit., 2000, p. 150.
108 DIAS, Jill; ALEXANDRE, Valentim, op. cit., p. 123.
109 *Ibidem*, p. 105-107.

nacional de Geografia, conhecida como Conferência Internacional de Bruxelas; a primeira iniciativa para garantir o seu império na África e que afetaria diretamente as pretensões coloniais portuguesas na região do baixo Congo. Da reunião participaram geógrafos e exploradores da Bélgica, da Inglaterra, da França, da Alemanha, da Áustria-Hungria e da Rússia. Portugal, porém, foi excluído das discussões. A intenção do projeto de Leopoldo II foi claramente expressa no seu discurso de abertura da Conferência:

> Abrir para a civilização a única parte do globo ainda infensa a ela, penetrar na escuridão que paira sobre os povos inteiros é, eu diria, uma cruzada digna deste século de progresso (...). Pareceu-me que a Bélgica, um país central e neutro, seria o lugar adequado para um tal encontro (...). Será que preciso dizer que, ao trazer os senhores a Bruxelas, não fui guiado por nenhum sentimento egoísta? Não, cavalheiros, a Bélgica pode ser um país pequeno, mas está feliz e satisfeita com seus rumos; e eu não tenho outra ambição que não seja a de servi-la bem.[110]

Para tanto, Leopoldo II elencou as tarefas a serem cumpridas no continente africano:

> (...) localização de rotas a serem abertas com sucesso pelo interior do continente e a instalação de postos hospitaleiros, científicos e pacificadores, como forma de abolir o tráfico de escravos, estabelecer a paz entre os chefes tribais e fornecer-lhes arbitragem justa e imparcial.[111]

Após a realização da conferência, foi fundada a Associação Internacional Africana, em Bruxelas, e Leopoldo II eleito presidente do Comitê Internacional. Foi criado também o Comitê de Estudos do Alto Congo, formado por empresários britânicos e holandeses e por um banqueiro belga, que representava o rei da Bélgica. Estabeleceu-se a "Confederação de Repúblicas Livres" no Congo, com Leopoldo II presidente. Dessa maneira, o rei da Bélgica preparava o terreno para o reconhecimento do seu domínio sobre a bacia do Congo.[112]

A partir das informações obtidas com as expedições científicas enviadas ao continente africano, os países europeus se lançaram à abertura dos caminhos pelo interior da África. Portugal tentou seguir os passos das grandes potências europeias acelerando o movimento de ocupação territorial em Angola e em Moçambique no final do século XIX apoiado no progresso técnico que facilitava e permitia uma penetração muito mais rápida

---

110 HERNANDEZ, Leila Leite, op. cit., p. 59-60.
111 *Ibidem*, p. 59-60.
112 *Ibidem*, p. 60.

no interior do continente, ao fazer uso de novos recursos tais como a navegação a vapor, as instalações de cabos submarinos, novas armas, difusão do uso do quinino.

Em meio à conjuntura de esforços despendidos para integrar o país ao movimento contemporâneo de desbravamento do continente africano e para instituir o projeto político colonial foi criada, em 1876, a Sociedade de Geografia de Lisboa, responsável por organizar várias viagens exploratórias ao interior da África, sendo seu objetivo central atender à necessidade de demarcação efetiva da soberania portuguesa sobre territórios que afirmavam estar sob seu domínio.[113]

Na Europa, a corrida pela dominação dos territórios africanos entre as grandes potências da época definia o contexto histórico de fins do século XIX, como bem assinala a historiadora Maria Emília Madeira Santos:

> Entre 1875 e 1885 triunfa na Europa a ideologia colonial. A maior parte das potências europeias adere a estas posições, envia expedições científicas e militares e luta pela partilha da preponderância econômica, cultural e política do mundo extra-europeu. Além da procura de matérias primas e de novos mercados, os países europeus desejam garantir-se pelo poder político e arvoram-se em executores predestinados da missão civilizadora. (...) Antes mesmo da conquista colonial, as antigas estruturas econômicas e políticas africanas vão sentir o embate da expansão europeia.[114]

A expansão europeia pode ser observada na política da França para estabelecer o controle sobre o Egito em 1879; ou nas suas expedições exploratórias no Congo como a realizada pelo marquês de Compiègne pelo rio Ogue, no Gabão e nos tratados assinados com Makoko, chefe dos betekes, na bacia do Congo. A Grã-Bretanha também manifestou interesse na África ao defender o livre comércio e navegação nas bacias do Níger e do Congo e no projeto de dominar uma faixa de território entre a África do Sul e o Egito, ligando por meio da construção de uma ferrovia as cidades do Cabo e do Cairo.[115]

Todavia, Portugal não ficou de fora da disputa, empenhando-se, entre 1886 e 1887, numa política diplomática com o intuito de obter o reconhecimento internacional do seu império que ligava os territórios de Angola a Moçambique, representado pelo fa-

---

113 MARQUES, A. H. História de Portugal. Lisboa: Palas Editora, 1986, vol. 3, p. 152.

114 SANTOS, Maria Emília Madeira. A comissão de cartografia e a delimitação das fronteiras. Catálogo da exposição As fronteiras da África, Lisboa, 1997, p.23. Apud HERNANDEZ, Leila L., op. cit., p. 506.

115 HERNANDEZ, Leila, op. cit., p. 61.

moso "Mapa-cor-de-rosa", elaborado pelo ministro dos Negócios Estrangeiros Henrique Barros Gomes em outubro de 1883 e publicado em 1885.[116]

O "Mapa-cor-de-rosa", porém fora reconhecido apenas pela Alemanha, num tratado assinado em 30 de dezembro de 1886, no qual admitia o domínio português no centro da África sobre um território que ligava as duas costas africanas. Em troca Portugal aceitava a presença alemã no norte de Moçambique.

Entretanto, antes desse acordo, Portugal perdera aproximadamente 25 mil quilômetros quadrados de terras ao assinar o "Tratado de Paz, Amizade, Comércio e Limites" com o governo da República da África Meridional em 29 de julho de 1869, aprovado em Lisboa a 14 de Maio de 1870. Em troca das terras, reconhecia-se toda a baía de Lourenço Marques como pertencente ao governo português.[117]

Os interesses econômicos e políticos dos países europeus em torno do continente africano resultaram em inúmeros tratados de ocupação assinados com os chefes africanos. Esses tratados previam a interferência política nos assuntos africanos, como o tráfico de escravos e o comércio de produtos agrícolas, bem como a ocupação de territórios e a construção de postos administrativos.

Durante a década de 1880 até o início da década seguinte, a França assinou 226 tratados com os chefes africanos, enquanto a Grã-Bretanha promoveu 389 acordos. Segundo Leila Hernandez, "isso implicava permitir ao capitalismo europeu extrair os produtos necessários à indústria, desequilibrar a economia doméstica e influenciar o sistema político africano".[118]

Como já foi mencionado, a elaboração de tratados de vassalagem ou de amizade era uma estratégia recorrente nas relações entre o governo português e as chefias africanas. Com as novas diretrizes do projeto político colonial português, a partir do final da década de 1850, os tratados passaram a ser publicados no *Boletim Oficial do Governo Geral da Província de Moçambique*, promovendo a circulação na Europa das notícias sobre o domínio português na África.

Com o intuito de resolver os conflitos de interesses em torno do continente africano que dominavam as relações entre as várias potências europeias foi organizada, pelo chanceler alemão Bismark, a Conferência de Berlim, realizada entre 15 de novembro de 1884 e 26 de fevereiro de 1885, reunindo representantes da França, Grã-Bretanha, Alemanha, Portugal, Espanha, Bélgica, Itália, Países Baixos, Dinamarca, Áustria-Hungria,

---

116 NEWITT, Malyn, op. cit., 1998, p. 645.
117 DIAS, Jill; ALEXANDRE, Valentim, op. cit., p. 474.
118 HERNANDEZ, Leila, op. cit., p. 61.

Rússia, Suécia, Noruega, Turquia e Estados Unidos. Um dos principais resultados da conferência foi a formação do Estado Livre do Congo, sob a governança do rei Leopoldo II, que abrangia uma grande área da África central, além do estabelecimento da liberdade de navegação e do comércio nas bacias dos rios Níger e do Congo.

A formação do Estado Livre do Congo pôs fim à pretensão portuguesa de dominação sobre o baixo Congo, já que a margem direita do rio faria parte do novo Estado. O governo português também sofreu a pressão internacional advinda das notícias que circulavam a respeito da insubordinação das chefias africanas às autoridades portuguesas. Tudo isso ocasionou um descontentamento na sociedade portuguesa, propiciando, entre alguns setores descrentes da política colonial vigente, o surgimento de um movimento defensor da ocupação militar dos territórios africanos e da adoção de uma política de caráter mais agressivo, encabeçado pelo nacionalismo expansionista português.[119]

Para aumentar a insatisfação, em 11 de janeiro de 1890, o governo português recebeu do ministro inglês George G. Petre um documento que ficaria conhecido como *ultimatum*, no qual o governo de Lord Salisbury exigia a retirada imediata das forças portuguesas da região do Chire e dos territórios dos grupos macololos e mashona, a noroeste de Moçambique.[120]

Na verdade, tratava-se da retirada da expedição comandada por Serpa Pinto no rio Chire que seguiria em direção ao lago Niassa. Essa expedição entrara em conflito com os macololos, grupo étnico que estava sob proteção britânica e que se opusera à passagem de Serpa Pinto, desencadeando, deste modo, o *ultimatum* inglês. Para Valentim Alexandre o documento tinha o seguinte objetivo:

> (...) paralisar a acção de várias expedições portuguesas ao interior do continente, determinadas em 1888 pelo governo de Lisboa (...). Deste modo, a Grã-Bretanha punha fim ao projecto, afirmado em Portugal sobretudo após a Conferência de Berlim (1884-1885), de criar um vasto domínio na África Central, unindo por uma faixa contínua os territórios de Angola e de Moçambique, como ficara expresso no mapa-cor-de-rosa (...).[121]

Apesar das reações de protesto em Portugal, o governo acabou cedendo e ordenando a retirada das expedições. Mesmo após o *ultimatum* inglês, Moçambique compreendia 780 mil quilômetros quadrados, o que significava um território nove vezes maior que o de Portugal. Citando Mousinho de Albuquerque, pode-se perceber como era uma

---

119 DIAS, Jill; ALEXANDRE, Valentim, op. cit., op. cit., p. 113.
120 *Ibidem*, p. 471-472.
121 ALEXANDRE, Valentim; op. cit., p. 147-148.

preocupação recorrente entre as autoridades portuguesas a preservação de Moçambique no âmbito do império português:

> O ultimatum de Inglaterra e o tratado que se lhe seguiu, se veio marcar o início de um período de angústia cuja solução ainda está obscura na história portuguesa, chamou, contudo, sobre a nossa África Oriental a atenção e o interesse do País. Um período novo se abriu – período de perigos, sustos e de trabalhos – mas período de vida. A cobiça da Europa deu-nos o conhecimento vago do tesouro que ainda possuímos e a campanha de 95 deu-nos a confiança na força própria com que podemos debelar as dificuldades do domínio interno da colônia.[122]

Para promover, ao mesmo tempo, a ocupação do território e implementar os mecanismos econômicos coloniais de exploração e de produção agrícola, o governo português criou as companhias majestáticas, como a Companhia do Niassa no norte de Moçambique. Em virtude dos seus escassos recursos econômicos e militares, a partir da década de 1880, o governo português realizou grandes concessões a empreendedores privados relativas à administração dos territórios sob seu domínio. Com sede em Lisboa, as companhias majestáticas eram regidas por estatutos elaborados por portugueses e tinham o objetivo de organizar e assegurar a "pacificação" do território e promover a sua colonização. Em troca, as companhias tinham a liberdade para cobrar impostos, emitir moedas e selos postais, estabelecer a exploração das riquezas naturais e recrutar mão de obra. O acordo ainda previa que o governo português mantivesse o direito à propriedade dos bens no final do período da concessão e recebesse uma porcentagem sobre os lucros.[123]

Em Moçambique foram fundadas três companhias majestáticas. A primeira, Companhia de Moçambique, organizada em 1888 por Paiva de Andrade, somente foi constituída em 5 de maio de 1892; detinha a posse de uma extensa área territorial e administrava a cobrança de impostos dos prazos da Coroa que faziam parte dos limites dos seus territórios. Em 1891, foi fundada a Companhia do Niassa, cujos territórios sob sua posse correspondiam ao antigo distrito do Cabo Delgado, no norte do rio Lúrio, sobre os quais obteve o regime de concessão por 35 anos. A partir de 24 de setembro de 1892, os prazos da Coroa a norte do rio Zambeze e a oeste dos rios Luenha e Mazoi passaram a fazer parte da Companhia da Zambézia, responsável por sua administração durante o período de dez anos.[124]

---

122 ALBUQUERQUE, Joaquim Augusto Mousinho de; op. cit., 1934-35, p. 63.
123 DIAS, Jill; ALEXANDRE, Valentim, op. cit., p. 480. CABAÇO, José Luis Oliveira; op. cit., p. 94.
124 DIAS, Jill; ALEXANDRE, Valentim, op. cit., p. 480.

Se por um lado, a criação das companhias majestáticas contribuía para a ocupação do território e implementação do projeto colonial português de exploração e produção agrícola nas possessões africanas, por outro, decorridos alguns anos da concessão, passava a provocar alguns inconvenientes para o governo português.

No caso da região norte de Moçambique, Freire de Andrade comenta em seu relatório um dos maiores problemas causados pela Companhia do Niassa: a venda de armas e pólvora. Embora o comércio de armamentos e munições estivesse proibido em Moçambique, o governo português concedia à Companhia do Nyassa, pela portaria de 27 de outubro de 1897, autorização para realizar "à título provisório", esse comércio nos territórios da sua jurisdição.[125]

Embora Freire de Andrade afirmasse que as populações do norte de Moçambique, como os namarrais, adquiriam armas e pólvoras da Companhia do Niassa com as quais promoviam razias em povos vizinhos e resistiam às campanhas militares portuguesas, defendia que a melhor solução para o problema seria a liberação da venda desses produtos em postos portugueses, e não sua proibição. Vale a pena transcrever o trecho no qual Freire de Andrade expõe essa ideia:

> Se notarmos: - 1º. Que em grande número de colônias estrangeiras a pólvora e as armas ordinárias são importadas, e até nos nossos territórios; 2º. Que o estado dos povos nos territórios do Niassa, onde o comércio de armas é permitido, não tem originado sublevações ou perturbações de maior importância; 3º. Que o armamento com armas ordinárias não se deve considerar como dificuldade séria para abafar uma revolta ou castigar uma rebelião; 4º. Que, com a repressão da venda, não se consegue o desarmamento do preto, pois a proibição pelo litoral, é francamente permitida pelo interior, mercê da falta da vigilância e de polícia nas fronteiras; concluiremos que a repressão não se impõe como instante necessidade e não consegue os seus fins, pois que as armas e a pólvora continuam a ser propriedade dos pretos, e que o comércio decai no distrito, resultando desta decadência a redução dos seus rendimentos, a paralisação da sua produção ou pelo menos o desvio desta produção com vantagem para a Cia. do Niassa, nem correspondem a esta os encargos correlativos a tal aumento que continuam a pertencer ao distrito.
>
> Com a permissão de comércio de armas e pólvora nos territórios do distrito e da Cia. do Niassa poder-se-ia conseguir um regime tributário para os indígenas, regulamentando a venda de pólvora e armas e estabelecendo uma

---

125 Andrade, A. Freire de, op. cit., p. 153.

pauta especial para a importação daqueles artigos na Província, variando esta pauta conforme as circunstâncias o indicassem, por simples determinação do Governador-geral, mas mantendo-se em todo o caso sempre a mesma para toda a Província.[126]

A legalização da venda de armas e pólvora pela Companhia do Niassa, além de prover as populações do norte de Moçambique com esses materiais que, certamente seriam utilizados contra as autoridades portuguesas em suas investidas de ocupação do território, causava igualmente prejuízos econômicos, na medida em que os africanos prefeririam realizar as trocas comerciais com a Companhia em detrimento dos postos comerciais portugueses em Moçambique. As caravanas originárias da região do Lomué com destino à Kinga e até Angoche que antes levavam borracha, cera, amendoim e outros produtos aos postos do distrito, passaram a comercializar nos territórios da Companhia, onde podiam trocá-los por pólvora e armas.[127]

Na década de 1890 houve um período de inflexão na política colonial portuguesa quando os chamados "realistas" defenderam uma política mais ofensiva e dura em relação aos africanos com o objetivo de transformar Portugal numa grande potência colonialista. O grupo político, conhecido como a "geração de 95", era composto por nomes como Antonio Enes, Mousinho de Albuquerque e Eduardo Costa, os principais ideólogos das campanhas de "pacificação" em Moçambique. Para garantir, a ocupação efetiva dos seus territórios na África, Portugal, encontrando oposição de povos locais, promoveu campanhas de "pacificação" ou de "domesticação", cujo significado prático Valentim Alexandre traduz da seguinte maneira:

---

126 *Ibidem*, p. 155.

127 *Ibidem*, p. 154. "Quando aos 17 de abril do corrente anno [1902] assumi o governo d'este districto, encontrei a nossa autoridade limitada, na sua parte continental, a uma área relativamente pequena, a agricultura em grande abandono; a cultura dos cereaes em grande decadência; os redditos do districto diminuídos n'uma proporção assustadora; o contrabando exercendo-se em grande parte da costa nunca occupada; a pólvora, armas e munições de guerra introduzindo-se clandestinamente no districto pelo seu limite norte confinante com os territórios sob administração directa da companhia do Nyassa; a costa ainda em grande parte aberta aos traficantes de escravos, (...) eram apenas passados dous meses, (...) assim dizer as portas da capital, a [briosa] corporação da armada conseguira prender e castigar numerosos mujojos-arabes e o regulo da localidade, apanhados em [itagraute] delicto de larga escravatura; a maior parte continental do districto ainda sugeita a uma quazi completa escravidão interna; a ... mas basta." AHU, SEMU, DGU, Processos Gerais, caixa 1548, 1902-1905, do Governo do Districto de Moçambique à Secretaria Geral do Governo da província, Moçambique, 24 de dezembro de 1902, documento 383.

> No terreno a ocupação vai caracterizar-se por uma longa série de conflitos localizados, pontuados por algumas campanhas de maior amplitude. Essa fragmentação resultava em parte da pulverização política de muitas das sociedades africanas; mas estava também relacionada com a desigual pressão que as autoridades e colonos portugueses exercem de zona para zona, mesmo em territórios próximos. Em algumas ocasiões muito contadas, os confrontos generalizavam-se, tendendo a abranger o conjunto de uma etnia. Para isso terá contribuído por vezes a existência de um dirigente carismático, capaz de congregar os esforços de populações diversas (...); ou ainda a pressão de uma causa econômica de carácter geral, tocando toda uma região (...). Finalmente, alguns dos confrontos maiores têm a sua origem na decisão política do governo de Lisboa de ocupar rapidamente áreas tidas por especialmente sensíveis do ponto de vista de segurança externa.[128]

A "geração de 95" tinha como seu principal expoente Antonio Enes, jornalista, político e também secretário de Estado da Marinha e das Colônias em 1890. Enes ocupou o posto de comissário régio em Moçambique em 1895, sendo também responsável pela legislação colonial.[129]

Outras personagens do cenário político e militar português fizeram parte dessa geração, entre as quais o comissário régio e governador-geral de Moçambique Mousinho de Albuquerque (responsável pela prisão do soberano do Reino de Gaza, Gungunhana), o também governador-geral de Moçambique Freire de Andrade, o ministro do Ultramar Aires de Ornelas, os governadores-gerais de Moçambique e de Angola Eduardo Costa e Paiva Couceiro.[130]

De acordo com Valentim Alexandre, ideologicamente, a "geração de 95" justificava a ocupação militar por intermédio do uso da violência a partir da ideia de inferioridade inata do negro, incapaz de tornar-se mais próximo de um europeu. Ademais, defendiam a concentração dos poderes nas mãos dos ministros e governadores, reservando ao africano somente o papel de auxiliar do colonizador, como trabalhador. As missões religiosas deveriam incutir nos africanos o sentimento de dignidade e o respeito pela nação dominadora.[131]

Naquela época, ocupar efetivamente o interior de Moçambique era o principal objetivo das autoridades portuguesas, como demonstra, por exemplo, o governador do distrito,

---

128 ALEXANDRE, Valentim; op. cit., 2000, p. 183.
129 DIAS, Jill; ALEXANDRE, Valentim, op. cit., p. 123.
130 CABAÇO, José Luis Oliveira, op. cit., p. 74.
131 ALEXANDRE, Valentim. A África no imaginário político português: século XIX-XX. Actas do Colóquio Construção e Ensino da História de África. Lisboa: Grupo de trabalho do Ministério da Educação para a Comemoração dos Descobrimentos Portugueses, 1995.

Freire de Andrade, em seu relatório que compreendia o período entre 1906 e 1910. Apesar do interesse explícito em dominar o território e implementar os principais mecanismos coloniais, como o imposto da palhota, o desconhecimento das terras interioranas era ainda evidente. Vale a pena reproduzir o trecho no qual Freire de Andrade revela essa preocupação:

> Nada se conhece hoje, ou quase nada, do interior do distrito de Moçambique, e portanto nada direi nem das suas possibilidades agrícolas ou mineiras; entretanto, dos poucos relatórios que sobre o assunto possuímos parece não ser ele destituído de valor, e conta uma população relativamente numerosa. Para desenvolver o distrito de Moçambique que, é preciso pois: 1º. Realizar a ocupação do distrito eficazmente; 2º. Construção de um caminho de ferro da costa aos lagos caso seja verificada a sua conveniência econômica; 3º. Modificação da pauta alfandegária; 4º. Estabelecimento da régie da venda da pólvora; 5º. Tornar efectiva a cobrança do imposto da palhota.[132]

No final do século XIX, a única localidade ocupada pelas autoridades portuguesas no interior da região norte era Natule, a sete quilômetros de Mossuril. Desta última localidade até a Cabeceira, em frente à ilha de Moçambique, havia, no auge do tráfico de escravos, algumas propriedades de colonos portugueses dedicadas à exploração agrícola. E, para o norte de Mossuril, existia apenas um posto português localizado em Matibane.

Mousinho de Albuquerque expressou a sua preocupação a respeito da frágil ocupação portuguesa em Moçambique:

> Afigura-se-me desairoso, impolítico e perigoso para a nossa soberania permitir que, em frente da capital e sob as vistas do governador-geral, houvesse tribus e chefes aos quais não se podia dar uma única ordem, exigir o mínimo serviço e em cujo território não se podia sequer garantir segurança ao viajante isolado ou às caravanas portadoras de artigos de exportação.[133]

---

132 Andrade, A. Freire de, op. cit., p. 165. Antes de Freire de Andrade, Mousinho de Albuquerque já reclamava da ineficaz ocupação portuguesa em Moçambique, relatando quais eram os pontos então dominados. "Até 1894, posto que de direito nos pertencesse todo o território compreendido entre os limites assinados pelo tratado com a Grã-Bretanha, a ocupação na província de Moçambique resumia-se de facto a uma estreita faixa de litoral, à excepção de alguns pontos isolados no interior – Sena, Tete, Zumbo, Macequece e poucos mais – e do que actualmente constitui o distrito de Inhambane. Partindo do norte, apenas o Tungue, Mocimboa e a ilha do Ibo estavam ocupados no distrito de Cabo Delgado. Em Moçambique à ilha e a uns pontos isolados e sem esfera de acção alguma e à duvidosa e sempre periclitante posse do Parapato se reduzia o domínio do governo português." ALBUQUERQUE, Joaquim Augusto Mousinho de; op. cit., 1934-35, p. 67.

133 *Ibidem*, p. 121.

Como já foi mencionado anteriormente, a partir da década de 1890, para que Portugal legitimasse suas possessões na África frente às potências coloniais europeias, era preciso ocupar o território de forma efetiva. Para isso, concluiu-se que somente a força militar proporcionaria tal empreendimento. Várias autoridades portuguesas comungavam dessa opinião, entre os quais Mousinho de Albuquerque, para quem a posse definitiva somente seria alcançada por meio da força e da ocupação com colunas militares que percorressem o território, acabando com qualquer resistência dos povos locais.[134] Mousinho de Albuquerque elaborou um planejamento para a ocupação do norte de Moçambique, a ser executado a partir de 1896. Contudo, não conseguiu concluí-lo porque teve de se dirigir ao sul para sufocar a resistência no Reino de Gaza.[135]

O plano de Mousinho resumia-se em, após o estabelecimento das capitanias-mores da Macuana, ao norte, do Mussuril, no centro, e de Angoche ao sul, "reduzi[-las] à mais absoluta submissão", sobretudo a faixa litoral que cada uma delas compreendia "onde mais resistência se encontrava por ser aí que predominava o elemento muçulmano com as suas tradições de escravatura, contrabando e banditismo".[136]

Cada posto militar, estabelecido nas capitanias-mores citadas, teria um número suficiente de soldados para dar segurança às caravanas vindas do interior. Concomitantemente, os capitães-mores estabeleceriam relações com as chefias locais, para, então, avançar a ocupação e instaurar comandos, abrir estradas, praticar a exploração de gêneros agrícolas de grande procura na costa.[137]

---

134 "Mostra a experiência que, em África, toda a tentativa de posse que não seja precedida por uma acção de força e seguida de uma ocupação que imponha respeito, ou antes medo, a todos que tentem revoltar-se, é sempre mal sucedida. Na província de Moçambique houve numerosos e frisantes exemplos que abonam esta regra geral e o mesmo tem sucedido nos países vizinhos, por diversas vezes. Entendi pois que a primeira coisa a fazer, desde que para isso obtivesse meios, era proceder à ocupação militar, percorrendo o país com uma coluna suficientemente forte para vencer qualquer resistência e batidas as forças inimigas, ocupar alguns pontos que reputasse mais importantes, estabelecendo comandos e postos militares fortificando-os e guarnecidos por forma a poderem, não só defender-se, mas exercer a sua acção policial e repressiva numa zona bastante vasta." Ibidem, p. 119.

135 "O sul do território foi considerado a grande prioridade no processo de ocupação portuguesa: ali se concentrava a principal pressão britânica; ali se controlavam os lucros do recrutamento de trabalhadores para a África do Sul; ali se cobravam as receitas provenientes das tarifas de trânsito dos produtos sul africanos pelo porto de Lourenço Marques e ali sobrevivia a memória do Império de Gaza." CABAÇO, José Luis Oliveira; op. cit., p. 90.

136 ALBUQUERQUE, Joaquim Augusto Mousinho de; op. cit, p. 122.

137 Ibidem, p. 124.

No que se refere às diretrizes para a execução do projeto colonial, é importante lembrar que já em 1875 o governo português publicara o Código de Trabalho Indígena, regulamentado em 1878, que previa a substituição da categoria de liberto pela de serviçal.[138] Nessa época, as autoridades portuguesas iniciaram a institucionalização da exportação da mão de obra moçambicana, determinando que os portos de Lourenço Marques e Moçambique constituíssem as saídas oficiais de trabalhadores. Dez anos depois, Inhambane também se tornou porto oficial de trânsito de trabalhadores.[139] O principal destino dos moçambicanos era a África do Sul, onde foram levados a trabalhar nas plantações de algodão, na construção do porto de Durban e nas estradas de ferro. O número de contratados chegou a aproximadamente cem mil no período entre 1875 e 1910.[140]

A descoberta de minas de ouro na região do Transvaal, na África do Sul, em 1886, aumentou vertiginosamente o número de trabalhadores contratados. Os recrutadores circulavam pelos territórios independentes, sobretudo do sul de Moçambique, em busca de mão de obra. A estrada de ferro que ligava o Transvaal a Lourenço Marques, fruto de um tratado assinado entre Portugal e Inglaterra em 1879, foi finalizada em 1895, facilitando ainda mais a saída de trabalhadores ao reduzir os gastos com as viagens e aumentando as receitas a partir da cobrança de impostos pelos passaportes. No ano seguinte, foi estabelecida a *Rand Native Labour Association*, na tentativa de melhor organizar o recrutamento.[141]

Em 1895, Antonio Enes, ao defender a descentralização administrativa e a elaboração de regras específicas para os diferentes distritos de Moçambique, estabeleceu a "circunscrição indígena", que determinava a substituição das chefias locais pela autoridade colonial. Dessa maneira, o controle dos mecanismos coloniais, o que inclui o recrutamento dos trabalhadores, bem como o julgamento e a punição daqueles que não cumprissem o regime de trabalho, era transferido para a autoridade portuguesa. Dentre as formas compulsórias de trabalho estavam o emprego em obras públicas três vezes ao ano, o cultivo de um hectare de algodão além do trabalho nas grandes plantações.[142]

Em 1899 foi publicado um novo Código de Trabalho elaborado por Antonio Enes, apoiado na ideia de que os "indígenas" deveriam ser "civilizados" pelo governo por meio da "obrigação moral" do trabalho. Segundo Leila Hernandez, o novo código foi incorporado quase inteiramente, em 1911, ao Regulamento de Trabalho dos Indígenas que,

---

138 MEDEIROS, Eduardo, op. cit., 1988, p. 54.
139 DIAS, Jill; ALEXANDRE, Valentim, op. cit., p. 614.
140 HERNANDEZ, Leila, op. cit., p. 591.
141 DIAS, Jill; ALEXANDRE, Valentim, op. cit., p. 614-615.
142 HERNANDEZ, Leila, op. cit., p. 595-596.

por sua vez, fundamentou a elaboração do Regime do Indigenato. O Código de Trabalho estabelecia a todos os "indígenas" a obrigação legal de obter um trabalho para a subsistência e para melhorar a sua condição social.[143] Eles teriam a liberdade para escolher um trabalho, porém se não o fizessem, as autoridades coloniais poderiam lhes impor uma ocupação. Para Eduardo Medeiros, o trabalho escravo era substituído teoricamente pelo serviço contratado, mas na prática a condição era a mesma.[144]

No conjunto dos mecanismos coloniais, inseria-se a cobrança do mussoco, imposto sobre o trabalho. Outro imposto, o da palhota incidia sobre as habitações conforme o número de cômodos. Havia também o imposto pessoal, cobrado de todos os colonos europeus do sexo masculino e o imposto indígena sobre capitação que também incorria somente sobre os homens africanos.[145] Em 1890 foi publicado um decreto instituindo o trabalho rural obrigatório. Deste modo, metade do mussoco seria cobrado na forma de trabalho rural e a outra metade em produtos agrícolas ou em dinheiro.[146]

Já nesse momento, as fontes documentais relativas ao norte de Moçambique começam a revelar o descontentamento das chefias locais sobre a cobrança dos impostos coloniais. Em 1896, o comandante militar de Natule comunicava ao capitão-mor das Terras Firmes que a "rainha" Naguema dos namarrais, ao ser informada sobre a o imposto da palhota, sustentou que sempre cumprira as determinações do governo, porém neste caso, não poderia fazê-lo, porque seu povo era muito pobre e encontraria dificuldade para pagar o referido imposto.[147] Por sua vez, o chefe de Itoculo, Morrua-muno, questionou a cobrança do imposto da palhota, alegando que o governo português não podia cobrá-lo porque a sua população já estava trabalhando para o governo na guerra contra os namarrais.[148]

Com a cobrança do imposto da palhota e a instituição da produção e do comércio de gêneros agrícolas a partir da década de 1890, a captura de indivíduos transformados em escravos e destinados à exportação foi reduzida. A força de trabalho passou a ser empregada pelos chefes das linhagens do interior na produção local, utilizando-se escravos domésticos. A procura por produtos de origem vegetal, como as oleaginosas, promoveu

---

143 Ibidem, p. 515.

144 MEDEIROS, Eduardo, op. cit., 1988, p. 55.

145 HERNANDEZ, Leila, op. cit., p. 101.

146 Medeiros, Eduardo, op. cit., 1988, p. 54.

147 Correspondência do comandante militar de Natule ao capitão-mor das Terras Firmes. Natule, 16 de maio de 1896. AHM, Fundo do século XIX, Governo do Distrito de Moçambique, 1854, 1863-97, caixa 8-13, maço 4.

148 Correspondência do comandante militar do Itoculo ao capitão-mor das Terras Firmes. Moecate, 13 de julho de 1897. AHM, Fundo do século XIX, Governo do Distrito de Moçambique, 1854, 1863-97, caixa 8-13, maço 4.

transformações importantes na economia e na política das sociedades do norte de Moçambique. Indianos abriram lojas de comércio no interior próximo para onde se dirigiam os produtores locais oferecendo amendoim, gergelim, coco, oleaginosas, marfim, urzela, borracha, cera, enxadas e outros objetos em ferro. Em troca recebiam tecidos, sal, armas e pólvora. Apesar da abolição do trabalho escravo ter sido instituída em 1875, as chefias africanas continuavam a empregar também a mão de obra escrava na produção, no transporte das mercadorias, na caça para atender a nova demanda econômica, voltada para a produção agrícola e extração de bens vegetais.[149]

Diferentemente da historiografia segundo a qual o principal fator desencadeador da resistência no norte de Moçambique foi a proibição do comércio de escravos, considero que as novas diretrizes, mais ofensivas, da política portuguesa - que incluíam tentativas de controle do comércio e da produção de gêneros agrícolas, a cobrança de impostos, o trabalho compulsório, o recrutamento de trabalhadores, a instalação de postos militares e a organização de expedições militares geraram descontentamento das chefias locais e de parte da população da região. A mudança de atitude, mais impositiva, das autoridades portuguesas em relação às chefias africanas associadas à circulação de notícias sobre outros movimentos de contestação, que ocorriam em várias sociedades no mesmo período, também contribuíram para o surgimento de uma consciência da necessidade de união no norte de Moçambique, da qual resultou a formação de uma coligação de resistência entre o sultanato de Angoche e as sociedades do norte de Moçambique no final do século XIX, cuja ação organizada teve relevante papel na efetuação dos planos de ataque aos postos administrativos e militares portugueses, com o intercâmbio de armamentos, munições e soldados, postergando a dominação efetiva desses territórios até 1910.

---

149   MEDEIROS, Eduardo, op. cit., 1988, p. 49-51.

CAPÍTULO V

A FORMAÇÃO DA COLIGAÇÃO DE RESISTÊNCIA NO NORTE DE MOÇAMBIQUE

CONTROLE DO COMÉRCIO E DA PRODUÇÃO AGRÍCOLA NOS TERRITÓRIOS DE ANGOCHE

Na segunda metade do século XIX, houve o crescimento do comércio de produtos agrícolas e de extração, como borracha, goma copal e amendoim, no interior do norte de Moçambique.[1] Os chefes de Angoche eram os principais intermediários comerciais entre o interior do continente e a costa do Índico e seu poder e sua prosperidade dependiam do domínio da produção e do comércio desses produtos.

É preciso lembrar que a expansão política e econômica de Angoche ocorreu em meados do século XIX com a incorporação de novos territórios sob a influência do sultanato, por meio de relações de lealdade, marcadas pela doação de terras, pelo parentesco e pela expansão do Islã, controlados por alguns chefes da região da Imbamela e dos rios M'lay, M'luli e Larde.[2] Esses territórios eram estrategicamente importantes porque, além de férteis para a produção agrícola, estavam localizados entre a costa do Índico e o interior do continente, constituindo uma barreira aos chefes das caravanas que vinham do interior

---

1   MEDEIROS, Eduardo, op. cit., 1988, p. 49-51. MBWILIZA, Joseph F., op. cit. p. 120.

2   De acordo com Pedro Massano de Amorim, a região entre os rios M'luli e Larde era formada por terras férteis, onde os chefes da ilha de Angoche mantinham as suas plantações. Ademais, os chefes dessa região eram subordinados ao sultão de Angoche. AMORIM, Pedro Massano de, op. cit., p. 40-41. "O sultão do M'luli, cuja residência era na povoação de Catamoio, não dava nenhuma proteção [ao governo português] ao comércio no interior." AHU, SEMU, DGU, Correspondência dos Governadores, Moçambique, 1884, caixa 1327, capilha 1 documento 74.

para trocar as suas mercadorias. Por essa razão, para garantir a autonomia política e econômica do sultanato, era fundamental que os chefes de Angoche continuassem desempenhando a função de intermediários, preservando em suas mãos o controle desse comércio.

Nas últimas décadas do século XIX, o controle do comércio de produtos agrícolas estava sendo ameaçado pelo governo português. A partir da instalação de postos militares nas povoações do continente, as autoridades portuguesas tentavam controlar esse comércio, cobrando impostos sobre os produtos vendidos e emitindo licenças para a instalação de lojas aos comerciantes indianos, incentivando assim a concorrência desses intermediários com os chefes suaílis e macuas.[3]

Eduardo Lupi explica que os "monhés de Angoche" passaram a intermediar o comércio desde que o governo português proibira a entrada de chefes das caravanas do interior que se dirigiam à região próxima ao posto português no Parapato para negociar a sua produção. É preciso, contudo, relativizar tal informação dada por Lupi, na medida em que, independentemente da "proibição" da entrada dos chefes do interior, os sultões de Angoche sempre foram retratados, inclusive nas fontes de origem portuguesa, como intermediários comerciais, realizando a expansão política do sultanato, notadamente, a partir do desempenho dessa função na economia da região.

Todavia, Lupi mostra que o principal conflito nas relações entre Angoche e o governo português estava circunscrito à intermediação do comércio. Afirma que no final do século XIX as autoridades portuguesas passaram a frequentar as povoações dos macuas do interior, incentivando o contato direto e a eliminação dos chefes de Angoche como intermediários. Vale a pena reproduzir o trecho no qual Lupi revela essa informação:

> Mas da borda d'água até um e mesmo dois dias de marcha, tem eles [monhés de Angoche] procurado sempre tornar-se os intermediários entre as caravanas do interior e os estabelecimentos comerciais, que fazem a permuta dos gêneros de cultura indígena pelos algodões. Sobretudo na época em que vigorava a peregrina orientação administrativa e política de não permitir a entrada dos macuas, na limitada zona efetivamente ocupada por nós – o que se restringia à vila Antonio Ennes – quando vinham fazer o seu negócio, sob a poderosa razão de não serem nossos amigos – e nenhuns o eram porque nenhuns nos conheciam – os muinhé de Angoche insinuando-se como indispensáveis intermediários, trocando a preços desanimadores para os negros os produtos que este trazia pelos algodões e contaria que os indianos lhe forneciam a crédito, faziam um negócio ativo e rendosíssimo. Às terras de Matadane, na zona litoral, compreendida entre o Lardy e Moma, iam também

---

3   MEDEIROS, Eduardo, op. cit., 1988, p. 49-51. MBWILIZA, Joseph F., op. cit., p. 120.

comprar ou extrair quantidades avultadas de borracha. Ultimamente, porém, depois que foi posta de parte a proibição que acima ficou indicada, por efeito da confiança que os macuas começaram a ter em nós, ao verem-se bem recebidos na vila, assim como ao verem-se visitados nas suas povoações do interior e convidados a retribuir livremente essas visitas, essa mesma ação comercial foi sendo notavelmente reduzida, podendo mesmo prever-se para muito breve o seu completo desaparecimento.[4]

Após a morte do sultão de Angoche Ussene Ibrahimo, entra em cena o "sobrinho-neto" de Mussa Quanto, Mahamuieva ou Omar Bin Nacogo Farrahali, mais conhecido como Farelay, cujo perfil foi traçado por Lupi:

> Aparece em cena terceiro caudilho, um bastardíssimo segundo sobrinho do Mussa, criança de peito ao tempo das guerras de 1861, que dá pelos nomes de Muhamuhéva ou Farelay. Muito novo, atrevidíssimo, conhecendo perfeitamente a fraqueza da nossa ocupação no Parapato, onde tinha frequentado a escola muçulmana em pequeno, e onde tinha vindo secretamente numerosas vezes, aproveita logo a primeira oportunidade que se lhe oferece, para tentar a conquista do estabelecimento português por um ousado golpe de mão.[5]

Farelay partiu dos territórios do chefe Napita-muno com o objetivo de continuar a tarefa iniciada por seu "tio" de "bloquear a vila de Parapato" e cobrar tributos das caravanas vindas do interior para ali permutar e voltar com fazendas, e dos comerciantes

---

4   LUPI, Eduardo do Couto, op. cit., p. 175-176.

5   LUPI, Eduardo do Couto, op. cit., 1907, p. 211. "Um outro aventureiro aparece, capitaneando uma horda de verdadeiros salteadores que crescem quando veem maiores probabilidades de lucro na rapina ou no abandono quando o veem perseguido pelas autoridades ou pelos seus inimigos monhês ou imbamelas. Chamava-se Muhamuiva, mais conhecido pelo nome que adotou: Farelay. Era sobrinho do Ussene Ibrahimo e também de Selimane Amade, grande amigo e influente do sultão Sulimane Rahaj e capitão-mor de Larde. Ao tempo da morte de Ussene Ibrahimo vivia em Namua, terras de Napita-muno. D'alli sai pouco depois para encetar a sua vida de aventuras, roubos e violências. Não se preocupa com a autoridade do sultão, emancipa-se da sua dependência e coloca-o muitas vezes em condições de lhe obedecer; quanto à autoridade portuguesa, não tem por ela o menor receio e por isso, levantados os seus homens, estabelecem uns acampamentos num cercado que constroem entre o Perigoma e Mutuguti e dali irradiam, devastando povoações ou se mantêm á espreita para assaltar as caravanas. Chegava a insolência destes bandidos - que crescia porque não eram castigados - a ponto de virem ao Parapato, a pouca distancia da residência do governador, impor aos comerciantes condições para lhes deixar passar as fazendas e mercadorias ou os produtos que as caravanas traziam do interior." AMORIM, Pedro Massano de, op. cit., p. 14.

indianos que estabeleciam suas lojas naquele local.⁶ Eduardo Lupi deixou o seguinte relato a respeito das ações de Farelay:

> Chega ao máximo grau possível o seu arrojo, assim como a nossa inação. Todos os anos, no começo da temporada da permuta, vem grande pompa até as portas da vila, a meia légua apenas da residência dos governadores. E fazendo ir ahi, a estes ou aos seus delegados, assim como aos principais negociantes, fixa o preço pelo qual consente na abertura dos caminhos que as caravanas seguem, assim como a boca que cada loja indiana tem que pagar-lhe naquele anno.⁷

Farelay construiu um acampamento não fortificado chamado "n'ringa" (aringa) num local de passagem entre os rios M'pirigoma e Mutuguti a aproximadamente cinquenta quilômetros do Parapato. Estabeleceu também pequenos postos de observação ao longo do caminho, de onde "amigos de outros tempos", avisavam-lhe o que acontecia.⁸ A residência de Farelay foi invadida em 1903 e queimada pelo governo português, mas Farelay e sua população já tinham se retirado do local.⁹ (Imagem 6, Anexo, p.308)

Observe-se que, de acordo com a legenda do mapa produzido pelas autoridades portuguesas quando da invasão da residência de Farelay, sob sua influência havia terras

---

6   "O Farelay deu-nos que fazer, embora sem ter a envergadura do Mussá-Quanto e longe de ter a sua proverbial valentia. Era inteligente, manhoso e atrevido, e conhecia bem a inanidade da nossa ocupação em Angoche, visto que freqüentemente ia ao Parapato. Usava dos processos do Ussene bloqueando o Parapato e cobrando pesados impostos de quem, viajantes ou caravanas, pretendesse atingi-lo vindo do interior, e instalava a sua residência a 5 quilómetros da vila". COUTINHO, João de Azevedo, op. cit., 1935, p. 20.

7   LUPI, Eduardo do Couto, op. cit., 1907, p. 213.

8   *Ibidem*, p. 211.

9   João de Azevedo Coutinho descreveu uma aringa em Barué, no Zambeze, que pode ser comparada ao desenho feito pelas autoridades portuguesas da aringa de Farelay, sobretudo no que se refere à forte proteção realizada com paliçadas. Segue transcrito um trecho de sua descrição: "As povoações são sempre cercadas por uma paliçada muito espessa, forte e resistente quando constitui aringa, a que chama de 'guta', para nela se defenderem em caso de guerra. Neste caso a paliçada é formada por duas ordens de troncos enterrados ao alto e afastados uns dos outros, na mesma ordem, cerca de um metro. Estes troncos, cuja parte acima do nível do solo é muito mais alta do que um homem, rebentam quase sempre, transformando-se em árvores. O intervalo entre as duas ordens de estacas, que varia conforme a resistência desejada, é preenchido por troncos horizontais muito bem unidos e apertados, usando-se para se conseguir ete fim, ligar fortemente de espaço a espaço com varas flexíveis de trepadeiras, ou cordas de entrecasca de árvore, os troncos verticais. De espaço a espaço reservam-se umas aberturas por onde se introduzem os canos das armas. O traçado das aringas adapta-se muitas vezes ao terreno e obedece quase sempre aos princípios da fortificação, havendo geralmente reintrantes sobre os caminhos, e junto às portas, para os bater e as defender com fogos cruzados; e salientes sobre as elevações, a fim de atingirem a crista militar, diminuindo portanto os ângulos mortos. Algumas têm torres de flaqueamento. Verdadeiros baluartes com fogo em andares". COUTINHO, João de Azevedo, op. cit., 1941, p. 556-557.

cultivadas em toda a extensão do território que compreendia, de acordo com Eduardo Lupi, as terras da "M'zeia e M'lay, jacentes no triângulo que tem por base o rio Mutuguti e por vértice o Parapato na região que constituía outrora apanágio dos antigos sultões de Angoche".[10] Essa informação comprova que, além de pontos estratégicos das rotas comerciais, esses territórios também compreendiam uma área de produção agrícola, cujos chefes responsáveis mantinham relações de lealdade e de dependência com o sultanato de Angoche. (Imagem 7, Anexo, p.309)

A partir da descrição das ações de Farelay é possível constatar que ele detinha o controle do comércio dos produtos agrícolas, na medida em que exercia o papel de intermediário entre os chefes do interior, as lojas comerciais, os postos portugueses e os comerciantes que chegavam de Madagascar, Comores e Zanzibar. Instalado nas terras dos chefes dependentes de Angoche, que coincidiam com os locais estratégicos de passagem, Farelay cobrava "impostos" dos chefes das caravanas e também dos negociantes estabelecidos em lojas.[11]

Conhecedor desses fatos, o governo português promovia ataques aos chefes do M'luli e do Larde na tentativa de lhes retirar o controle do comércio, além de incentivar os chefes do interior a procurarem os postos portugueses para trocar as suas mercadorias e de liberar licenças, com a cobrança de taxas, para que os negociantes indianos estabelecessem lojas comerciais nesses territórios.

Além de concorrer para o controle do comércio de gêneros agrícolas nas terras sob influência do sultanato de Angoche, o governo português organizou ataques aos chefes da região e expedições militares para submeter os chefes namarrais, localizados nos territórios do continente em frente à ilha de Moçambique, os quais também exerciam controle sobre esse comércio por estarem nas rotas das caravanas que se dirigiam ao posto português da ilha de Moçambique. As autoridades portuguesas também investiam cada vez mais na instalação de postos militares no continente, procurando instituir a cobrança do imposto da palhota nessas povoações.

---

10   LUPI, Eduardo do Couto, op. cit., p. 14.

11   O comandante militar de Angoche, Francisco Pinto Cardoso Coutinho escrevia que, segundo informações dadas por "pessoas fidedignas", Farelay "costuma opor uma barreira aos macuas que veem a esta sede, roubar-lhes os gêneros que trazem para comércio". Correspondência do Comandante militar de Angoche ao Secretário Geral do Governo Geral de Moçambique. Antonio Ennes, 4 de abril de 1895. AHM, Fundo do século XIX, Governo Geral de Moçambique, 1895, caixa 8-105, maço 3. "Chegava a insolencia destes bandidos - que crescia porque não eram castigados - a ponto de virem ao Parapato, a pouca distancia da residencia do governador, impor aos comerciantes condições para lhes deixar passar as fazendas e mercadorias ou os produtos que as caravanas traziam do interior." AMORIM, Pedro Massano de, op. cit., p. 14.

Tendo em vista tal panorama político, Farelay destacou-se na organização da coligação de resistência no norte de Moçambique e por esta razão pode ter conseguido legitimidade para exercer o poder, sendo eleito sultão do M'luli e do Larde em 1902, após articular algumas ações que asseguraram a autonomia política e econômica com relação ao governo português e dar apoio a outros chefes do norte de Moçambique na organização da resistência à política colonialista portuguesa.[12]

Deste modo, com a eleição de um dos *inhambacos* de Angoche como sultão do M'luli e do Larde, os territórios passaram a ser demarcados como parte do sultanato, tendo em vista a sua importância econômica e política naquele contexto histórico e diante das tentativas portuguesas de controle da produção agrícola e do comércio nessa região.

Por outro lado, na ilha de Angoche estava o sultão Ibrahimo Bin Sultani Suleimane Bin Rajah. Depois da morte do sultão Ussene Ibraimo, em 1889, iniciou-se um novo processo sucessório em Angoche a partir do qual Ibrahimo já aparece nas fontes portuguesas como o sultão de Angoche.[13]

Segundo o capitão-mor de Angoche Neves da Silva, Ibrahimo governava tendo como auxiliares seus "familiares" Itite-muno e Selemane Amade, este último capitão-mor de Larde e "irmão" de Farelay. Ibrahimo e Itite-muno viviam em Catamoio, enquanto Selemane Amade habitava a povoação de Muchelele. As demais povoações da ilha de Angoche e as do Larde e do M'luli eram governadas por chefes subordinados a esses três principais. Itite-muno e Selemane Amade partilhavam também a autoridade nas povoações às margens do M'luli e do Larde com os chefes da Imbamela, Guarnéa e Morla-muno. O conselheiro de Ibrahimo era Mualimo Xá Daudo.[14]

Entretanto, Eduardo Lupi informa que na ilha de Angoche e nas terras no continente próximas ao rio M'luli, Farelay "encontrou como aliado Ibrahimo, filho de Suleimane-bin-Rajah, na sombra também pretendente ao sultanato". Essa informação sugere que Fare-

---

12   Em 1902, foi publicada no Boletim Oficial de Moçambique a notícia de que Farelay fora eleito sultão do M'luli e do Larde. Biblioteca Nacional de Portugal. Boletim Oficial do Governo Geral da Província de Moçambique. Capitania-mor de Angoche, 27 de dezembro de 1902.

13   Ibrahimo era "filho" de Sulemaine Bin Rajah que, após a morte de Mussa Quanto em 1877, disputara a sucessão com Ussene, recebendo o apoio do governo português. AMORIM, Pedro Massano de, op. cit., COUTINHO, João de Azevedo, op. cit.,1935. As correspondências dos governadores, secretários e capitães-mores também mencionam Ibrahimo como o sultão de Angoche.

14   "Selemane Amade, irmão de Farelai, é homem menos aventureiro; vive na Muchelele, junto ao comando militar e parece preferir vida sossegada, fazendo negócio de madeiras e indo de vez em quando até ao Larde, onde tem as suas machambas." NEVES, F. A. da Silva, op. cit., p. 22-24.

lay e Ibrahimo eram somente concorrentes ao cargo de sultão de Angoche.[15] Dessa maneira, pode-se supor que o processo sucessório em Angoche tenha se definido apenas em 1902, quando Farelay assumiu o cargo de sultão do M'luli e do Larde.[16]

É preciso adiantar que, justamente em 1902, o governo português conseguira de novo se estabelecer na ilha de Angoche com permissão para a instalação de dois postos militares concedida por Ibrahimo. Pode-se pensar que esta tenha sido uma das razões para o reconhecimento de Farelay como sultão pelos "grandes de Angoche". Por outro lado, não deve ser descartada a possibilidade da existência de dois sultões, Ibrahimo na ilha de Angoche e Farelay no M'luli e no Larde, para evidenciar que, naquele momento, esses territórios também faziam parte do sultanato.

Ao circular pela região fazendo contato com diferentes chefes do norte de Moçambique, Farelay teceu uma rede de apoio, constituindo uma coligação de resistência às iniciativas colonialistas portuguesas. Motivo pelo qual era retratado pelas autoridades portuguesas como salteador, bandido, aventureiro, vagabundo, nômade, não possuindo terras nem residência fixa. É interessante observar a atuação de Farelay na região e a articulação entre diferentes chefes que desenvolveu, tal como descrita pelo capitão-mor de Angoche Silva Neves:

> Entre a Mogovola e a Marrúa, porém, vive e divagueia um monhé Anhapaco de nome Farelai, aparentado com os da ilha de Angoche, que não é mais do que um vagabundo atrevido que passa vida quase nomada, e não tem terras: vive de expedientes, de mãos dadas com o Marave, cujo papel representa nesta capitania-mor, rodeado de uma pequena porção de monhés da mesma laia. Os Anhapacos tem ainda uma grande preponderância sobre os habitantes desta região; o Farelai que vive isolado dos demais é uma prova palpável: passa a sua vida quase sempre da Mezéa para o Mege ou vice-versa, lidando mais com macuas do que com monhés: três pequenos régulos da Mezêa, cujo principal é Sultane Ala, aparentados também com os da ilha de Angoche, que vivem ali isolados dos da sua raça, formando por assim dizer uma nodoa de monhés no meio dos macuas, são os que mais agasalho e guarida lhe dão.[17]

---

15   LUPI, Eduardo do Couto, op. cit., 1907, p. 213.

16   Mais uma vez, é possível observar que o governo português, objetivando o apoio das chefias locais, estabelecia relações políticas com um dos pretendentes ao cargo de sultão ou chefe; neste caso, com Ibrahimo, reconhecendo-o como sultão antes mesmo da eleição.

17   NEVES, F. A. da Silva, op. cit., p. 23. "Por todas as maneiras procura minar o nosso poderio. Ao xecado de Sangage, que se nos conserva fiel, opõe o Nauarame da Selege e o pretendente Momadi-Omar, cuja rebelião auxilia. (...) Fomenta na Imbamela a cisão entre á-nella e á-iádje, estreitando com estes últimos as mais intimas relações. E, finalmente, aproveitando a definitiva quebra de pazes surgida entre as autoridades de Moçambique e o Maravi, seu emulo na região do Munapo, firma com este um tratado de aliança offensiva e

Na tentativa de iniciar a dominação dos territórios entre os rios M'luli e Larde, no final de 1889, o governador Sampaio de Albuquerque enviara a Morrua, terras do chefe Mapala-muno, uma força composta por um cabo, dez soldados e trinta cipaios para efetuar a prisão deste "antigo aliado" de Mussa Quanto e de Ussene Ibrahimo e, naquele momento, considerado o "principal instigador" de Farelay na região. Avisados por uma denúncia anônima, Mapala-muno recebeu a força militar portuguesa com tiros, obrigando-a a se retirar do local.[18]

Em retaliação à ação do governo português, em 1890, a sede portuguesa no Parapato sofreu vários atentados organizados por Farelay. O primeiro ataque armado ao local aconteceu em 10 de fevereiro daquele ano, quando a sede do Parapato foi cercada do lado do continente pelos guerreiros de Farelay e do lado do litoral, vindas da ilha de Angoche, pelas forças de Ibrahimo, que assaltavam as embarcações. As autoridades portuguesas no Parapato tiveram de distribuir armas até aos moradores "de todas as cores e de todas as raças" que se entrincheiraram em linhas de defesa na povoação.[19] O ataque durou algumas horas, até o momento em que o comandante de guerra de Angoche foi atingido por um tiro e morreu, forçando a retirada dos homens de Farelay e de Ibrahimo.[20]

Eduardo Lupi descreve o ataque da seguinte maneira:

> É um pavor: os cypaes das terras e os imbamelas, uns e outros prestes acudidos à chamada, não se aguentam nas linhas exteriores, cuja defesa lhes tinha sido confiada, e veem para dentro de roldão confundir tudo e todos; os indianos, timoratos, fogem apressadamente para bordo dos pangaios e lanchas surtas no porto, sobraçando as típicas caixas de sândalo em que acumulam as rupias, pesos e barrinhas, ganhas no negócio de permuta com as caravanas do interior; as mulheres com as crianças procuram abrigar-se na cortina do mangal que então orlava a praia, fugindo de um perigo simplesmente possível

---

defensiva." LUPI, Eduardo do Couto, op. cit., 1907, p. 213.

18   LUPI, Eduardo do Couto, op. cit., 1907, p. 211.

19   *Ibidem*, p. 211-212.

20   "Pormenorizando um pouco estas façanhas do Farelay. Eis as informações do governador, que constam dos Boletins Oficiais de 1890. Na noite de 6 para 7 de fevereiro de 1890, foi mandada uma força de cabo a Murrua, a fim e intimar ordem a regulo Mapala-muno para me vir falar, mas apenas ali chegou foi recebida a fogo, ao qual teve de corresponder. Sendo o tiroteio ouvido na vila, mandei em socorro uma força de sipais que regressou das 9 para as 10 horas do último dia. No dia 10, por volta das quatro horas da manhã, foram assaltadas e incendiadas três povoações de sipais, avançando nessa ocasião o inimigo até trinta metros de distância da residência. Este ataque terminou por volta das dez horas, tendo o inimigo sofrido grandes perdas enquanto que da nossa parte apenas morrera um soldado e três sipais." AMORIM, Pedro Massano de, op. cit., p. 15.

para cair nas mãos da gente d'Angoche, que até ali se havia afoitado vindo da ilha em grandes casquinhas.

Vai uma barulheira infernal de clamores, tiros, toques de corneta e buzinadela de palapatas. Tudo parece perdido; e já o mastro da bandeira, erguido no terreiro do quartel, a meio da encosta da mais próxima colina vai caindo sob as machadadas que lhe vibra o Muapala-muno em pessoa, quando um tiro feliz, cujo disparo três ou quatro pessoas ainda hoje vivas se atribuem, prostra o chefe de guerra da heterogênea hoste angariada pelo Farelay, promovendo a debandada dos assaltantes.[21]

Seguiram-se outros ataques nos quais Farelay contou com o apoio de vários chefes da região, como o Mapala-muno, porém sem resultados positivos para Angoche. Por sua vez, o governo português procurou a ajuda na Imbamela, com o chefe Morla-muno, e em Sangage, os quais lhe enviaram um grande contingente de homens armados. De Moçambique chegaram, alguns dias depois, um reforço composto de 42 soldados do batalhão de caçadores número um e a canhoneira Tamega, o que possibilitou repelir o novo ataque de Farelay realizado no dia 24 de fevereiro do mesmo ano de 1890.[22]

Vale lembrar que Morla-muno e alguns chefes de Sangage, já em meados do século XIX, aproximaram-se politicamente das autoridades portuguesas com o objetivo de resistir à expansão política de Angoche por não reconhecerem o poder que o sultanato pretendia exercer na região concorrendo ao controle da produção agrícola e atuando como intermediários deste comércio.

Nos meses que se seguiram vários chefes apoiadores de Farelay como "os grandes de Matuguti, o Morra-muno e de Inhamitale, Melane-muno", foram ao Parapato acompanhados do capitão-mor de Sangage. Apresentaram-se também os chefes do Murrua, os imbamelas do Guernéa, dentre estes o Massiva-muno, acompanhados pelo "sobrinho" do xeque de Sangage, Vazir Mussa Piri. Até que, em 1º de novembro de 1890, Farelay e Mapala-muno dirigiram-se ao Parapato para "submeterem-se às autoridades portuguesas". Nessa ocasião, foi assinado um tratado de vassalagem na presença do governador Antonio Ferreira de Carvalho. Entretanto, nada lhes foi solicitado em troca do acordo, como ressalta Pedro Massano de Amorim:

---

21   LUPI, Eduardo do Couto, op. cit., 1907, p. 212.

22   AMORIM, Pedro Massano de, op. cit., p. 15. "O cerco ao nosso estabelecimento no Parapato, privando-o de qualquer socorro que porventura podesse ser-lhe enviado por via de terra, pelo norte ou pelo sul, acha-se assim quase fechado: e só a frequência da visita das canhoneiras, que se sucedem no porto a curtos intervalos, impedem a repetição de um ataque, como o do começo do ano de 1890." LUPI, Eduardo do Couto, op. cit., 1907, p. 214.

Nem uma multa sequer lhes foi imposta e tudo quanto escrito se encontra sobre estes acontecimentos nos leva a crer que a apresentação dos régulos que nos tinham feito guerra foi provocada por negociações que indiretamente foram, senão pedidas, pelo menos inspiradas do Parapato.[23]

Segue a transcrição do termo de vassalagem assinado por Farelay e Mapala-muno, publicado por Amorim:

> Termo de vassalagem dos régulos Mapala-muno e Omar Bin Nacogo (Farelay). No dia um de novembro do anno do Nascimento de Nosso Senhor Jesus Christo de mil oitocentos e noventa, na villa do Parapato e Secretaria do Governo, achando-se presentes o governador do districto, Antonio Ferreira de Carvalho, empregados, negociantes e régulos Mapala-muno e Omar Bin Macogo (Farelay), declarando o seguinte:
> Que vinham voluntariamente apresentar-se, pedindo perdão das guerras que tinham promovido no anno próximo findo, jurando que desde já se consideravam vassalos fieis e obedientes de El-Rei de Portugal e de todas as autoridades portuguesas. Mas se obrigam e juram a não empreender qualquer guerra sem licença e autorização do Governo, dando como fiadores dos seus juramentos os régulos presentes, abaixo assignados.[24]

É preciso reiterar a importância de analisar a interpretação dada pelas autoridades portuguesas aos tratados estabelecidos com os chefes africanos. Considerando o contexto da assinatura e os termos do documento, assim como a descrição das ações seguintes de Farelay, o tratado parecia selar um acordo de paz mais do que a submissão das chefias signatárias. O próprio Eduardo Lupi questiona a efetividade da ocupação no Parapato e o grau de autoridade estabelecido pelo governo português na região, atribuindo a tal situação o sucesso de Farelay.

> (...) graças a ficção da nossa posse naquele pedaço de praia, que justifica o estabelecimento de casas de negocio e assegurar um regular trafico comercial; - [Farelay] pode obter pelo imposto de passagem cobrado às caravanas, pelo lançamento de bocas aos indianos, e pela exigência de saguates a todos, uma constante entrada de pingues receitas que lhe garantem o máximo bem estar, e

---

23 AMORIM, Pedro Massano de, op. cit., p. 15.
24 *Ibidem*, p. 16.

lhe facultam os meios de conservar as adesões conseguidas, para a sua pessoa e para a sua causa.²⁵

Lupi afirma também que por efeito da "precária autoridade portuguesa" no norte de Moçambique Farelay, ao voltar para a sua "n'ringa", na região do rio Mutuguti, conseguiu restabelecer as suas forças de guerra e "pela pressão, pela ameaça e pelo castigo, volt[ou] a tornar-se senhor de todas as terras de M'zeia e M'lay."²⁶ Os ataques ao Parapato que, em 1891 passou a ser denominado Antonio Enes, voltaram com toda a força em meados da década de 1890.

Em 1894, Farelay enviou uma carta ao governador do distrito de Angoche exigindo que fosse ao seu encontro, pois queria cobrar dos comerciantes a quantia de cem réis. Informou que no ano anterior os proprietários de lojas comerciais tinham efetuado o pagamento, porém até aquele momento nada recebera, alegando que o valor era seu de direito. Acrescentou ainda que os comerciantes estavam naquele local para estabelecerem lojas comerciais sem a sua permissão.²⁷ Três anos depois, bloqueou os caminhos ao norte da vila de Angoche, próximo a Mahila, impedindo a circulação de negociantes vindos do interior. O comandante militar de Angoche noticiava em correspondência ao governador do distrito de Moçambique:

---

25   LUPI, Eduardo do Couto, op. cit., 1907, p. 214.

26   *Ibidem*, p. 213. No entanto, Farelay não deixou de "continuar na sua rapinagem e em breve se torna senhor de grande parte dos antigos domínios do sultão de Angoche, minando por toda a parte o nosso senhorio (...)". AMORIM, Pedro Massano de, op. cit., p. 32.

27   Correspondência de Farelay ao Governador do Distrito de Angoche. AHM, Fundo do século XIX, Governo do Distrito de Angoche, 1894, caixa 8-2. O comandante militar de Angoche escrevia em 1894 que "o Farelay sempre foi hostil ao governo, embora tenha prestado vassalagem, como se vê pela correspondência dos ex--governadores deste conselho (...). (...) e a força de que dispõe é a de alguns régulos macuas, vivendo de roubos, sem terra fixa onde habitar, portando-se como um verdadeiro salteador e estrada, sendo em tudo auxiliado pelos grandes d'Angoche (...). Ele escreveu aos negociantes para que pagassem a ele 100 pesos e algumas fazendas ameaçando-os de proibir o comércio nesta vila". Correspondência do comandante militar de Angoche ao secretário geral do governo geral de Moçambique. Antonio Ennes, 22 de maio de 1894. AHM, Fundo do século XIX, Governo Geral de Moçambique, 1894, caixa 8-105, maço 2. Massano de Amorim transcreveu um trecho do relatório de um capitão-mor a respeito das atitudes do sultão Farelay: "Quando em 1895 vim para (...) Angoche não se podia pôr pé nas ruas da vila, não se saía senão para dentro da tal aringa onde todos se juntavam à primeira atoarda... O Farelay (...) sentava-se debaixo de uma mangueira, a 2 quilómetros da vila, mandava chamar ali o governador ou comandante militar e os principais negociantes a quem recebia no meio do seu acampamento cheio de gente armada, e dizia com a maior insolência o preço por que permitia a passagem das caravanas (...) Subscreviam a Câmara Municipal e os comerciantes com várias centenas de mil réis e ficavam de saguate sacos de açúcar, latas de chá, fardos de fazenda, pólvora e armas, até que o salteador se declarasse satisfeito!" AMORIM, Pedro Massano de, op. cit., 1911.

> Os caminhos foram fechados há cinco dias por uma emboscada preparada pela gente do Farelay contra os pretos das terras de [Amoguola] que seguiam para esta localidade com cargas de amendoim, havendo tiros de parte a parte e algumas mortes.[28]

Comerciantes vindos do interior passaram a frequentar a vila de Angoche para ali realizar seus negócios. Meses antes, o comandante militar já havia descrito uma das visitas desses homens:

> Hoje chegou a gente do régulo Mutúa-muno, composta de uma caravana de coroa de seiscentos pretos, das terras de [Amoguolla], vinham armados e com carregamentos de amendoim, permiti-lhes a entrada para fazerem o seu negócio, intimando-os a entrarem desarmados, deixando as armas fora da villa e assim cumpriram.[29]

Em meados da década de 1890, ao organizar vários ataques à sede portuguesa em Antonio Enes, Farelay agiu coligado ao chefe imbamela Guarnéa-muno, ao Ibrahimo de Angoche e aos chefes da região de Monapo - xecado de Sancul e os namarrais - a quem tinha apoiado na guerra contra o governo português enviando "50 inhabacos com outros chefes de guerra". As autoridades portuguesas puderam contar com a ajuda do chefe Morla-muno, "dos poucos pretos fieis em torno de Antonio Enes" e com a chegada canhoneira Zaire.[30]

---

28   Correspondência do comandante militar de Angoche ao governador do Distrito de Moçambique. Antonio Ennes, 28 de abril de 1897. AHM, Fundo do século XIX, Governo do Distrito de Moçambique, 1897, caixa 8-8.

29   Correspondência do comandante militar de Angoche ao governador do Distrito de Moçambique. Antonio Ennes, 1 de agosto de 1897. AHM, Fundo do século XIX, Governo do Distrito de Moçambique, 1897, caixa 8-8. Em junho de 1898, o comandante militar de Angoche contava que vários roubos foram feitos às caravanas que se dirigiam à vila de Antonio Ennes e que a gente dos chefes Mapala-muno, Muhova-muno e Nocoro-muno estava acampada na região de Chitalane fechando os caminhos. O comandante foi com alguns sipaios abrir à força os caminhos e contou com a ajuda do chefe Moqueira-muno, subordinado ao Morla-muno, durante a luta em Boila. Os caminhos foram, então, abertos e as caravanas voltaram a chegar. Correspondência do comandante militar de Angoche ao governador do Distrito de Moçambique. Antonio Ennes, 4 de junho de 1898. AHM, Fundo do século XIX, Governo do Distrito de Moçambique, 1898, caixa 8-8.

30   "(...), em 1895, uma nova coligação de todos os chefes indígenas do litoral, desde o Namarral até ao Ligonha, e de que eram as almas damnadas, entre os pretos, o Marave e o Farelay, determinaram em 1895 e 1896, em Angoche, uma sublevação que teria sérias consequências se o Morla, que se isolara do Farelay e do Cornea, nos não auxiliasse". AMORIM, Pedro Massano de, op. cit., p. 17-18.

O comandante militar de Angoche informava que o Farelay não dispunha de duzentos homens armados, mas podia conseguir junto aos chefes subordinados que lhe forneciam seus guerreiros. Em 1890, chegou a entrar na vila de Parapato com cerca de quatro mil homens armados. De acordo com o comandante, as armas e a pólvora para seus ataques, foram obtidas por meio do comércio de escravos, sobretudo de mulheres e crianças, realizado na foz do rio Kinga.[31] Dez anos depois constava que Farelay ainda recebia armas e munições em troca de escravos no mesmo porto de Kinga.[32]

No final do século XIX, Farelay recebeu também o apoio do capitão-mor da Matibane (Quitangonha) Alua. Os chefes da Quitangonha estavam descontentes com algumas medidas do governo português, como a cobrança do imposto da palhota e o incentivo à abertura de lojas comerciais. Em 1897, o comandante militar da Matibane escreveu ao capitão-mor das Terras da Coroa sobre o encontro com o xeque da Matibane e outros chefes, incluindo Alua. Pressionado a fazer o pagamento do imposto da palhota, o xeque respondeu que já há muito tempo "trabalhava de graça", afirmando que o governo português o estava enganando.[33] No ano seguinte, o comandante do posto militar da Matibane comunicou ao capitão-mor das Terras da Coroa que Alua promovera um ataque a uma loja comercial. O comandante acreditava que o "cabo de polícia" deveria estar "do lado do Alua", pois alegara não ter ouvido nada.[34]

Segundo as autoridades portuguesas, Farelay podia contar sempre com o apoio dos chefes que estavam na ilha de Angoche. A ilha era o seu lugar de refúgio quando necessitava se afastar da guerra para se proteger ou conseguir apoio logístico.[35] Em 1897,

---

31   Correspondência do comandante militar de Angoche ao secretário geral do Governo Geral de Moçambique. Antonio Ennes, 18 de maio de 1896. AHM, Fundo do século XIX, Governo Geral de Moçambique, 1896, caixa 8-105, maço 3.

32   O governador do Distrito de Moçambique lamentava em 1900: "Perdeu-se uma excelente ocasião de aprisionar dois pangaios que entraram ultimamente em Kinga com armas e munições para Farelay." Correspondência do governador do distrito de Moçambique ao secretário geral do Governo Geral de Moçambique. Moçambique, 7 de fevereiro de 1900. AHU, Processos Gerais, Caixa 1539, 4a Repartição, 1900-1901, documento junto ao oficio n. 30 - Confidencial n. 7.

33   Correspondência do comandante militar da Matibane ao capitão-mor das Terras da Coroa. Matibane, 1897. AHM, Fundo do século XIX, Governo do Distrito de Moçambique, caixa 8-9, 1898-1900.

34   Correspondência do comandante do posto militar da Matibane ao capitão-mor das Terras da Coroa. Matibane, 1898. AHM, Fundo do século XIX, Governo do Distrito de Moçambique, caixa 8-15, maço 2, 1857-1898.

35   Correspondência do capitão-mor de Angoche ao governador do Distrito de Moçambique. Antonio Ennes, 14 de março de 1897. AHM, Fundo do século XIX, Governo Geral de Moçambique, 1897, caixa 8-8. "Em 1896 o Farelay, que se combinara com o Marave e os chefes namarraes, e fora no sul o dirigente do

quando da guerra contra o xeque de Sangage Vazir Mussa, Farelay foi ferido e teve que se refugiar em Angoche. Nesse período conseguiu articular com alguns chefes da região, dentre eles Sulemane Issufo, capitão-mor Selimane-Amade, Xhá e Abdul Cadre, a obtenção de quinhentos barris de pólvora.[36]

PARTICIPAÇÃO DA PIA-MWENE DE KINGA (SANGAGE) NA COLIGAÇÃO

Em 1893 já se nota a articulação de uma frente de resistência ao governo português configurada pelo apoio dado por Farelay à "rainha" de Kinga, M'Fatima (ou Nuno Fatima) Bin Zacharias.[37] Um monhé de nome Charamadane Conul informou que as pessoas que acompanhavam Farelay eram "gente da rainha Nuno Fatima e do seu capitão-mor Soalé", que o haviam chamado para fazer guerra ao governo e ao xeque de Mutucura Sheagy "com a promessa de ser nomeado xeque de Seremage".[38]

---

movimento de reação preparado para dividir a atenção do governador geral Mousinho, consegue chamar ao seu partido os da ilha de Angoche e muitos, senão todos, os chefes que do Larde e M'lui se estendem até Moma. Não sabemos se neste movimento, em que a pólvora armas eram fornecidas como na antiga época do negócio negreiro, ia interessados clandestinamente os imbamelas do Morla e os dependentes do xeque de Sangage; o certo é que os rebeldes se manifestavam quase ao mesmo tempo no posto de Moma e no Parapato. Moma fica abandonado, perdendo-lse ali uma boca de fogo entre o material deixado pela guarnição do posto, que retirou para Antonio Ennes, e o Parapato viu-se em serias dificuldades sustentando ataques repetidos (outubro de 1896). É nomeado então para comandante do Parapato Julio Gonçalves, que se prepara e lança mão de todos os meios para inflingir uma severa lição ao insubordinado gentio. As operações planeadas não chegam a realizar-se, por ter rebentado nessa ocasião a segunda revolta de Gaza (1897)." AMORIM, Pedro Massano de, op. cit., 1911, p. 16.

36   Correspondência do chefe do posto fiscal em Sangage. Sangage, 16 de março de 1897. AHM, Fundo do século XIX, Governo Geral de Moçambique, 1897, caixa 8-8. "Angoche é a cabeça que manda, o povo incessantemente revoltoso, aquele a quem directa ou indirectamente sempre temos tido a combater-nos, é a grande ilha que no Kinga, no Lardy, Môma e no [Nahury] recebe as armas e pólvora dos pangaios mujojos e a distribui aos régulos macuas. Os outros régulos macuas, Farelay etc são os braços que executam as ordens emanadas da ilha e que hoje como de há trinta anos só tendem ao restabelecimento do sultanato arrazado por João Bonifácio e seu irmão Victorino." Correspondência do comandante militar de Angoche ao governador do Distrito de Moçambique. Antonio Ennes, 19 de maio de 1898. AHM, Fundo do século XIX, Governo do Distrito de Moçambique, 1898, caixa 8-8.

37   Correspondência do comandante militar de Moginqual a Nuno Fatima. Moginqual, 11 de maio de 1893. AHM, Fundo do século XIX, Governo Geral de Moçambique, 1893, caixa 8-156, maço 1.

38   Correspondência do comandante militar de Moginqual ao secretário geral do Governo Geral de Moçambique. Moginqual, 14 de maio de 1893. AHM, Fundo do século XIX, Governo Geral de Moçambique, 1893, caixa 8-156, maço 1.

Naquela ocasião, Farelay era acusado de realizar roubos e de ter matado o chefe Prima-muno, na região de Kinga, com a ajuda do xeque Combotas e com o aval de M'Fatima.[39] Esteve também nas terras do chefe Buba-muno que informou ao comandante de Moginqual Ayalla que Farelay costumava fazer duas expedições ao ano para conseguir escravos e aproveitava para ameaçar os "chefes pequenos que lhe da[vam] o que pedia por ser ele muito temido." O comandante de Moginqual escreveu à M'Fatima afirmando saber que ela chamara Farelay para fazer guerra ao governo e ao xeque de Mutucura, ameaçando-a com as seguintes palavras:

> (...) eu previno que tenha cuidado e que se não toma juízo depois há de se arrepender. Se quer guerra o Governo está prompto a fazer mas é preciso primeiro que reúna toda a sua gente e arranje muitos régulos macuas, porque o governo quando faz guerra quer ter muita gente para inimigo, portanto quando estiver prompta mande dizer para eu lá ir.[40]

M'Fatima negou ter qualquer ligação com Farelay. Ao escrever ao comandante Ayalla explicou que não chamara Farelay às suas terras, porém, como ele tinha muita força, não pôde fazer nada.[41] No entanto, é interessante destacar como na mesma carta M'Fatima enfrenta o comandante quando questionada sobre o fato de ainda não tê-lo visitado no posto militar: "Agora o senhor comandante há de dizer que eu sou malandra porque não vou visitar, eu sou Fátima, não tenho imposturas." Disse que estava muito velha e que não podia enviar emissários porque todos os "seus grandes" estavam com o governo:

> (...) Nanzuella-muno, Xerife Moachamade, Moala-muno, Salimo-Bana, Charamadane-Bana e outros. (...) aquela toda gente eram meus grandes, largou a mim sozinha e foram para o comandante e Sheagy. Todos os rapazes que digo se estivessem comigo eu os mandaria visitar, assim não tenho ninguém porque todos estão com o senhor.[42]

---

39   Correspondência do comandante militar de Moginqual a Nuno Fatima. Moginqual, 11 de maio de 1893. AHM, Fundo do século XIX, Governo Geral de Moçambique, 1893, caixa 8-156, maço 1.

40   Ibidem.

41   "Eu não disse que fizesse asneiras pelas terras, eu o juro no Munafo [mussafo – Alcorão] mas ele arrancou com força dele e sua livre vontade, fez portanto o que quis." Correspondência de Nuno Fatima ao comandante militar de Moginqual. [Kinga, 11 de maio de 1893]. AHM, Fundo do século XIX, Governo Geral de Moçambique, 1893, caixa 8-156, maço 1.

42   Ibidem.

M'Fatima sugere ainda os motivos que a teriam levado a se aproximar de Farelay. Queixava-se a *pia-mwene* de Kinga da solidão, sem ter por perto seus principais chefes ("seus grandes"), agora aliados do governo português. M'Fatima poderia exagerar ou mentir, contudo, ao citar os nomes das pessoas que faziam parte da sua rede política, seria facilmente desmascarada pelo comandante militar Ayalla se o que relatava não tivesse acontecido, ou seja, se os "seus grandes" não tivessem se aproximado politicamente do governo português.

A estratégia utilizada pelas autoridades portuguesas de oferecer cargos e legitimar candidatos ainda concorrentes em disputas pela sucessão do poder alterava a estrutura política, muitas vezes, provocando um desequilíbrio nas sociedades africanas. Neste caso, a política portuguesa teria causado o abandono de M'Fatima pelos chefes a ela subordinados. A *pia-mwene*, a grande mãe que representava a linhagem, perdia espaço e poder por efeito das novas relações com o governo português. Na tentativa de restaurar sua importância e poder, M'Fatima encontrou apoio nas ações de Farelay.

Uma figura que pode igualmente esclarecer a associação de M'Fatima à coligação é o citado xeque Sheagy. Em 1891, M'Fatima comunicava ao governo português que após a morte de seu filho, xeque Che Agy, escolhera Selemane bin Mocombotas para ocupar o cargo. Segundo o comandante militar de Moginqual, Francisco Menezes e Mendonça, Mocombotas fora escolhido porque reconheceram nele maior competência para "poder tirar desforra dos abusos praticados pelo xeque de Mutucura inclusive o da morte do antigo xeque, que foi ordenada por ele".[43]

O filho de M'Fatima, Che Agy, permitira, em 1887, o estabelecimento de um comando português em suas terras. A presença daquelas autoridades na região causou muitos problemas à população. Algumas prisões consideradas arbitrárias provocaram o descontentamento geral e, sobretudo de alguns chefes como Mutucura e M'piza-muno que passaram a pressionar Che Agy para tomar providências contra o governo português. O comandante Francisco Menezes e Mendonça acreditava que Che Agy estivesse mesmo arrependido de "ter concorrido para a nossa instalação neste local" e talvez já estivesse do lado dos macuas, apoiando-os. Por isso, receava ser "traído" pelo Che Agy, que poderia deixar de avisá-lo no caso de um ataque dos macuas.[44]

---

43 Correspondência do comandante militar de Moginqual ao secretário geral do Governo Geral de Moçambique. Moginqual, 12 de janeiro de 1891. AHM, Fundo do século XIX, Governo Geral de Moçambique, 1891, caixa 8-151, maço 1.

44 Correspondência do comandante militar de Moginqual ao secretário geral do Governo Geral de Moçambique. Namipe, 17 de janeiro de 1887. AHM, Fundo do século XIX, Governo Geral de Moçambique, 1887, caixa 8-151, maço 1.

O novo xeque Mocombotas ou Che Agy[45] foi rapidamente reconhecido pelo governo português e investido no cargo em cerimônia durante a qual farinha de mapira fora jogada sobre sua cabeça e lhe ter sido oferecido um "salário" pelo comandante militar. Soube-se que os chefes Mutucura e M'piza-muno tentaram impedir a passagem do novo xeque Che Agy por suas terras quando se dirigia ao comando militar português para a cerimônia de reconhecimento.[46] Mutucura também ameaçou o governo português com guerra, ao avisar que passaria por aquelas terras com seus homens armados e já alertara a população para se retirar para as terras do M'piza-muno.[47]

Depois disso há uma lacuna nas fontes, nenhuma correspondência encontrada trata do assunto que reaparece somente no final de 1892, quando a situação parece ser outra. Nessa época, o xeque de Motucura Sahagy Bin Aly avisava que o comandante militar de Moginqual, Antonio Diniz Ayalla, poderia passar por suas terras sem qualquer obstáculo, pois ele não tinha mais problemas com o governo.[48] Seis meses depois o xeque Che Agy (Selemane Bin Mocombotas) foi "tirado" do cargo e substituído por Sheagy Bin Aly, nomeado pelo governo português.[49]

Algumas exigências e ameaças feitas por Mocombotas numa carta escrita logo depois da sua posse, em 1891, podem explicar esta mudança de atitude do governo português. Endereçada ao comandante militar de Moginqual, João Augusto Soares de Castro Cabral, Age Selemane [Ibraimo] Aly [M'computo] ou Che-Agy solicitava que lhe enviassem alguns produtos como fazenda branca (chamada de americana), piri-piri (pimenta), cominhos, açúcar, manteiga, tâmaras e algodão. Por fim, o xeque ainda ameaçou o comandante militar

---

45 Che Agy era o termo político hereditário.

46 Correspondência do comandante militar de Moginqual ao secretário geral do Governo Geral de Moçambique. Moginqual, 18 de janeiro de 1891. AHM, Fundo do século XIX, Governo Geral de Moçambique, 1891, caixa 8-151, maço 1. Em outra carta o comandante militar de Moginqual informava que o Mutucura havia mandado seus homens perseguir o Che Agy que tinha acabado de sair do comando militar. No caminho aproveitaram para roubar a povoação do xeque de Esterenau, levando inclusive armas. Correspondência do Comandante militar de Moginqual ao Secretário Geral do Governo Geral de Moçambique. Moginqual, 19 de janeiro de 1891. AHM, Fundo do século XIX, Governo Geral de Moçambique, 1891, caixa 8-151, maço 1.

47 Correspondência do comandante militar de Moginqual ao secretário seral do Governo Geral de Moçambique. Moginqual, 21 de janeiro de 1891. AHM, Fundo do século XIX, Governo Geral de Moçambique, 1891, caixa 8-151, maço 1.

48 Correspondência do xeque Mutucura ao comandante militar de Moginqual. Moginqual, 1 de novembro de 1892. AHM, Fundo do século XIX, Governo Geral de Moçambique, 1892, caixa 8-151, maço 1.

49 Correspondência do comandante militar de Moginqual a M'Fatima. Moginqual, 11 de maio de 1893. AHM, Fundo do século XIX, Governo Geral de Moçambique, 1893, caixa 8-156, maço 1.

escrevendo: "Estamos com Pharelai e outro Mussilimague. Senhor Mussa, não faça brincadeira porque aqui veio aqui Pharelai. Não tenha duvida você deste individuo."[50]

Pode-se supor que Mocombotas (Che Agy) solicitasse o envio dos produtos importados (tecidos, pimenta e açúcar) ao governo português por ser um dos chefes responsáveis pela intermediação comercial entre o interior do continente e o litoral Índico. Os chefes de caravanas do interior entregavam gêneros agrícolas e de extração a chefes como Mocombotas e Farelay que exerciam a função de intermediários comerciais, enquanto os negociantes estrangeiros que desembarcavam na costa do Índico ou os proprietários das lojas comerciais e o governo português forneciam em troca produtos vindos de fora do continente. Com o objetivo de minar o poder de Che Agy como intermediário comercial, que era fortalecido pelo apoio de Farelay, o governo português aliou-se a Sheagy (xeque de Mutucura, provavelmente concorrente ao mesmo papel de intermediário comercial), reconhecendo-o como o xeque legítimo.

Dessa maneira, a incorporação de M'Fatima e Che Agy à coligação de Farelay estava interligada à questão do controle do comércio realizado entre o litoral e o interior do continente ameaçado pelas intervenções do governo português. Em 1898, o comandante militar de Moginqual avisava que tivera fortes indícios através da interceptação da correspondência trocada entre os chefes da região, de que os comandos de Moginquale e do Infusse seriam atacados.[51] A informação foi também confirmada pelo comandante do Infusse, de quem partiu a solicitação para que não se desfizesse a força militar ali instalada até que se confirmasse a falsidade do boato sobre o ataque ao local disseminado pelos

---

50 Correspondência do xeque Che Agy ao comandante militar do Moginqual. Moginqual, 10 de abril de 1891 (data do envio da carta em árabe ao Secretário Geral). AHM, Fundo do século XIX, Governo Geral de Moçambique, 1891, caixa 8-151, maço 1. Em 1893, M'Fatima escreveu novamente ao comandante militar de Moginqual desmentindo "tudo que diz o Farelay" e que, para provar que não estava ao lado dele, oferecia seus guerreiros para combatê-lo e destruir a aringa que construíra em Meze, na margem direita do rio Kinga. O comandante enviou uma solicitação ao governo geral em Moçambique para autorizar uma expedição armada, acreditando ser uma boa oportunidade para ocupar aquele importante ponto com "as boas disposições tanto da gente do cheque de Mutucura como da rainha de Seremage e outros régulos avassalados". Em resposta, o secretário geral demonstrou desconfiança em relação às atitudes de M'Fatima, recomendando que o comandante tivesse "bom senso" e se "continua[sse] com suas veleidades (...) ser[ia] demitido (...)". Correspondência do comandante militar de Moginqual ao secretário geral do Governo Geral de Moçambique. Moginqual, 21 de maio de 1893. AHM, Fundo do século XIX, Governo Geral de Moçambique, 1893, caixa 8-151, maço 1.

51 Correspondência do capitão-mor do Mossuril ao chefe da Repartição Militar do Distrito de Moçambique enviando a cópia da nota recebida do comandante de Moginquale. Moginqual, 6 de setembro de 1898. AHM, Fundo do século XIX, Governo do Distrito de Moçambique, caixa 8-9, 1898-1900.

"mouros negociantes" de Moginquale e pelos "mouros negociantes do Infusse, tendo quase toda a gente fugido destes locais".[52]

Em setembro de 1898, o comandante do posto militar do Infusse, João Antonio de Souza Valente, escreveu ao capitão-mor das Terras da Coroa comunicando que o posto fora de fato atacado pelos guerreiros do Marave e da rainha M'Fatima.[53] Alguns dias depois, o mesmo comandante confirmou um ataque ao posto de Namuco realizado pela "gente do irmão do Marave, Jamal Marrua. As forças rebeldes [eram] compostas pela gente do Marave, M'Fatima e Pirima".[54]

A coligação de resistência realizou vários ataques a diferentes postos de comando militar português e também às povoações vizinhas sob o comando de chefes politicamente próximos ao governo português. O comandante militar da Muchelia comunicou que as povoações do chefe [Chalamane] foram incendiadas pela "gente do Marave", que junto com "a gente da rainha Naguema e do Farelay" assaltaram as povoações de Ampapa, causando a morte de muitas pessoas."(...) segundo me informaram é para vingar a filha da dita Naguema que está presa na praça".[55]

Por volta de 1898, ocorre a articulação de outra frente da resistência, composta por Farelay (de Angoche), M'Fatima (de Kinga), Marave (de Sancul) em apoio a Naguema, dos namarrais, contra as investidas do governo português que organizara uma campanha militar de ocupação e sequestrara a "filha" da *pia-mwene* dos namarrais.

---

52   Correspondência do capitão-mor das Terras da Coroa ao chefe da Repartição Militar do Distrito de Moçambique enviando nota do comandante do Infusse. Infusse, 11 set. 1898. AHM, Fundo do século XIX, Governo do Distrito de Moçambique, caixa 8-9, 1898-1900.

53   Infusse, 14 de setembro de 1898. AHM, Fundo do século XIX, Governo do Distrito de Moçambique, caixa 8-15, maço 2, 1857-96.

54   Correspondência do capitão-mor das Terras da Coroa ao chefe da Repartição Militar do Distrito de Moçambique enviando a nota do comandante do Infusse. Infusse, 18 set, 1898. AHM, Fundo do século XIX, Governo do Distrito de Moçambique, caixa 8-9, 1898-1900. Há uma sequência de várias cartas informando sobre prováveis ataques aos postos do governo português, causando grande apreensão às autoridades portuguesas que solicitavam a todo momento reforços militares ao Distrito de Moçambique. Correspondência do Capitão-mor das Terras da Coroa ao Chefe da Repartição Militar do Distrito de Moçambique repassando a informação recebida do Comandante Militar da Muchelia que o Marave foi atacado quando estava no Infusse pelo Molide de Quivolane. Há boatos de que o Marave pretende atacar Lunga e o seu irmão o Infusse. Mossuril, 19 de setembro de 1898. AHM, Fundo do século XIX, Governo do Distrito de Moçambique, caixa 8-9, 1898-1900.

55   Correspondência do capitão-mor das Terras da Coroa ao chefe da Repartição Militar do Distrito de Moçambique enviando notas do comandante militar da Muchelia. Mossuril, 21 de setembro de 1898. AHM, Fundo do século XIX, Governo do Distrito de Moçambique, caixa 8-9, 1898-1900.

A AMPLIAÇÃO DA COLIGAÇÃO: NAMARRAIS E MUZUNGOS

O governo português organizou a primeira expedição militar contra os namarrais em setembro de 1888, comandada pelo secretário-geral de Moçambique José Joaquim de Almeida. As autoridades portuguesas apresentaram como justificativa para os ataques o fato dos namarrais escravizarem e assassinarem gentes das populações do "continente fronteiro" (as chamadas Terras Firmes) à ilha de Moçambique, correndo-se "o risco de se tornarem como os vatuás de Gaza, se o governo continuasse indiferente a isso".[56]

Entretanto, uma informação divulgada pelo governador geral de Moçambique pode esclarecer outras razões para a expedição militar portuguesa contra os namarrais. Segundo o governador, o chefe namarral Selimo era "um verdadeiro salteador" que dava refúgio em suas terras aos "malfeitores escapados às justiças" e, estando no caminho das principais rotas comerciais em direção ao interior, cobrava altas taxas para a realização desse comércio.[57]

Assim como Farelay e os chefes do M'luli e do Larde, os namarrais detinham o controle das rotas comerciais dos produtos agrícolas e de coleta que eram trazidos do interior pelos chefes macuas. Os namarrais teriam sido chefes de caravanas que se fixaram no território entre Monapo e Fernão Veloso na primeira metade do século XIX, estabelecendo-se como uma entidade política por meio de relações com os chefes da costa e como intermediários comerciais com as sociedades do interior.[58] Essa pode ter sido uma das razões do governo português para atacá-los com o objetivo de submetê-los e dominar a produção e o comércio das mercadorias agrícolas, implementando efetivamente a colonização.

Contudo, outra razão para a organização da expedição militar portuguesa contra os namarrais pode ser aventada: a constituição de agrupamentos e chefias fortemente militarizadas poderiam ameaçar a presença dos portugueses e as suas iniciativas de instituição dos mecanismos coloniais na região. É preciso considerar que os namarrais incorporaram por meio de laços de lealdade as populações de escravos fugidos da ilha de Moçambique que compunham a aringa de Ampapa. Seguindo a análise de José Capela, as aringas poderiam ser formadas por guerreiros e colonos dos prazos da Zambézia que migraram na primeira metade do século XIX e por soldados desertores das forças por-

---

56   AHU, SEMU, DGU, 1888, caixa 1331, pasta 10, capilha 2, documento 147.

57   AHM, Códice 11-29, folhas 43 e seguintes, do governador-geral para o ministro, 26 de abril de 1886. Apud CAPELA, José, op. cit., 2006, p. 90.

58   MARTINS, Luísa F. G. A expedição militar portuguesa ao Infusse em 1880. Um exemplo de ocupação colonial nas terras islamizadas do Norte de Moçambique. Reunião Internacional de História de África: relação Europa-África no 3o quartel do século XIX. Lisboa: Centro de Estudos de História e Cartografia Antiga, Instituto de Investigação Científica e Tropical, 1989, p. 490.

tuguesas.[59] Deste modo, a incorporação das populações da aringa de Ampapa pode ter contribuído para o caráter fortemente militarizado que os namarrais apresentavam na segunda metade do século XIX.

A primeira expedição militar portuguesa contra os namarrais contou com o apoio do xeque da Quitangonha, Mahmoud Buana Amadi (1884-1908), cuja participação se justificava pela acusação contra os namarrais de atacarem suas terras desde 1875. O capitão-mor de Sancul Molide Volay e seu comandante militar Marave foram também chamados para ajudar as autoridades portuguesas. Desta guerra, participaram 450 cipaios comandados por Molide Volay que tomaram e queimaram a povoação da "rainha" Naguema.[60] No entanto, os namarrais organizaram-se a tempo e cercaram o acampamento português, obrigando os oficiais a se retirarem do local.

Derrotado, o governo português tentou organizar outra expedição de guerra contra os namarrais. Para tanto, procurou o capitão-mor de Sancul Molide Volay e o Marave para que contribuíssem com homens, enquanto o governo português lhes forneceria armas e munições. Porém, Marave, após ter recebido armas de fogo e pólvora, recusou-se a atacar os territórios dos namarrais e não devolveu o que recebera das autoridades portuguesas.[61]

Os namarrais tinham estabelecido relações de lealdade com o comandante militar e depois capitão-mor de Sancul Marave, ou seja, um chefe que também detinha conhecimentos de estratégias de guerra, contribuindo ainda mais para a militarização dos namarrais.[62] É muito possível que a relação de lealdade entre os namarrais e o Marave de

---

59   CAPELA, José, op. cit., 2006, p. 86-90. MARTINS, Luísa, op. cit., 2011.

60   É interessante observar que as fontes portuguesas registraram que ao final da guerra, o governador-geral interino José Joaquim de Almeida visitou o chefe principal dos namarrais, Mocuto-muno. Ocasião em que Mocuto-muno prestou "juramento" e entregou um punhal em "sinal de vassalagem". Apesar da evidente contradição, pois o vencedor da guerra se submete ao perdedor, a historiografia subscreve essa informação mais uma vez sem questioná-la, nem problematizar os significados da assinatura desses tratados para cada uma das partes envolvidas. Neste caso, o tratado parecia selar muito mais um acordo de paz do que uma submissão do chefe principal dos namarrais. A entrega do punhal seria um sinal do final da guerra, como o fez também Mussa Quanto, em 1877, um pouco antes de morrer. Contudo, nas duas situações, o contexto não condizia com a submissão política como desejavam demonstrar as autoridades portuguesas. PELISSIER, René, op. cit, p. 251.

61   "Em 1888, o Marave, capitão-mor de Quivolane (Sancul), instado para ajudar o governo contra os Namarrais pediu pólvora e armas, logo abundantemente fornecidas, e não mexeu um só homem". AIRES DE ORNELAS. As operações em Moçambique. Outubro de 1896-abril de 1897. Revista do Exército e da Armada, v. 9, n. 52, Lisboa, 1897. Reproduzido em Aires de Ornelas. Colectânea das suas principais obras militares e coloniais. Lisboa: Divisão de Publicações e Bibliotecas, 1934, p. 84.

62   Vale lembrar, como ressaltou Joseph Mbwiliza, a partir da década de 1850, surge uma nova geração de líderes militarizados no norte de Moçambique. MBWILIZA, Joseph F., op. cit., 1991, p. 144.

Sancul tenha sido estabelecida por meio de relações de parentesco, pois as fontes documentais revelam que o Marave seria "marido" ou "amante" da rainha Naguema e por essa razão, estava em suas terras. Segundo relatos encontrados nas fontes, um soldado desertor chamado Cicatriz, preso pelo governo português, relatou sobre os locais de residência do chefe namarral Mucuto-muno e Naguema e de depósitos de armas guardadas por homens de Naguema e do Marave. Informou também que o Marave era "marido" de Naguema e que o Mucuto-muno tratava-a como "mãe", mas não o era.[63]

Em 1896, o governador geral de Moçambique, Mousinho de Albuquerque enviou a segunda expedição militar ao território dos namarrais. Contra a qual os namarrais receberam a ajuda de Marave e de alguns *muzungos* (nome dado aos proprietários de terras de origem portuguesa ou indiana em Moçambique). Por esta razão, a coligação foi chamada pelas autoridades portuguesas de "muzungo-monhé".[64]

Joaquim Ignácio de Souza (advogado e proprietário), Francisco Maria Paixão Dias (oficial da secretaria geral e proprietário), Ballá Saunto (proprietário), Dagy Saunto (proprietário) e Abude Bine Assane Sualé (oficial de diligências do Juízo da Comarca de Moçambique) foram presos sob a acusação de "cúmplices da rebelião" por fornecerem armas e pólvoras ao Marave e aos chefes namarrais e condenados ao degredo.[65]

Um dos acusados de ligação com a resistência dos namarrais, o ex-funcionário do governo português Francisco Maria Paixão Dias, escreveu ao Conselheiro Augusto de Castilho para se defender, provavelmente na tentativa de conseguir seu apoio, já que o conhecia por ter sido seu empregado quando exercera um cargo em Moçambique. Segue

---

[63] Correspondência do capitão-mor das Terras da Coroa ao chefe da Repartição Militar do Distrito de Moçambique. AHM, Fundo do século XIX, Governo do Distrito de Moçambique, caixa 8-9, 1898-1900. De acordo com o comandante do posto militar da Muchelia, uma mulher feita prisioneira do Marave e que fugira contou-lhe em interrogatório que o Marave era "amante" da rainha Naguema. Além disso, informou que ouviu o Marave dizer ao "xarifo Amussa" que depois de Quivolane faria guerra na Muchelia, Mossuril e Cabaceira e que vira "cinco landins com armas e vestidos com a blusa do uniforme e com panos pretos à cintura". Correspondência do comandante do Posto Militar da Muchelia ao capitão-mor das Terras da Coroa. Muchelia, 30 de setembro de 1898. AHM, Fundo do século XIX, Governo do Distrito de Moçambique, caixa 8-15, maço 2, 1857-96. Vale destacar que esta informação revela que a coligação de resistência provavelmente contou com a participação de soldados desertores das forças portuguesas (landins). O termo "landins" poderia se utilizado também como designação dos povos ngunis do sul de Moçambique. CAPELA, José, op. cit., 2006, p. 91.

[64] LUPI, Eduardo do Couto, op.cit, 1907, p. 214-215.

[65] Praça de S. Sebastião em Moçambique, 6 de agosto de 1899. AHU, caixa 1552, Moçambique, 1901-1902, pasta n. 2, processo n. 46.

a reprodução do trecho da correspondência no qual Paixão Dias explicou os motivos que levaram o Marave a organizar a resistência:

> Quando aqui chegou o Sr. Mousinho tudo estava em socego. O primeiro ato de S Exa. foi se fazer uma surpresa ao Marave, e para esse fim ele mesmo marchou de noute, a cavalo, levando uma força de cavalaria, isto depois do Marave e os seus terem promptamente pago o imposto de 2$500.
> O Marave não foi apanhado como foi o Gungunhana, mas S. Exa. encontrou na palhota a mulher do Marave a quem exigiu a apresentação de recibos do imposto de palhotas, o que ela promptamente satisfez. Depois exigiu a apresentação do Marave, o que ela não pôde satisfazer ou por ignorar o paradeiro dele ou por não querer confessar a verdade, pelo que foi açoitada barbaramente e abandonou, voltando depois a Mossuril com a força que o acompanhava. Isto é voz pública. Desde então ou o Marave ou a sua gente, começaram a preparar-se para a resistência e ao mesmo tempo roubar e agarrar gente. Enquanto o Sr. Mousinho marahava por 2 vezes contra os namarrais, aos quais nunca chegou haver irmãos por estarem no mato donde fazia fogo, o Marave recebia pólvora e armas no rio Meza ou Meje que fica entre Infusse e Moginquale, perto da Bahia ou rio kinga. Eram três pangaios que estavam carregando os escravos, em troca de armas e pólvora. S. Exa. teve disso conhecimento e mandou para ali Duque da Terceira, Liberal e Neves Ferreira, que não puderam apanhar nada.[66]

É interessante observar que Paixão Dias faz referência a Gungunhana, soberano do Reino de Gaza, no sul de Moçambique, preso e deportado pelas autoridades portuguesas em 1895. Nota-se nas fontes documentais analisadas a circulação de notícias sobre movimentos de contestação à dominação portuguesa que ocorriam concomitantemente. Fenômeno explicado devido à intensa movimentação de pessoas na região, assim como às estratégias das chefias africanas de enviar emissários para observar e investigar para obter informações sobre as ações do governo português.

Em 1890, por exemplo, foi publicada no *Boletim Oficial de Moçambique* uma nota a respeito de um ataque organizado pelo Marave a Ampapa, onde havia um quartel português. Um dos homens do Marave, de nome Amade Ibraimo, recebia informações a respeito das forças militares que o governo português tinha em Ampapa e em Mossuril

---

66 Correspondência de Francisco Maria Paixão Dias ao conselheiro Augusto de Castilho. Moçambique, Praça de S. Sebastião, 8 de abril de 1897. "Processo relativo aos réus Joaquim Ignácio de Souza, Francisco Maria Paixão Dias, Dagy Saunto, Ballá Saunto e Abraão Bin Assane Sualé." AHU, Processos Gerais, 4a Repartição, 1895-1897, caixa 1554, pasta 5.

por intermédio de um "moleque seu serviçal" e as repassava ao Marave. O "moleque" informante conseguiu avisar o Amade Ibraimo de que seria preso, fugindo em seguida. De fato, Amade Ibraimo foi perseguido e morto pelas tropas do governo português.[67]

Em 1896, Mamude Bonamade, xeque da Quitangonha, escreveu ao comandante da Matibane informando que não iria ao comando porque tinha medo do governo, por isso estava "escondido no mato". Alegava que ouvira dizer que pretendiam prendê-lo e mais outros chefes, como fizeram com o Gungunhana.[68] A circulação das informações sobre outros movimentos de contestação e, sobretudo da repressão a chefes de outras regiões, pode ter contribuído para o nascimento de uma consciência da necessidade de união entre as diferentes chefias do norte de Moçambique que culminou na formação da coligação de resistência.

Voltando à coligação muzungo-monhé, outros dois acusados eram os irmãos indianos Ballá Saunto e Dagy Saunto, degredados há 17 anos em Moçambique. Dagy Saunto em correspondência enviada ao capitão-mor das Terras da Coroa acusou de calúnia Gulamo Mussagy, o também degredado Nagopá Apá e o ferreiro Sagó Nazó por envolverem ele e seu irmão Ballá no episódio da guerra com os namarrais. Em sua defesa afirmou que também foram prejudicados com os ataques dos namarrais, tendo as suas propriedades destruídas o que lhes acarretara a perda total da colheita de caju, ao que acrescentou o fato da sua família ter colaborado com a colonização portuguesa em Goa:

> A família dos Fonduo Saunto, de quem nós somos os únicos descendentes inimiga tradicional dos ranes de Satary [considerados opositores à colonização portuguesa em Goa], prestou muitos serviços ao governo português em Goa quando foi empregada a perseguição dos mesmos ranes; e mais tarde quando o mesmo governo resolveu levá-los a Timor para os empregar em guerras que ali havia também fizeram bons serviços.[69]

---

67   Biblioteca Nacional de Lisboa. Boletim Oficial do Governo Geral da Província de Moçambique. Terras Firmes, 10 de junho de 1890.

68   Correspondência de Mamude Bonamade ao comandante militar da Matibane. AHM, Fundo do século XIX, Governo Geral de Moçambique, 1896, caixa 8-156, maço 1. De acordo com a notícia publicada no Boletim Oficial de Moçambique, quando Farelay foi eleito sultão de M'luli e Larde, em 1902, teria passado a utilizar "o título de Bonga-muno, para o que houve grandes festas em Molule." Biblioteca Nacional de Portugal. Boletim Oficial do Governo Geral da Província de Moçambique. Capitania-mor de Angoche, 27 de dezembro de 1902. Bonga era o título utilizado pelos chefes da família Cruz proprietária dos prazos de Massangano, no vale do Zambeze, e que na segunda metade do século XIX constituíram também ações de resistência à dominação portuguesa. A utilização desse termo por Farelay pode ser um indício da associação aos Bongas da revolta de Massangano, mas esse dado necessitaria ser investigado.

69   Correspondência de Dagy Saunto ao capitão-mor das Terras da Coroa. Moçambique, Praça de S. Sebastião, 21 de janeiro de 1897. AHM, Fundo do século XIX, Governo do Distrito de Moçambique, caixa

De acordo com Mousinho, os *muzungos* opuseram-se à expedição do governo português porque tinham suas propriedades vizinhas às do Marave e dos namarrais e provavelmente seriam atacadas com a guerra. Também agiram dessa maneira, como "protetores dos rebeldes" porque as suas fazendas eram preservadas nas frequentes razias organizadas pelo Marave e pelos namarrais. Por essas razões, participaram da coligação divulgando informações a respeito dos futuros ataques do governo português e fornecendo armamentos e pólvora ao Marave e ao Farelay.[70]

Entretanto, o mesmo Mousinho revela a existência de uma relação de lealdade entre o Marave e os referidos *muzungos* marcada pela doação de terras. O Marave teria permitido que estes *muzungos* ocupassem as terras pertencentes a João Carrão e que, por sua morte, passaram ao seu poder. De acordo com Eduardo Lupi, um desses *muzungos* era genro de João Carrão, o canarim Francisco Maria Paixão Dias:

> Não há muitos anos (trago este fato para exemplo), por morte de um tal João Carrão que tinha umas propriedades perto da Muchelia, povoação do Marave, este não quis permitir que os donos das propriedades ou os seus rendeiros colhessem o café sob o pretexto de que, morto o João Carrão, o senhor da propriedade ficará sendo ele. O genro de João Carrão, um tal Paixão Dias, canarim, conseguiu que o Marave lhe deixasse os capis de umas terras a troco de promessas de sagoates. Mas seria o canarim mesquinho e avarento como todos os da sua raça, qu'lhos havia de dar? É claro que não; o governo pagaria tudo: e assim foi.[71]

Mousinho menciona também que a ligação dos *muzungos* com os chefes e sultões "rebeldes" era muito antiga, ao lembrar que João Carrão "fo[ra] sempre muito relacionado com os rebeldes do continente. Segundo refere o governador d'Angoche, Bayão, auxiliou Mussa-Quanto na evasão da Praça de S. Sebastião, e deu-lhe vários presentes entre os quais uma cadeira, na qual estava um cartão com dedicatória ao 'sultão d'Angoche'".[72]

8-15, maço 2, 1857-96.

70   LUPI, Eduardo do Couto, op. cit., 1907, p. 214-215.

71   Os muzungos também ajudaram o Marave a recuperar uma escrava, que seguiria num pangaio para Madagascar, e que fugira, refugiando-se junto a um comandante militar. Eles conseguiram que um governador geral desse ordem verbal para que ela fosse restituída ao Marave. *Ibidem*, p. 214-215.

72   MOUSINHO DE ALBUQUERQUE. Apud: LUPI, Eduardo do Couto. Angoche. Breve memória sobre uma das capitanias-mores do distrito de Moçambique. Lisboa: Typographia do Annuario Commercial, 1907, p. 214.

Em seu relato, Mousinho continua enumerando as razões da coligação entre *muzungos* e o Marave sem deixar de fazer referência ao interesse no tráfico de escravos. Todavia, alega que a cobrança de imposto, um dos principais mecanismos do sistema colonial, constituiu igualmente um dos fatores desencadeadores da resistência organizada:

> É claro que nada convém a estes mercadores que se estabeleça a soberania portuguesa nestas paragens. Acresce isto a obrigação de pagar impostos, que todos desagrada e que só agora se levou a efeito (...). Creio que logo que eu fui nomeado governador geral, pelo menos logo que cheguei, esta gente percebeu que tinha que acabar toda e qualquer proteção aos bandidos do continente; juntou-se a alguns outros fatos que levaram essa gente a juntar-se com o fim principal de me embaraçar o governo por todas as formas; a que lhes pareceu mais simples e eficaz foi auxiliar os rebeldes dando-lhes armas, munições, e trazendo-os sempre bem informados... Sendo eu demitido do governo, confiavam que voltaria isto aos antigos tempos. Se eu fosse morto melhor ainda.[73]

Pode-se supor que, como proprietários de terras, os *muzungos* não aceitassem a intervenção do governo português em sua produção de gêneros agrícolas e na cobrança de impostos sobre esses produtos e sobre o trabalho empregado em suas terras.

Dessa maneira, a coligação de resistência abrangia diferentes sociedades ao longo de um território significativo, estendendo-se até Moma, com ações combinadas entre Marave de Sancul, Farelay e Ibrahimo de Angoche, M'Fatima de Kinga, os namarrais e os *muzungos*.[74]

Com relação à expedição militar do governo português contra os namarrais, Eduardo Lupi revela a contribuição dada pelos chefes de Angoche aos namarrais: "No combate na Mujenga entraram agregados as hostes do Marave e Namarraes, 50 inhabacos do Farelay e 50 inhabacos do Ibrahimo, acompanhando cada inhabaco um escravo." A estratégia para fazerem chegar armas e pólvoras até os namarrais compreendia o desembarque em Moçambique do material de guerra transportado em lanchas que, em seguida,

---

[73] MOUSINHO DE ALBUQUERQUE. In: LUPI, Eduardo do Couto. Angoche. Breve memória sobre uma das capitanias-mores do distrito de Moçambique. Lisboa: Typographia do Annuario Commercial, 1907, p. 216.

[74] Há indícios nas correspondências de que M'Fatima fornecia guerreiros ao Marave. Correspondência do capitão-mor das Terras da Coroa ao chefe da Repartição Militar do Distrito de Moçambique comunicando que o comandante militar da Muchelia informa que as evidências mostram ser M'Fatima a fornecedora de gente para a guerra ao Marave. Mossuril, 26 de setembro de 1898. AHM, Fundo do século XIX, Governo do Distrito de Moçambique, caixa 8-9, 1898-1900.

era escondido em "capoeiras de galinhas", sendo posteriormente desembarcado na baia de Mocambo ou no rio Infussi.[75]

A primeira ação da coligação muzungo-monhé foi um ataque surpresa realizado nas terras de Morrua contra o sargento-mor Manuel Henriques Pereira, que estava naquela área para fazer o recenseamento das palhotas para a cobrança do imposto. Em seguida, Farelay organizou vários ataques à vila do Parapato. A sede do governo português conseguiu escapar da destruição completa apenas com a chegada da "canhoneira Zaire", que trouxe uma força militar e respondeu com bombardeamentos. Ao mesmo tempo, o comando militar em Moma foi atacado também sob o comando do "muinhé Mussa--M'naire sócio e amigo do Farelay". O sargento comandante desse posto foi obrigado a fugir para o Parapato com o seu destacamento, abandonando completamente o local, inclusive o material de guerra. Soma-se a isso o ataque ao "vapor Neves Ferreira", que fazia o reconhecimento do canal de Angoche, e encalhou, sofrendo um ataque armado dos habitantes da ilha.[76]

A reação à coligação muzungo-muinhé foi comandada por Mousinho de Albuquerque e pelo capitão Julio Gonçalves. O "vapor Zaire" chegara a Moçambique, conduzindo as tropas e trazendo armas para a "segunda fase da campanha dos namarraes", que resultou na instalação dos postos militares do Ibrahimo, Muchilia, e Itoculo.[77]

Em 1898, Maquia, uma das "filhas" da "rainha" Naguema dos namarrais foi sequestrada pelo governo português e presa na fortaleza de São Sebastião. Em troca da libertação da provável sucessora da *pia-mwene* dos namarrais, o governo exigia a entrega do capitão-mor Marave e de todas as armas e munições em poder dos namarrais. Para resgatar sua "filha", Naguema enviou uma embaixada ao capitão-mor das Terras da Coroa em Mossuril oferecendo ao governo português a quantia de dez mil réis. Os emissários de Naguema afirmaram ainda que se a jovem não fosse devolvida fariam guerra ao posto português em Ampapa. Em resposta, o capitão-mor declarou que só entregaria a filha se a rainha "pegasse pé" (se submetesse) e devolvesse as armas e munições que foram abandonadas recentemente pelos carregadores do governo português.[78]

---

75 LUPI, Eduardo do Couto, op. cit., 1907, p. 216.
76 *Ibidem*, p. 216-217.
77 *Ibidem*, p. 217-218.
78 Correspondência do capitão-mor das Terras da Coroa em Mossuril ao chefe da Repartição Militar do Distrito de Moçambique. Mossuril, 7 de janeiro de 1899. AHM, Fundo do século XIX, Governo do Distrito de Moçambique, caixa 8-9, 1898-1900. A partir do relato do soldado desertor Cicatriz que fora preso pelo governo português, o capitão-mor das Terras da Coroa em Mossuril afirmava: "A Naguema está residindo n'uma outra [palhota] no Nacolua, que diz ser junto d'Ampia, e visita diariamente a palhota

Neste caso, o governo português agiu estrategicamente para desestabilizar uma das frentes da coligação de resistência, composta pelos namarrais e por Marave. O objetivo era fazer com que os chefes se entregassem e fossem desarmados ou, então, iniciassem uma ofensiva contra o governo português.

Em 1898, o governador das Terras Firmes recebeu uma carta de Naguema. Nela, a *pia-mwene* dos namarrais demonstrou conhecer as intenções do governo português que sequestrara sua "filha", afirmando que as autoridades portuguesas faziam isso porque tinham força, mas se quisessem lhe fazer guerra ela não se afugentaria. Naguema também provou saber do interesse de outros países europeus na região, como a Inglaterra, a França e a Alemanha e revelou que sua intenção não era contrária à presença especificamente dos portugueses, mas a qualquer nação que lhe fizesse guerra, afirmando: "Sou pobre e o Rei vem combater comigo, é minha vingança que eu tenho. Qualquer bandeira que venha fazer-me guerra, seja inglesa, francesa ou alemã, eu hei de estar junto a minha gente. Sou honrada para combater com o Rei."[79]

A povoação de Ampapa próxima ao posto português estava em sobressalto devido ao possível ataque dos guerreiros de Naguema em retaliação à prisão de sua "filha". Ouviram-

---

onde foi presa a filha Mâquia, aonde estão depositadas 10 armas e 16 caixotes que diz serem munições de guerra, ainda fechadas, tudo entregue à guarda de 20 homens da Naguema e 14 do Marave, além d'outros que rondam aquelles sítios. Aguardam ordens do Mucuto para entregar aquelles objetos (...). A Naguêma (a quem o Mucuto-muno trata por mãe, mas não é) deseja de preferência a filha Mâquia ao Marave, o que é confirmado por informações dadas pelo comandante do Ibrahimo. Acrescenta o preso que em Naguema há soldados landins prisioneiros e não feridos, que elles pretendem trocar pela Mâquia, em logar do Marave." Oficio do capitão-mor das Terras da Coroa, no Mossuril, António Camisão, ao governador do distrito de Moçambique. Mossuril, 25 de julho de 1898. AHM, Fundo do século XIX, Governo do Distrito de Moçambique, caixa 8- 9, maço 2, 1897-1899. A informação de que Marave estava nas terras da "rainha" Naguema foi confirmada por um "espião" do Marave preso pelo governo português. O acusado de espionagem era um "preto chamado Fregúa", que dissera em interrogatório que o Marave estava com a rainha Naguema, mas depois negou tudo, afirmando que mentira por medo. Correspondência do capitão-mor das Terras da Coroa ao chefe da Repartição Militar do Distrito de Moçambique. Correspondência do capitão-mor das Terras da Coroa, Antonio Camisão, ao chefe da Repartição militar do Distrito. AHM, Fundo do século XIX, Governo do Distrito de Moçambique, caixa 8-9, 1898-1900. Correspondência do capitão-mor do Mossuril ao chefe da Repartição Militar do Distrito de Moçambique enviando cópia da nota do comandante militar da Muchelia informa que o Tutua havia se ausentado pela morte da rainha M'Fatima, mas que retornaria em breve. Outras questões sobre o Marave refugiado nas terras de Mucutu-muno estão presentes na correspondência. O comandante militar diz que, se entregarem o Marave, liberta a filha de Naguema. Muchelia, 30 de agosto de 1899. AHM, Fundo do século XIX, Governo do Distrito de Moçambique, caixa 8-9, 1898-1900.

79 Correspondência da rainha Naguema ao governador das Terras Firmes. AHM, Fundo do século XIX, Governo do Distrito de Moçambique, caixa 8-9, 1898-1900.

-se toques de palapata e batuques de guerra.[80] Mocutu-muno, chefe dos namarrais, juntar-se-ia à coligação ao atacar o posto português de Naguema e Ibrahimo Informação divulgada pelo chefe Nhacanona ao comandante do posto militar em Ibrahimo. O comandante enviou então "dois pretos de Ampapa" para espionar o território que afirmavam não ter ouvido nada sobre os ataques. Dessa maneira, o comandante militar em Ibrahimo orientava:

> Incumbi o Comandante da Muchelia que pelo régulo [Tutua] (que está nas melhores relações com o Macaio-muno, chefe supremo dos namarrais, e com o Mucuto-muno, chefe dos Namarrais desta região), indague e evite ou pelo menos previna qualquer tentativa por parte deste e de Naguema.[81]

Em maio de 1899, Mucuto-muno, a "rainha" Naguema e o chefe Nhacanona visitaram o capitão-mor no posto de Naguema, acompanhados de uma comitiva com cerca de setecentos homens armados, dentre os quais 250 com espingardas. Afirmaram que não tinham a intenção de fazer guerra ao governo português, contudo queriam a libertação da "filha" de Naguema. O governo português continuou a exigir a entrega das armas em posse dos namarrais. Os chefes declararam que tentariam recuperá-las, mas que provavelmente estariam em poder da população, que costumava "pegar tudo que encontrava pelo caminho", e em breve enviariam uma resposta.[82]

Vale a pena reproduzir a descrição da chegada dos chefes namarrais ao posto português:

> Essa gente que foi sucessivamente chegando desde o meio dia, em que se apresentaram 2 ajudantes de Mucuto, ia e voltava anuadidas vezes com o fim evidente de examinar se haveria perigo, ou se o posto estava reforçado, até que tendo retirado todos os armados de espingardas, apareceram finalmente às 4 hs p.m. formando uma pinha composta em que luziam os canos das espingardas, mas em que era impossível descortinar os régulos tanto se apertavam em torno deles.[83]

---

80   Correspondência do capitão-mor de Mossuril ao chefe da Repartição Militar do Distrito de Moçambique. AHM, Fundo do século XIX, Governo do Distrito de Moçambique, caixa 8-9, 1898-1900.

81   Correspondência do capitão-mor do Mossuril ao chefe da Repartição Militar do Distrito de Moçambique. Mossuril, 16 de fevereiro de 1899. AHM, Fundo do século XIX, Governo do Distrito de Moçambique, caixa 8-9, 1898-1900.

82   Correspondência do capitão-mor do Mossuril ao chefe da Repartição Militar do Distrito de Moçambique. Mossuril, 1 de maio de 1899. AHM, Fundo do século XIX, Governo do Distrito de Moçambique, caixa 8-9, 1898-1900.

83   *Ibidem*.

De acordo com o capitão-mor do posto português, os chefes namarrais estavam com um "medo extraordinário que não os deixavam avançar", o que justificava a comitiva de guerreiros fortemente armados para lhes proteger. Todavia, é preciso lembrar que os mesmos chefes já tinham visitado postos portugueses em outras ocasiões e não se apresentaram com semelhante aparato. É possível supor que o momento era outro, porém, os namarrais talvez quisessem mostrar o poderio militar que possuíam, caso as autoridades portuguesas continuassem com as suas exigências e não entregassem a "filha" de Naguema, obrigando-os, então, a iniciar uma guerra.

As negociações continuaram até que Naguema prestou "juramento e auto de vassalagem" ao governo português, em 4 de abril de 1900, na capitania-mor de Mossuril em troca da sua "filha" Maquia. O capitão-mor de Mossuril também comunicou que o chefe dos namarrais Mucuto-muno apresentara "protestações de fidelidade e obediência ao governo com quem diz querer estar bem, intimando publicamente a sua gente a que o seguisse nesta ordem de idéias."[84]

AS DISPUTAS NA IMBAMELA: EXPLORAÇÃO DE MINÉRIOS, RECRUTAMENTO DE TRABALHADORES E COBRANÇA DO IMPOSTO DA PALHOTA

Enquanto ocorria a guerra no território dos namarrais, outra frente de resistência entrava em ação por volta de 1894, quando Farelay participou ao lado de Guarnéa-muno dos ataques ao chefe Morla-muno. Como já foi mencionado, de acordo com as autoridades portuguesas, a guerra entre os chefes da Imbamela tinha como principal motivo a "independência" de Guarnéa-muno em relação ao chefe principal Morla-muno.[85] Porém, é possível considerar que Morla-muno não aceitasse que os chefes de Angoche, apoiados por Guarnéa-muno, exercessem poder na região e atuassem como intermediários comerciais nos territórios dos imbamelas.

No final do século XIX, a região da Imbamela foi alvo de interesses dos ingleses que para lá se dirigiram em busca de territórios para exploração, sobretudo de metais preciosos. Por volta de 1897, o geólogo inglês Daniel Grove, que realizava estudos na colônia do Cabo e em Bechuanaland, foi encarregado por Henrique Alfredo Ward, da Kimberley

---

84 Correspondência de Jayme Augusto Vieira da Rocha ao secretário geral do Governo Geral de Moçambique. AHU, Correspondência dos Governadores, Moçambique, caixa s. n., pasta 18, 1900-1901, capilha 1, documento 182.

85 Correspondência do comandante militar de Angoche ao governador do Distrito de Moçambique. Antonio Ennes, 23 de junho de 1897. AHM, Fundo do século XIX, Governo Geral de Moçambique, 1897, caixa 8-8.

Diamond Fields, de fazer uma inspeção na região no norte de Moçambique conhecida como "Macua". A expedição teria como guia Arthur Guilherme Brodkin, que dois anos antes já havia percorrido o trecho de Moçambique até o território dos imbamelas.[86]

Em abril de 1894, o comandante militar de Angoche relatava a viagem de Brodkin a Imbamela, cujo objetivo era negociar o seu estabelecimento no local para exploração daquelas terras. Morla-muno recebeu-o muito bem e mandou que três homens o acompanhassem na viagem de volta até o porto de Natal, em Durban. Brodkin fez várias observações sobre o terreno, certificando-se da existência de minas de diferentes metais na região.[87]

Para realizar a expedição ao interior de Moçambique, a equipe deveria obter das autoridades portuguesas uma espécie de passaporte de circulação. Para consegui-lo, Grove apresentou como justificativa para a viagem a importância de se obter uma declaração de submissão e de compromisso de lutar em caso de guerra ao lado dos portugueses, tendo em vista que o chefe Morla-Muno poderia dispor de quarenta mil homens armados. Com a aprovação das autoridades portuguesas, Grove e sua equipe deram início à viagem para a Imbamela que resultou na obtenção da declaração de submissão do chefe dos imbamelas às autoridades portuguesas.[88]

O chefe imbamela morreu em 1888 e o novo Morla-muno, seu sucessor, governou até 1902.[89] O governo português iniciou um conflito ao negar o envio de auxílio numa guerra ao novo Morla-muno que, por sua vez, exigia a entrega de armas e munições pelos serviços prestados ao governo pelo seu antecessor. Dessa maneira, rompia-se a aliança "luso-imbamela" de várias décadas.[90] Por essa razão, a assinatura do tratado de vassalagem

---

86   GROVE, Daniel. A Macua. África Oriental Portuguesa. Boletim da Sociedade de Geografia de Lisboa. Lisboa, 1897.

87   Correspondência do comandante Militar de Angoche ao secretário geral do Governo Geral de Moçambique. Antonio Ennes, 21 de abril de 1894. AHM, Fundo do século XIX, Governo Geral de Moçambique, 1894, caixa 8-105, maço 2. "O resultado daquele encontro foi Moralamun pedir ao sr. Brodkin que ou directamente ou indirectamente persuadisse a gente branca para ir ao seu paiz explorar os recursos mineraes que havia dentro e em redor de Imbamella; e deu-lhe um salvo conducto para qualquer expedição que n'este sentido ali fosse; declarando ao mesmo tempo que este seu pedido tinha em vista patentear ao mundo civilizado os minérios do seu paiz e mais riquezas que porventura n'elle se encontrassem. Foi para entabolar esta negociação que eu, acompanhado de quatro colonos experientes e guiado pelo sr. Brodkin, fiz jornada para Parapato". GROVE, Daniel, op. cit., p. 129.

88   Daniel Grove relata que antes de chegar à sede do Morla-Muno, a expedição passou pelas povoações de diferentes "chefes subalternos", para os quais teve de distribuir mantimentos, tecidos e drogas farmacêuticas como tributos por transitar em seus territórios. GROVE, Daniel, op. cit., p. 130.

89   AMORIM, Pedro Massano, op. cit., p. 13.

90   LUPI, Eduardo do Couto, op. cit, 1907, p. 204-206.

obtida por intermédio de Daniel Grove era importante para o governo português restabelecer a aliança estratégica com um dos mais importantes chefes de uma das regiões mais cobiçadas pelos europeus.[91]

Entretanto, havia outros interesses na região da imbamela revelados numa carta do comandante militar de Angoche ao secretário geral do governo de Moçambique com informações sobre uma investigação que realizara nas terras de Morla-muno. O comandante militar mencionava a existência de um provável acordo entre o cônsul inglês Churchill e Cecil Rhodes, que representava uma associação de várias companhias de exploração de minérios na África oriental. Além disso, mostrava que os ingleses Daniel Grove e Croseford já tinham iniciado as negociações com Morla-muno antes da viagem e que se aproximaram das autoridades portuguesas com o objetivo de impedir a exploração por parte do governo inglês e de Cecil Rhodes.[92]

De acordo com o comandante, Daniel Grove e Croseford, antes de procurarem o governo português em busca do "passaporte de circulação" para irem a Imbamela, recorreram ao seu cônsul, que os teria orientado a solicitá-la junto ao comando militar de Angoche. De acordo com o comandante militar português, os dois ingleses argumentaram que o "Sr. Churchill lhes estava a por dificuldades de combinação com o Sr. Cecil-Rhodes" e que desconfiavam também que Rhodes estava organizando uma expedição pelo interior da Imbamela.[93]

Frente a estas dificuldades, decidiram escrever ao Morla-muno para marcar um encontro em Sacubir. Neste encontro, assistido pelo "gerente da casa Alemã" por entender a língua suaíli, os ingleses pediram ao Morla que "obstasse a entrada de qualquer expe-

---

[91] A respeito das causas da assinatura desta declaração de submissão por parte de Morla-Muno, Grove menciona que "o velho chefe (...) declarou que por força das circumstancias se via obrigado a estar em permanente guerra com os chamados chefes que pretendiam rivalisar com elle na supremacia a direcção da nação macua, mas que o único alvo e ambição da vida era viver em paz com o mundo, e em termos de concórdia e boa amisade com o governo portuguez. Disse que tinha sempre ajudado os portuguezes e que de futuro o continuaria a fazer, uma vez que se lhe offerecesse a perspectiva de enriquecer a sua nação, pelo desenvolvimento no interior do paiz. Que não podiam cultivar as terras homens que andavam constantemente em guerra e que ao voltarem achavam as suas terras maninhas e incultas, e portanto se viam na forçosa necessidade de invadir as propriedades e as colheitas dos inoffensivos e inermes vizinhos. Voltando-se depois abruptamente para seu filho e mais homens que o rodeiavam, exclamou:
¾ 'Estes meus filhos defenderão sempre as leis portuguezas n'esta terra, mas é preciso que os homens brancos vão a Portugal e digam ao grande rei que o meu paiz deve ser aberto a todos e que ao meu povo se deve assegurar a liberdade de viver em paz.'" GROVE, Daniel, op. cit., p. 131-132.

[92] Correspondência do comandante militar de Angoche ao secretário geral do Governo Geral de Moçambique. Antonio Ennes, 26 de novembro de 1895. AHM, Fundo do século XIX, Governo Geral de Moçambique, 1895, caixa 8-105, maço 3.

[93] *Ibidem.*

dição inglesa nas suas terras e também para assignar um contracto no mesmo sentido". Enviado pelo comandante militar de Angoche, o recebedor do conselho e também intérprete Anacleto Telles de Meneses Cabral averiguou que os dois ingleses apresentaram ao Morla-muno um contrato pelo qual pagariam três mil rupias em duas vezes em troca da exploração das suas terras, ricas em pedras preciosas, ouro, prata e carvão. O Morla teria se negado a assinar o documento sem a autorização do governo português. Porém, depois de ter recebido vinte libras em ouro e um relógio do mesmo metal resolveu assiná-lo. Morla-muno revelou a Anacleto que assinara o referido contrato para escapar dos dois ingleses ,mas o documento não tinha nenhum valor tendo em vista que o governo português não conhecia o acordo. Para o comandante militar de Angoche, a intenção dos ingleses ao firmar o contrato era impedir a expedição de Cecil Rhodes.[94]

As disputas pela exploração dos territórios da imbamela contribuíram também para as guerras entre Morla-muno e Guarnéa-muno aumentando o interesse desses chefes pelo controle político da região. Nas disputas, Guarnéa-muno continuava a receber o apoio de Farelay e, agora, de outros chefes coligados.

O governador interino de Moçambique, Antonio Alfredo Ribeiro, relatou que, ao se dirigir à Maganja da Costa em 1894, notara que Guarnéa-muno e Farelay tentaram articular a participação da população daquela localidade na guerra contra Morla-muno. Ribeiro fora recebido na Maganja por "uma enorme massa de povo que juntamente com o residente Capitão-geral e intérprete", quando percebeu que "a ideia de guerra estava enraizada no espírito de todos, sobretudo pelas promessas que o sultão Abdulah tinha feito para os levar a ajudá-lo contra Morla-muno". O governador assegurou que teve muito trabalho para convencê-los a não participarem da guerra.[95]

Entretanto, o governo português não conseguiu evitar que Ibrahimo de Angoche fornecesse munições ao Guarnéa-muno. De acordo com o comandante militar de

---

94 *Ibidem.*

95 Correspondência do governador interino de Moçambique ao secretário geral do Governador Interino do distrito da Zambézia. Moçambique, 27 de novembro de 1894. AHU, SEMU, DGU, Correspondência dos Governadores, Moçambique, caixa 1336, pasta 15, capilha 5, documento 540. O comandante militar de Angoche comunicava, em 1895, ao secretário geral do governo geral de Moçambique que na povoação de [Mamiria], à noroeste desta vila, foram mortos Mapala-muno e seu irmão Sangage "por um tal de Pharolai". Acrescentou ainda que este fora "um dos caudilhos principais na guerra havida entre Cornea-muno e Morla-muno". Apesar da força numérica do Morla-muno, Guarnéa não foi vencido devido "à perspicácia do dito Pharolai e a algumas tinturas d'educação que aproveitou do convívio que teve com alguns europeus e asiáticos". Correspondência do Comandante militar de Angoche ao Secretário Geral do Governo Geral de Moçambique. Antonio Ennes, 4 de abril de 1895. AHM, Fundo do século XIX, Governo Geral de Moçambique, 1895, caixa 8-105, maço 3.

Angoche José Marques, Farelay encontrara Guarnéa para tratar da guerra contra Morla-muno. O objetivo do envolvimento de Ibraimo e todos de Angoche na disputa seria a vingança pela morte do antigo sultão Ussene Ibraimo e do capitão-mor de Sangage, seu aliado, Amade Amudá. Queriam igualmente "tornarem-se senhores absolutos (como outrora eram) e deixar livres os portos que ficam entre Quissingo e antiga villa d'Angoche".[96]

Por sua vez, Morla-muno procurou apoio junto aos comerciantes da região e do governo português enviando ao comando militar de Angoche várias embaixadas para solicitar pólvora e proteção do governo em pagamento aos serviços prestados em outras guerras. Aproveitou também para indagar se o "Rei" o havia abandonado.[97]

Além de não mais fornecerem armas e pólvora aos chefes "aliados" como Morla-muno, as autoridades portuguesas passaram a acusar o chefe imbamela de recorrer ao comércio de escravos para conseguir armamentos. O comandante militar de Angoche atestava que, no final de 1894, foram encontradas num pangaio apreendido pelo governo português algumas correspondências escritas em caracteres árabes, uma das quais endereçada a [Murrucha-muno], um dos capitães de Morla-muno e assinada por Agy [Chale]. Outra carta, vinda de Madagascar, era dirigida a Mucurra-muno da Imbamela. Estas missivas fizeram com que o comandante militar de Angoche, Francisco Pinto Cardoso Coutinho, desconfiasse que o Morla-muno estivesse envolvido com o tráfico de escravos.[98]

Mousinho de Albuquerque também se mostrava preocupado com os indícios do tráfico de escravos realizado no norte de Moçambique. Em 1896 relatava que lhe chegavam informações sobre esse comércio direcionado a Madagascar, gerando consequências desastrosas para o governo português, entre as quais a despovoação e a falta de mão de obra para a agricultura. Destacava ainda o problema que poderia causar o fato desses escravos não serem trocados por dinheiro, fazendas ou gêneros alimentícios, mas por ar-

---

96   Correspondência do comandante militar de Angoche ao secretário geral do Governo Geral de Moçambique. Antonio Ennes, 10 de junho de 1894. AHM, Fundo do século XIX, Governo Geral de Moçambique, 1894, caixa 8-105, maço 2. O comandante militar de Angoche afirmava ainda sobre o sultão Ibraimo: "Em todas estas questões não é estranho o sultão Ibraimo de Angoche, que aparentando-se ser amigo do Governo procura vingar-se dos seus antigos inimigos." Correspondência do Comandante militar de Angoche ao Secretário Geral do Governo Geral de Moçambique. Antonio Ennes, 10 de junho de 1894. AHM, Fundo do século XIX, Governo Geral de Moçambique, 1894, caixa 8-105, maço 2.

97   Correspondência do comandante militar de Angoche ao secretário geral do Governo Geral de Moçambique. Antonio Ennes, 10 de junho de 1894. AHM, Fundo do século XIX, Governo Geral de Moçambique, 1894, caixa 8-105, maço 2.

98   Correspondência do comandante militar de Angoche ao secretário geral do Governo Geral de Moçambique. Antonio Ennes, 8 de setembro de 1894. AHM, Fundo do século XIX, Governo Geral de Moçambique, 1894, caixa 8-105, maço 2.

mas e pólvora. Preocupava-lhe igualmente que as potências europeias, participantes do Congresso de Bruxelas, provassem a existência do comércio de escravos nos domínios portugueses e o descaso do governo, que não fazia nada para combatê-lo.[99]

O comandante militar de Angoche argumentava que as caravanas comerciais vindas do interior procuravam pontos não ocupados pelo governo português porque traziam não só amendoim, gergelim, marfim ou borracha, mas também escravos. Quando, por algum motivo, não conseguiam fazer negócio nesses pontos, as caravanas se dirigiam para as proximidades de Quelimane ou para os territórios da Companhia do Nyassa.[100]

Entretanto, é preciso ressaltar que os chefes do interior preferiam realizar o comércio nos territórios da Companhia do Nyassa, não porque conseguiam apenas trocar seus produtos por armas e pólvora, mas eram atraídos para essa região pelos valores mais baixos dos impostos cobrados aos produtos importados, como os tecidos. Segundo Joseph Mbwiliza, com o objetivo de aumentar a arrecadação o governo português passou a cobrar altas taxas aduaneiras, pois o comércio de exportação estava dominado no final do século XIX pelo capital internacional.[101]

Mesmo desconfiando do envolvimento do Morla-muno com o tráfico de escravos, o governo português decidiu, em março de 1897, fornecer-lhe pólvora, após receber uma carta escrita pelo chefe da Imbamela, na qual o líder africano solicitava com urgência o envio de pólvora, pois a guerra já havia começado.[102] Um documento escrito por João Pedro Dias da Costa e assinado por várias pessoas, dentre elas o capitão-mor de Angoche, Julio Gonçalvez, e o tenente João da Cruz da Fonseca e Almeida, justificava a entrega de 35 barris de pólvora a Morla-muno. A pólvora seria utilizada na guerra contra Farelay, que, por sua vez, adquirira grande quantidade do mesmo produto no rio Kinga. De acordo com o documento, a intenção de Farelay era atacar o Parapato "aconselhado pelo intitulado sultão de Angoche Ibraimo, que forneceu ao Farelay gente".[103]

---

99   Documento escrito por Mousinho de Albuquerque. Moçambique, 20 de agosto de 1896. AHU, SEMU, DGU, Correspondência, Moçambique-1893-1897, caixa sem n., documento 17.

100 Correspondência do comandante militar de Angoche ao secretário geral do Governo Geral de Moçambique. Antonio Ennes, 18 de maio de 1896. AHM, Fundo do século XIX, Governo Geral de Moçambique, 1896, caixa 8-105, maço 3.

101 MBWILIZA, Joseph, op. cit., p. 95.

102 Correspondência de Morla-muno. 13 de março de 1897. AHM, Fundo do século XIX, Governo Geral de Moçambique, 1897, caixa 8-8.

103 "Auto escrito por João Pedro Dias da Costa". Comando militar de Angoche, 13 de março de 1897. AHM, Fundo do século XIX, Governo Geral de Moçambique, 1897, caixa 8-8.

Em junho de 1897, o comandante militar de Angoche tentou promover um acordo de a paz entre os chefes Morla-muno e Guarnéa-muno com o objetivo de restabelecer o comércio e a vinda de negociantes à região. Guarnéa-muno enviou uma embaixada ao comando militar de Angoche, comprometendo-se a deixar os "caminhos livres" para as caravanas comerciais que se dirigiam ao Parapato.[104]

Poucos meses depois, circulavam rumores sobre a aproximação entre Morla-muno e o sultão Ibraimo de Angoche. Por essa razão, o capitão-mor de Angoche, Julio Gonçalves, defendia que "era forçoso conferenciar com aquele chefe por constar que ele estava incitando relações com o rebelde Ibrahimo de Angoche, o que não convinha de maneira alguma". Além disso, pretendia o capitão-mor implementar a cobrança do imposto da palhota nas suas terras. Para tanto, incumbiu o tenente João da Cruz da Fonseca e Almeida, secretário do comando militar, de ir ao encontro de Morla-muno para "desempenhar uma comissão de serviço" com mais de trinta cipaios em Secumbir, onde o chefe da Imbamela já lhe estava esperando. De acordo com Pedro Massano de Amorim, "este desgraçado oficial fora visitar Morla-muno, a fim de sondar o velho chefe, que constava, sem fundamento, conforme se viu, querer bandear-se com Ibrahimo e saber se ele se submeteria, sem resistência, ao imposto de palhota".[105] Lá chegando, seguiram os dois para a povoação de Morla-muno quando, durante a madrugada, foram atacados pela gente armada do chefe Muhogo-muno, subordinado ao chefe Guarnéa-muno. No ataque, o tenente Almeida foi morto, junto com mais quatro cipaios, tendo a sua cabeça decepada.[106]

Antes de morrer o tenente Almeida escreveu uma breve carta informando que já estava na povoação de Nhamizombe e que seguiria até Boila pelas terras de Guarnéa-muno, a quem mandara avisar.[107] As autoridades portuguesas em Moçambique chegaram a suspeitar que o tenente Almeida tivesse sido morto pelos seus próprios cipaios por ter cometido "irregularidades" no pagamento dos seus salários. Esta hipótese foi logo refutada

---

104 Correspondência do comandante militar de Angoche ao governador do Distrito de Moçambique. Antonio Ennes, 23 de junho de 1897. AHM, Fundo do século XIX, Governo do Distrito de Moçambique, 1897, caixa 8-8.

105 AMORIM, Pedro Massano de, op. cit., 1911, p. 18.

106 Correspondência do capitão-mor de Angoche ao governador do Distrito de Moçambique. Antonio Ennes, 10 de outubro de 1897. AHM, Fundo do século XIX, Governo do Distrito de Moçambique, 1897, caixa 8-8.

107 Comunicou também que fora apreendida uma "casquinha" de propriedade de Latifo com o carregamento de sete barris de pólvora com destino a Angoche, comentando indignado: "Veja esse patife que está fazendo contrabando de guerra e dali se explica o grande negocio que ele terá feito." Correspondência de João Almeida. Sem local, 9 de [ilegível] de 1897. AHM, Fundo do século XIX, Governo do Distrito de Moçambique, 1897, caixa 8-8.

pelas investigações por falta provas concretas, pois as folhas de pagamento foram assinadas e o pagamento realizado pelo próprio chefe dos cipaios. Além disso, quatro cipaios foram mortos também e outros três ficaram feridos no ataque.[108]

Morla-muno logo tratou de explicar o ocorrido justificando que havia prevenido o tenente Almeida para não lhe acompanhar porque havia guerra em suas terras. Contudo, além do tenente Almeida não ter atendido ao seu pedido, insistindo em seguir viagem, ainda enviou emissários durante a noite às terras de Guarnéa-muno, sem que Morla-muno soubesse.[109]

Por sua vez, o chefe Guarnéa-muno explicou que o tenente Almeida foi morto porque o Morla-muno mandara a sua força de guerra permanecer nos caminhos para a atacar sua população e a de Muhogo-muno. Garantiu que ambos não sabiam que o tenente Almeida estava nas terras de Morla-muno, declarando que o que aconteceu "não fo[ra] de propósito".[110]

O relato do intérprete enviado às terras de Guarnéa-muno para comunicar que o tenente Almeida passaria por aquele território revela mais detalhes sobre o episódio. O intérprete levou uma carta do tenente Almeida ao chefe Guarnéa-muno na qual informava que se dirigia, a serviço do governo português, às terras do chefe Morla-muno e que em seguida iria visitá-lo. Por isso, recomendava-lhe que retirasse qualquer força do caminho para evitar confronto com gente de Morla-muno. Disse ter sido bem recebido pelo Guarnéa-muno e por ele foi avisado que entraria em contato com seu sobrinho Muhogo-muno para que dispersasse a sua "gente armada" acampada numa aringa. Em seguida, enviou alguns homens para avisar Muhogo-muno, mas não permitiu que o intérprete e os cipaios o acompanhassem, ordenando que esperassem na povoação até que seus homens voltassem. No dia seguinte, Guarnéa-muno contou que o tenente morrera num ataque, justificando que seus homens não conseguiram partir durante a noite, e quando, pela manhã, estavam a caminho da povoação de Muhogo-muno, encontraram seus guerreiros que voltavam da

---

108 Correspondência do capitão-mor de Angoche ao governador do Distrito de Moçambique. Antonio Ennes, 30 de outubro de 1897. AHM, Fundo do século XIX, Governo do Distrito de Moçambique, 1897, caixa 8-8.

109 Correspondências de Morla-muno ao governador do Distrito de Moçambique, 14 de outubro de 1897 (data da tradução). AHM, Fundo do século XIX, Governo do Distrito de Moçambique, 1897, caixa 8-8.

110 Correspondências do Cornea-muno ao capitão-mor de Angoche e a Domingos Martins, [1897]. AHM, Fundo do século XIX, Governo do Distrito de Moçambique, 1897, caixa 8-8. Guarnéa ainda tentou incriminar Morla-muno ao afirmar que ele "trouxe branco que foi morto não se importa do caso dado agora matou uma pessoa em Manhae de noite, se eu batu não diga que faço mal, estão a metter commigo por isso peço me diga o que quer que faça". Correspondências do Cornea-muno ao capitão-mor de Angoche e a Domingos Martins, [1897]. AHM, Fundo do século XIX, Governo do Distrito de Moçambique, 1897, caixa 8-8.

guerra carregando a "cabeça de um branco". Guarnéa-muno reuniu a todos para ouvir os relatos, concluindo que se tratava de uma "traição".[111]

Algumas reflexões devem ser feitas a respeito do responsável pela morte dos dois portugueses. Como foi relatado pelo intérprete, Guarnéa-muno pode ter apenas negligenciado a situação ao não enviar seus emissários naquela noite para avisar Muhogo-muno da presença do tenente Almeida. Contudo, ressalte-se que Guarnéa-muno não permitiu que o intérprete e seus cipaios acompanhassem seus emissários até as terras de Muhogo-muno. Guarnéa-muno pode não ter avisado intencionalmente ou ainda demonstrar que não informara seu sobrinho da presença do tenente, mas na realidade ter até mesmo incentivado o ataque à povoação de Morla-muno para matá-lo.

Ainda assim, é preciso lembrar que a morte de Almeida interessava também ao Morla-muno, tendo em vista que o tenente fora enviado às terras da Imbamela para averiguar os indícios da aproximação política de Morla-muno com o Ibrahimo de Angoche e para tratar da cobrança do imposto da palhota.[112]

Embora seja possível aventar a hipótese de que o tenente Almeida tenha sido apenas vítima de um ataque da guerra entre Morla-muno e Guarnéa-muno, existiam razões para que o seu assassinato fosse intencional. Dessa maneira, independentemente do responsável pelo crime - Morla-muno, Guarnéa-muno ou ainda os cipaios do tenente Almeida -, as razões estariam relacionadas às intervenções do governo português, seja nas disputas entre os dois chefes imbamelas, na implementação dos mecanismos coloniais como o imposto da palhota ou no fato de não terem pago os salários dos cipaios.

A ocupação dos territórios e a consequente instituição dos mecanismos coloniais, intensificadas no final do século XIX, geravam o descontentamento das populações e a oposição dos chefes que passavam a integrar a coligação de resistência. Em 1902, as autoridades portuguesas deram início à instalação de um posto português em Boila na região da Imbamela. Nessa empreitada o engenheiro Paes de Almeida e seu sócio e antigo

---

111 O intérprete aproveitou a reunião e se refugiou com os cipaios no mato, seguindo para o Larde, onde foram recebidos pelo chefe Mata-mombe e pelo capitão-mor, que conseguiram uma embarcação para os levarem até a vila. Ainda foram procurados pelo Guarnéa-muno, porém Mata-mombe não os entregou. Correspondências do capitão-mor de Angoche ao chefe da Repartição Militar do Governo do Distrito de Moçambique. Antonio Ennes, 19 de outubro de 1897. AHM, Fundo do século XIX, Governo do Distrito de Moçambique, 1897, caixa 8-8.

112 Correspondência do comandante militar de Angoche ao secretário geral do Governo Geral de Moçambique. Antonio Ennes, 18 de maio de 1896. AHM, Fundo do século XIX, Governo Geral de Moçambique, 1896, caixa 8-105, maço 3.

sargento Pita Simões foram assassinados no território de Mogovola pelos guerreiros do chefe Cobula-Muno.[113] (Imagem 8, Anexo, p.310)

Cobula-muno era o chefe principal da Mogovola, sobrinho de Manri-muno, a quem sucedera. Vivia numa área central da Mogovola a oeste do rio M'luli, numa povoação fortificada.[114] Paes de Almeida fora incumbido de promover a instalação do posto de Boila porque conhecia muito bem o território, pois já há algum tempo trabalhava na prospecção de reservas de minérios na região. Além disso, exercia grande influência entre as populações, sobretudo entre os chefes, o que resultava em promessas de que estes aceitariam de bom grado a existência de um posto militar e de lojas comerciais em suas terras.[115]

Entretanto, há indícios de que Paes d'Almeida não objetivava apenas instalar o posto português, mas tinha interesse também no recrutamento de trabalhadores para o Transvaal. De acordo com o governador de Moçambique Jayme Pimentel, o capitão-mor de Angoche averiguou entre os habitantes de Antonio Enes que o engenheiro Paes d'Almeida desejava ir a Mogovola com o objetivo de reconhecer as terras e as populações que pudessem fornecer gente para imigração. Paes d'Almeida notara que a população armada estava muito agressiva e, por essa razão, preferira sentar-se "a sombra d'uma árvore" a aceitar a proposta do chefe Cobula-Muno para entrar e descansar numa palhota. Depois de muitas provocações dirigidas pela população armada, Pitta Simões tentou montar a cavalo quando foi ferido por duas zagaias e depois por um tiro.[116]

---

113 Capitão-mor Angoche comunicou em telegrama que alguns macuas mataram no dia 10 de dezembro de 1902 o engenheiro Paes Almeida e Pitta Simões nas terras do régulo Cubula-muno e que a região da Imbamella está revoltada. Lourenço Marques, 20 de dezembro de 1902. AHU, Processos Gerais, Moçambique, 1902-1905, caixa 1548, pasta 384, Anexo do documento n. 4.

114 Conforme a descrição de Pedro Massano de Amorim, "junto a uma grande aglomeração de rochas em circulo e que formam como que uma fortaleza, ficando no interior deste recinto, em baixo, muitas povoações". Ultimamente mudara-se para Nampoto, no meio da mata Marrije, "obstáculo natural de grande importância para sua defesa". AMORIM, Pedro Massano de, op. cit., 1911, p. 49-50.

115 AHU, Processos Gerais, Moçambique, ano 1902-1905, caixa 1548, pasta 384. "Cópia a que se refere o Ofício n. 44".

116 Paes d'Almeida solicitara doze espingardas e vinte cartuchos para armar os carregadores que o acompanhariam. Além de Paes d'Almeida e Pitta Simões foram mortos também Paulo Matheus da Silva e Majuca. Estas informações foram dadas por Ossene e Aly que os acompanhavam e conseguiram fugir. Os dois informaram também que no caminho encontraram vários homens que se opuseram à passagem do grupo em direção ao interior, porque quando ali estiveram na última vez tinham transmitido doenças que achavam serem causadas pelos animais que montavam. Paes d'Almeida garantira que ninguém lhes faria mal e os presenteara com uma "peça de lopa", conseguindo prosseguir em viagem. Cópia a que se refere o ofício n.36 de 24 de Janeiro de 1903. AHU, Processos Gerais, Moçambique, 1902-1905, caixa 1548, pasta 384. Anexo ao documento 10. Telegrama do Governo Geral da Província de Moçambique expedido em dezenove

O governador geral interino Thomas Antonio Faria Rocado, que suspeitava também que a morte Paes d'Almeida poderia ser uma resposta aos serviços que prestara ao governo português quando da intervenção das forças da Divisão Naval que reprimiram o comércio de escravos,[117] demonstrava preocupação com a repercussão do episódio de maneira desfavorável para o governo português:

> Todos estes factos avultam agora a necessidade, há muito reconhecida, de tornar effectivo o nosso domínio no districto de Moçambique. As referências desagradáveis que, na imprensa, fez há pouco o aventureiro Grove, a nossa fraqueza e incapacidade, recebidas com indiferença pela opinião pública, serão talvez recordadas agora por fora a evidenciar a necessidade de os desmentir com factos, tanto mais que os assassinatos de Paes d'Almeida e Pitta Simões estão sugerindo receios de que se levantem embaraços a uma das questões mais importantes para o Transvaal – o recrutamento de trabalhadores para as minas – receios a que o cônsul inglês n'esta cidade alude já n'um officio que me dirigiu pedindo-me informações a tal respeito.[118]

Diante da repercussão do caso, a ameaça dos interesses ingleses na região também contribuiu para que, em maio de 1903, o governo português organizasse uma expedição composta por uma coluna de 150 soldados, duas peças e vários auxiliares, que arrasou a povoação do chefe de Boila, sendo construída aí uma fortificação guarnecida por oitenta homens.[119]

Após a ocupação de Boila o comandante militar passou a visitar as povoações, iniciando a cobrança do imposto de palhota em julho e agosto. Pedro Massano de Amorim relata um episódio ocorrido na região de Boila envolvendo o chefe Cuene-muno, preso pelo governo português por se recusar a realizar a cobrança do imposto da palhota

---

de dezembro de mil novecentos e dois ao Ministério da Marinha e Ultramar. "Por telegrama governador districto Moçambique parece que Paes Almeida e Pitta Simões foram mortos em Insolbera terras regulo Cubula Muno por dois dos pretos que os acompanhavam interior engajar trabalhadores Transvaal. Sabiam ter régulos Imbamellas resolvido contrariar estabelecimento postos Boila Larde. Parece Paes Almeida não acreditou o agredissem reagindo quando macuas se opuseram sua marcha sendo então morto por azagaias Pitta e depois Paes que ainda se defendeu a tiro. Liberal leva reforços Parapato cuja povoação está em alarme receiando ataque macuas." Lourenço Marques, 20 de dezembro de 1902. Ass. Manoel Augusto Alves. AHU, Processos Gerais, Moçambique, 1902-1905, caixa 1548, pasta 384.

117 Correspondência do governador geral interino ao Ministro e Secretário d'Estado dos Negócios da Marinha e Ultramar. Moçambique 24 de janeiro de 1903. AHU, Processos Gerais, Moçambique, 1902-1905, caixa 1548, pasta 384, seção n. 36.

118 AHU, Processos Gerais, Moçambique, 1902-1905, caixa 1548, pasta 384.

119 COUTINHO, João de Azevedo, op.cit. p. 35.

em suas terras. Segue transcrito trecho da descrição da reação da população feita por Massano de Amorim :

> Fora o comandante militar fazer a cobrança a Muive, cobrança que estava ainda atrasada; alvoroçou-se a povoação; os chefes fugiram e muitos dos seus subordinados os acompanharam; nestas condições consegue ainda assim o comandante, depois de ter sossegado a gente que ficara, fazer a cobrança de setenta palhotas, não se tendo, contudo apresentado os respectivos chefes; regressa ao posto, chama o chefe de Caleculo e diz-lhe para aconselhar os chefes de Muive a virem explicar o seu procedimento. Estes vieram e desculparam-se e pagaram o menos que puderam. Faltou, porém, o Córnea em que serviram de intermediários os chefes apresentados de Muive. Como o Cuene não aparecesse, foi o comandante militar prende-lo a sua povoação, o que ele não esperava talvez, conseguindo-se por isso a captura.[120]

De acordo com Pedro Massano de Amorim, após a ocupação de Boila, cresceram as ações de resistência dos chefes da coligação, sobretudo comandadas pelos chefes Nampoil e Corropa da região de Matadane, que cobravam tributos dos comerciantes e do comandante militar de Moma "que se submeteu à imposição". Em junho de 1903, o Corropa "saqueava e destruía uma lancha de um negociante que encalhara na praia, em terras suas, respondendo insolentemente aos negociadores que por parte do capitão-mor de Angoche o foram procurar, para conseguir a entrega das fazendas roubadas". Os *inhambacos*, como Mussa M'naide, o sultão de Angoche e seu filho assaltavam as caravanas que saíam de Antonio Enes e seguiam em direção ao sul, assim como as "casquinhas" (pequenas embarcações) que partiam para os canais de Boila eram atacadas por outras tripuladas por imbamelas ou "gentes do M'luli". Os cipaios que levavam a correspondência do governo português para Moma também eram interceptados e as redes telegráficas eram frequentemente cortadas.[121]

A INSTALAÇÃO DOS POSTOS MILITARES PORTUGUESES EM SANGAGE E NA ILHA DE ANGOCHE

No final do século XIX, o governo português ainda fazia uso das mesmas estratégias para conseguir apoio dos concorrentes ao cargo de sultão ou chefe, legitimando-os antes de serem escolhidos pelo grupo, incentivando as disputas e dando apoio a seus alia-

---

120 AMORIM, Pedro Massano, op. cit., p. 66.
121 *Ibidem*, p. 26.

dos ao fornecer armas e pólvora, como é possível observar na guerra entre Vazir Mussa de Sangage e Farelay de Angoche.

Embora tratado pelo governo português como xeque de Sangage, nessa época, Vazir Mussa não havia ainda sido eleito, disputando a sucessão do xecado com Momade Omar. O governo português aproveitou-se da disputa para conseguir um aliado contra Farelay (e partidário de Momade Omar), apoiando Vazir Mussa. De acordo com o relatório do capitão-mor de Angoche, Budu-Amadi, o antigo xeque morreu centenário em 1898 "e nos seus últimos tempos era muito froixa a disciplina nas terras". O novo xeque somente foi eleito em 1902.[122]

Pedro Massano de Amorim revela claramente a estratégia utilizada pelo governo português neste caso:

> No meu desejo de acabar de vez com os negreiros de Angoche, nunca desprezei ocasião alguma de os isolar, ora contemporizando com os imbamelas do Guernea, ora deixando em aberto a sucessão do xeque de Sangage, porque o pretendente mais sério, Mahomad Omar, capitão-mor de Sangage, não nos dava garantias de sólida fidelidade, sendo, além disso, rival do Uazir Mussa, que até ahi nos tinha sido leal. E tanto interesse ligava ao assumpto, que ao capitão-mor de Angoche recomendei ter o máximo cuidado em vigiar todos os chefes, não consentindo na escolha do xeque senão em reunião plena e na sua presença, devendo essa eleição ser sujeita à aprovação do Governo Geral.[123]

Esta guerra teria começado em abril de 1897 quando Vazir Mussa aprisionou três "pangaios de mujojos". De acordo com informações dadas por negociantes de Sangage, os pangaios estavam no rio Kinga realizando "negócios ilícitos". Os "mujojos" recusaram-se a vender pólvora para Vazir Mussa, a pedido de Farelay. Deste modo, o xeque reuniu seus guerreiros e os do chefe Maugiva-muno da Imbamela, cercaram os homens de Farelay que estavam no rio Kinga, apreenderam os pangaios "se apoderando de dois sacos com

---

122 *Ibidem*, p. 54. "Imediatamente inferior ao sultão de Angoche em virtude da tradição e da antiguidade de família vem o Xeque de Sangage, representado hoje pela pessoa de Voazir Mussa, com quanto ainda não fosse investido nas funções; Macate-muno que as desempenhava e morreu o ano passado também era interino. O Xecado pode, pois dizer se que está vago; acha-se atualmente muito decaído do seu antigo poderio por causa de rivalidades e desinteligências de família e dificilmente readquira o perdido." NEVES, F. A. da Silva, op. cit., p.24.

123 AMORIM, Pedro Massano de, op. cit., 1911, p. 19.

dinheiro e fazendas". Depois disso, o comandante militar de Angoche soube que Farelay "anda[va] recrutando mais gente nas terras para atacar o xeque de Sangage".[124]

Vazir Mussa revelou que procedera dessa maneira a pedido do governo português. Confirmou ao comandante militar que recebera sua carta e que, então, fez guerra aos mujojos que estavam no rio Kinga, apreendendo as embarcações. Após a interceptação das embarcações, Farelay organizou um ataque, dirigindo-se com seus guerreiros ao local. Porém Vazir Mussa, já prevenido, conseguiu ganhar a batalha e expulsar as forças de Farelay.[125]

Na guerra contra Vazir Mussa, Farelay contou com o apoio da "rainha" de Kinga e do capitão-mor de Sancul Marave, organizando ataques à povoação de Sangage com o objetivo de reaver os pangaios aprisionados.[126] Em 28 de abril de 1897, o comandante militar de Angoche escreveu ao governador do distrito de Moçambique relatando a situação em Sangage. Vazir Mussa pedira em carta que encaminhasse mais pólvora e um barco a vapor para se defender dos ataques de Farelay e Marave.[127]

---

[124] Correspondência do comandante militar de Angoche ao governador do Distrito de Moçambique. Antonio Ennes, 28 de abril de 1897. AHM, Fundo do século XIX, Governo do Distrito de Moçambique, 1897, caixa 8-8.

[125] Correspondência do xeque de Sangage Vazir Mussa. [1897]. AHM, Fundo do século XIX, Governo do Distrito de Moçambique, 1897, caixa 8-8. Em outra carta, Vazir Mussa pedia que o governo português enviasse pólvora com urgência, o que foi prontamente atendido pelo comandante militar de Angoche, Júlio Gonçalves, que forneceu barris de pólvora e mais três latas de petróleo para que queimassem os pangaios, pois não havia meios para transportá-los àquele porto. Correspondências do xeque de Sangage Vazir Mussa e do capitão-mor de Angoche ao Governador do Distrito de Moçambique. Antonio Ennes, 15 de maio de 1897. AHM, Fundo do século XIX, Governo do Distrito de Moçambique, 1897, caixa 8-8.

[126] Correspondência do xeque de Sangage Vazir Mussa. Sangage, [1897]. AHM, Fundo do século XIX, Governo do Distrito de Moçambique, 1897, caixa 8-8. Correspondência do chefe do posto fiscal em Sangage ao comandante militar de Angoche. Sangage, 21 de abril de 1897. AHM, Fundo do século XIX, Governo do Distrito de Moçambique, 1897, caixa 8-8. "De uns apontamentos de Eduardo Costa resumo o modo como ele considerava a este tempo a situação. Angoche estava abandonado aos seus próprios recursos, desde a saída da canhoneira Zaire, em janeiro de 1897. No princípio de maio o comandante militar superior, capitão Gonçalves, velho e experimentado oficial pouco dado a exageros ou alarmes, avisa-me que muito receasa que o Marave e o Farelay reunidos em Kinga, segundo as suas informações, viessem atacar o Parapato ou Sangage. (...) O ataque não se realizou (...). O estabelecimento consercou-se tranquilo, comquanto bem perto o Farelay continuasse fechando e abrindo, a seu belo prazer, os caminhos do sertão às caravanas macuas de amendoim e borracha. O chefe Uazir Mussa Pire de Sangage, conservava-se fiel e até coadjuvava o Governo, encarregando-se de incendiar três pangaios de escravatura que tinham entrado no rio Kinga ou Monge, com aprovação da rainha destas terras, uma celebre Seremage ou Muanati, que não inspirava confiança." AMORIM, Pedro Massano de, op. cit., 1911, p. 18.

[127] "A gente destes régulos foram de novo reunir-se para voltarem com o fim de se apoderarem outra vez dos pangaios e avançarem depois sobre Sangage e proximidades desta villa." Correspondência do comandante militar de Angoche ao governador do Distrito de Moçambique. Antonio Ennes, 28 de abril de 1897.

No final da contenda, por ter ajudado Vazir Mussa com o envio de armamentos e munições, e em troca do seu reconhecimento como xeque de Sangage, as autoridades portuguesas conseguiram a assinatura de um auto de vassalagem e da autorização para a construção de um comando militar. Como o governo português recebera um reforço militar com a chegada da sexta companhia militar, foram enviados a Sangage dez soldados para substituir os barracões, que resistiram de um antigo posto fiscal, e estabelecer um posto fortificado com vinte homens e mais um oficial em Muinhanha.[128]

Segundo Pedro Massano de Amorim, o objetivo maior da instalação do posto militar era estudar a possibilidade de ocupar Kinga e Moma. O próximo passo seria reconhecer um caminho para realizar as operações em Mogovola e em M'luli, estendendo-o até a serra de Chinga e, mais tarde, fazer a cobrança do imposto da palhota nessas localidades.[129]

Vazir Mussa não foi eleito xeque de Sangage. Momade Omar foi o escolhido, exercendo o comando do xecado entre 1902 e 1904.[130] O fato de ter recebido o apoio do governo português e assinado um auto de vassalagem autorizando a instalação de um comando português na região pode ter contribuído para a não eleição de Vazir Mussa. Durante esse período, os chefes dependentes de Sangage, sobretudo em Selege (território no curso médio do rio Mutuguti), constituíram uma aliança com o seu antigo vizinho Farelay, apoiando-o nos combates contra o governo português.[131]

No final de 1898 um novo comandante militar, Antonio Ferreira Coelho de Magalhães (a partir desse momento referido nas fontes como capitão-mor), tomou posse em Angoche. De acordo com o capitão-mor, em novembro do mesmo ano, Ibrahimo e

---

AHM, Fundo do século XIX, Governo do Distrito de Moçambique, 1897, caixa 8-8.

128   AMORIM, Pedro Massano de, op. cit., p. 12-13.

129   Ibidem, p. 19.

130   Ibidem, p. 54. Eduardo Lupi lamentava que Vazir Mussa não tivesse assumido o xecado de Sangage. "Em Sangage, morto o velho xeque Buan-Amadi em 1898, as indecisões da nossa política tinham resultado em se internar pelos matos de Nhamuatua, descontente o legítimo sucessor que era o destemido uazir Mussa-Piri, e em ser elevado à chefia o pretendente Momade Omar, homem falso de caráter, universalmente odiado e desprezado. Estava pois realmente perdido, praticamente anulado, o valioso apoio que esse esteio da nossa soberania nos tinha prestado durante quarenta anos". LUPI, Eduardo do Couto, op. cit., p. 225.

131   "Depois de 1890 continua o Farelay a ser salteador, agora com uma pequena horda, mas é a sua política que consegue que o Naoarame de Selege faça guerra ao xeque de Sangage, pois aproveita a inimizade deste xeque provocada pela perseguição ao Momade Omar, pretendente de quem o Naoarame era amigo e a quem foi sempre dedicado. Pouco a pouco vai estreitando relações e ligando ou chamando a si os que nos são adversos; e a medida que se alia e estreita relações com o Cornea, contra o Morla que nos fora auxiliar, liga-se ao Marave, que no norte nos estava a prejudicar e continuou a prejudicar-nos muito tempo depois." AMORIM, Pedro Massano de, op. cit., 1911, p. 17.

Itite-muno de Angoche o procuraram porque queriam se apresentar para "pedir perdão". Para tanto, as condições oferecidas pelo governo português resumiam-se à autorização, "não oferecendo oposição", da construção do comando militar em Catamoio e em Quílua, ao pagamento do imposto da palhota, ao fim do comércio de escravos e à livre circulação. Sulemane Issufo, chefe de Muiganha e irmão dos antigos sultões de Angoche, Ussene Ibraimo e Mussa Quanto, atuou novamente como intermediário nas negociações, agora enviando cartas aos principais chefes de Angoche na tentativa de convencê-los a se apresentarem na capitania.[132] No ano anterior, os chefes de Angoche já tinham iniciado as negociações que malograram. Segundo Antonio Magalhães, Sulemane escrevia aos chefes "prevenindo-os de que tinha vindo novo capitão-mor e que era ocasião de se implorar do governo o perdão e que por isso se reunissem aos seus maiores para junto do sultão Ibraimo e Etite-muno se apresentarem nesta capitania oferecesse seus serviços ao governo que bem os receberia".[133]

Sulemane Issufo poderia enxergar na figura do novo capitão-mor a possibilidade de uma negociação. Todavia, Ibraimo preferia agir com muita cautela, conforme sua carta enviada a Sulemane, na qual revelou ter uma grande desconfiança com relação às atitudes do governo português, receando mesmo ir a Antonio Enes. Segue o trecho da carta em que apresenta as suas razões:

> No ano passado fomo ahi chamados pelo capitão-mor, depois de ahi estarmos, arrancaram-nos as armas (...); quando ahi fomos receberam-nos mal, todos nos insultavam e chosqueavam; nada ahi fizemos nem falamos, só nos tomaram as armas e nos insultaram (...). (...) se você avô quer que nós fiquemos amigos do governo venha aqui falar conosco porque estamos dispostos a concordar com o que você nos expuser. (...) Do que houver com respeito a Catamoyo, só acreditamos o que nos disser pessoalmente por escrito não (...), só da sua boca acreditamos o que ahi no Parapato se passa.[134]

---

132 Segundo o comandante militar de Angoche anterior Júlio Gonçalves, Sulemane Issufo era "parente" de Farelay e "de outros bandidos de pouca monta como um tal Allaüe que vive perto, os parentes têem querido matal-o para o roubar". Com aproximadamente 120 anos de idade. Correspondência do comandante militar de Angoche ao governador do Distrito de Moçambique. Antonio Ennes, 2 de dezembro de 1897. AHM, Fundo do século XIX, Governo do Distrito de Moçambique, 1897, caixa 8-8.

133 Correspondência do capitão-mor de Angoche ao secretário militar do Governo do Distrito de Moçambique. Antonio Ennes, 7 de novembro de 1898. AHM, Fundo do século XIX, Governo do Distrito de Moçambique, 1898, caixa 8-8.

134 Correspondência de Ibraimo de Angoche a Sulemane Issufo, novembro de 1898 (data da tradução). AHM, Fundo do século XIX, Governo do Distrito de Moçambique, 1898, caixa 8-8.

O capitão-mor de Angoche voltou a afirmar a Sulemane que para o governo "conceder perdão" a Angoche exigia a condição de instalar um oficial e uma força militar em Quílua, "afim de manter o socego e evitar os ataques dos macuas".[135] Explicou também que as armas foram recolhidas aos chefes de Angoche quando estiveram na capitania porque a condição para a visita era a de que entrassem no Parapato desarmados. Ibrahimo demonstrou não estar convencido, respondendo ao capitão-mor que precisava consultar ainda "toda a gente" e enviaria uma resposta sobre sua ida ao Parapato pelo intérprete Issufo.[136] As desconfianças continuavam, pois Ibraimo confessou a um médico, enviado a Catamoio para cuidar de um parente de um dos "grandes de Angoche", que recebera uma carta alertando-o que seria preso se fosse ao Parapato.[137]

Findas as negociações, o capitão-mor de Angoche, Antonio Magalhães, revelou que Ibrahimo "se submetera" ao governo português como demonstravam as suas cartas e o envio de emissários de Angoche desarmados ao Parapato. Entretanto, ressaltava que era preciso ter muita cautela no momento da instalação do comando militar em vau de Quílua, porque a "submissão" poderia se tratar de um "disfarce" do "sultão de Angoche", pois duvidava que Ibrahimo abandonasse o comércio de escravos e pagasse o imposto da palhota.[138]

---

135 Correspondência do capitão-mor de Angoche a Ibraimo de Angoche. Antonio Ennes, 9 de novembro de 1898. AHM, Fundo do século XIX, Governo do Distrito de Moçambique, 1898, caixa 8-8.

136 Correspondência de Ibraimo de Angoche ao capitão-mor de Angoche, 10 de novembro de 1898 (data da tradução). AHM, Fundo do século XIX, Governo do Distrito de Moçambique, 1898, caixa 8-8. Dias depois informou que adiara a ida do intérprete com a resposta porque sua "mãe" morrera e precisava esperar o término das cerimônias fúnebres que durariam uma semana. Correspondência de Ibraimo de Angoche ao capitão-mor de Angoche, 11 de novembro de 1898 (data da tradução). AHM, Fundo do século XIX, Governo do Distrito de Moçambique, 1898, caixa 8-8. Correspondência do capitão-mor de Angoche ao secretário militar do Governo do Distrito de Moçambique. Antonio Ennes, 14 de novembro de 1898. AHM, Fundo do século XIX, Governo do Distrito de Moçambique, 1898, caixa 8-8.

137 Correspondência do capitão-mor de Angoche ao secretário militar do Governo do Distrito de Moçambique. Antonio Ennes, 5 de dezembro de 1898. AHM, Fundo do século XIX, Governo do Distrito de Moçambique, 1898, caixa 8-8.

138 Correspondência do capitão-mor de Angoche ao secretário militar do Governo do Distrito de Moçambique. Antonio Ennes, 19 de novembro de 1898. AHM, Fundo do século XIX, Governo do Distrito de Moçambique, 1898, caixa 8-8. "E a nossa administração voltou, como por encanto, ao caminho bastardo das cartas Suahili, das recepções pomposas (até com salvas de honra) aos insignificantes régulos das vizinhanças, da imobilidade nas secretarias em que se escreviam muitos papéis – totalmente inúteis no meio do mato -, das vassalagens de convenção, e dos saguates em que se dispendia o que bem melhor foram aproveitado em pagar pretos a soldados e adquirir armamentos." LUPI, Eduardo do Couto, op. cit, 1907, p. 220.

Apesar das desconfianças mútuas e "ao cabo de laboriosas negociações de caráter amigável, cometedidas a intermediários de diversas castas" foram construídos em 1899 os postos portugueses de Moma, de Muchelele e de Quilua, sendo estes dois últimos localizados na ilha de Angoche.[139]

A negociação para a instalação dos comandos portugueses, tratada como "submissão do sultão Ibrahimo de Angoche" num telegrama do governador do distrito de Moçambique, Julio José Marques da Costa, enviado ao secretário geral do governo geral de Moçambique, contou com o auxílio de um "padre mojojo" e um negociante baneane, que o levara em suas embarcações com sua comitiva de quinhentas pessoas.[140] O chefe Itite-muno teve igualmente um papel importante nas negociações. Segundo o governador Julio da Costa, o líder africano era "influente na região e [foi] nosso auxiliar para facilitar a instalação", recebendo-o quando desembarcou na ilha de Angoche.[141] Vale adiantar que em 1910, após a ocupação efetiva do sultanato de Angoche, resultado das campanhas militares coordenadas por Pedro Massano de Amorim, as terras controladas pelo Ibraimo, que foi preso, passaram a pertencer a Itite-muno.[142]

---

[139] Eduardo Lupi analisou de maneira descrente a instalação dos referidos postos: "Sem manifestações de força a precedê-las, sem ocupação efetiva posteriormente alargada, além do modesto alcance das armas que guarneciam os parapeitos de tais postos, essas tentativas de posse foram mal sucedidas quanto ao seu objetivo político, único que evidentemente alvejavam. Ficamos tendo – parafraseando a expressiva maneira de dizer de Antonio Ennes – mais três centros sem circunferências: e eis tudo." LUPI, Eduardo do Couto, op. cit, 1907, p.220. "O nosso domínio, ou antes, estabelecimento na ilha de Angche, data como já foi dito, de 1861; o posto de Quilua, porém, é de data muito recente e foi estabelecido depois de um período de dezesseis anos de abandono e que decorre desde 1883, ano em que foram retiradas as forças militares que ali tínhamos, com grave prejuízo para o nosso domínio e para a nossa administração. Em junho de 1899, sendo capitão-mor no Parapato o capitão de infantaria Julio Gonçalves, foi de novo ocupada militarmente a ilha de Angoche, estabelecendo-se primeiramente um comando militar em Muchelele, do qual foi a seguir destacada uma força para Quilua, onde ficou instalado um posto dependente daquele comando." AMORIM, Pedro Massano de, op. cit, 1911, p. 60.

[140] AHU, SEMU, DGU, Correspondência dos Governadores, Moçambique, caixa 1898-99, documento 214.

[141] "Ao desembarcar na ilha fui recebido pelo sultão Ibrahimo e pelo chefe Itito-Muno, acompanhados de numeroso séquito de grandes e de povo. Visitei primeiramente a fortificação e quartéis, seguindo depois com o sultão e seu séquito para a povoação de Muchelele, a uns 10 minutos, do commando, e d'alli para a capital (Catamoio) onde descancei em casa do sultão e do Itito-Muno. Tanto Muchelele como Catamoio são muito povoados e aceiados. A capital dista uns trinta minutos da praia; o caminho é plano e de fácil melhoramento. Em casa do sultão tratei com elle e com o capitão-mor de vários aasumptos que interessavam o serviço, ao que aquelle de boa vontade ascedeu, parecendo-me satisfeito com sua nova situação. Ao anoitecer recolhi a bordo da Marracuene seguindo nella para Antonio Ennes. *Ibidem*.

[142] Coutinho, João de Azevedo, op. cit., p. 49. "É assim geralmente designada a região entre estes dois rios, limitada a nordeste entre eles pelas terras do Cornea. Nela residem todos os chefes que era subordinados

Entretanto, pela interpretação das palavras de Julio da Costa a instalação dos comandos não parecia significar a submissão de Ibraimo, assemelhando-se a um acordo com o governo português:

> Em Catamoio o sultão falou-me em **permitir-se** por agora a exportação de borracha cosida, por saber que esse tráfico é permitido em Quelimane. (...) **Encontrei o melhor acolhimento possível do sultão e de seu povo** que sempre me acompanhou na digressão. **Mesmo que ele mude de parecer**, tendo nós fortificado o comando, servirá de base de operações para o que for preciso. Em breve estabelecer-se-há um posto em Quilua e outro comando em Môma, na costa, 50 milhas ao sul onde irá no fim do mez o "Neves Ferreira" com o material e pessoal preciso encontrar-se com Itite-Muno, influente da região e nosso auxiliar para facilitar a instalação. Assim tornar-se-há efetiva a ocupação sem receio de surpresas. Dentro em pouco poder-se-há estabelecer correio terrestre ao Tijungo, como já o há de Antonio Ennes ao Mossoril e ate uma linha telegraphica de fácil execução e pouca despesa. Ficará assim Moçambique ligada a Quelimane e Lourenço Marques, por terra, o que é importante.[143] (grifos meus)

Eduardo Lupi ao analisar esta situação em 1907, argumentava que a estratégia adotada para conseguir a ocupação efetiva dos territórios sem a manifestação de força militar fracassara totalmente. A construção dos postos portugueses em nada adiantara e as autoridades portuguesas só não foram dali expulsas porque em torno desses estabelecimentos foram instaladas lojas de comércio pelos indianos, que atraíam a simpatia de alguns chefes pela possibilidade de trocar seus produtos por fazendas e de recebimento de impostos. Entretanto, Lupi não menciona que, de acordo com outras fontes, essa era uma das razões para o descontentamento dos chefes que não recebiam das lojas comerciais os impostos pagos ao governo português e ainda sofriam com os valores das fazendas acrescidos das taxas exigidas pelas autoridades portuguesas. Lupi ainda argumenta que os novos postos eram mal construídos, resumindo-se em simples palhotas que ficavam em locais inóspitos e com pouquíssimos soldados, atestando a fragilidade militar do governo português:

---

ao sultão Ibrahimo, que se conservavam até agora declaradamente rebeldes e desobedientes à autoridade. Às gentes das povoações destes chefes se iam juntar criminosos e foragidos da ilha de Angoche, do Parapato, e até da Imbamela e Mogovola, que se arreceiavam dos castigos dos régulos, ou da nossa autoridade. (...) Com a prisão do sultão Ibrahimo, efetuada agora, as terras ficaram divididas pelo Matamombe e Etite, que bem as mereceram, pelo que combateram ao nosso lado contra o Guernea, o Mohogo e seus aliados." AMORIM, Pedro Massano de, op. cit, 1911, p.41.

143 AHU, SEMU, DGU, Correspondência dos Governadores, Moçambique, caixa 1898-99, documento n.204.

> Nas povoações indígenas, mais próximas dos novos estabelecimentos, o efeito da sua instalação, em tais condições, foi verdadeiramente desmoralizador. Os régulos, desdenhosos, nem quiseram ter relações com os recém-vindos; e a gente sua subordinada, fiel a máxima macua de tudo é permitido contra quem não é amigo, foi-se habituando ao desrespeito, a insolência, muitas vezes também a prática de violências, para com o pessoal dos postos. (...) Tal era, tal é ainda, em não poucos pontos, a situação criada por esse absurdo processo de ocupação, posto em pratica no decurso dos anos de 1902 e 1903.[144]

O acordo promovido entre o governo português e Ibrahimo e outros chefes de Angoche para a instalação dos comandos militares portugueses na ilha de Angoche e em Moma resultou de maneira duplamente negativa para Ibrahimo. Em 1902, na região do M'luli, Farelay foi proclamado oficialmente sultão do M'luli e do Larde. Um ano depois, muito provavelmente por saber da eleição do sultão Farelay e da intensificação das suas ações de resistência, as autoridades portuguesas expulsaram Ibrahimo e outros chefes da ilha de Angoche, provocando a destruição de residências, mesquitas e cemitérios.

Logo após a confirmação da sua eleição como sultão no final de 1902, Farelay dirigiu-se à vila de Antonio Enes acompanhado de cerca de seiscentos homens armados, o que causou grande pânico entre os moradores pela quantidade de pessoas armadas que o acompanhavam. Farelay entrou na vila apenas com quarenta dos seus homens para "pedir licença" e pólvora para fazer guerra na Imbamella. O governador do distrito de Moçambique achou exagerado o número de pessoas que acompanhavam Farelay apenas para uma visita, acreditando que a intenção era atacar, porém como viram a chegada de um navio francês que confundiram com a "canhoneira Liberal", resolveram adiar o ataque.[145] O capitão-mor de Angoche relatou o episódio da seguinte forma:

> Cumpre-me mais dizer a V. Exa. que, segundo as informações do quartel onde estavam observando os seus movimentos (os de Farelay e sua gente) e tudo prompto a repellir qualquer agressão, havia próximo a villa, e quase cercando-a, mais de 600 homens, grande parte de espingardas e como a visita havia chegado depois das 5 horas da tarde e com tão grande número de gente, vindo também outros régulos entre eles poude saber os nomes do Mapala-muno, Livuti-muno, e Metale-muno, pareceu-me mais um assalto

---

144 LUPI, Eduardo do Couto, op. cit, 1907, p. 223-224.

145 Cópia do telegrama do capitão-mor de Angoche ao Governo do Districto de Moçambique (datado do final de 1902) reenviado ao secretário geral de Moçambique. Lourenço Marques, 29 de Março de 1903. AHU, Processos Gerais, Moçambique, 1902-1905, caixa 1548, pasta 384, telegrama n. 88.

do que uma visita estando o regulo Mapala-Muno disposto a conversar comigo e a repetir as perguntas, o que parecia ser para ganhar tempo para que anoutecesse, estando já a este tempo a população um pouco alvoroçada. Este régulo havia trazido umas vinte pessoas com elle, desarmadas, que estavam sentadas no chão em frente da Capitania, e alguns outros passeiavam como vigiando; de repente um d'estes veio sentar-se próximo do régulo e pareceu-me fazer-lhe qualquer signal do que desconfiei, e tendo-me dirigido à barra a "Liberal" pelo que disse para lhe fazerem signal que era conveniente entrar logo aproveitando a maré. Quando vim para fora já o regulo e sua gente estavam de pé e promptos a ir-se embora, parecendo que com grande pressa.[146]

Mesmo após a instalação dos postos na ilha de Angoche, para as autoridades portuguesas Ibrahimo e Itite-muno, "seu parente aliado e pretendido sucessor do sultanato", não cumpriam as ordens do governo "sob falsas e hipocritas manifestações de fidelidade". Isto teria suscitado desconfianças entre os "povos de Angoche que os levaram a desobediência e rebeldia". De acordo com o governador Jayme Pereira de Sampaio Forjaz de Serpa Pimentel, por esta razão, a orientação a partir daquele momento em que "se vão firmando as ocupações e chamando os povos a sujeição" era a de eliminar o poder das "autoridades cafreaes, mormente aquellas de que haja a receiar perturbações da ordem pública a menospreso das leis e autoridades portuguesas".[147]

Para colocar em prática tal estratégia Serpa Pimentel dava as seguintes orientações ao governador do distrito de Moçambique:

> Considerando a necessidade imediata de affastar da ilha de Angoche a Ibrahimo Bin Sultani Suleimane Bin e de destruir ali o foco da resistência occulta ao exercício em Angoche do nosso domínio e a expansão da nossa soberania: Determino:

---

146 AHU, Processos Gerais, Moçambique, 1902-1905, caixa 1548, pasta 384, Telegrama n.88 e seguinte.

147 "Attendendo à grave inconveniência para a soberania de Portugal e para a boa administração do districto de Moçambique de continuar a reconhecer como Sultão de Angoche a Ibrahimo Bin Sultani Suleimane Bin, chefe da raça nobre monhé – "os anhapacos" -, o qual, embora já não tenha o seu antigo prestigio, e embora tenha por vezes affirmado a sua submissão, contraria ostensivamente as providencias adoptadas pelo meu governo para um bom regime dos povos até aqui sugeitos ao sultanato, do que dão testemunho as constantes suspeitas da sua lealdade." Correspondência do governador geral de Moçambique a Repartição Militar do Governo do Districto de Moçambique. Antonio Ennes, junho de 1903. AHU, Processos Gerais, Moçambique, ano 1902-1905 caixa 1548, pasta 384, "Operações militares Ordem n.9."

I – que sejam arrazadas as casas, mesquita e logar das povoações de Catamoio e Tadi na ilha de Angoche, principaes focos de resistência a soberania de Portugal, e pertencentes ao ex-sultão e Tito-Muno;

II – Que se considere extincto o sultanato de Angoche e expulsos daquella ilha Ibrahimo Bin Sultani Suleimane Bin e Tito-Muno;

III – Que sejam tidos como rebeldes os indivíduos indicados no número antecedente.[148]

No dia 9 de junho de 1903 as forças do governador de Moçambique destruíram as propriedades pertencentes ao "sultão Ibraimo" que se dirigiu à região do rio M'luli. Nos dias que se seguiram, o posto de Boila foi atacado, mas logo a tranquilidade foi restabelecida. Farelay teria se refugiado na Alta Mogobola, em terras de Cubula-muno.[149]

A coligação exerceu pressão sobre os chefes considerados "aliados" ao governo português e que estavam muito descontentes com a falta de proteção e com a implementação dos principais mecanismos coloniais, como o imposto da palhota e o trabalho compulsório, provocando a mudança desses chefes para o lado da oposição.

Pedro Massano de Amorim alertava que Ibrahimo não foi destituído como sultão, apenas refugiou-se em M'luli com os aliados e a partir daquele momento conseguiu exercer influência, por meio de ameaças e promessas, sobre os chefes que haviam se aproximado politicamente do governo português. Os chefes "aliados" do governo, ao serem cobrados pelo pagamento de imposto e de trabalho compulsório passaram, então, para o lado da coligação, aumentando as povoações do Ibrahimo e dos chefes que o tinham acompanhado. Os chefes, sobretudo aqueles próximos aos postos portugueses, que demoravam a se unirem à coligação eram atacados. Os negociantes da ilha também eram roubados pelos chefes coligados.[150]

No dia anterior ao ataque realizado pelo governo português, Farelay, que estava na sua casa na Mezêa, teria feito ameaças ao governo português, mandando o chefe Muapala-muno comunicar que o capitão-mor preparasse a sua melhor cama na residência

---

148 *Ibidem*.

149 Telegrama de João Francisco Ribeiro ao Governador do Distrito de Moçambique. AHU, Processos Gerais, Moçambique, 1902-1905, caixa 1548, pasta 384.

150 "Antigamente quando se tratava de abrir uma estrada para Quilua ou limpar aqui ou ali os troços abertos, os habitantes a quem era exigido este trabalho gratuito, diga-se a verdade, reuniam-se armados em Catamoio. A estrada de Quilua foi toda aberta pelos soldados do posto. (...) Em 1904 a situação é idêntica e a resistência ao pagamento do imposto prova bem o grau de desobediência da gente do Ibrahimo. O gentio que nos era fiel, vendo-se sem proteção do Governo, desertava, receoso das represálias e sevicias da gente do Ibrahimo, que tinha a certeza não seria castigadas." AMORIM, Pedro Massano, op. cit., 1911, p. 67.

porque não demoraria em nela se deitar. Na noite seguinte ocorreu o ataque a ilha de Angoche, descrito por Eduardo Lupi da seguinte maneira:

> Uma escrava madrugadora que saíra a buscar água e ouviu o tiro das armas com a estrupida dos 4 cavalos deu alarme à moda macua entrecortando o grito agudíssimo com palmadinhas na boca aberta (...). O sultão fugiu seminu para o mato denso que rodeava a povoação, deixando em casa, bura, alfio, espingarda, mais armas, mussafo (alcorão) (...).
> Para o norte de Angoche, Farelai, sabendo longe empenhado no Sudoeste, aquele a quem já considerava seu particular inimigo e a quem receava (...) atreveu-se a nova carreira em direitura à vila sede da capitania-mor, na esperança de readquirir perante os povos o prestígio abalado pelo recente assalto e incêndio da sua secular capital".[151]

Farelay revidou os ataques com depredações, assaltos e atentados. Eduardo Lupi, então governador da capitania-mor, organizou uma pequena coluna com tropas de artilharia que atacou Morna e castigou Margepe, derrotando Namapui e vários outros chefes macuas. Em contrapartida, Farelay e outros chefes, aproveitando a ausência do capitão-mor e de suas tropas, organizaram um ataque ao Parapato. Como consequência, foram perseguidos e reprimidos sob o comando do tenente Cunha.

Em setembro de 1903, o comandante militar informava que Ibrahimo, Itite e outros chefes coligados, que saíram da ilha junto com Ibrahimo, reuniam-se na região do M'luli. Acrescentou ainda que Itite-muno escrevera várias cartas, uma delas enviada ao seu "tio" residente em Catamoio e outras aos principais chefes da ilha de Angoche, prevenindo-os de futuros ataques comandados pelo Ibrahimo e alertando "que quem não quizesse morrer em companhia de brancos que fosse para M'luli".[152]

Iniciado o século XX chegara o momento, na opinião das autoridades portuguesas em Moçambique, em que nada mais poderia ser feito sem que antes se dominasse e ocupasse o norte de Moçambique para que a administração colonial fosse instituída com a exploração das populações africanas por meio do controle da produção agrícola e do comércio e da cobrança de impostos. Tais diretrizes da política colonial portuguesa estão claramente expressas neste trecho do relatório de Mousinho de Albuquerque:

---

151 LUPI, Eduardo do Couto. Episódios da ocupação do Ultramar. A primeira penetração de Angoche – 1903-1905. In: Boletim Geral das Colônias, ano XIII, n. 149, nov. 1937, p. 9-13.

152 AMORIM, Pedro Massano, op. cit., 1911, p. 66-67.

> Na capitania de Angoche nada se pôde fazer, limitando-me a melhorar as instalações no Parapato, porque, como já disse, sem submeter o sultão na ilha e o Farelay no continente, era impossível obstar ao contrabando que a aí se faz em grande escala e explorar diretamente as populações indígenas por meio de impostos em gêneros, dinheiro ou trabalho.[153]

A OCUPAÇÃO DOS TERRITÓRIOS DE ANGOCHE

A ocupação dos territórios de Angoche somente ocorreria com as campanhas militares ou, como o governo português preferiu chamar, de "pacificação" ou ainda "domesticação", tendo em vista as ações de resistência que culminaram na organização de uma coligação entre vários chefes dos estabelecimentos islâmicos do litoral e das sociedades do interior. De acordo com as autoridades portuguesas, a principal razão para a ocupação de Angoche era a repressão às atitudes de insubordinação comandadas por Farelay e pelos chefes macuas que lhe apoiavam. O militar português Pedro Massano de Amorim escreveu a respeito das razões para a ocupação desses territórios:

> Para castigar os crimes e torpezas, rebeldias e dislates do gentio do Larde e M'luli, Mugovola e Imbamella era necessário, era indispensável e urgente, proceder à ocupação de Angoche (...). Os roubos e depredações freqüentes de toda esta gente, os crimes que se traduziam por assassinatos de europeus que se aventuravam pelas terras do Imbamella e do Mugovola, e dos nossos cipais que passavam próximo às povoações do Ibrahimo, as guerras constantes (...) o arrojo de trazerem aquelas guerras dentro mesmo da vila do Parapato, o desaforo do Farelay a dois quilómetros de António Ennes, lançando um imposto aos comerciantes (...) as ameaças deprimentes feitas aos capitãis-móres e as respostas atrevidas dadas por alguns dos chefes às intimações e ordens dimanadas das autoridades militares, tudo isso exigia uma severa repressão, e um exemplar castigo.[154]

---

153 ALBUQUERQUE, Joaquim Augusto Mousinho de; op. cit., 1934-35, p. 265.

154 AMORIM, Pedro Massano de, p. 43. "A influência do sultanato e seus mujôjos e nobres se exercia perniciosamente por ser o único principado islâmico com existência efectiva na costa e ter recursos importantes de ordem material e relações seguidas com outros centros muçulmanos. Assim constituíam o obstáculo mais sério para a realização das nossas empresas e conquistas pela oposição que a esta faziam e pelo esforço e reacção que pelo seu proselitismo desenvolviam contra nós, representando indubitavelmente o foco da resistência contra o estabelecimento da nossa autoridade e do nosso predomínio ao longo das praias de Moçambique e mesmo para o interior." COUTINHO, João de Azevedo, op. cit., 1935, p. 5.

Massano de Amorim chegou em Moçambique em maio de 1906 e desde então iniciou os preparativos para a ocupação de Angoche, que consistiam em organizar os serviços de informação e realizar o estudo da documentação encontrada nos arquivos referentes aos territórios desde Sangage até ao Ligonha, partindo depois para a organização das campanhas militares. Em primeiro lugar, foram submetidos os territórios das capitanias-mores de Macuana e de Mossuril. Logo em seguida, Massano de Amorim, chamado a retornar para Portugal, recomendou que se fizesse na sua ausência o reconhecimento das terras próximas ao rio Ligonha. Quando voltou, encontrou o chefe dos imbamelas Morla-Muno associado ao Guernéa, dificultando o andamento do reconhecimento do território.

Massano de Amorim organizou então duas colunas militares que entraram em ação em 13 de junho de 1910. Uma delas, comandada pelo governador do distrito, partiu do posto militar do Liúpo, operando na região entre a linha Moginquale-Corrane e Boila com o objetivo de dominar as terras de Selege e M'lay, depois as do régulo Cobula-Muno em Mugovola, estabelecendo postos militares na linha de Boila-Murrupula.[155] A outra coluna foi comandada pelo capitão-mor de Angoche, tenente Dâmaso Marques, responsável pelo domínio do território dos chefes Guarnea até o Larde, assim como o dos chefes Imbamela e Matadane, chegando até o vale do Ligonha, onde foram construídos novos postos a partir do já existente em Morna.[156] (Imagem 9, Anexo, p.311)

Por onde as colunas militares passavam, os chefes das populações apresentavam-se aos comandantes, que, por sua vez, solicitavam informações sobre o paradeiro de Farelay. A primeira coluna sofreu várias ações de resistência no decorrer da sua trajetória até Boila. Uma delas ocorreu logo depois da chegada em Boila e seguiu em direção a Nampata. Coutinho relata da seguinte maneira o combate travado com as gentes do chefe Cobula, em Mugovola:

> A marcha [era] difícil pela má qualidade do caminho, de mato e de ravinas, terrenos lodosos e ribeiros que se atravessavam com custo. Havia notícia de que os régulos rebeldes tinham a sua gente reunida perto, e de facto, depois das tropas bivacarem próximo de Nampoto, no rio Nateze, onde o mato era menos denso, foi o quadrado formado pela tropa atacado pela

---

155 Esta coluna era composta por "uma bateria de 7 c. de 4 peças, 20 cavaleiros, duas companhias de infantaria indígena, os correspondentes serviços administrativos e de saúde, o que perfazia uns 450 homens de força regular: acompanhariam a coluna cerca de 1.000 cipais de vários xeques e régulos fiéis, e faziam-lhe serviço uns 1.500 carregadores." COUTINHO, João de Azevedo, op. cit., 1935, p. 48-49.

156 Esta coluna era formada por uma secção de artilharia, infantaria, serviços administrativos e de saúde, em força de 220 homens, e mais mil cipais e cerca de seiscentos carregadores. A marcha iniciou-se em 13 de junho de 1910. *Ibidem*, p. 48-49.

> gente do Cobula e outros régulos mugovolas seus aliados, e que já haviam atacado um reconhecimento em força dirigido por Neutel. Atingiu o fogo grande violência, portando-se a nossa gente sempre com firmeza, o que não impediu que a gente do Mugovola repetisse os seus ataques aos irregulares que desafrontavam o quadrado.[157]

Em 28 de junho de 1910, depois de vários ataques às forças do chefe Cobula em Mugovola, a área foi dominada, construiu-se um posto fortificado e se abriu um caminho para ligar pontos importantes a este comando militar na região. No dia 29, seguia a coluna para Maca e, no dia seguinte, chegava ao rio M'luli onde foram construídos postos em Mamitil, Murreheria e Calipo, estabelecendo a comunicação com Murrupula, como estava previsto no projeto de ocupação.

A segunda coluna iniciou a viagem no mesmo dia da primeira. Porém, pela demora em recrutar mais homens junto às povoações pelas quais passavam, apenas em 30 de junho conseguiu atacar as terras do Larde e do M'luli onde estavam localizadas algumas povoações associadas ao chefe Guernéa.

Ao invadir as terras de Guarnéa, a coluna foi atacada por muitos homens organizados pelos vários chefes reunidos. Somente com a chegada de mais reforços de tropas enviadas pelo chefe Morla-Muno, bem como de armas e pólvora, enviados pelo governador, foi possível elevar alguns postos, como o do Guarnéa e do Lardi. Em 28 de julho foi capturado "um dos mais fortes e importantes rebeldes — Guarnéa", deportado junto com Ibrahimo de Angoche, preso no dia 1º de agosto. Segundo João de Azevedo Coutinho, a prisão de Ibrahimo contou com a ajuda do capitão-mor do Parapato e de Itite-muno, que sabia onde estava refugiado.

> Assim, foi preso um dos mais temíveis auxiliares do Farelay, o sultão Ibrahimo do M'luli, inhabaco de Angoche, mas o mais célebre, temido e atrevido rebelde, o Farelay, que se considerava sultão de Angoche, refugiara-se para o sul, nos limites quási do distrito e da capitania-mór.[158]

Farelay foi preso pelo comandante do posto de Môma, o alferes Bicho Ruivo, e deportado em seguida para a Guiné. As terras pertencentes ao Ibrahimo e ao Guernéa foram divididas entre Morla-Muno e Itite-Muno. Dessa maneira, o governo português conseguiu ocupar os territórios do norte de Moçambique até então sob influência do sultanato de Angoche. (Imagens 10 e 11, Anexo, p.312-313)

---

157 *Ibidem*, p. 51.
158 *Ibidem*, p. 53.

CONSIDERAÇÕES FINAIS

O objetivo central e norteador de todas as etapas cumpridas para a elaboração desta tese foi a compreensão da formação da coligação de resistência organizada no final do século XIX pelos chefes de Angoche, Sangage, Sancul, Quitangonha e dos grupos macua-imbamela e namarrais, como resposta às interferências da política colonialista portuguesa no norte de Moçambique. Os principais aspectos analisados durante a realização da pesquisa estiveram concentrados nos fatores desencadeadores da resistência e bem como nas formas de mobilização dos indivíduos envolvidos.

No que se refere aos fatores desencadeadores, segundo a tradicional historiografia sobre o tema, a continuidade do comércio de escravos foi o elemento primordial para a organização da resistência. Caminhando muitas vezes na contra-mão da historiografia, procurei demonstrar que o principal objetivo das sociedades do norte de Moçambique que constituíram a coligação era a preservação da sua autonomia política ameaçada pelas iniciativas de ocupação territorial e pela instituição dos mecanismos de exploração impostos pelo governo português, como o controle do comércio e da produção de gêneros agrícolas e de extração, a cobrança de impostos e o trabalho compulsório.

Para a manutenção da autonomia política dos estabelecimentos islâmicos da costa, como o sultanato de Angoche, era fundamental preservar a autonomia econômica tendo em vista o seu papel no espaço de trocas comerciais na África oriental realizada por meio do Oceano Índico. Contudo, a autonomia econômica era garantida não apenas pelo comércio de escravos, mas pelo controle das rotas comerciais estabelecidas entre o litoral do Oceano Índico e o interior do norte de Moçambique pelas quais eram transportados outros produtos.

No contexto da formação da coligação de resistência, ao mesmo tempo em que o comércio de escravos entrava numa fase de declínio, apesar de ainda ser realizado pelos chefes locais como forma de assegurar a obtenção de armas e munições, a produção e o comércio de produtos agrícolas e de extração, tais como borracha, goma copal e amendoim, aumentou significativamente no final do século XIX. Vinculado ao controle da produção destes produtos e pela sua comercialização realizada entre o litoral índico e as sociedades do interior, o poder dos chefes islâmicos da costa, passou a ser ameaçado pelas iniciativas coloniais portuguesas de instalação de postos militares no continente, de cobrança de impostos sobre os produtos e de incentivo aos indianos como intermediários comerciais.

Igualmente ameaçada se viu a autoridade dos chefes principais na medida em que, para implementar suas ações colonizadoras, o governo português a desconsiderava, passando a tratar diretamente com os chefes subordinados, excluindo das negociações os chefes principais como intermediários políticos.

Para compreender as formas de mobilização, trilhando percursos diferentes dos da historiografia, que aponta a busca pela continuidade do tráfico de escravos como elemento propulsor da unidade entre as chefias que constituíram a coligação, procurei demonstrar que os participantes da coligação estavam inseridos num complexo de interconexões gerado a partir das múltiplas relações estabelecidas em meio aos espaços políticos, culturais, religiosos e de trocas comerciais que envolviam os estabelecimentos islâmicos da costa, as sociedades do interior e as do "mundo suaíli", como o sultanato de Zanzibar, as ilhas Comores e Madagascar, mas também indianos, portugueses (incluídos aqueles estabelecidos há muito tempo em território africano), ingleses e franceses. Assim, o complexo de interconexões em que estavam envolvidos se pautava por relações marcadas pelo parentesco, pela doação de terra, pela religião islâmica, pelos contatos comerciais.

De acordo com as circunstâncias, as sociedades do norte de Moçambique acionavam as conexões existentes entre si. Observou-se, por exemplo, que as populações suaílis que compunham o sultanato de Angoche conectavam-se com as sociedades macuas do interior e com as do litoral Índico de diferentes maneiras, como ficou demonstrado pela construção das tradições orais, explicadoras da formação do sultanato a partir da relação de imigrantes muçulmanos da costa com as mulheres das sociedades matrilineares do interior. Entre o final do século XIX e o início do XX, quando a tradição oral foi recolhida, era importante para Angoche a conexão com os universos culturais suaíli e macua.

As conexões entre o sultanato de Angoche e as sociedades do interior foram estabelecidas por meio das relações de lealdade estabelecidas a partir da doação de terras, do parentesco e da religião islâmica, sobretudo quando ocorreu, em meados do século XIX, a expansão política e econômica de Angoche promovida por uma das linhagens matrilineares - a *inhamilala* - que formavam o sultanato. Ligadas ao controle do comércio de escravos e marfim, à conquista de novas terras e de áreas de influência política e à expansão do Islã. Essas conexões foram acionadas no final do século XIX na mobilização para a formação da coligação de resistência.

Várias dimensões da resistência foram consideradas neste trabalho, por isso é preciso ressaltar que, no momento da expansão política e econômica de Angoche, alguns chefes das sociedades do norte de Moçambique aproximaram-se politicamente do governo português na tentativa de assegurar a sua autonomia o que, pode-se dizer, configurava uma forma de resistência à expansão política do sultanato.

O sultanato de Angoche também integrava vários espaços de troca comercial, política e religiosa, que envolviam as sociedades estabelecidas ao longo da costa oriental africana e as localizadas no Oceano Índico, como o sultanato de Zanzibar e as ilhas Comores e Madagascar, na medida em que era responsável pelo comércio de longa distância e por laços de lealdade estabelecidos por meio de vínculos de parentesco e da religião islâmica. Além de fazer parte de redes comerciais internacionais do Índico, Angoche mantinha conexões com Zanzibar e as ilhas Comores referentes à expansão do Islã e à educação islâmica com um intercâmbio de pessoas e saberes. *Sharifs* saíam dessas localidades para angariar prosélitos no norte de Moçambique, enquanto filhos de xeques e chefes para lá viajavam com o objetivo de receberem educação islâmica.

Fazer parte desse complexo de interconexões pressupunha a manutenção de contatos constantes e a instituição de redes sociais, políticas, econômicas e culturais, para além da dimensão étnica, o que contribuiu para a mobilização tanto de chefes das sociedades do norte de Moçambique como de agentes de diferentes camadas sociais: soldados desertores, guias, carregadores, proprietários de terras de diferentes origens (*muzungos*), facilitando a construção de laços de lealdade entre elas, acionados em momentos de crise diante das iniciativas efetivas de colonização portuguesa.

Procurei também evidenciar outras dimensões das resistências. Classificadas como espaços independentes de resistência, estas iniciativas incluem ações de chefes subordinados e das *pia-mwene*, voltadas para a preservação da autonomia política, de comerciantes e de trabalhadores, como soldados, guias e carregadores, as quais embora pudessem ser movidas por interesses pessoais, ganhos materiais e pela mudança da própria situação social, coincidiam com a oposição aos principais mecanismos de exploração coloniais, como a cobrança de impostos sobre produtos comercializados e do imposto da palhota, o recrutamento militar e o trabalho compulsório. No que se refere aos trabalhadores, como os guias e soldados desertores, é possível argumentar também que a integração desses indivíduos exógenos às sociedades integrantes da coligação, que se deu por meio da construção de laços de lealdade marcados pela religião islâmica, facilitou a mobilização para a resistência.

O complexo de interconexões, no qual estavam inseridas as sociedades do norte de Moçambique, permitiu também o surgimento de uma consciência da necessidade de união, sobretudo no final do século XIX, ao facilitar a circulação de notícias sobre as ações mais ofensivas da política portuguesa na região e de outros movimentos de oposição organizados pelas chefias africanas ocorridos no mesmo período em Moçambique, contribuindo para a formação da coligação de resistência.

FONTES DOCUMENTAIS

ARQUIVOS E FONTES MANUSCRITAS

- Arquivo Histórico de Moçambique

Fundo do século XIX:

Governo do Distrito de Angoche	caixa 8-2	1861-1900
Governo do Distrito de Moçambique	caixa 8-8	1897-1898
	caixa 8-9	1898-1900
	caixa 8-13	1854, 1863-97
	caixa 8-15	1857- 96
	caixa 8-16	1846- 1899
	caixa 8-105	1891-1893
Governo Geral de Moçambique	caixa 8-147	1839 a 63, 1873 a 84
	caixa 8-152	1848 -493, 1884 a 1896
	caixa 8-178	1881a 1900
	caixa 8-149	1885 a 1890
	caixa 8-156	1892 a 1897

- Arquivo Histórico Ultramarino

    - Correspondência dos Governadores – SEMU - DGU - Moçambique – caixas: 1290 a 1318 e sem n., pastas: 8 a 54, período 1842-1878. (47 caixas)

- Correspondência dos Governadores - SEMU – DGU – 1ª e 2ª Repartição – Moçambique – caixas período: 1320 a 1359 e sem n., pastas: 1 a 20, - 1879 – 1912 (85 caixas)

- Processos Gerais - SEMU - DGU - Moçambique – período 1890-1912. (28 caixas)

- Cartografia

- Arquivo Histórico Militar:

- Catálogo de manuscritos, incluindo o das Expedições e Campanhas Ultramarinas – 1820-1974.

- PT AHM/FP/59/4/920/101 – Expedição a Moçambique.

- PT AHM/FE/110/B7/PQ/01 – Chefe das terras de Ampapas – Namarrais – 1896

- Idem FE/110/B7/PQ/02 – Campanha dos Namarrais em Natule – foto 1896

- Arquivo Particular Serpa Pinto – Fundo 18

COLEÇÕES:

- Biblioteca Nacional de Portugal:

Boletim oficial do Governo Geral da Província de Moçambique – período: 1854 – 1913 (46 volumes)

- Sociedade de Geografia de Lisboa

Anais do Conselho Ultramarino
Anais do Clube Militar Naval
Arquivo das Colônias
Boletim Geral das Colônias
Portugal em África

BIBLIOTECAS E FONTES IMPRESSAS:

Biblioteca Nacional de Portugal
Biblioteca Nacional da França
Biblioteca Nacional (Rio de Janeiro)
Biblioteca do Real Gabinete Português (Rio de Janeiro)
Biblioteca Florestan Fernandes, FFLCH-USP (São Paulo)

Biblioteca da Casa de Portugal (São Paulo)

Biblioteca da Casa das Áfricas (São Paulo)

ANDRADE CORVO. Estudos sobre as Províncias Ultramarinas, v. 3, p. 78. In: ANDRADE, A. Freire de. *Relatórios sobre Moçambique*. Lourenço Marques: Imprensa Nacional, 1910.

A practical guide to the use of the arabic alphabet in writing swahili. Zanzibar, 1892.

AIRES DE ORNELAS. *As operações em Moçambique. Outubro de 1896-abril de 1897. Revista do Exército e da Armada*, v. 9, n. 52, Lisboa, 1897. Reproduzido em Aires de Ornelas. Colectânea das suas principais obras militares e coloniais. Lisboa: Divisão de Publicações e Bibliotecas, 1934.

ALBUQUERQUE, Joaquim Augusto Mousinho de. *A campanha contra os Namarraes*. Lisboa: Ministério dos Negócios da Marinha e Ultramar, 1897.

_____. *Moçambique, 1896-1898*. Lisboa: Divisão de Publicações e Biblioteca. Agência Geral das Colônias, 1934-35.

_____. *Livro das Campanhas*. Lisboa, 1935.

_____. *Cartas de Mousinho de Albuquerque ao Conde de Arnoso*. Lisboa, 1957.

AMORIM, Pedro F. Massano de. *Informações relativas à região de Angoche*. Lourenço Marques: Imprensa Nacional, 1910.

_____. *Relatório sobre a occupação de Angoche* operações de campanha e mais serviços realizados. [Lourenço Marques]: Imprensa Nacional, 1911.

BAPTISTA, Abel dos Santos. *Monografia etnográfica sobre os macuas: breve ensaio etnográfico sobre a Nação Macua, dos distritos de Cabo Delgado, Nampula e Quelimane*. Lisboa: Agência Geral do Ultramar, 1948.

CÂMARA MUNICIPAL. *Código de Posturas da Comissão Municipal do Distrito de Angoche*. [Lourenço Marques]: Imprensa Nacional, 1888.

CARVALHO, Antonio G. G. Ribeiro de. *As campanhas ultramarinas de Gomes da Costa*. Lisboa, 66, s.d.

CASTILHO, Augusto de. *Relatório da viagem da Canhoneira Rio Lima de Lisboa a Moçambique, 1884-1885*. Lisboa: Imprensa Nacional, 1889, p. 116-142.

CASTRO, Francisco Manuel de. *Apontamentos sobre a língua émakua: gramática vocabulário contoa e dialecto de Angoche*. Lourenço Marques: Imprensa Nacional, 1933.

CASTRO, Soares de. *Os Lómuès do Larde*. Lourenço Marques: Sociedade de Estudos de Moçambique, 1952.

Código de Posturas do Conselho de Angoche: approvado por accordão do conselho administrativo do districto de Moçambique. Lourenço Marques: Imprensa Nacional, 1906.

COELHO, Trindade. *Dezoito annos em África. Notas e documentos para a biografia do Conselheiro José d'Almeida*. Lisboa, 1898.

COSTA, Eduardo da. *O distrito de Moçambique em 1898: notas e apontamentos*. Lisboa: Livraria Ferin, 1902.

COUTINHO, João de Azevedo. *Memórias de um velho marinheiro e soldado de África*. Lisboa, 1941.

_____. *As duas conquistas de Angoche*. Lisboa: Pelo Império, 11, 1935.

CUNHA, Joaquim d'Almeida da. *Estudos acerca dos usos e costumes dos Banianes, Bathuás, Persas, Mouros, Gentios e Indígenas*. Imprensa Nacional Moçambique, 1885.

ENES, Antonio. De Lisboa à Moçambique. *Serões. Revista Mensal Ilustrada*. Lisboa, v. I, II, III, 1901-1903.

FERRERI, Alfredo Brandão Cro de Castro Ferreri. *Angoche. Breves considerações sobre o estado d'este districto em 1881*. Lisboa: Typographia Ed. Mattos Moreira, 1881.

FONSECA, António Manuel da. Relatório. *Boletim Official de Moçambique*, 24 de novembro de 1888, 47 de 1888, p. 704-706.

GERARD, Padre. Costumes dos macuas do Medo. *Moçambique Documentário Trimestral*, n.28, out./nov, 1941.

_____. Mahimo Macuas. *Moçambique Documentário Trimestral*, n. 26, abril/junho, 1941.

GROVE, Daniel. África Oriental Portuguesa: A Macua. *Boletim da Sociedade de Geografia de Lisboa*. Lisboa, 1897.

LOBO, Joaquim Barbosa de Lopes. Capitania-mor das Terras Firmes. Relatório. *Boletim Official de Moçambique*, 3 de novembro de 1888, 44 de 1888, p. 661-664.

LUPI, Eduardo do Couto. *A região de Angoche*. Lisboa: Typographia Universal, 1906.

_____. *Angoche. Breve memória sobre uma das capitanias-mores do distrito de Moçambique*. Lisboa: Typographia do Annuario Commercial, 1907.

_____. *Aires de Ornelas*. Lisboa: Agência Geral das Colônias, 1936.

_____. *Episódios da ocupação do Ultramar. A primeira penetração de Angoche, 1903 a 1905*. B. G. Col., ano 13, 149, novembro de 1937.

_____. Episódios da ocupação do Ultramar. A primeira penetração de Angoche – 1903-1905. *Boletim Geral das Colônias*, ano XIII, n. 149, nov. 1937.

_____. *Escola de Mousinho. Episódios de serviço. Moçambique (1895-1910)*. Lisboa: J. Rodrigues, 1930.

MACHADO, Carlos Roma. Mussa Quanto, o Namuali (O Napoleão de Angoche). *Boletim da Sociedade de Geografia de Lisboa*, n. 38, 1920.

NEVES, F. A. da Silva. *Informações a cerca da Capitania-mor de Angoche*. Moçambique: Imprensa Nacional, 1901.

NORONHA, Eduardo de. *Mousinho de Albuquerque: o militar, o colonial, o administrador. Narrativa histórica e militar*. Lisboa: Sá da Costa, 1934.

O'NEILL, Henry. África Oriental Portuguesa: Observações acerca da costa e do interior da Província de Moçambique. *Boletim da Sociedade de Geografia de Lisboa*. Lisboa, 1882.

PIMENTEL, Jayme Pereira Forjaz de Serpa. *No districto de Moçambique (1902-1904)*. P. em Af., n. 137, maio de 1905.

Projecto d'exploração da região sul d'Angoche. Lisboa: Typographia Estevão Nunes & Filhos, 1900.

RODRIGUES, David. *A occupação de Moçambique (1869-1909)*. Lisboa, 1910.

SOVERAL, Ayres de Carvalho. *Breve estudo sobre a ilha de Moçambique acompanhada d'um vocabulário portuguez-macua*. Porto: Chardron, 1887.

TIPPO TIP. *L'autobiographie de Hamed ben Mohammed el-Murjebi Tippo Tip: (ca. 1840-1905)* / traduite et annotée par François Bontinck, avec la collaboration de Koen Janssen, S.C.J. Bruxelas: [s.ed.], 1974.

VILHENA, Ernesto Jardim de. *Cia. do Nyassa. Relatório e Memórias sobre os territórios*. Lisboa: Typographia da "A Editora", 1905.

VILHENA, Ernesto Jardim de. "A influência islâmica na costa oriental da África". *Boletim da Sociedade de Geografia de Lisboa*. 24ª série, n. 5, 6 e 7, 190

REFERÊNCIAS BIBLIOGRÁFICAS

ABBINK, Jon; BRUIJN, Mirjam; WALRAVEN, Klass van (eds.). *A propósito de resistir. Repensar la insurgencia en África.* Barcelona: Oozebap, 2008.

AKINOLA, G. A. Slavery and slave revolts in the Sultanate de Zanzibar in the nineteenth century. *Journal of the Historical Society of Nigeria*, 1972, 6, 2, p. 215-228.

ALEXANDRE, Valentim. (coord.) O Império Africano (séculos XIX-XX): as linhas gerais. In: *O Império Africano (séculos XIX a XX).* Lisboa: Colibri, 2000, p. 11-28.

_____. A África no imaginário político português (séculos XIX-XX), *Actas do Colóquio Construção e Ensino da História de África.* Lisboa: Grupo de trabalho do Ministério da Educação para a Comemoração dos Descobrimentos Portugueses, 1995, p. 231-244.

_____. *Origens do colonialismo moderno (1822-1891).* Lisboa: Sá da Costa, 1979.

_____. *Velho Brasil, novas Áfricas. Portugal e o Império (1808-1975).* Porto: Edições Afrontamento, 2000.

_____; DIAS, Jill. *Nova história da expansão portuguesa: o Império Africano (1825-1890).* Lisboa: Editorial Estampa, 1998.

ALMEIDA, Pedro R. *História do colonialismo português em África.* Lisboa: Editorial Estampa, 1979, v. 7.

ALPERS, Edward. A. Complex relationship: Mozambique and the Comoro Islands in the 19th and 20th centuries. *Cahiers d'Études Africaines*, n. 161, XLI-I, 2001,

ALPERS, E. A. East Central Africa. In: LEVTZION, N. & POUWELS, R.L. (eds.). *The History of Islam in Africa*. Athens: Ohio University Press, Oxford: James Curry, Cape Town: David Philip, 2000, p. 303-327.

_____. Islam in the service of colonialism? Portuguese strategy during the armed liberation struggle in Mozambique. *Lusotopie*, Leiden: Brill, 1999, p. 165-184.

_____. *Ivory and slaves in East Central Africa*. Londres: Heinemann, 1975.

_____. Towards a History of the expansion of Islam in East Africa: the matrilineal people of the Southern Interior. In: RANGER, T. O; KIMAMBO, I. N. *The historical study of african religion*. Londres: Heinemann, 1972.

_____. Trade, state and society among the yao in the Nineteenth Century. *The Journal of African History*, n.10, 1969, p. 405-420.

AMSELLE, Jean-Loup; M'BOKOLO, Elikia. *Au coeur de l'ethnie. Ethnie, tribalisme e État en Afrique*. Paris: La Découverte, 1999.

AMSELLE, Jean-Loup. *Logiques métisses: anthropologie de l'identité en Afrique et ailleurs*. Paris: Payot & Rivages, 1999.

_____. *Branchements. Anthropologie de l'universalité des cultures*. Paris: Flammarion, 2001.

ANDERSON, Perry. *Portugal e o fim do ultracolonialismo*. Rio de Janeiro: Av. Brasileira, 1966.

AN-NA'IM, A. A. (ed.). *Islamic family law in a changing world. A global resource book*. London, New York: Zed Books, 2002.

ANTUNES, Luis Frederico Dias. *O Bazar e a Fortaleza em Moçambique. A comunidade baneane do Guzerate e a transformação do comércio afro-asiático (1686-1810)*. (Tese de doutorado), Lisboa, FCSH, Universidade Nova de Lisboa, 2001.

_____. The trade activities of the Banyans in Mozambique: private indian dynamics in the panel of the Portuguese state economy (1686-1777). In: MATHEW, K. S. (ed.) *Mariners, merchants and Oceans*. Manohar, 1995.

APPIAH, Kwame Anthony. *Na casa de meu pai: a África na filosofia da cultura*. Rio de Janeiro: Contraponto, 1997.

ARENDT, Hannah. *Origens do totalitarismo*. São Paulo: Companhia das Letras, 1989.

AUSTEN, Ralph A. The Islamic slave trade out of Africa (Red Sea and Indian Ocean); an effort at quantification. In: WILLIS, J. R. *Slavery in Muslim Africa*. Londres, v.1, 1985.

_____. The 19th century Islamic slave trade from East Africa (Swahili and Red Sea coasts). A tentative census. *Slavery and Abolition*, 9, 3, 1988, p. 21-44.

BAKARY, Tessy. *Les elites africaines au pouvoir (Problématique, méthodologie, état des travaux)*. Bordeaux Centre d'Etude d'Afrique Noire, 1990.

BALANDIER, G. *Antropologia política*. São Paulo: Difusão Européia do Livro/Edusp, 1969.

BARTH, Fredrik. *Ethnic groups and boundaries. The social organization of culture difference.* Bergen-Oslo: Universitet Forlaget; Londres: George Allen and Unwin, 1969.

BENNET, Normam R. Zanzibar, Portugal e Moçambique: relações dos fins do século XVIII até 1890. *Revista Internacional de Estudos Africanos*. Lisboa, 6/7, jan.-jun. 1984.

BOLÉO, José de Oliveira. *Moçambique*. Lisboa: Agência Geral do Ultramar, 1951.

BONATE, L. J. K. Roots of diversity in Mozambican Islam. *Lusotopie*, Leiden: Brill, XIV, 1, Mai, , 2007, p. 129-149.

_____. Islam and chiefship in Northern Mozambique. *ISIM Review*, Centro de Estudos do Islão no Mundo Moderno (ISIM), Universidades de Amsterdam/Leiden/Nijmegen/Utrecht, 19, 2007.

_____. *Traditions and transitions: Islam and chiefship in Northern Mozambique, ca. 1850-1974*; (Tese de Doutorado), Departmento de Estudos Históricos, Universidade de Cape Town, África do Sul, 2007.

_____. Matriliny, Islam and gender in Northern Mozambique. *Journal of Religion in Africa*. Leiden: Brill, 36, v. 2, 2006, p. 139-166.

_____. From *Shirazi* into *Monhé*: Angoche and the mainland in the context of the nineteenth century slave trade of Northern Mozambique. In: ALP-

ERS, E. A., ISAACMAN A. & ZIMBA, B. (eds.), *Slave routes and Oral Tradition in Southeastern Africa*. Maputo: Filsom Entertainment Ltda., 2005, p. 195-219.

_____. The ascendance of Angoche: politics of kinship and territory in the nineteenth century Northern Mozambique. *Lusotopie*, Paris: Ed. Karthala, 1, 2003, p. 115-143.

BOXER, Charles. Os portugueses na costa swaili, 1593-1729. In: BOXER, Charles e AZEVEDO, Carlos de. *A Fortaleza de Jesus e os portugueses em Mombaça*. Lisboa: Centro de Estudos Históricos Ultramarinos, 1960, p. 13-77.

BRÁSIO, Antonio. *D. António Barroso. Missionário, Cientista, Missiólogo*. Lisboa, 1961.

BRAUDEL, Fernand. *História e Ciências Sociais*. Lisboa: Editorial Presença, 1982.

BRENNER, L. Muslim representation of unity and difference in the african discourse. In: Introduction to L. Brenner (ed.). *Muslim identity and social change in Sub-Saharan Africa*. London: Hurst & Company, 1993, p. 1-21.

BRIGNOLI, H. P CARDOSO, C. F. S. *Os métodos da História*. Rio de Janeiro: Edições Graal, 1979.

CABAÇO, José Luis Oliveira. Moçambique, identidade, colonialismo e libertação. 2007. Tese (Antropologia), Faculdade de Filosofia, Letras e Ciências Humanas, Universidade de São Paulo, São Paulo, 2007.

CAETANO, Marcelo. *Campanhas de Moçambique em 1895: segundo os contemporâneos (as)*. Lisboa: Agência Geral das Colônias, 1947.

_____. *O Conselho Ultramarino: esboço da sua história*. Lisboa: Agência Geral do Ultramar, 1967.

CAMPBELL, Gwyn. Madagascar and Mozambique in slave trade of the Western Indian Ocean, 1800-1861. *Slavery & Abolition*, 9, dez. 1988, p. 166-193.

CAPELA, José; MEDEIROS, Eduardo. *O tráfico de escravos nos portos de Moçambique*. Porto: Edições Afrontamento, 2002.

_____. *O Tráfico de Escravos de Moçambique para as ilhas do índico, 1720-1902*. Maputo: Núcleo Editorial da Universidade Eduardo Mondlane, 1987.

CAPELA, José. *Dicionário de negreiros em Moçambique, 1750-1897*. Porto: Centro de Estudos Africanos da Universidade do Porto, 2007.

_____. Como as aringas de Moçambique se transformaram em Quilombos. *Tempo. Revista do Departamento de História da UFF.* Rio de Janeiro: 7 Letras, v.10, n.20, jan-jun 2006, p. 83-108.

_____. *O escravismo colonial em Moçambique*. Porto: Edições Afrontamento, 1993.

_____. *A república militar de Maganja da Costa*. Maputo, 1988.

CARVALHO, A. P. de. Notas para a história das confrarias Islâmicas na Ilha de Moçambique. *Arquivo. Boletim do Arquivo Histórico de Moçambique*. Maputo, 4, 1988, p. 59-66.

CARVALHO, Clara & PINA CABRAL, João de. *A persistência da historia: passado e contemporaneidade em África*. Lisboa: Imprensa de Ciências Sociais, 2004.

CHEREM, Youssef. Jihad: duas interpretações contemporâneas de um conceito polissêmico. *Campos* (UFPR), v. 10, 2010.

CHIMERAH, R. *Kiswhili: Past, present and future*. Nairobi: Nairobi University Press, 1998.

CHITTICK, H. Newill; ROTBERG, Robert I. (ed.) *East Africa and the Orient: cultural syntheses in PreColonial Times*. New York: Holmes & Meier, 1975.

CHRETIEN, Jean-Pierre & PRUNIER, Gérard. *Les ethnies ont une histoire*. Paris: Karthala, 2003.

CLARENCE-SMITH, William. The economics of the Indian Ocean and Red Sea slave trade in the 19th century: an overview. *Slavery and Abolition*, 90, 3, 1988, p. 1-20.

_____. *The economics of the Indian Ocean slave trade in the nineteenth century*. London: Frank Cass, 1989.

CONSTANTIN, F. Leadership, Muslim identities and East African Politics: tradition, bureaucratization and communication. In: L. Brenner (ed.), *Muslim identity and social change in Sub-Saharan Africa*. London: Hurst & Company, 1993, p. 36-59.

_____. Charisma and the crisis of power in East African Islam. In: D.B. Cruise O'Brien & F.C. Coulon (eds.). *Charisma and brotherhood in African Islam*. Oxford: Clarendon Press, 1988, p. 67-90.

_____. *Les voies de l'Islam en Afrique Orientale*. Paris: Karthala 1987.

COQUERY-VIDROVITCH, Catherine. Les strutures du pouvoir et la communauté rural pre-coloniale. *Canadian Journal of African Studies*, v.15, 3, 1981, p. 433-449.

COSTA E SILVA, Alberto da. *A enxada e a lança: a África antes dos portugueses*. São Paulo: Nova Fronteira/Edusp, 1992.

_____. *A manilha e o libambo: a África e a escravidão, de 1500 a 1700*. Rio de Janeiro: Nova Fronteira, 2002.

COULON, C. Vers une sociologie des confréries en Afrique orientale. In: CONSTANTIN, F. (ed.). *Les Voies de l'Islam en Afrique orientale*. Paris: Ed. Karthala, CNRS, 1987, p. 111-135.

_____. *Les musulmans et le pouvoir en Afrique noire*. Paris : Karthala, 1983.

DIAS, Jill. A administração portuguesa ultramarina entre os séculos XV e XX. In: Instituto Português de Arquivos. *Guia de fontes para a História da África*. Lisboa: Comissão Nacional para as Comemorações dos Documentos Portugueses, Fundação Oriente, Imprensa Nacional-Casa da Moeda, 1991, p. 15-34.

_____. Os arquivos portugueses e a História da África. *Revista Internacional de Estudos Africanos*. Lisboa, 18/22, 1995-1999.

DUFFY, James. *Portugal in África*. Maryland: Penguin Books, 1963.

EICKELMAN, D. F.; PISCATORI, J. *Muslim Politics*. Princeton: Princeton University Press, 1996.

EICKELMAN, D. F. *The Middle East and Central Asia: an anthropological approach*. Upper Saddle River, NJ: Prentice Hall, 1998.

ELLIS, Steven. La conquista colonial en el centro de Madagascar: Quien resistió a qué? In: ABBINK, Jon; BRUIJN, Mirjam; WALRAVEN, Klass van (eds.). *A propósito de resistir. Repensar la insurgencia en África*. Barcelona: Oozebap, 2008.

FAGE, J. D.; OLIVER, Roland. *Breve História de África*. Lisboa: Livraria Sá da Costa, 1980.

FERNANDEZ-FERNANDEZ, Manuel. *La résistence sócio-culturelle des Amakhuwa à la colonisation portugaise (1868-1973)*. Memória da École des Hautes Etudes en Sciences Sociales. Paris, 1976.

FERREIRA, Eduardo de Souza. *O fim de uma era. O colonialismo português em África*. Lisboa: Sá da Costa, 1977.

FREEMAN-GRENVILLE, G. S. P. *The swahili coast, 2nd to 19th centuries in Eastern Africa*. Londres: Varoiorum Reprints, 1988.

FRY, Peter (org.). *Moçambique: ensaios*. Rio de Janeiro: Editora UFRJ, 2001.

GEBARA, Alexsander. *A África de Richard Burton. Antropologia, política e livre-comércio,1861-1865*. São Paulo: Alameda, 2010.

GEFFRAY, C. *Nem Pai nem Mãe. Crítica de Parentesco: O caso de Macua*. Maputo: Editorial Ndjira/Lisboa: Editorial Caminho, 2000.

GERBEAU, Hubert. O tráfico esclavagista no Oceano Índico: problemas postos ao historiador, pesquisas a efetuar. In: *O tráfico de escravos negros, séculos XV-XIX*. Lisboa, Ed. 70, 1981, p. 181-238.

GILSENAN, M. *Recognizing Islam: religion and society in the Modern Arab World*. Nova Iorque: Pantheon Books, 1982.

GLASSMAN, Jonathon. *Feasts and riot, revelry, rebellion, and popular consciousness on the Swahili Coast, 1856-1868*. Londres, 1995.

_____. The bondsman's new clothes: the contradictory consciousness of slave resistance on the Swahili Coast. *The Journal of African History*, v. 32, 2, 1991, p. 277-312.

GOMES, P. Subsídios para a história da Paróquia de Angoche e da missão de Malatane. *Studia*, 24, ago. 1968, p. 116-167.

GUIMARÃES, Ângela. Transferência de poderes em África: o quadro jurídico (1830-1880). *Reunião Internacional de História de África: relação Europa-África no 3º quartel do século XIX*. Lisboa: Centro de Estudos de História e Cartografia Antiga, Instituto de Investigação Científica e Tropical, 1989.

_____. *Uma corrente do colonialismo português: a Sociedade de Geografia de Lisboa (1875-1895)*. Porto: Livros Horizonte, 1984.

HAFKIN, Nancy. *Trade, society and politics in Northern Mozambique, c. 1753-1913*. Ph. D. Dissertation, Boston University Graduate School, Boston, 1973.

HEINTZE, Beatrix. *Angola nos séculos XVI e XVII. Estudos sobre Fontes, Métodos e História*. Luanda: Kilombelombe, 2007.

HERNANDEZ, Leila Leite. *A África na sala de aula*. São Paulo: Summus, 2005.

_____. Movimentos de resistência na África. *Revista de História da USP*, 1999.

HOBSBAWN, Eric; RANGER, Terence. *A invenção das tradições*. Rio de Janeiro: Paz e Terra, 1984.

HOBSBAWN, Eric. *Nações e nacionalismo desde 1780*. São Paulo: Paz e Terra, 1991.

_____. *A era dos impérios (1875-1914)*. Rio de Janeiro: Paz e Terra, 1998.

HORTA, José da Silva. O Islão nos textos portugueses: noroeste africano (sécs. XV--XVII) - das representações à história. *O Islão na África Subsaariana: actas do 6º Colóquio Internacional. Estados, Poderes e Identidades na África Subsaariana*. Porto: Universidade do Porto, Centro de Estudos Africanos, 2004,

HOURANI, Albert. *Uma história dos povos árabes*. São Paulo: Companhia das Letras, 2006.

ISAACMAN, Allen; ISAACMAN, Barbara. Resistance and Collaboration in Southern and Central Africa, c. 1850-1920. *The International Journal of African Historical Studies*, vol. 10, n. 1, 1977.

_____. Resistance and collaboration in Southern and Central África. *International Journal of African Historical Studies*, X (1), 1977, p. 31-62.

_____. A tradição da resistência em Moçambique. *O vale do Zambeze, 1850-1921*. Porto: Edições Afrontamento, 1979.

_____. *Mozambique: from colonialism to revolution, 1900-1982*. Boulder: Westview Press/Hampshire, Gower, 1983.

_____; ROBERTS, Richards (eds.) *Cotton, colonialism and social history in Su-Saharan Africa*. Portsmouth, Heineann; London, James Currey, 1995.

ISAACMAN, Allen. Cotton is the mother of poverty: peasant resistance to forced cotton production in Mozambique, 1938-1961. *International Journal of African Historical Studies*, n. 13, 1980.

_____; VANSINA, J. Iniciativas e resistência africanas na África central, 1880-1914. In: BOAHEN, A. Adu. (coord.) *História Geral da África. A África sob dominação colonial, 1880-1935*. Ática/Unesco, v. 7, 1985.

JARDIM, Marta Denise da Rosa. *Cozinhar, adorar e fazer negócio: Um estudo da família indiana (hindu) em Moçambique*. Universidade Estadual de Campinas, Tese (Doutorado), Campinas, 2006.

JOÃO, B.B. *Abdul Kamal e a história de Chiúre nos séculos XIX e XX: um estudo sobre as chefaturas tradicionais, as redes islâmicas e a colonização portuguesa*. Maputo: Arquivo Histórico de Moçambique, Estudos 17, 2000.

KAGABO, Joseph H. Les reseaux marchands árabes et swahili en Afrique orientale. In: LOMBARD, Denys e AUBIN, Jean. *Marchands et hommes d'affaires asiatiques dans l'Océan Indien et Mer de Chine, 13-20émes siécles*. Paris: EHESS, 1988, p. 237-252.

KANE, Ousmane; TRIAUD, Jean Louis. *Islam et islamismes au sud du Sahara*. Paris: Remam, Karthala, MSH Paris, 1998.

KI-ZERBO, Joseph. *História da África Negra*. Paris: Europa-América, 1972.

LE GUENNEC-COPPENS, Françoise, CAPLAN, Pat. *Les Swahili entre Afrique et Arabie*. Kathala: Paris, 1991.

LEITE, Fábio. *A questão ancestral: África Negra*. São Paulo: Palas Athena; Casa das Áfricas, 2008.

LEITE, Joana Pereira. Em torno da presença indiana em Moçambique – séc. XIX e as primeiras décadas da época colonial. *IV° Congresso Luso-Afro-Brasileiro de Ciências Sociais*, Rio de Janeiro, IFCS/UFRJ, 2 a 5 de set. de 1996.

LE GUENNEC-COPPENS, Françoise (dir). *Les Swahili entre Afrique et Arabie*. Paris: Karthala, 1991.

LEVTZION, Nehemia; POUWELS, Randall L. (org) *The History of Islam in Africa*. EUA: Ohio University Press, 1999.

LIESEGANG, Gerhard. A first book at the import and export trade of Mozambique, 1800-1914. In: LIESEGANG, G.; PASCH, H. & JONES, A. (eds.) *Figuring African Trade*. Berlin: Dietrich Reimer, 1986, p. 452-523.

LOBATO, Alexandre. *Sobre "cultura moçambicana"*. Lisboa: Ed. do autor, 1952.

LOURENÇO, Eduardo. *Mitologia da saudade: seguido de Portugal como destino*. São Paulo: Companhia das Letras, 1999.

LOVEJOY, Paul. *A escravidão na África. Uma história de suas transformações.* Rio de Janeiro: Civilização Brasileira, 2002.

MACAGNO, Lorenzo. Les nouveaux oulémas. La recomposition des autorités musulmanes au nord du Mozambique. *Lusotopie.* Leiden: Brill, XIV, 1, Mai, 2007.

_____. Islã, transe e liminaridade. *Revista de Antropologia da USP.* São Paulo: USP, 2007, v. 50, n. 1.

_____. *Os paradoxos do assimilacionismo: 'usos e costumes' do colonialismo português em Moçambique.* Rio de Janeiro: Ed. UFRJ, 1996.

MACHADO, A. J. de Mello. *Entre os macuas de Angoche.* Lisboa, 1970.

MAMDANI, Mahmood. *Citizen and subject contemporary Africa and the legacy of late colonialism.* Princeton: N.J. Princeton University Press, 1996.

MARQUES, A. H. *História de Portugal.* Lisboa: Palas, v. 3, 1986.

MARTIN, B.G. *Muslim brotherhoods in nineteenth century Africa.* Cambridge: Cambridge University Press, 1976.

MARTINEZ, Esmeralda Simões. O trabalho forçado na legislação colonial portuguesa: o caso de Moçambique (1899-1926). Dissertação (Mestrado em História da África), Faculdade de Letras da Universidade de Lisboa, Lisboa, 2008.

MARTINS, José Soares; MEDEIROS Eduardo. A história de Moçambique antes de 1890: apontamentos bibliográficos sobre os resultados de investigação entre 1960 e 1980. *Revista Internacional de Estudos Africanos.* Lisboa, 1, jan.-jun. 1984.

MARTINS, Luísa F. G. Os Namarrais e a reacção à instalação colonial (1895-1913). Instituto de Investigação Científica Tropical (IICT). *Blogue de História Lusófona.* Ano 6, julho de 2011. Acesso em setembro de 2011. Disponível em: http://www2.iict.pt

_____.A expedição militar portuguesa ao Infusse em 1880. Um exemplo de ocupação colonial nas terras islamizadas do Norte de Moçambique. *Reunião Internacional de História de África: relação Europa-África no 3º quartel do século XIX.* Lisboa: Centro de Estudos de História e Cartografia Antiga, Instituto de Investigação Científica e Tropical, 1989.

MARTINS, O. *Direito Consuetudinário: a propriedade e a sucessão entre os Macuas, 1890-1930*. Unpublished paper, Maputo: Faculdade de Letras, Depto. de História, Universidade Eduardo Mondlane, 1992.

MATOS, Leonor Correia. O movimento pendular centralização e descentralização na política colonial portuguesa. In: ALBUQUERQUE, Luís de (dir.). *Portugal no mundo*. Lisboa: Publicações Alfa, v. 4, 1989, p. 248-259.

M'BOKOLO, Elikia. *A África Negra. História e Civilizações até o século XVIII*. Tomo I. Salvador: UFBA, 2009.

_____. *A África Negra. História e Civilizações do século XIX aos nossos dias*. Tomo II. Lisboa: Edições Colibri, 2007.

MBWILIZA, J. F. *A history of commodity production in Makuani 1600-1900: mercantilist accumulation to imperialist domination*. Dar es Salaam: University Press, 1991.

_____. Towards a political economy of the Northern Mozambique: the hinterland of Mozambique Island, 1600-1900, Tese (Doutorado). Columbia University, EUA, 1987.

MEDEIROS, Eduardo. *Notas sobre o estudo da formação de entidades tribais e étnicas entre os povos de língua(s) emakhuwa e elomuwè e advento da etnicidade macua e lómuè*. Texto de Apoio do Curso de Mestrado em Desenvolvimento e Cooperação Internacional, ISEG, Lisboa, 1995.

_____. *As etapas da escravatura no norte de Moçambique*. Maputo: Arquivo Histórico de Moçambique, 1988.

_____. *O sistema linhageiro Macua-Lomwe*. Maputo: Faculdade de Letras, Mimeo, 1985.

MIDDLETON, John, HORTON, Mark. *The Swahili: the social landscape of a mercantile society*. EUA: Blackwell, 2000.

MIDDLETON, John. *African merchants of the Indian Ocean. Swahili of the east african coast*. EUA: Waveland Press, INC., 2004.

_____. Portcities and intruders: the Swahili Coast, India and Portugal in the Early Modern Era. *Journal World History*, v. 11, 1, 2000.

_____. *The world of the Swahili: an african mercantile civilisation*. New Haven: Yale University Press, 1992.

MILLER, Joseph C. *Poder político e parentesco. Os antigos estados mbundu de Angola*. Luanda: Arquivo Histórico Nacional, 1995.

MORIER-GENOUD, E. L. Islam au Mozambique après l'independence. Histoire d'une monteé en puissance. *L'Afrique Politique*, 2002, p. 123-146.

MUNANGA, Kabengele. Origem e histórico do quilombo na África. *Revista da USP*. São Paulo, n. 28, dez./fev., 1995/96.

NEWITT, Malyn. Moçambique. In: ALEXANDRE, Valentim; DIAS, Jill (coord.). *O Império Africano, 1825-1890. Nova história da expansão portuguesa*. Lisboa: Editorial Estampa, 1998.

_____. *História de Moçambique*. Lisboa: Europa-América, 1997.

_____. The early history of the maravi. *The Journal of African History*, 23, 1982, p. 145-162.

_____. The Southern Swahili Coast in the first century of european expansion. *Azania*, 13, 1978, p. 111-126.

_____. The early history of the sultanate of Angoche. *The Journal of African History*, v. 13, 3, 1972, p. 397-406.

_____. Angoche, the slave trade and the portuguese. *The Journal of African History*, v. 13, 4, 1972, p. 659-672.

NIMTZ, A. H. Jr. *Islam and politics in East Africa: The Sufi Orders in Tanzania*. Minneapolis: Minnesota University Press, 1980.

PANTOJA, Selma. Fontes para a História de Angola e Moçambique no Rio de Janeiro, do século XVI ao XIX. *Revista Internacional de Estudos Africanos*. Lisboa, 8/9, jan.-dez. 1988.

PEARSON, M.N. *Port cities and intruders: the Swahili Coast, India, and Portugal in the early modern era*. Baltimore: The Johns Hopkins University Press, 1998.

PEIRONE, Federico. *Correntes islâmicas moçambicanas*. Lisboa: [s.n., D.L. 1964].

PENRAD, Jean-Claude. Commerce et religion: expansion et configurations de l'Islam en Afrique Oriental. *O Islão na África Subsaariana: actas do 6º Colóquio Internacional. Estados, Poderes e Identidades na África Subsaariana*. Porto: Universidade do Porto, Centro de Estudos Africanos, 2004.

PÉLISSIER, René. *História de Moçambique. Formação e oposição, 1854-1918*. Lisboa: Editorial Estampa, 1994.

POUTIGNAT, Philippe, STREIFF-FENART, Jocelyne. *Teorias da etnicidade. Seguido de grupos étnicos e suas fronteiras de Fredrik Barth*. São Paulo: Editora Unesp, 1997.

POUWELS, R. L. The medieval foundations of East African Islam. *The International Journal of African Historical Studies*, v. 11, 3, 1978, p. 393- 409.

_____. *Horn and crescent: cultural change and traditional Islam in East African Coast, 800-1900*. Cambridge: Cambridge University Press, 1987.

POUWELS, R.L. Eastern Africa and the Indian Ocean to 1800: reviewing relations in historical perspective. *International Journal of African Historical Studies*, 2002, 35 (2-3), p. 385-425.

RANGER, Terencer O. Iniciativas e resistência africanas em face da partilha e da conquista. In: BOAHEN, A. Adu. (coord.) *História Geral da África. A África sob dominação colonial, 1880-1935*. Ática/Unesco, v. 7, 1985.

_____. Connexions between primary resistance movements and modern mass nationalism in East and Central África. *The Journal of African History*, Cambridge: University Press, IX, 3, 1968, p. 437-453.

READER, J. *Africa: a biography of the continent*. London: Penguin Books, 1998.

RITA-FERREIRA, Antonio. A sobrevivência do mais fraco: Moçambique no 3º quartel do século XIX. In: *Reunião Internacional de História de África: relação Europa--África no 3º quartel do século XIX*. Lisboa: Centro de Estudos de História e Cartografia Antiga, Instituto de Investigação Científica e Tropical, 1989.

_____. *Fixação portuguesa e história pré-colonial de Moçambique*. Lisboa: Instituto de Investigação Científica Tropical/Junta de Investigações Científicas do Ultramar, 1982.

_____. *Povos de Moçambique: história e cultura*. Porto: Afrontamento, s/d.

ROCHA, Aurélio. Contribuição para o estudo das relações entre Moçambique e o Brasil no século XIX (Tráfico de escravos e relações políticas e culturais). *Estudos Afro--Asiáticos*, 21, dezembro de 1991.

_____. O caso dos suaílis, 1850-1913. *Reunião Internacional de História de África: relação Europa-África no 3º quartel do século XIX*. Lisboa: Centro de Estudos de História e Cartografia Antiga, Instituto de Investigação Cientifica e Tropical, 1989.

RODRIGUES, Maria Eugénia. Cipaios da Índia ou soldados da terra? Dilemas da naturalização do exército português em Moçambique no século XVIII. *História: Questões e Debates*. Curitiba: Editora UFPR, n. 45, 2006.

_____. Senhores, escravos e colonos nos prazos dos Rios de Sena no século XVIII: conflito e resistência em Tambara. *Conference The Evolution of Portuguese Asia: Quincentenary Reflections: 1498-1998*, Charleston, South Carolina, Estados Unidos da América, 18-20 de Março de 1999.

ROSA, Frederico. Evolucionismo e colonialismo em Portugal no período da ocupação efetiva (1890-1910). *Revista Internacional de Estudos Africanos*. Lisboa, 18-22, 1995-1999.

SAID, Eduardo. *Cultura e imperialismo*. São Paulo: Cia. das Letras, 1995.

SANTA-RITA, José Gonçalo. *A África nas relações internacionais depois de 1870*. Lisboa: Junta de Investigações do Ultramar, 1959.

SANTOS, Catarina Madeira. Escrever o poder. Os autos de vassalagem e a vulgarização da escrita entre as elites africanas Ndembu. *Revista de História*. São Paulo: Dep. História/USP, n. 155, 2º semestre, 2006.

SANTOS, Elaine Ribeiro da Silva dos. Barganhando sobrevivências: os trabalhadores centro-africanos da expedição de Henrique de Carvalho à Lunda (1884-1888), 2010. Dissertação (Mestrado em História Social). Faculdade de Filosofia, Letras e Ciências Humanas da Universidade de São Paulo, São Paulo, 2010.

SANTOS, Gabriela A. *Reino de Gaza: o desafio português na ocupação do sul de Moçambique (1821-1897)*. São Paulo: Alameda, 2010.

SANTOS, Maria Emilia Madeira (org.). *Reunião Internacional de História de África: relação Europa-África no 3º quartel do século XIX*. Lisboa: Centro de Estudos de História e Cartografia Antiga, Instituto de Investigação Científica e Tropical, 1989.

_____. *Viagens de exploração terrestre dos portugueses em África*. Lisboa: Centro de Estudos de História e Cartografia Antiga; Junta de Investigações Científicas do Ultramar; Instituto de Cultura Portuguesa, 1978.

SCOTT, James. *Domination and the arts of resistence. Hidden transcripts*. New Haven: Yale University Press, 1990.

_____. *Weapon of the weak: everyday forms of peasant resistance*. New Haven: Yale University Press, 1985.

SERRA, Carlos (org.). *História de Moçambique*. Maputo: Universidade Eduardo Mondlane, Departamento de História e Tempo Editorial, 1982-1983, 2 vols.

SERRÃO, Joel; MARQUES, A. H. de Oliveira. *Nova História da Expansão Portuguesa. O Império Africano (1890-1930)*. Lisboa: Editorial Estampa, 2001.

SHERIFF, Abdul. *Slaves, spices and yvory in Zanzibar: integration of an East African commercial empire into the world economy, 1770-1873*. London: James Curvery, 1987.

SILVA REGO, A. *O Ultramar português no século XIX (1834-1910)*. Lisboa: Agência Geral do Ultramar, 1966.

SOUTO, Amélia Neves de. *Guia bibliográfico para o estudante de história de Moçambique*. Maputo: Centro de Estudos Africanos/Universidade Eduardo Mondlane, s/d.

SPACACHIERI, Marly. *Gentes do Jardim, gentes do quintal: Maganja da Costa (1890-1892)*. (Dissertação de Mestrado). São Paulo: FFLCH/Universidade de São Paulo, 2010.

SWAI, Bonaventure. Precolonial states and European merchant capital in Eastern Africa. In: SALIM, Alamed Idha. (ed.) *State formation in the Eastern Africa*. Nairobi: Heinemann, 1984, p. 15-35.

TENGARRINHA, José (org.). *História de Portugal*. Bauru, São Paulo: EDUSC; UNESP, 2000.

THOMAZ, Omar Ribeiro. *Ecos do Atlântico Sul: representações sobre o Terceiro Império Português*. Rio de Janeiro: Editora UFRJ/Fapesp, 2002.

THOROLD, A. Metamorphoses of the Yao Muslims. In: L. Brenner (ed.), *Muslim identities and social change in Sub-Saharan Africa*. London: Hurst & Company, 1993, p. 79-91.

TIESLER, Nina Clara. Islam in portuguese-speaking areas. Historical accounts, (post) colonial conditions and current debates. *Lusotopie*. Leiden: Brill, XIV, 1, 2007, p. 91-101.

TORRES, Adelino. *O império português entre o real e o imaginário*. Lisboa: Escher, 1991.

TRIMINGHAM, J.S. *Islam in East Africa*. Oxford: Clarendon Press, 1964.

VANSINA, Jan. A tradição oral e a sua metodologia. KI-ZERBO, J. (coord.) *História Geral da África Negra*. I- Metodologia e pré-história da África. Paris: Unesco, 2010 (ed. revista).

VERNET, Thomas. Porosité des frontières spatiales, ambiguïté des frontières identitaires: le cas des cités-États swahili de l'archipel de Lamu (vers 1600-1800). *Afriques* 01, 2010, publicado em 21 de abril de 2010. Acesso em setembro de 2011. Disponível em: http://afriques.revues.org

WEST, H. *Sorcery of construction and sorcery of ruin: power and ambivalence on the Mueda Plateau, Mozambique (1882-1994)*. Tese (Doutorado), University of Wisconsin-Madiso, 1997.

WILLIS, John Ralph. Slaves & Slavery in Muslim Africa. *Islam and the ideology of slavery*. Nova York: Frank Cass, v. 1, 1985.

YOUNG, M. Crawford. Nationalism, ethnicity and class in Africa: a retrospective. In: *Cahiers d'Etudes Africaines*, 103, p. 421-495.

ZAMPARONI, Valdemir. Monhés, Baneanes, Chinas e Afro-maometanos. Colonialismo e racismo em Lourenço Marques, Moçambique, 1890-1940. *Lusotopie*. Paris, Ed. Karthala, 2000, p. 191-222.

ANEXO

IMAGEM 1
Carta de Moçambique, 1894

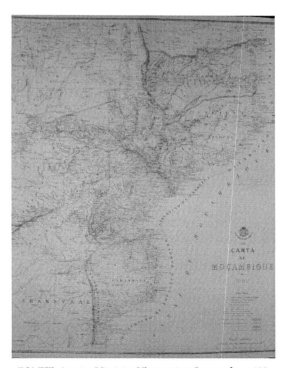

FONTE: Arquivo Histórico Ultramarino, Cartografia, n. 428.

IMAGEM 2
O norte de Moçambique, final do século XIX

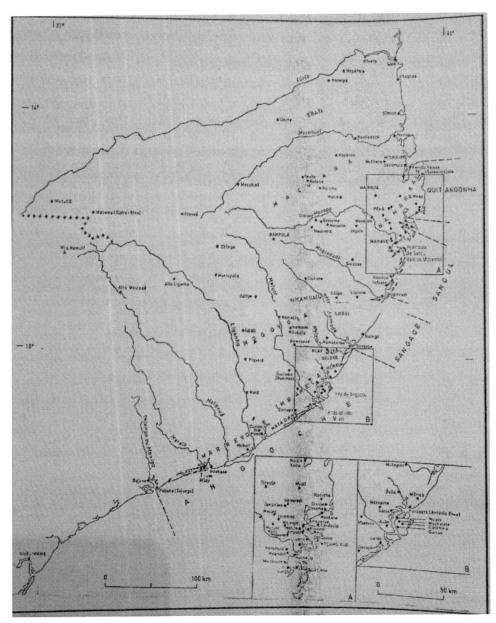

FONTE: PÉLISSIER, Réne. *História de Moçambique: formação e oposição, 1854-1928*. Lisboa: Editorial Estampa, p. 155-156.

IMAGEM 3
Carta da rainha Naguema ao capitão-mor das Terras Firmes.

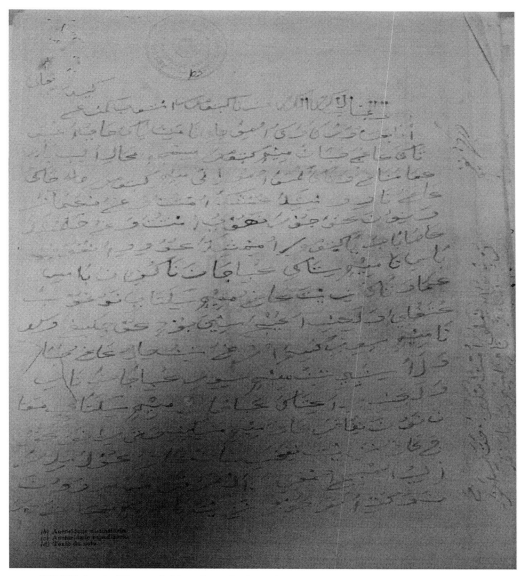

FONTE: Arquivo Histórico de Moçambique, Fundo século XIX, Governo do Distrito de Moçambique, caixa 8-9, 1898.

IMAGEM 4
A Costa Suaíli

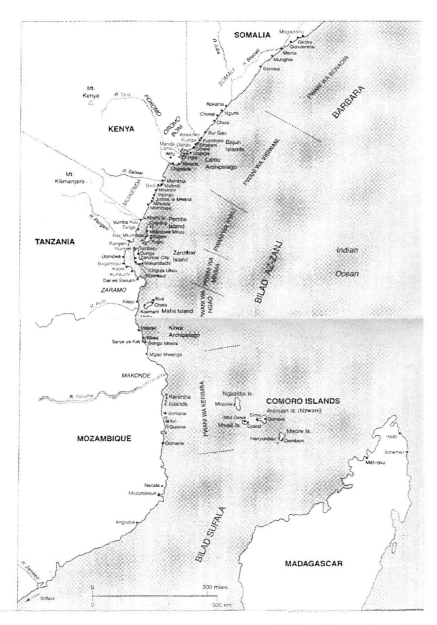

FONTE: MIDDLETON, John & Mark Horton. *The Swahili: the social landscape of a mercantile society.* EUA: Blackwell, 2000, p. 6-7.

IMAGEM 5
O comércio de escravos no Oceano Índico

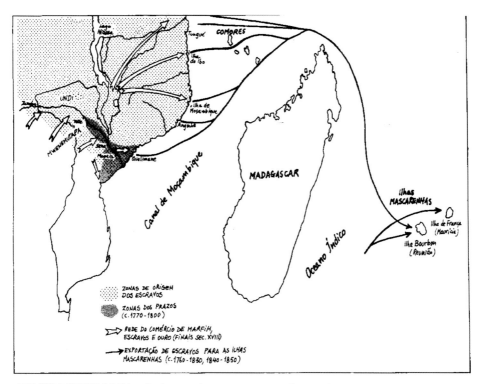

FONTE: MEDEIROS, Eduardo. *As etapas da escravatura no norte de Moçambique*. Maputo: Arquivo Histórico de Moçambique, 1988, p. 10.

IMAGEM 6
"Croquis da residência do Farelay em Erobi, Mamulapa, na Mesêa"

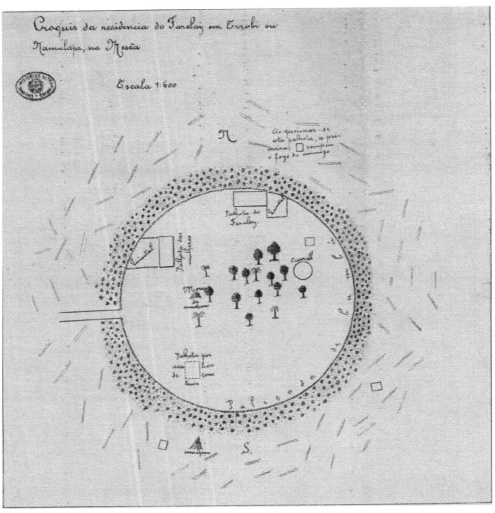

FONTE: Arquivo Histórico Ultramarino, Secretaria de Estado da Marinha e do Ultramar, Direção Geral do Ultramar, Correspondência dos Governadores, caixa 1310, pasta 28, capilha 2.

IMAGEM 7
"Croquis da Marcha da Coluna e da Esquadra para a ocupação de Boila. Março-junho, 1903"

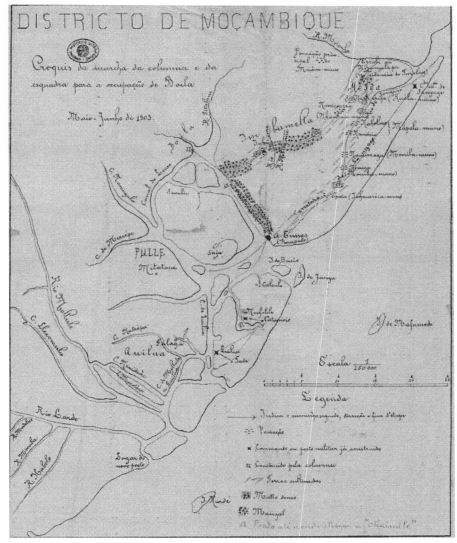

FONTE: Arquivo Histórico Ultramarino, Secretaria de Estado da Marinha e do Ultramar, Direção Geral do Ultramar, Correspondência dos Governadores, caixa 1310, pasta 28, capilha 2.

IMAGEM 8
"Esboço geographico de Angoche, 1903"

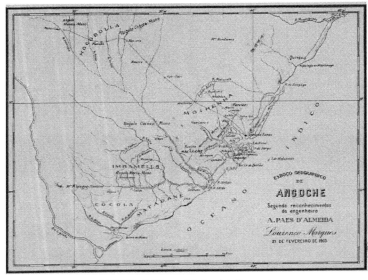

FONTE: Biblioteca Nacional de Portugal

IMAGEM 9
"Esboço geographico da região de Angoche, 1910"

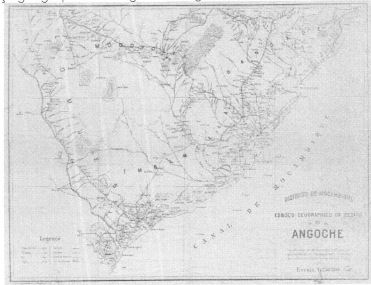

FONTE: Arquivo Histórico Ultramarino, cartografia, N.064, D.520 Arquivo histórico.

IMAGEM 10
Chefes Ibrahimo, Farelay e Guarnéa-Muno

FONTE: AMORIM, Pedro Massano de. *Relatório sobre a occupação de Angoche* operações de campanha e mais serviços realizados. [Lourenço Marques]: Imprensa Nacional, 1911.

IMAGEM 11
Chefe Farelay

FONTE: AMORIM, Pedro Massano de. *Relatório sobre a occupação de Angoche* operações de campanha e mais serviços realizados. [Lourenço Marques]: Imprensa Nacional, 1911.

AGRADECIMENTOS

À professora Leila Leite Hernandez, que orientou este trabalho, participando ativamente, fazendo leituras atentas e rigorosas e sugestões muito importantes. Agradeço também pelo privilégio da convivência durante toda a minha formação, na qual exerceu papel fundamental, ensinando-me a gostar de História da África, e pelo carinho com que sempre me tratou.

Ao CNPq, à CAPES e à FAPESP, que, em momentos diferentes, financiaram a pesquisa e sem os quais este trabalho dificilmente seria realizado.

Ao professor José da Silva Horta, supervisor da pesquisa em Portugal durante o estágio de doutorado-sanduíche na Universidade de Lisboa, pelas valiosas indicações de pesquisa nos arquivos e bibliotecas de Lisboa e pelas críticas e sugestões que enriqueceram o trabalho. Ao professor Luis Frederico Dias Antunes e à professora Olga Iglésias, que fizeram comentários e sugestões muito proveitosos na palestra que proferi na Universidade de Lisboa. Aos professores Thomas Vernet, pelas indicações bibliográficas sobre "o mundo suaíli", e Machozi Mbangale, pela disposição em ajudar com a tradução das cartas em suaíli.

Ao professor Luiz Felipe de Alencastro, que me recebeu gentilmente na Universidade Paris IV (Sorbonne) e orientou a pesquisa na França. Seus ensinamentos durante o seminário de pesquisa e suas observações quando da apresentação deste trabalho foram muito importantes. Agradeço aos professores Catarina Madeira Santos, Jean-Claude Penrad e Elikia M'bokolo pela oportunidade de acompanhar, com muito proveito, o seminário de formação para a pesquisa na África (SéFRA) na École des Hautes Études en Sciences Sociales (EHESS).

Aos funcionários dos arquivos e bibliotecas onde realizei a pesquisa. No Arquivo Histórico Ultramarino agradeço o acesso ao acervo documental e ao acolhimento sempre gentil de José Sintra Martinheira, Fernando José de Almeida, Mário José Pires, Jorge Fernandes Nascimento e Octávio Félix Afonso. Agradeço também a Tereza d'Azevedo Coutinho pela hospitalidade e a Jessica pelas informações sobre a estadia em Moçambique. Tive a chance de conhecer, durante a pesquisa em Lisboa, Francismar Alex, Patrícia, Nelson, Samuel, Yolanda e Sueli, aos quais agradeço pelos momentos e conversas agradáveis nos intervalos da pesquisa e, especialmente, a Ana Piçarra, pela disposição em ajudar e pela generosa acolhida, tornando "muito giro" a estadia em Lisboa.

Em Maputo pude contar com as professoras Olga Iglésias, Eugénia Rodrigues e Esmeralda Martinez às quais agradeço pela generosidade em fornecer indicações bibliográficas, disponibilizar trabalhos e oferecer sugestões, contribuição fundamental para o desenvolvimento deste trabalho. No Centro de Estudos Africanos da Universidade Eduardo Mondlane, agradeço a atenção das funcionárias Judite Mabitana e Celeste Cuna e, em particular à professora Liazzat Bonate, pelo incentivo e pelas informações que contribuíram para a pesquisa, e ao pesquisador Chapane Mutiua, que me orientou quanto à documentação, e também pelas especiais conversas sobre Angoche. Não poderia deixar de agradecer ao Carlitos, por me guiar pelos caminhos de Maputo. Aos funcionários do Arquivo Histórico de Moçambique, em particular, ao Jaime Calbe, sr. Mondlane e Abel, por proporcionarem um ambiente de trabalho acolhedor e me ajudarem a encontrar informações valiosas na imensidão do acervo. Como dizia o sr. Mondlane: "Estamos juntos!"

Expresso também minha gratidão aos professores Marina de Mello e Souza e Maria Antonieta Antonacci, que fizeram parte da banca de qualificação, na qual contribuíram com críticas e sugestões valiosas. Assim como aos professores Cristina Wissenbach e Alex Gebara, pela oportunidade de discutir sobre a pesquisa nos seminários temáticos dos congressos que organizaram e dos quais participei. Aos professores Juliana Macek, Khalid Tailche, Hawa Mchafu e Marta Jardim pela disposição em ajudar nas traduções das cartas em suaíli.

Aos amigos que fiz durante o período em que trabalhei no Museu AfroBrasil e com os quais aprendi muito sobre diversos temas: Renatinho Araújo, Gilson Brandão, Glaucea Helena, Ju Brecht, Marcos Vinicius, Marcelo d'Salete, Renata Felinto, Dulci, Emerson, Cris Moscou, Ariane, Solange, Milton Santos, Claudinha, Vanessa, Stenio, Alexandre Bispo, Alexandre Silva, Sara Rute.

Aos amigos queridos e aos companheiros de pesquisa: Walter Swensson Jr., Janes Jorge, Sonia Troitiño, Igor Lima, Fernanda Sposito, André Machado, Letícia de Moraes (também pela minuciosa revisão da tese), Gabriela Segarra, Flávia de Carvalho,

Juliana Ribeiro, Rosana Gonçalves, Elaine Ribeiro, Washington Santos e Isabelle Soma, que proporcionaram trocas de informações, acesso à bibliografia e discussões proveitosas, acrescentando muito para o andamento deste trabalho. Agradeço especialmente a Fernanda Thomaz pela generosidade em me enviar as cópias que faltavam de alguns documentos do Arquivo Histórico de Moçambique, a Gabriela dos Santos e a Marly Spacachieri com as quais aprendi a gostar de Moçambique.

A minha gratidão a Miriam, José Roberto, Ana Beatriz e Paulo Augusto pelo apoio, sobretudo durante o período de pesquisa fora do Brasil, e pela acolhida em sua casa quando da volta.

O meu carinho às minhas tias Teresa e Tita, ao meu tio César e aos meus primos Bia e Thiago, pelo apoio de sempre, e ao meu irmão Rogério, o grande "culpado" por eu ter enveredado pelos caminhos da História. Meu agradecimento, pelo incentivo e dedicação, à minha mãe Wilma e ao meu pai Antonio, que, mesmo não estando mais aqui, continua muito presente.

E a Marco Aurélio Vannucchi, grande companheiro de todas as horas. Ajudou-me a superar muitos momentos difíceis na vida e, sobretudo ao longo deste trabalho, incentivando-me desde o início, quando eu ainda tinha dúvidas sobre a viabilidade desta pesquisa. Além de mostrar que este sonho era possível, acompanhou-me em todas as etapas. Com sua imensa paciência, ouviu as inúmeras angústias, ajudou a desvendar problemas e também fez uma leitura atenta da tese. Sem a sua presença seria muito difícil este trabalho ser concluído.

Alameda nas redes sociais:
Site: www.alamedaeditorial.com.br
Facebook.com/alamedaeditorial/
Twitter.com/editoraalameda
Instagram.com/editora_alameda/

Esta obra foi impressa em São Paulo no outono de 2018. No texto foi utilizada a fonte Adobe Jenson Pro em corpo 10 e entrelinha de 15 pontos.